Especulações cinematográficas

Especulações cinematográficas

Quentin Tarantino

Tradução de André Czarnobai

Copyright © 2022 by Visiona Romantica, Inc.
Todos os direitos reservados. Publicado nos Estados Unidos. Nenhuma parte deste livro pode ser usada ou reproduzida de nenhuma maneira sem permissão por escrito, exceto no caso de breves citações incorporadas em artigos críticos e resenhas. Para informações, contatar HarperCollins Publishers, 195 Broadway, Nova York, NY 10007.
Todos os direitos ao redor do mundo pertencem ao proprietário.

TÍTULO ORIGINAL
Cinema Speculation

COPIDESQUE
Diogo Henriques

REVISÃO
Eduardo Carneiro
Rayana Faria

ADAPTAÇÃO DE PROJETO GRÁFICO E DIAGRAMAÇÃO
Ilustrarte Design

DESIGN DE CAPA
Lázaro Mendes

Trechos das pp. 160-163, de "A Look at '50s, Flatbush Style", "Violence Bared in 'Supervixens'", "Corman Gang Spoofs Itself", "Teen-age Hijinks in 'Pom Pom Girls'", "'Thunder' Lets Bloodbath Roll" e "'Malibu High': A Study in Obsession", por Kevin Thomas: Copyright © 1974, 1975, 1976, 1977, 1979 *Los Angeles Times*. Usados com permissão.

Recortes das pp. 212-214, de "The True Facts Behind Lugosi's Tragic Drug Addiction", por Barry Brown, *Castle of Frankenstein* #10, 1966. Usado com permissão de Castle of Frankenstein®, mymoviemonsters.com.

CIP-BRASIL. CATALOGAÇÃO NA PUBLICAÇÃO
SINDICATO NACIONAL DOS EDITORES DE LIVROS, RJ

T186e

    Tarantino, Quentin, 1963-
        Especulações cinematográficas / Quentin Tarantino ; tradução André Czarnobai. - 1. ed. - Rio de Janeiro : Intrínseca, 2023.
        400 p. : il. ; 23 cm.

        Tradução de: Cinema speculation
        Inclui índice
        ISBN 978-85-510-0913-0

        1. Tarantino, Quentin. 2. Filmes - Estados Unidos - História e crítica. I. Czarnobai, André. II. Título.

23-86566   CDD: 791.430973
                                       CDU: 791.32(73)

Gabriela Faray Ferreira Lopes - Bibliotecária - CRB-7/6643

[2023]
Todos os direitos desta edição reservados à
Editora Intrínseca Ltda.
Av. das Américas, 500, bloco 12, sala 303
22640-904 – Barra da Tijuca
Rio de Janeiro - RJ
Tel./Fax: (21) 3206-7400
www.intrinseca.com.br

Sumário

O pequeno Quentin assistindo a grandes filmes — 7
Bullitt (1968) — 35
Perseguidor implacável (1971) — 53
Amargo pesadelo (1972) — 77
Os implacáveis (1972) — 97
A quadrilha (1973) — 125
Samurai adjunto — Uma exaltação de Kevin Thomas — 145
A nova Hollywood nos anos 1970 — Cineastas antissistema pós-anos 1960 *versus movie brats* — 167
Irmãs diabólicas (1973) — 183
Daisy Miller (1974) — 205
Taxi Driver (1976) — 219
Especulando sobre cinema — E se Brian De Palma tivesse dirigido *Taxi Driver* no lugar de Martin Scorsese? — 243
A outra face da violência (1977) — 253
A taberna do inferno (1978) — 279
Alcatraz: Fuga impossível (1979) — 305
Hardcore: No submundo do sexo (1979) — 315
Pague para entrar, reze para sair (1981) — 337
*Nota de rodapé de Floyd — 357
Índice remissivo — 379

O pequeno Quentin assistindo a grandes filmes

No fim da década de 1960 e começo dos anos 1970, o Tiffany Theater tinha uma espécie de verniz cultural que o destacava das demais grandes salas de cinema de Hollywood. Para começar, não ficava no Hollywood Boulevard. Com exceção do Cinerama Dome, da Pacific, orgulhosamente localizado na esquina do Sunset Boulevard com a Vine Street, todos os outros grandes cinemas situavam-se no último refúgio dos turistas da Velha Hollywood — o Hollywood Boulevard.

Durante o dia, os turistas podiam ser vistos perambulando pelo bulevar, indo ao Museu de Cera de Hollywood, olhando para o chão e lendo os nomes na Calçada da Fama ("Olha só, Marge, Eddie Cantor"). As pessoas eram atraídas para o Hollywood Boulevard por conta de seus cinemas mundialmente famosos (Grauman's Chinese Theatre e o Egyptian, o Paramount, o Pantages, o Vogue). Contudo, assim que o sol se punha e elas voltavam para os respectivos hotéis, o Hollywood Boulevard era tomado pelas criaturas da noite e se transformava em Hollyweird.

No entanto, o Tiffany não apenas ficava no Sunset Boulevard: ficava no Sunset Boulevard a oeste de La Brea, ou seja, oficialmente na Sunset Strip.

E que diferença isso faz?

Uma tremenda diferença.

Durante esse período, estava em voga uma enorme nostalgia por tudo relacionado à Velha Hollywood. Fotos, pinturas e murais de O Gordo e o Magro, de W. C. Fields, de Charlie Chaplin, do Frankenstein de Karloff, de King Kong, de Harlow e de Bogart estavam por toda parte (foi a época dos famosos cartazes psicodélicos de Elaine Havelock). Sobretudo na verdadeira Hollywood (isto é, a leste de La Brea). Entretanto, assim que você passava por La Brea vindo pelo Sunset, o bulevar se transformava na Strip, e a Velha Hollywood tal como havia sido estabelecida pelos filmes se dissolvia, enquanto a Hollywood que abrigava as boates hippies e a cultura jovem tomava conta do espaço. A Sunset Strip era famosa por suas boates de rock (Whisky a Go Go, London Fog, Pandora's Box).*

E ali, em meio às casas de rock, bem em frente à Ben Frank's Coffee Shop, do outro lado da rua, ficava o Tiffany Theater.

O Tiffany não exibia filmes como *Oliver!*, *Aeroporto*, *Adeus, Mr. Chips*, *O calhambeque mágico*, *Se meu Fusca falasse*, ou mesmo *007 contra a chantagem atômica*. O Tiffany era a casa de *Woodstock*, *Gimme Shelter*, *Yellow Submarine*, *Deixem-nos viver*, *Andy Warhol's Trash*, *Carne para Frankenstein* e *Pound*, de Robert Downey.

Eram esses filmes que o Tiffany exibia. E, embora não tenha sido a primeira sala de cinema de Los Angeles a exibir *The Rocky Horror Picture Show*, ou mesmo a primeira a realizar sessões regulares do filme à meia-noite, o Tiffany foi o primeiro lugar onde explodiram muitas das lendárias manifestações em torno do fenômeno que se tornaria o Rocky Horror — espectadores que iam às sessões fantasiados, pessoas que faziam performances do filme no palco em tempo real, gente que voltava para reassistir à película várias vezes, noites temáticas etc. Ao longo de toda a década de 1970, o Tiffany continuou sendo o lugar dos filmes cabeça da contracultura. Alguns fizeram sucesso (*200 Motels*, de Frank Zappa), outros não (*O filho de Drácula*, de Freddie Francis, com Harry Nilsson e Ringo Starr).

---

* O rosto sorridente de Dean Martin, esculpido em neon na frente de sua boate, a Dino's, era o único resquício da Velha Hollywood que podia ser encontrado na Sunset Strip.

Mesmo quando não eram bons, os filmes da contracultura de 1968 a 1971 eram sempre empolgantes. E demandavam que fossem assistidos em grupo, de preferência chapado. Pouco tempo depois, a cena em torno do Tiffany começou a murchar, porque os filmes cabeça lançados de 1972 em diante eram mais uma faísca atrasada dos estúdios para entrar num mercado de nicho do que qualquer outra coisa.

Se o Tiffany teve um ano dourado, sem dúvida foi 1970.

Naquele mesmo ano, fui, aos 7 anos de idade, à minha primeira sessão no Tiffany, quando minha mãe (Connie) e meu padrasto (Curt) me levaram para assistir a uma sessão dupla: *Joe: Das drogas à morte*, de John G. Avildsen, e *Como livrar-me de mamãe*, de Carl Reiner.

Espera aí... Você assistiu a uma sessão dupla de Joe *e* Como livrar-me de mamãe *aos 7 anos de idade?*

Pode apostar que sim.

E, embora tenha sido uma sessão memorável, uma vez que estou escrevendo sobre ela agora, para mim, na época, não passou nem perto de ser um choque cultural. Se nos orientarmos pela cronologia traçada por Mark Harris, o começo da revolução da Nova Hollywood aconteceu em 1967. Assim, meus primeiros anos como frequentador de cinemas (nasci em 1963) coincidem com os primórdios da revolução (1967), a guerra da revolução cinematográfica (1968-1969) e o ano em que ela foi vencida (1970) — o ano em que a Nova Hollywood se transformou em Hollywood.

Joe, de Avildsen, causou bastante impacto quando foi lançado, em 1970 (e tinha inegáveis influências de *Taxi Driver*). Infelizmente, nos últimos cinquenta anos, o pavio desse barril de pólvora em formato de película parece ter se apagado. O filme conta a história de um perturbado pai de família de classe média alta (interpretado por Dennis Patrick) que perde a filha (Susan Sarandon, em sua estreia no cinema) para a cultura hippie da época.

Ao visitar o muquifo nojento que a filha divide com o namorado viciado e vagabundo, Patrick acaba arrebentando a cabeça do rapaz (a garota não está lá na hora). Posteriormente, sentado num bar, refletindo tanto sobre a violência quanto sobre o crime que havia cometido, ele conhece um operário tagarela e racista chamado Joe (interpretado por Peter Boyle, numa performance que o consagraria). Joe está ali sentado, tomando uma cervejinha depois do trabalho e proferindo um discurso repleto de palavrões e impregnado de um espírito patriótico contra hippies, negros e a sociedade dos anos 1970 em geral. Ninguém no bar dá bola para ele (o barman chega a dizer, obviamente não pela primeira vez: "Joe, dá um tempinho pra gente").

A diatribe de Joe se encerra com a insinuação de que alguém deveria matar todos eles (os hippies). Bem, Patrick tinha feito exatamente isso, e, num momento de vulnerabilidade, faz uma confissão de mesa de bar que apenas Joe escuta.

O que se desenvolve depois disso é uma relação estranhamente antagônica, ainda que simbiótica, entre esses dois homens diferentes, de classes distintas. Eles não se tornam exatamente amigos (Joe está quase chantageando o angustiado pai), mas compadres — de uma forma distorcida e um tanto quanto irônica. E o distinto executivo de classe média começa a pôr em prática os discursos do desleixado operário falastrão.

Ao chantagear Patrick para obrigá-lo a formar uma aliança, Joe compartilha o segredo sinistro do assassino e também, em alguma medida, a culpa pelo assassinato. Essa dinâmica libera os desejos e as inibições do operário fanfarrão e enterra a culpa do homem sofisticado, substituindo-a por uma noção de propósito e retidão. De repente, os dois homens, armados com rifles automáticos, estão executando hippies numa comunidade. Até que, numa imagem congelada trágica e irônica, o pai acaba executando a própria filha.

Bem pesado, né? Com certeza.

Mas o que essa sinopse não consegue transmitir, nem de longe, é o quanto o filme é engraçado pra caralho.

Por mais pesado, feio e violento que seja, *Joe*, em sua essência, é uma comédia de humor ácido sobre questões de classe beirando a sátira, ainda que seja, ao mesmo tempo, brutalmente atroz. A classe trabalhadora, a classe média e a cultura jovem estão representadas por seus piores modelos (todos os personagens masculinos do filme são cretinos desprezíveis).

Hoje, talvez seja polêmico se referir a *Joe* como uma comédia de humor ácido. Mas, na época em que o filme foi lançado, certamente não era. Quando vi *Joe*, ele era sem dúvida o filme mais terrível que eu já tinha visto (posição que sustentaria por quatro anos, até que eu assistisse a *Aniversário macabro*). Para ser franco, o apartamento imundo em que os dois viciados moram no começo do filme foi o que mais me impactou. Na verdade, chegou a me deixar um pouco enjoado (até mesmo uma ilustração desse apartamento publicada pela revista *Mad* me dava certa ânsia de vômito). E a plateia do Tiffany Theater, em 1970, assistiu à primeira parte do filme em silêncio.

No entanto, assim que Dennis Patrick entra no bar e o Joe de Peter Boyle aparece no filme, a plateia começou a rir. E, num piscar de olhos, todos os adultos da plateia foram de uma silenciosa repulsa para uma barulhenta hilaridade. Lembro que eles riam de praticamente qualquer merda que Joe dizia. E era uma risada de superioridade; eles estavam rindo *de* Joe, mas também estavam rindo *com* Peter Boyle, que entra no filme como uma força da natureza. E o talentoso roteirista Norman Wexler havia escrito para ele diversas falas tenebrosas. A performance cômica de Boyle conseguia suavizar a extrema brutalidade do filme.

Aquilo não fazia as pessoas gostarem de Joe, mas, de alguma forma, elas se divertiam com a presença dele.

Ao combinar a corajosa atuação cômica de Peter Boyle com seu discurso horripilante, Avildsen criou um drinque à base de mijo perturbadoramente saboroso.

As barbaridades ditas por Joe são engraçadas pra caralho. Assim como em *Duas ovelhas negras*, alguns anos depois, as plateias podem até ter se sentido culpadas por terem rido, mas eu estava lá e garanto a vocês que riram. Mesmo eu, com 7 anos de idade, caí na risada. Não porque entendesse o que Joe estava dizendo ou porque apreciasse os diálogos escritos por Norman Wexler. Eu ri por três motivos. Primeiro, porque aquela sala cheia de adultos estava rindo. Segundo, porque até eu fui capaz de captar a aura cômica na performance de Boyle. Terceiro, porque Joe falava palavrões o tempo todo, e poucas coisas são mais cômicas para uma criancinha do que um cara engraçado xingando tudo e todos sem parar. Lembro que, quando as risadas começaram a diminuir, veio a cena do bar em que Joe se levanta do banquinho, vai até o jukebox, introduz algumas moedas e, assim que dá uma olhada na lista de (imagino) soul music na máquina, berra: "Meu Deus, eles cagaram até com a porra da música!" Nesse momento, a plateia do Tiffany Theater gargalhou ainda mais do que antes.

Entretanto, terminada a cena do bar, em algum momento depois que Dennis Patrick e a esposa vão jantar na casa de Joe, acabei caindo no sono. Ou seja, perdi a cena inteira em que Joe e seu novo comparsa se lançam à caçada e ao massacre de hippies — um fato pelo qual minha mãe ficou grata.

Voltando para casa naquela noite, me lembro de ter ouvido minha mãe dizendo a Curt:

— Que bom que o Quentin dormiu antes do final. Eu não ia gostar que ele tivesse visto aquilo.

No banco de trás, perguntei:

— O que aconteceu?

Curt me contou o que eu havia perdido.

— Bom, o Joe e o pai acabam atirando num monte de hippies. E, no meio da confusão, o pai acaba atirando na própria filha.

— A menina hippie do começo? — eu quis saber.

— É.

— E por que ele atirou nela?

— Bom, foi sem querer — disse Curt.

Então perguntei:

— Ele ficou triste?

E minha mãe disse:

— Sim, Quentin, ele ficou muito triste.

Bem, posso até ter dormido durante a segunda metade de *Joe*, mas, quando o filme terminou e as luzes se acenderam, logo acordei. E não demorou nada para começar o segundo filme da sessão dupla do Tiffany: *Como livrar-me de mamãe*, uma comédia mais escrachada.

Assim que George Segal vestiu uma fantasia de gorila e Ruth Gordon acertou um soco no saco dele, o filme me pegou. Naquela idade, um sujeito vestido de gorila era o auge da comédia, e a única coisa mais engraçada que isso era um cara levando uma porrada no saco. Então, um cara vestido de gorila levando uma porrada no saco era o pináculo absoluto da comédia. Aquele filme seria, sem dúvida, muito sensacional. Por mais tarde que fosse, eu assistiria até o final.

Desde aquela sessão, nunca mais vi *Como livrar-me de mamãe* do início ao fim. Muitas cenas, porém, ficaram gravadas para sempre no meu cérebro, mesmo que eu não as entendesse.

Ron Leibman, no papel do irmão de George Segal, sendo perseguido por assaltantes negros pelo Central Park.

Ron pelado dentro do elevador com aquela mulher chorando.

E, é claro, o momento que mais me chocou, e, considerando a reação da plateia, o que mais chocou a todos também: a cena em que Ruth Gordon morde a bunda de George Segal.

Eu me lembro de perguntar à minha mãe enquanto os assaltantes perseguiam Ron pelo parque:

— Por que os negros estão correndo atrás dele?

— Porque eles estão querendo roubar o coitado — respondeu ela.

— Mas por quê? — perguntei.

E então ela disse:

— Porque é uma comédia, e eles estão tirando sarro das coisas.

E, naquele momento, me explicaram o conceito de sátira.

Meus jovens pais iam muito ao cinema naquela época, e geralmente me levavam junto. Não tenho dúvida de que eles poderiam encontrar alguém para ficar cuidando de mim (minha avó Dorothy costumava estar disponível), mas, em vez disso, permitiam que eu os acompanhasse. Em parte, porém, só faziam isso porque eu sabia quando tinha que ficar de boca fechada.

Durante o dia, eu tinha permissão para ser um moleque normal (irritante). Podia fazer perguntas idiotas e ser infantil e egoísta, como a maioria das crianças. No entanto, quando eles me levavam para sair à noite e íamos a um bom restaurante, a um bar (o que faziam às vezes, porque Curt tocava piano nos bares), a uma casa noturna (o que também acontecia de vez em quando), ao cinema ou até mesmo a uma noite de casais com amigos, eu sabia que era a hora dos adultos. E, se eu queria ter permissão para acompanhá-los na hora dos adultos, era melhor ficar bem quietinho. O que, basicamente, significava não fazer perguntas idiotas nem achar que aquele programa era para mim (porque não era). Os adultos estavam ali para conversar, rir e fazer piadas. Minha tarefa era ficar de bico fechado e não interromper o tempo todo com criancices. Eu sabia que ninguém estava nem aí para qualquer coisa que eu tivesse a dizer sobre o filme a que tínhamos assistido (a menos que fosse algo muito fofinho), ou sobre a própria noite. Não seria repreendido se quebrasse alguma dessas regras, mas era incentivado a agir de forma madura e bem-comportada. Porque, se agisse como um pestinha, acabaria ficando em casa, com uma babá, das próximas vezes que saíssem para se divertir. E eu não queria ficar em casa! Queria sair com eles! Queria participar da hora dos adultos!

De certa maneira, eu era uma versão infantil do homem-urso, capaz de observar adultos durante a noite no hábitat deles. Era de meu total interesse manter a boca bem fechada e os olhos e os ouvidos bem abertos.

É *isto* que os adultos fazem quando não há crianças por perto.

É *isto* que os adultos fazem para socializar.

É *isto* que conversam quando estão entre eles.

É *isto* que gostam de fazer.

É *isto* que acham engraçado.

Não sei se esta era a intenção ou não da minha mãe, mas eles estavam me ensinando sobre como os adultos socializavam uns com os outros.

Quando meus pais me levavam ao cinema, minha tarefa era ficar sentadinho, assistindo ao filme, mesmo que não gostasse dele.

E alguns daqueles filmes de adulto eram foda pra caralho!

M.A.S.H., a *Trilogia dos dólares, O desafio das águias, O Poderoso Chefão, Perseguidor implacável, Operação França, O corujão e a gatinha, Bullitt*. Outros, para um menino de 8 ou 9 anos de idade, eram chatos de doer. *Ânsia de amar? The Fox? Isadora? Domingo maldito? Klute: O passado condena? Paixão de primavera? O segredo íntimo de Lola? Quando nem um amante resolve?*

Mas eu sabia que, enquanto eles assistiam ao filme, ninguém dava a mínima se *eu* estava ou não me divertindo.

Tenho certeza de que, no começo, em algum momento, devo ter dito algo como "Ah, mãe, isso é muito chato". E ela, com certeza, respondeu: "Olha, Quentin, se você vai ficar enchendo o saco toda vez que a gente te levar para sair à noite, da próxima vez vai ficar em casa. Se preferir ficar em casa vendo TV enquanto eu e seu pai saímos para nos divertir, tudo bem, é isso que nós vamos fazer da próxima vez. Você decide."

Bom, eu decidi. Queria sair com eles.

E a primeira regra era: *não encha o saco*.

A segunda regra, durante o filme, era: *não faça perguntas idiotas*.

Talvez uma ou outra, bem no comecinho do filme, mas depois disso eu estava por minha conta. Qualquer outra pergunta teria que esperar até o final. E, na maior parte do tempo, eu conseguia seguir essa regra. No entanto, houve algumas exceções. Minha mãe gostava de contar aos amigos sobre a vez que me levaram para ver *Ânsia de amar*. Art Garfunkel estava tentando convencer Candice Bergen a transar com ele. E o diálogo era algo na linha: *Vamos lá, vamos fazer isso? Eu não quero. Mas você prometeu. Mas eu não quero. Mas está todo mundo fazendo.*

E, pelo jeito, com minha voz fininha de 9 anos de idade, perguntei, bem alto:

— O que eles querem fazer, mãe?

O que, de acordo com ela, fez a sala de cinema lotada de adultos cair na gargalhada.

Além disso, me lembro de ter achado a imagem congelada no final emblemático de *Butch Cassidy* muito obscura.

— O que aconteceu? — perguntei.
— Eles morreram — disse minha mãe.
— Eles morreram? — Eu levei um susto.
— Sim, Quentin, eles morreram — garantiu ela.
— Como é que você sabe? — insisti, muito perspicaz.
— Porque é isso que a imagem congelada sugere — respondeu ela, paciente.

Mas não me dei por satisfeito.

— Como é que você sabe?
— Eu sei e pronto. — Foi a resposta, que ainda não me satisfez.
— Por que eles não mostraram? — questionei, quase indignado.

Então, claramente perdendo a paciência, minha mãe explodiu:

— Porque não quiseram!

Contrariado, resmunguei baixinho:

— Eles deviam ter mostrado.

E, embora saiba hoje o quanto essa imagem se tornou emblemática, ainda acho que eles deviam ter mostrado.

Seja como for, eu geralmente tinha bom senso o suficiente para saber que, enquanto minha mãe e meu pai estavam assistindo ao filme, não era hora de bombardeá-los com perguntas. Eu sabia que estava vendo filmes para adultos e não entenderia algumas partes, mas entender a relação lésbica entre Sandy Dennis e Anne Heywood em *The Fox* não era importante para mim. O importante era meus pais se divertirem e eu estar junto com eles quando saíam à noite. Também sabia que a hora de fazer perguntas era no carro, voltando para casa, *depois* que o filme tivesse acabado.

Quando uma criança lê um livro adulto, sempre aparecem palavras que ela não entende. Ainda assim, dependendo do contexto e do parágrafo em que essas palavras aparecem, ela muitas vezes consegue depreender do que se trata. O mesmo acontece quando uma criança assiste a um filme adulto.

Obviamente, certas coisas que eu não entendia, meus pais *não queriam* que eu entendesse. Quanto a outras, porém, ainda que eu não soubesse exatamente o que significavam, captava a essência.

Sobretudo as piadas que faziam aquela sala cheia de adultos cair no riso. Era emocionante pra caralho ser a única criança num cinema abarrotado de adultos e ouvir todo mundo gargalhando de alguma coisa que eu sabia que, provavelmente, era imprópria. E às vezes, mesmo quando não entendia totalmente, eu sacava. Assim, embora não soubesse o que era uma camisinha, pela maneira como a plateia riu, acabei mais ou menos entendendo do que se tratava durante a cena entre Hermie e a farmacêutica em *Houve uma vez um verão*. A mesma coisa com a maioria das piadas em *O corujão e a gatinha*. Ri junto com a plateia adulta do começo ao fim desse filme (a parte do "Olha a bomba!" fez o cinema inteiro vir abaixo).

Entretanto, em relação aos filmes que acabei de citar, havia ainda um outro elemento na reação dos adultos que eu não percebia na época, mas do qual me dou conta agora. Se você mostrar a uma criança um filme com um cara falando palavrões de uma maneira engraçada, ou com uma piada sobre cocô ou peido, geralmente a criança vai rir. E, quando se trata de crianças um pouco mais velhas, se você mostrar uma piada sobre sexo, elas vão rir também — mas o tipo de risada que dão é uma risada travessa. Elas sabem que aquilo é inapropriado, e que talvez não devessem estar ouvindo ou vendo tal coisa. E a risada revela que elas se sentem um pouco travessas ao fazer parte daquilo.

Bom, em 1970 e 1971 era assim que as plateias adultas respondiam ao humor sexual em filmes como *O corujão e a gatinha*, *Como livrar-me de mamãe*, *M.A.S.H.*, *Houve uma vez um verão*, *Garotas lindas aos montes* e *Bob, Carol, Ted e Alice*. Ou à cena dos brownies de maconha em *O abilolado endoidou*. Ou à cena em *M.A.S.H.* em que os jogadores de futebol americano fumam um baseado sentados no banco de reservas. Ou a cenas com uma certa pitada de humor que um ou dois anos antes seria inimaginável. Na cena que nos apresenta ao personagem-título de *Joe*, ou vendo Popeye Doyle no bar em *Operação França*, a risada dos adultos tinha uma essência travessa semelhante. O que, olhando em retrospecto, faz sentido. Porque aqueles adultos não estavam acostumados a ver esse tipo de material. Eram os primeiros anos da Nova Hollywood. Aquelas plateias tinham crescido assistindo a filmes dos anos 1950 e 1960. Estavam acostumadas a decotes, insinuações, frases de duplo sentido e trocadilhos (até 1968, o nome da personagem de Honor Blackman em *007 contra Goldfinger*, Pussy Galore [xoxotas a rodo], tinha sido a piada de sexo mais explícita proferida num filme comercial).

Assim, de maneira estranha, os adultos e eu estávamos mais ou menos na mesma situação. Mas risadinhas travessas não eram a única coisa que eu ouvia nas plateias adultas. Os espectadores também riam o tempo todo dos personagens gays. E, sim, esses personagens com frequência eram utilizados como alívio cômico (*007: Os diamantes são eternos* e *Corrida contra o destino*).

Mas nem sempre.

Às vezes, isso trazia à tona um lado muito feio das plateias.

Em 1971, mesmo ano em que foram lançados *007: Os diamantes são eternos* e *Corrida contra o destino*, fui ao cinema com meus pais para ver *Perseguidor implacável*.

Na tela, Scorpio (Andy Robinson), personagem inspirado no Assassino do Zodíaco, está na cobertura de um prédio em São Francisco segurando um poderoso rifle de precisão apontado para o parque da cidade. Na mira telescópica do rifle vemos um homem negro, gay, usando um exuberante poncho roxo. O que é memorável nesse quadro é a cena que vemos se desenrolar pela mira telescópica de Scorpio. Poncho Roxo está no meio de um encontro com um caubói meio hippie de bigode preto extremamente parecido com o personagem de Dennis Hopper em *Sem destino*. No filme, dá para se ter uma ideia bem clara do que está acontecendo. Eles não parecem um casal; estão, definitivamente, num encontro. O caubói acaba de comprar uma casquinha de sorvete de baunilha para Poncho Roxo. E, mesmo sem qualquer contato físico entre os dois e com a ação se desenrolando de maneira silenciosa, dá para ver que o encontro está indo muito bem.

Fica bastante nítido que Poncho Roxo está se divertindo e o caubói *à la* Dennis Hopper está vidrado nele. Essa cena silenciosa talvez seja uma das encenações menos preconceituosas de uma paquera gay masculina apresentada num filme de estúdio de Hollywood naquela época.

Ainda assim, ao mesmo tempo, observamos toda essa cena através da mira telescópica do rifle de Scorpio, com as linhas apontadas diretamente para Poncho Roxo. Como eu sabia, sendo tão novinho, que aquele sujeito de poncho roxo era gay? Porque pelo menos cinco espectadores disseram, gargalhando ruidosamente: "É uma bicha!" Meu padrasto, Curt, inclusive. E eles riam dos trejeitos do personagem, ainda que a única visão que tivessem dele fosse a da mira do rifle de um cruel assassino, acompanhada pela sinistra trilha sonora de Lalo Schifrin. Eu, porém, senti outra coisa naquele cinema cheio de adultos. Ao contrário das demais vítimas no filme, senti que aquela plateia de adultos não estava lá muito preocupada com a integridade de Poncho Roxo. Na verdade, eu diria que alguns espectadores torciam para que Scorpio atirasse nele.*

No carro, voltando para casa, mesmo que eu não tivesse nenhuma pergunta a fazer, meus pais conversariam sobre o filme a que havíamos acabado de assistir. Essas lembranças estão entre as minhas favoritas. Às vezes gostavam do filme, às vezes não, mas eu costumava ficar surpreso com o quanto eles refletiam sobre o que viam. E era interessante revisitar o que eu tinha acabado de ver pela perspectiva da análise deles.

Os dois gostaram de *Patton: Rebelde ou herói?*, porém toda a discussão a caminho de casa girou em torno da admiração pela performance de George C. Scott.

Nenhum deles gostou de *Garotas lindas aos montes*, de Roger Vadim, por motivos que não sei ao certo. A maioria dos filmes com temática sexual que eu via com eles me deixava entediado pra caralho, mas *Garotas lindas aos montes* tinha uma vivacidade genuína que capturou minha atenção e a prendeu até o final. Assim como o *savoir-faire* descolado de Rocky Hudson, que não passou batido

---

* Na paródia da revista *Mad*, "Filthy Harry", ao flagrar Scorpio no telhado com o rifle apontado para o homossexual, Harry prende o homossexual.

nem para um menino de 8 anos de idade. Naturalmente, meu padrasto proferiu um monte de insultos homofóbicos contra Rocky Hudson no trajeto de volta para casa, mas me lembro de minha mãe defendê-lo ("Bom, se ele é mesmo homossexual, isso só demonstra o baita ator que é"). Eu me recordo de *Aeroporto* ter sido um estrondoso sucesso para a minha família em 1970. Principalmente por conta da surpreendente explosão da bomba de Van Heflin. O momento em que a bomba explode a bordo da aeronave foi uma das cenas mais chocantes de Hollywood até então. Como disse Curt enquanto voltávamos para casa: "Achei que o Dean Martin ia convencer o cara a não fazer aquilo", sugerindo, nas entrelinhas, como um filme com Dean Martin teria acabado em 1964 ou 1965, em comparação a um filme feito em 1970 — mesmo um filme relativamente à moda antiga.

E a cena seguinte — o buraco no avião sugando as pessoas para fora — foi a sequência mais intensa que eu já havia testemunhado até então numa sala de cinema. Todavia, naquele ano de 1970, eu assistiria a uma caralhada de coisas intensas.

O ritual de iniciação com garras de águia rasgando um peito em *Um homem chamado cavalo* fundiu minha cuca. Assim como a evisceração sanguinolenta de Barnabas Collins, em câmera lenta, e por meio do uso de uma estaca de madeira, em *Nas sombras da noite*. Eu me lembro de, nesses dois momentos, ficar olhando para a tela boquiaberto, sem acreditar que dava para fazer aquilo num filme. Nessas duas noites, com certeza fui eu quem mais falou no carro na volta para casa (achei esses dois filmes incríveis).

No dia 15 de abril de 1971 (não muito tempo depois do meu oitavo aniversário), aconteceu a cerimônia de entrega do Oscar no Dorothy Chandler Pavilion. Os cinco indicados à categoria de Melhor Filme em 1970 eram *Patton: Rebelde ou herói?*, *M.A.S.H.*, *Cada um vive como quer*, *Aeroporto* e *Love Story: Uma história de amor*. Na noite da entrega do prêmio, eu já tinha visto os cinco (no cinema, é claro) — ao filme pelo qual torcia, *M.A.S.H.*, havia assistido três vezes. Vi praticamente todos os filmes dos grandes estúdios daquele período. As únicas exceções foram *A filha de Ryan* e *Nicolau e Alexandra*, que não fiquei chateado de não ter visto. Além do mais, eu tinha assistido aos trailers desses filmes tantas vezes que era como se de fato os tivesse visto (tudo bem, também não vi *Quando explode a vingança*, porque Curt achou o título [*Duck, You Sucker!*, em inglês] muito idiota. A mesma coisa com *Os abutres têm fome* [*Two Mules for Sister Sara*]).

Meus dois outros filmes favoritos de 1970 foram *Um homem chamado cavalo* e, possivelmente, *Os guerreiros pilantras*. Para ilustrar como esses filmes estavam moldando meu gosto, basta dizer que em 1968 meu longa preferido tinha sido *Se meu Fusca falasse* e em 1969, *Butch Cassidy*. Em 1970, no entanto, foi *M.A.S.H.*, uma comédia sexual anarquista com temática militar.

Isso não queria dizer que eu não gostasse mais dos filmes da Disney. Os dois principais filmes da Disney daquele ano foram *Aristogatas* e *S.O.S.: Gatunos ao mar!*, e eu os vi e gostei de ambos. Mas nada me fez rir tanto quanto Lábios Quentes (Sally Kellerman) ficando pelada no chuveiro. Ou Radar (Gary Burghoff) colocando o microfone debaixo da cama enquanto Lábios Quentes transava com Frank Burns, e depois Trapper John (Elliott Gould) transmitindo isso para todo o quartel. (Em contrapartida, toda aquela sequência no meio do filme com Indolor, o dentista homossexual do quartel, sofrendo uma crise de pânico nunca significou nada para mim. E faz sentido, porque é a pior parte do filme.)

Mais uma vez: apesar de realmente ter gostado de *M.A.S.H.*, parte do prazer que eu tinha ao ver o filme era estar sentado numa sala de cinema cheio de adultos gargalhando histericamente, cada um deles se divertindo como se fosse uma criança travessa. Isso sem contar o prazer que eu sentia quando, na escola, descrevia as cenas que vira para as outras crianças da minha turma, que nem sequer sonhavam em assistir a filmes como *M.A.S.H.*, *Operação França*, *O Poderoso Chefão*, *Meu ódio será sua herança* ou *Amargo pesadelo* (havia no máximo uma outra criança, se tanto, que também tinha permissão para assistir a essas maluquices que me deixavam ver).

Como eu tinha permissão para ver filmes que meus colegas de turma não tinham, eles me consideravam muito sofisticado. E, como eu estava assistindo aos filmes mais desafiadores da melhor fase da história do cinema de Hollywood, eles estavam cobertos de razão: eu era mesmo.

A certa altura, quando percebi que estava vendo filmes que os outros pais não deixavam os filhos assistirem, questionei minha mãe sobre isso.

Ela disse: "Quentin, eu me preocupo mais com você assistindo ao noticiário. Um filme não vai te fazer mal algum."

Porra, Connie, é isso mesmo!

Alguma daquelas imagens às quais fui exposto me perturbou? É claro que sim! Mas isso não queria dizer que eu não tivesse gostado do filme.

Quando eles tiram a garota morta pelada da cova em *Perseguidor implacável*, foi algo muito perturbador — mas eu entendi.

A falta de humanidade de Scorpio estava além de todos os limites. Que bom que Harry acabou com ele usando o revólver mais poderoso do mundo.

Sim, foi perturbador observar uma mulher em agonia histérica sendo arrastada pelas ruas e açoitada pelos habitantes de um vilarejo depois de ser condenada por bruxaria em *O uivo da bruxa*, com Vincent Price, filme que vi numa sessão dupla, juntamente com o excelente terror espanhol *Internato derradeiro*. Que noite incrível!

Se eu fizesse uma lista de todas as imagens violentas e bárbaras que vi entre 1970 e 1972, a maioria dos leitores ficaria chocada. James Caan sendo metralhado até a morte na cabine de um pedágio, ou Moe Greene levando um tiro no olho em *O Poderoso Chefão*. Aquele cara cortado ao meio pela hélice de um avião em *Ardil-22*. O percurso selvagem de Stacy Keach pendurado do lado de fora de um carro em *Os novos centuriões*. Ou Don Stroud dando um tiro no próprio rosto com uma submetralhadora Thompson em *Os cinco de Chicago*. Entretanto, simplesmente listar esses momentos grotescos — tirados do contexto em que apareceram — não seria justo com os filmes em questão. E o argumento da minha mãe — que ela me explicaria depois — sempre teve relação com o contexto: eu era capaz de lidar com aquelas imagens porque era capaz de entender a história.

Uma das primeiras sequências que me deixaram genuinamente perturbado foi a cena de *Isadora* na qual Vanessa Redgrave, como Isadora Duncan, é estrangulada pela própria echarpe quando esta fica presa na roda de um carro esportivo. Acho que fui afetado de forma tão intensa por aquele final porque eu havia ficado profundamente entediado com tudo que veio antes dele. No carro, voltando para casa àquela noite, fiz um monte de perguntas sobre os perigos de uma echarpe ficar presa por acidente na roda de um carro. Minha mãe me garantiu que eu não tinha nenhum motivo para me preocupar com isso. Ela jamais permitiria que eu usasse uma echarpe longa e esvoaçante a bordo de um carro esportivo conversível.

Naquela época, uma das coisas mais terríveis que testemunhei num filme não foi um ato de violência cinematográfica, mas uma representação da grande peste em *O vale da morte*, de James Clavell. E, depois que o filme acabou, o relato histórico que meu padrasto fez sobre o período me deixou com os cabelos ainda mais em pé.

Algumas das experiências mais intensas que tive no cinema não foram com os filmes em si, mas, sim, com os trailers.

Sem sombra de dúvida, a coisa mais assustadora que vi quando criança não foi um filme de terror. Foi o trailer de *Um clarão nas trevas*.

Antes de saber o que era a homossexualidade, assisti à cena de sexo entre dois homens, Peter Finch e Murray Head, em *Domingo maldito*. Não fiquei chocado, apenas confuso. Entretanto, me choquei com a cena de luta que Alan Bates e Oliver Reed travam, nus, diante de uma lareira, no trailer de *Mulheres apaixonadas*, de Ken Russell. Também tive um vislumbre das perturbadoras cenas de sevícia masculina no trailer do drama prisional *Sob o teto do demônio*. E, por algum motivo, eu achava o trailer viajandão de *200 Motels*, de Frank Zappa, absolutamente assustador.

Houve algum filme daquela época com o qual não consegui lidar? Sim.

Bambi.

Bambi se perdendo da mãe, ela levando um tiro do caçador e aquele incêndio tenebroso na floresta mexeram comigo mais do que qualquer outra coisa que eu tivesse visto em um filme. Só em 1974, quando assisti a *Aniversário macabro*, de Wes Craven, alguma coisa chegou perto daquela experiência. As cenas de *Bambi* vêm arruinando a cabeça de crianças há décadas, mas agora estou bastante convicto de que sei por que *Bambi* me afetou de forma tão traumática. É claro que o fato de Bambi perder a mãe atinge qualquer criança bem no âmago, mas acredito que, mais do que as dinâmicas psicológicas da história, foi o fato de o filme ter se tornado trágico de uma maneira tão inesperada que me pegou com tanta força. Os anúncios na TV não davam a menor pista sobre a verdadeira natureza do filme. Em vez disso, eles se concentravam nos trejeitos fofinhos de Bambi e Tambor. Nada me preparou para a excruciante virada de acontecimentos que viria. Eu me lembro do meu cerebrozinho de 5 anos gritando a versão equivalente da idade para "Mas que porra é essa que está acontecendo?". Se eu estivesse mais preparado para o que veria, acho que talvez tivesse processado tudo de maneira diferente.

Houve, todavia, uma noite em que meus pais foram ao cinema e não me levaram com eles. Era uma sessão dupla de *Sweet Sweetback's Baadasssss Song*, de Melvin Van Peebles, e *Voar é com os pássaros*, de Robert Altman.

Eles foram com o irmão caçula da minha mãe, Roger, que tinha acabado de voltar do Vietnã e estava, coincidentemente, saindo com a minha babá, Robin, uma jovem ruiva de classe média muito bacana que morava na nossa rua.

A noite não foi um grande sucesso.

Além de não terem gostado de nenhum dos filmes, meu padrasto e meu tio passaram dias reclamando deles. *Voar é com os pássaros* é um dos piores filmes a ostentar o logotipo de um estúdio de cinema, e digo isso perfeitamente ciente de que Altman também dirigiu *Quinteto* para um estúdio. *Quinteto* é horrível, enfadonho e sem sentido.

No entanto, *Voar é com os pássaros* é o equivalente cinematográfico a um pássaro cagar na sua cabeça. Ainda assim, eu meio que me divirto com a ideia de que meus pais, meu jovem tio e minha babá de 17 anos compraram ingressos para assistir a *Voar é com os pássaros* esperando ver um *filme de verdade*.

Eles ficaram estarrecidos — principalmente meu tio.

Entretanto, o filme de Altman era o primeiro da sessão dupla. O filme que eles tinham pagado para assistir era *Sweet Sweetback's*.

Só não fui a essa sessão porque ela havia sido classificada ("por um júri formado exclusivamente por pessoas brancas!") como imprópria para menores, então eu não podia. Tenho certeza de que Curt, meu tio Roger e Robin entenderam o clamor de empoderamento negro de Melvin Van Peebles ainda menos do que entenderam *Voar é com os pássaros*. Mas, embora eu tenha certeza de que eles não conseguiam nem sequer imaginar por que alguém lançaria aquela baboseira de Altman, o filme de Van Peebles, pelo menos, era *uma coisa*.

Uma coisa que eles não entendiam.

Uma coisa que eles não conseguiam sequer absorver (o que os deixava furiosos).

Uma coisa que não era para eles (antes que a coisa os rejeitasse, eles rejeitaram a coisa), mas que, ao contrário de *Voar é com os pássaros*, eles não eram capazes de negar.

A parte interessante dessa história é que o único motivo pelo qual eles assistiram ao filme foi a minha mãe. Duvido que, se não fosse por ela, qualquer um deles tivesse sequer tomado conhecimento da existência do filme. Além disso, mamãe jamais usava a versão mais curta do título. Ela sempre se referia a ele pelo nome completo, cheio de suingue: *Sweet Sweetback's Baadasssss Song*. E, ainda que eu me lembre dos homens reclamando do filme por dias, mamãe não falou muito sobre ele. Não o defendeu, mas tampouco fez coro com as reclamações. Permaneceu em silêncio sobre o assunto (o que era estranho em se tratando dela).

Menos de um ano depois, ela deixaria Curt e passaria os três anos seguintes saindo apenas com homens negros.

Durante esse período, minha mãe e eu fomos ver menos filmes juntos, porque ela estava indo mais ao cinema durante seus encontros. E foi nesses encontros que assistiu a alguns dos primeiros filmes do gênero blaxploitation. Um deles foi *Super Fly*.

Eu já sabia do *Super Fly* porque mamãe tinha o disco com a trilha sonora, que foi um imenso sucesso, e o colocava para tocar constantemente. Também faziam muita propaganda do filme no *Soul Train*, programa que víamos todo sábado. Na época, eu morava com ela num apartamento moderninho que era dividido com duas garçonetes, suas melhores amigas na época — Jackie (negra) e Lillian (mexicana).

Eram três jovens bonitas e descoladas nos malemolentes anos 1970, com uma queda por atletas. Três mulheres sensuais (na época, minha mãe parecia uma mistura de Cher com Barbara Steele), uma branca, uma negra e uma mexicana, dividindo um apartamento com o filho de 10 anos da branca: nós éramos, praticamente, uma sitcom.

O veredicto da minha mãe sobre *Super Fly*? Ela o achou meio amador, mas também achou que a cena de Ron O'Neal e Sheila Frazer na banheira era uma das mais sensuais que já tinha visto.

Outro filme de blaxploitation sobre o qual ela me falou foi *Melinda*, estrelado por Calvin Lockhart (mais uma vez, fortemente propagandeado no *Soul Train*). Muitos anos depois, eu mesmo veria o filme. É bem ok (é meio que uma versão blaxploitation do filme noir *Laura*, com um monte de gente lutando kung fu no final). Minha mãe gostou muito. E eu disse a ela que também queria assistir. Dessa vez, contudo, ela não deixou. Como não me dizia isso com muita frequência (os outros únicos dois filmes que ela não me deixara ver foram *O exorcista* e *Carne para Frankenstein*), perguntei por quê. E, apesar de *Melinda* não ter nada de memorável em si, jamais esqueci da resposta que ela me deu: "Bem, Quentin, é um filme muito violento. Não que eu tenha necessariamente um problema com isso. Mas você não entenderia a história. E, como não entenderia o contexto em que essa violência acontece, estaria apenas assistindo à violência pela violência. E não quero isso."

Considerando que eu teria essa mesma conversa ao longo de toda a minha vida, nunca ouvi nenhum argumento mais bem elaborado do que esse. Ao mesmo tempo, não é como se eu entendesse as complexas tramoias de *Operação França*; no máximo, sabia que os policiais estavam atrás do sujeito francês de barba. Mas, de acordo com os parâmetros da minha mãe, imagino que isso já fosse o suficiente.

Nessa época minha mãe estava saindo com um jogador de futebol americano profissional chamado Reggie. E, numa tentativa de marcar alguns pontos com ela, Reggie lhe perguntou se poderia me levar para dar um passeio.

— Ele gosta de futebol americano? — quis saber Reggie.

— Não, ele gosta de cinema — disse minha mãe.

Por sorte, Reggie também gostava. E, aparentemente, assistia a todos os filmes de blaxploitation que eram lançados. Então, num sábado, bem no finzinho da tarde, Reggie (que eu nunca tinha visto antes) apareceu lá no apartamento, me apanhou e levou ao cinema, numa parte da cidade na qual eu jamais havia estado. Eu costumava frequentar as grandes salas nos principais distritos do cinema, Hollywood e Westwood. Mas aquele lugar era diferente. Havia enormes salas de cinema dos dois lados da rua, que se estendia por cerca de oito quarteirões. (Quando fiquei mais velho, constatei que Reggie havia me levado ao Broadway Boulevard, a rua dos cinemas no centro de Los Angeles, que incluía, entre outros, o Orpheum, o State, o Los Angeles, o Million Dollar Theatre e o Tower.) Não apenas todos os cinemas eram imensos, com marquises enormes, como também exibiam cartazes gigantescos (para mim, pareciam ter uns seis metros de altura) dos filmes logo acima da marquise. E, com exceção de *Cinco dedos de violência*, clássico do cinema de kung fu de Hong Kong, e (estranhamente) de *Minha bela dama*, todos eram de blaxploitation. Filmes aos quais eu nunca havia assistido, mas de cuja existência estava ciente, por causa dos comerciais na TV (sobretudo no *Soul Train*), das propagandas na 1580 Kday (a estação de rádio de soul music em Los Angeles) e dos anúncios empolgantes e ricamente ilustrados na seção de cultura do *Los Angeles Times*.

O sol estava quase se pondo, e as marquises começavam a se colorir, com seus ruidosos letreiros de neon se acendendo. Meu novo amigo me disse que eu podia escolher o filme que quisesse (com a exceção de *Minha bela dama*). Naquela noite de sábado, estavam sendo exibidos *Hit Man*, com Bernie Casey (uma refilmagem do filme britânico *Carter: O vingador* com elenco negro), e *The Mack*, estrelado por Max Julien e Richard Pryor — que logo se tornaria um clássico.

— Que tal *The Mack*? — perguntei.

— Bem, já vi esse — disse ele.

— E é bom?

— É sensacional! — exclamou. — Se você fizer muita questão, posso assistir de novo. Mas vamos dar mais uma olhadinha antes.

Também estavam passando *Super Fly*, *O terrível Mister T*, *Cool Breeze* (uma refilmagem de *O segredo das joias* com elenco negro) e *Deixem a cidade se vingar* (a continuação de *Rififi no Harlem*), e Reggie já tinha visto todos. A novidade, que havia estreado na quarta-feira daquela semana, era *O justiceiro negro*, o novo filme do superastro da blaxploitation, Jim Brown. Eu tinha visto vários anúncios do filme na TV naquela semana, e parecia mesmo muito empolgante. Eu me lembro até das propagandas no rádio, proclamando que "Jim Brown vai catar o filho da mãe que matou o mano dele".

Bem, *O justiceiro negro* era definitivamente o filme que Reggie queria ver. Em primeiro lugar porque, sendo o entusiasta que era, aquele era um dos poucos filmes em cartaz que ele ainda não tinha visto. E, porra, também estava na cara que ele curtia muito Jim Brown.

Perguntei quais eram os atores favoritos dele. Ele disse Jim Brown, Max Julien, Richard Roundtree, Charles Bronson e Lee Van Cleef.

Reggie me perguntou quem era o meu ator favorito.

— Robert Preston — respondi.

— Quem é Robert Preston?

— *O vendedor de ilusões*! — Na época, eu era muito fã de *O vendedor de ilusões*.

Como aquela era a primeira noite de sábado com o novo filme de Jim Brown em exibição, o enorme auditório (a sala devia ter uns 1.400 lugares) não estava exatamente lotado, mas bem cheio, com certeza, e havia um forte burburinho de expectativa.

O meu rostinho era o único branco em toda a plateia.

Aquela seria a minha primeira sessão de cinema em meio a uma plateia inteiramente negra (exceto por mim), num bairro negro. Isso em 1972. Cerca de quatro anos depois eu já estava me aventurando sozinho numa sala majoritariamente frequentada por pessoas negras chamada The Carson Twin Cinema, em Carson, na Califórnia, que foi onde me atualizei com todos os filmes de blaxploitation e kung fu que tinha perdido no começo daquela década (*Coffy: Em busca de vingança, The Mack, Foxy Brown, A vingança de J. D., Cooley High, Cornbread, Earl and Me, O monstro sem alma, Cinco dedos de violência, Hapkido, A fúria do dragão*), bem como todos os outros filmes do gênero exploitation que foram lançados nessa mesma época. E, ali pelo começo dos anos 1980, voltei a frequentar o Broadway Boulevard, embora nessa época a vizinhança fosse muito mais mexicana do que negra e os cartazes dos filmes em 35 mm que eles exibiam geralmente trouxessem legendas em espanhol.

Além disso, no fim dos anos 1970, eu costumava passar os fins de semana na casa de Jackie (lembram da garota com quem minha mãe dividia o apartamento?), que morava em Compton. Na época, Jackie era como uma segunda mãe para mim, e sua filha, Nikki (quatro anos mais velha do que eu), como uma irmã. Já o irmão de Jackie, Don (que a gente chamava de Big D), era como se fosse meu tio.

Nikki e suas amigas me levavam ao cinema em Compton, onde assisti a *Mahogany, Aconteceu outra vez, Dois honrados vigaristas* e *Adeus, amigo* (não assistíamos apenas a filmes com elenco majoritariamente negro, e também vimos *Aeroporto 75* e *Golpe sujo*). Nikki e uma de suas amigas também me levaram (quando eu tinha 14 anos) até um Pussycat Theatre, no Hollywood Boulevard, para assistir ao meu primeiro filme pornô: a clássica sessão dupla que foi exibida naquela sala durante oito anos, *Garganta profunda* e *O diabo na carne de Miss Jones*. (Não entendemos o motivo de tanto alarde em torno do *Garganta profunda*, mas achamos *O diabo na carne de Miss Jones* um filme muito bom.)

Como eu consegui entrar aos 14 anos?

Primeiro, porque eu era alto. No entanto, como minha vozinha de taquara rachada poderia botar tudo a perder, Nikki foi a única a falar.

Segundo, porque a sala ficava aberta a noite inteira. Então, nós aparecemos às duas da manhã. Duvido que alguma mulher comprando um ingresso às duas da manhã tenha tido a entrada negada na história do Pussycat Theatre.

Tempos depois, quando eu já tinha 16 anos de idade, consegui um emprego de lanterninha no Pussycat Theatre de Torrance.

Mas voltemos a mim, a Reggie e a Jim Brown.

O justiceiro negro estava sendo exibido no Tower Theatre, numa sessão dupla com outro filme, um drama social de temática negra meio amador chamado *The Bus Is Coming*.

Entramos na sala quando ainda faltavam cerca de 45 minutos para terminar *The Bus Is Coming*. Como já mencionei, no que dizia respeito a ser uma criança assistindo a filmes difíceis em meio a plateias adultas, eu era muito sofisticado. Tinha visto muitas plateias adultas diferentes reagindo a muitos tipos diferentes de filme. E já testemunhara inclusive uma plateia se voltar contra um filme e começar a zombar dele (isso aconteceu com um longa da Crown International chamado *The Young Graduates*). No entanto, nunca havia presenciado nada parecido com a reação daquela plateia a *The Bus Is Coming*.

Porra, eles odiaram aquilo.

E passaram os últimos 45 minutos do filme proferindo, ininterruptamente, palavrões contra a tela do cinema. A primeira vez na vida que ouvi a expressão "vai chupar uma rola" foi quando um sujeito na plateia a gritou para um personagem. Como eu nunca tinha passado por nada parecido, a princípio não soube muito bem como lidar com a situação. No entanto, os insultos aos personagens foram ficando cada vez mais pesados, e, a cada minuto que passava, a plateia parecia atingir níveis ainda mais profundos de ódio ao filme, e os xingamentos se tornavam mais engraçados. Até que eu comecei a rir. E, em pouco tempo, estava gargalhando descontroladamente. Sem dúvida, minha reação e minha gargalhada incontrolável e fininha, que parecia com a de um garoto de 9 anos de idade, devem ter atingido o jogador de futebol tanto quanto aquela plateia havia me atingido.

—Você está se divertindo, Q? — perguntou ele.

— Esses caras são muito engraçados — respondi, e não estava falando do filme.

Ele sorriu para mim e deu um tapinha no meu ombro com sua mão colossal.

—Você é um moleque bacana, Q.

Isso me encorajou a participar daquilo. Então, gritei alguma coisa para a tela e olhei em seguida para Reggie, a fim de ver se estava tudo bem. E Reggie apenas riu do fato de eu estar me sentindo confortável o bastante para participar daquele festival de ofensas. Então, eu participei. E inclusive gritei meu novo xingamento favorito para o telão: "Vai chupar uma rola."

O que fez Reggie e alguns outros caras mais velhos sentados perto da gente caírem na gargalhada.

Uau! Que noite foi aquela!

Mas ela estava apenas começando.

A última coisa de que me lembro sobre *The Bus Is Coming* é o final, quando o moleque negro de 12 anos que passa o tempo todo esperando pelo ônibus (provavelmente uma metáfora para alguma coisa) começa a repetir a frase que dá título ao filme quando o coletivo, enfim, chega. Nesse momento, alguém da plateia gritou:

— É, agora entra nessa porra e vai pra puta que pariu!

Eu limpava as lágrimas de tanto rir quando as luzes se acenderam naquele auditório enorme. E de repente me dei conta de que Reggie estava tentando ser legal comigo por causa da minha mãe. Então, perguntei a ele se podia pegar uma Coca-Cola e algum doce na bonbonnière. E Reggie, em vez de me levar até lá, simplesmente puxou a carteira do bolso, tirou uma nota de 20 dólares e me disse:

— Pode pegar o que quiser.

Se dependesse de mim, eu diria que minha mãe podia se casar com aquele cara.

Com o dinheiro na mão, segui até a bonbonnière daquela enorme sala de cinema, que era praticamente do mesmo tamanho da Metropolitan Opera House. Depois, carregado com o equivalente a 10 dólares de porcarias, voltei ao meu assento bem quando as luzes começavam a se apagar. Em seguida, numa típica noite de sábado no centro da cidade, o novo filme de Jim Brown, *O justiceiro negro*, começou a ser exibido pela janelinha do projetor para uma plateia extremamente empolgada de cerca de 850 pessoas negras, a maioria delas homens.

E, para ser sincero, depois desse dia nunca mais fui o mesmo.

Em maior ou menor grau, desde então passei a vida vendo e fazendo filmes numa tentativa de recriar a experiência de assistir ao novo filme do Jim Brown numa noite de sábado, numa sala de cinema negra, em 1972. O mais perto que cheguei dessa experiência foi quando assisti ao meu primeiro filme de James Bond, *Os diamantes são eternos*, por conta da maneira como a plateia respondia a cada tirada espirituosa de Sean Connery. E talvez eu também deva incluir aqui o modo como a plateia reagiu a Clint Eastwood em *Perseguidor implacável*.

Mesmo assim... não tem nem comparação.

Na cena em que Jim Brown está sentado atrás de uma escrivaninha, Bruce Glover (o pai de Crispin) e seus capangas brancos o ameaçam e Brown aperta um botão debaixo da mesa e uma escopeta de cano cerrado cai no colo dele... aquela sala enorme cheia de homens negros vibrou de uma maneira que eu, aos 9 anos de idade, nunca tinha visto num cinema. Aquela foi, provavelmente, a experiência mais masculina da qual eu havia participado até então — não se esqueçam de que eu morava com uma mãe solo.

E quando o filme terminou, com uma imagem congelada de Jim Brown no papel do justiceiro negro, o cara sentado atrás de mim e de Reggie declarou, em voz alta:

— Isso é que é um filme de um filho da puta pica grossa!*

Infelizmente, depois dessa noite, nunca mais vi Reggie. E até hoje não faço a menor ideia do que aconteceu com ele. De tempos em tempos pergunto à minha mãe:

— O que aconteceu com o Reggie?

E ela simplesmente dá de ombros e diz:

— Ah, ele continua por aí.

---

* E, não, assistir a *O justiceiro negro* hoje em dia não chega nem aos pés da experiência que foi em 1972. Apesar disso, a escopeta de cano cerrado debaixo da mesa ainda é uma cena muito bacana, e Jim Brown *ainda* é um "filho da puta pica grossa".

Bullitt

(1968)

Junto com Paul Newman e Warren Beatty, Steve McQueen era um dos principais jovens astros do cinema em Hollywood nos anos 1960. O Reino Unido tinha sua cota de jovens e empolgantes protagonistas, como Michael Caine, Sean Connery, Albert Finney e Terence Stamp, mas os caras jovens e sensuais nos Estados Unidos eram McQueen, Newman e Beatty. Um degrau abaixo deles estavam James Garner, George Peppard e James Coburn. Entretanto, na maioria das vezes, sempre que um deles estrelava um filme, era porque um dos três ocupantes do topo da lista havia recusado o papel. Os produtores queriam Newman ou McQueen, mas se contentavam com George Peppard. Queriam McQueen, mas se contentavam com James Coburn. Queriam Beatty, mas se contentavam com George Hamilton. James Garner, na verdade, era popular o bastante para conseguir, de tempos em tempos, seus próprios papéis. Contudo, nem sempre.

Um degrau abaixo deles vinham os protagonistas em ascensão, como Robert Redford, George Segal e George Maharis, e astros do pop, como Pat Boone e Bobby Darin (que, nos anos 1960, chegaram a ter uma carreira no cinema). Na verdade, se tivesse levado a carreira cinematográfica a sério, o único jovem astro que poderia ter dado um calor nos três atores no topo da lista seria Elvis Presley. Elvis, porém, era prisioneiro tanto do coronel Tom Parker quanto do próprio sucesso. Fazia apenas dois filmes por ano, e nenhum jamais deu prejuízo. E nem todos eram ruins. Alguns eram melhores que outros. No entanto, podemos afirmar, com certa segurança, que não eram filmes de verdade, mas apenas "filmes do Elvis".*

Uma das coisas que tornaram Steve McQueen tão popular nos anos 1960, junto com a personalidade de *rei dos bacanas* e o inquestionável carisma, foi o fato de, entre os três atores no topo da lista (Newman, McQueen e Beatty), ter sido quem fez os melhores filmes.

Depois de se tornar um astro do cinema com *Fugindo do inferno*, McQueen fez uma sequência de filmes muito bons. Nos anos 1960, a única bomba de verdade na filmografia dele após *Fugindo do inferno* foi *O gênio do mal*, e isso se deve, principalmente, à ideia ridícula de colocá-lo para interpretar um cantor folk. Por sua vez, Paul Newman fez uma quantidade espantosa de filmes horrendos ao longo da carreira, entre um e outro muito emblemático. A bem da verdade, alguns dos filmes que ele aceitou fazer ao longo dos anos são realmente inexplicáveis. Imagino que ele só quisesse trabalhar. Depois de *Clamor do sexo*, Beatty não fez nenhum filme que prestasse até *Bonnie & Clyde: Uma rajada de balas* (ok, talvez *Lilith*). Ainda assim, em comparação com os colegas, o material com que McQueen escolheu trabalhar era, consistentemente, de maior qualidade.

O motivo pelo qual o material de McQueen era superior não tinha a ver com o fato de ele estar constantemente de olho em todos os roteiros disponíveis e ter uma habilidade sobre-humana para escolher os projetos. McQueen não gostava de ler. Duvido que tenha lido um livro sequer em toda a vida por vontade própria. Provavelmente jamais leu um jornal que não tivesse uma matéria sobre *ele*. E só lia um roteiro quando era necessário. Não que ele não soubesse ler, não era analfabeto. Neile McQueen, a primeira esposa dele, me disse: "Ele lê revistas sobre carros."

---

* Depois de McQueen ter recusado o papel de Sundance Kid, que acabou ficando com Redford, ele foi oferecido a Warren Beatty. Naturalmente, se Beatty fosse fazer o filme, gostaria de interpretar Butch Cassidy (o que estava fora de cogitação, pois o papel sempre esteve reservado a Newman), tendo Elvis Presley no papel de Sundance.

Não é também que ele não fosse inteligente. McQueen podia conversar com você sobre a potência de motores ou sobre como desmontar o carburador de uma motocicleta, ou discutir sobre armamentos, até que você não aguentasse mais ouvir a voz dele.
Mas não gostava de ler.
Então, quem lia aquele material?
Neile McQueen.
Não há palavras para descrever a importância de Neile McQueen para o sucesso de Steve como astro de cinema.
Era Neile quem lia os roteiros. Era ela quem selecionava o material. Era ela quem escolhia os melhores filmes para a carreira do marido. O empresário de Steve, Stan Kamen, lia dez roteiros que lhe oferecessem, escolhia os cinco melhores e os enviava a Neile. Ela lia esses cinco, escrevia uma sinopse do material, selecionava os dois preferidos e depois contava a história dos filmes para Steve, explicando por que os considerava bons para ele — o que geralmente terminava com Steve lendo o roteiro de que Neile mais tivesse gostado.* Agora, é claro que o diretor era importante, o cachê era importante, a locação em que filmariam... tudo isso era importante. Mas a opinião de Neile também. E, naturalmente, diretores que já haviam trabalhado com Steve — e de quem ele gostava — tinham preferência. Entretanto, se Neile não gostasse do roteiro, era uma briga de faca no escuro. E foi graças ao bom gosto de Neile e ao entendimento profundo que tinha tanto do talento do marido quanto da personalidade emblemática dele que ela conduziu a carreira de Steve, começando com *A mesa do diabo*, para que se tornasse o maior sucesso da segunda metade dos anos 1960 (uma Neile McQueen era tudo de que Elvis precisava).
Neile também percebeu uma coisa que o mestre do cinema de ação Walter Hill me contou sobre McQueen. Hill trabalhou duas vezes com ele como segundo assistente de direção, tanto em *Crown,*

---

* McQueen detestava ler roteiros, a ponto de, tempos depois, já com a carreira estabelecida, cobrar 1 milhão de dólares aos estúdios só para lê-los.

o Magnífico quanto em *Bullitt*, e, depois, como roteirista, em *Os implacáveis*.

Hill me disse: "Uma coisa que você teria apreciado no Steve era que ele, embora fosse um bom ator, não se via apenas como ator.* Steve se via como um ASTRO DE CINEMA. Essa era uma das características mais sedutoras que ele tinha. Sabia no que era bom. Sabia do que as plateias gostavam nele, e era isso que procurava dar a elas."

E completou: "Eu admirava muito o Steve. Ele foi o último dos verdadeiros astros do cinema."

Isso é verdade. McQueen não queria se enterrar debaixo de camadas de maquiagem, usar barba falsa ou mudar de aparência (como fizeram, por exemplo, Paul Newman, em *Roy Bean: O homem da lei*, ou Robert Redford, em *Mais forte que a vingança*). Quando rodava um filme, ele queria fazer as coisas bacanas que só um astro de cinema podia fazer. Ele não tinha o menor interesse em fazer um filme no qual todo mundo tinha um papel melhor do que o dele. Tampouco queria dividir a tela, e o nome dele precisava aparecer sempre em destaque. McQueen conhecia seu público, e sabia que eles haviam pagado para vê-lo.

Perguntei a Neile McQueen como surgiu a ideia de *Bullitt*. Ela me disse que Steve tinha acabado de assinar um contrato com a Warner Bros.-Seven Arts para que ela financiasse a produtora Solar Productions, comandada por ele. E era com esse projeto que a Warner queria dar início à parceria. Neile também queria que o marido fizesse *Bullitt*. O filme sairia depois do maior sucesso de Steve, *Crown, o Magnífico*, e Neile pensou: *Vai ser uma boa mudança de ares para ele. Em Crown, ele era um ladrão. Agora, vai ser um policial.*

Todo mundo queria que McQueen fizesse o filme, menos o próprio McQueen. "Ele levou um tempão para dizer sim. Foi muito tempo mesmo até aceitar fazer o filme", disse Neile. "Jack Warner ligava

---

* Ao contrário de Paul Newman, que via a si mesmo como um ator de teatro de Nova York.

para a minha casa e gritava no meu ouvido, e eu gritava com o Steve: 'Aceita logo essa porcaria!'"

McQueen era famoso por levar muito tempo para se comprometer com um projeto, mas o motivo pelo qual receava fazer aquele filme era o envolvimento que ele tinha com a contracultura de paz e amor. Havia começado a usar colares de contas e a vestir roupas de inspiração hippie. Como disse Neile, em tom de brincadeira: "Steve praticou o amor livre durante anos. E, agora que ele tinha se tornado uma filosofia, é claro que ele era totalmente a favor."

Ela explicou: "Steve queria fazer parte do movimento paz e amor. E as pessoas no movimento odiavam policiais. Ele dizia: 'Elas chamam os policiais de porcos. Não posso interpretar um porco.'"

Já Walter Hill me disse: "Steve tinha uma conexão misteriosa com o público dele. Sentia que eles eram mais jovens e mais descolados do que o público habitual de um astro do cinema. Sabia que prestavam atenção nas roupas que ele usava e nas coisas que fazia nos filmes. No corte perfeito das calças jeans. Ele acreditava que o público curtia esse tipo de detalhe."

E Neile se lembra de Steve dizendo: "Se eu interpretar um policial nesse filme, vou fundir a cuca dos meus fãs."

Em *Steve McQueen: Star on Wheels*, o autor William Nolan revela que Terry, a filha de Steve, lhe deu um colar de contas hippie como presente de aniversário. Nolan escreveu: "Ele gostou tanto daquele colar, que chegou a pensar em usá-lo numa foto promocional de *Bullitt*." Um colar hippie e uma arma de fogo. Símbolos de um detetive descolado.

No fim das contas, McQueen deu início à produção de *Bullitt* pela Solar, com a distribuição a cargo da Warner Bros.-Seven Arts. O resultado final foi não apenas o maior sucesso da carreira de Steve, como também provocou um tremendo impacto no Zeitgeist, fazendo com que ele finalmente superasse o maior rival, Paul Newman. Da mesma forma que *Perseguidor implacável* (que Steve recusaria mais tarde) pegou o já emblemático Clint Eastwood e o elevou a um novo patamar na iconografia pessoal, assim também Frank Bullitt, um cara sofisticado, bacana, cuca fresca e que dirigia em alta velocidade, fez por McQueen.

Bullitt também revolucionou o gênero policial no cinema e, posteriormente, nos seriados policiais televisivos. Graças a James Bond, os agentes secretos eram considerados descolados. Até mesmo os detetives particulares, como Paul Newman, em *Harper: O caçador de aventuras*, Frank Sinatra, em *Tony Rome*, Ralph Meeker, em *A morte num beijo*, e George Peppard, em *Uma nova cara no inferno*, se vestiam melhor, moravam em cafofos mais legais e, de maneira geral, se divertiam. Já os filmes policiais eram sempre muito sombrios, sérios e, para ser bem sincero, um verdadeiro porre. Eram todos iguais, os policiais em questão eram todos iguais, sempre vestidos com idênticos ternos vagabundos pretos, gravatas, chapéus e sobretudos — ou capas de chuva — da mesma cor. Frank Sinatra, em *Crime sem perdão*, Sidney Poitier, em *Noite sem fim*, Richard Widmark, em *Os impiedosos*, e George Peppard, em *O pêndulo*, eram intercambiáveis. Poderiam sair de seus filmes e assumir o protagonismo em algum dos outros sem que ninguém percebesse a menor diferença.

Talvez Poitier, no papel de Madigan, em *Os impiedosos*, pudesse chamar alguma atenção. Por conta da imagem de bom-moço que o ator tinha, escalá-lo no filme, quem sabe, pudesse ter sido interessante — em vez disso, o que vimos foi apenas mais um personagem sarcástico na longa lista de personagens sarcásticos interpretados por Widmark. Tudo nesses filmes era igual. O figurino de todos eles poderia ter sido feito pela mesma pessoa, os carros poderiam ter sido todos alugados no mesmo lugar, os coadjuvantes (Ralph Meeker, Harry Guardino, Jeff Corey, Jack Klugman, James Whitmore, Richard Kiley) poderiam ter trocado de papéis uns com os outros e os roteiros poderiam ter sido escritos pelo mesmo roteirista, a partir do mesmo livro. Os casos em torno dos quais os filmes se desenvolviam tinham a ver com alguma coisa considerada provocativa no fim dos anos 1960. E todos se esforçavam para incluir diálogos um pouco mais próximos da linguagem crua das ruas (uma batalha que todos perderam). Por fim, de maneira quase cômica, ao que parece todos esses policiais amargos eram casados com uma esposa insatisfeita (Inger Stevens, Lee Remick, Barbara McNair e Jean Seberg).

Então veio o Frank Bullitt de Steve McQueen.

Bullitt é mostrado pela primeira vez aos espectadores acordando pela manhã — após ter ido dormir às cinco —, vestindo um pijama tão estiloso que até parece ter sido emprestado por Hugh Hefner. E ele não tem uma esposa infeliz, mas uma namorada gostosa e bastante satisfeita interpretada por Jacqueline Bisset. Quando o vemos oficialmente no trabalho — encontrando-se com Robert Vaughn —, ele também usa terno e gravata, mas, pelo menos, as roupas lhe caem bem. E, ao longo de toda a película, o guarda-roupa de Bullitt consiste de um modelito mais chique que o outro.*

Neile disse: "Steve tinha um bom gosto fantástico. Se tivesse que usar uma calça jeans num filme, mandava lavá-la cem vezes."

O filme de Peter Yates não goza mais da mesma importância que havia desfrutado no Zeitgeist nas últimas décadas do século XX. Embora muita gente nascida nos anos 2000 em diante possa ter ouvido falar dele — e, provavelmente, da famosa cena de perseguição de carros —, isso não quer dizer que o tenham visto. Quanto a mim, sou velho o bastante para ter visto *Bullitt* no cinema, quando foi lançado. Acontece que eu tinha 6 anos, e não me lembro de muita coisa. Apenas da perseguição de carros. É disso que a maioria das pessoas geralmente se lembra. Mas elas também se recordam de como Steve McQueen no papel de Frank Bullitt era bacana, com roupas bacanas, corte de cabelo bacana e um Ford Mustang bacana. Se elas realmente gostam de cinema, talvez também se lembrem da espetacular trilha sonora de Lalo Schifrin baseada no jazz (o tipo de trilha que Quincy Jones tentou fazer durante anos, sem sucesso). Uma coisa, porém, da qual ninguém se lembra é a história. E *Bullitt* até tem uma história,

---

* Na televisão, a única pessoa capaz de replicar o visual chique e descolado de McQueen foi David Soul, como Dave Hutchinson em *Starsky & Hutch: Justiça em dobro*, com blusas pretas de gola rulê por baixo da jaqueta de couro marrom-clara.

mas não é uma história memorável nem tem nada a ver com os elementos do filme aos quais reagimos.

De modo que a maioria das pessoas que viram o filme há mais de cinco ou seis anos, mesmo que o tenha visto mais de uma vez, não é capaz de descrever a trama. Certa ocasião, o comediante Robert Wuhl me disse: "Já vi *Bullitt* quatro vezes e não sei dizer qual é o enredo do filme. Tudo que sei é que tem algo a ver com o Robert Vaughn."

Estranhamente, porém, no caso do filme de Peter Yates, essa não é uma crítica negativa. Na verdade, podemos até argumentar que se trata de um símbolo da integridade inerente ao filme. Todos aqueles outros filmes policiais que citei passam o tempo *todo* nos contando histórias chatas nas quais ninguém está interessado. Eles enchem a tela com personagens enfadonhos, aos quais tentam dar profundidade, conseguindo apenas gerar apatia. Ficamos entediados cena após cena com a ilustração que eles fazem da vida miserável que o policial protagonista leva, ou com alguma longa cena descritiva de um personagem após um assassinato com o qual ninguém se importa.

Não estamos nem aí para quem matou o homossexual em *Crime sem perdão*, não queremos saber quem matou a prostituta em *Noite sem fim*, estamos pouco nos fodendo para o que aconteceu com a arma de Madigan em *Os impiedosos*, sabemos *exatamente* quem matou a esposa de Peppard em *O pêndulo* e não conseguimos engolir que as pessoas levem tanto tempo para descobrir essas coisas nesses filmes.

Ainda assim, como Yates dá pouquíssima atenção ao crime em torno do qual gira a trama de *Bullitt*, isso sugere que ele sabe que nós também não damos, o que sugere, por sua vez, uma iconoclastia muito sofisticada, nada comum num filme policial de Hollywood. Um *thriller* leve de Hitchcock até poderia, em último caso, ser permissivo com o MacGuffin* em torno do qual os personagens do filme se debatem, mas num filme policial violento e sanguinário isso seria impensável.

---

* Um dispositivo do enredo, que pode ser algum objetivo, objeto desejado ou outro motivador que o protagonista persegue (um amor, dinheiro, poder etc.), muitas vezes com pouca ou nenhuma explicação narrativa. A especificidade de um MacGuffin geralmente não tem importância para a trama geral. [N. da E.]

Por sinal, a trama, livremente inspirada no romance *Mute Witness*, de Robert L. Pike, gira em torno de um policial de São Francisco, Frank Bullitt (Steve McQueen), e de seu parceiro, Delgetti (Don Gordon, amigo de Steve na vida real), que são designados pelo dissimulado procurador assistente Chalmers (interpretado de forma deliciosamente sebosa por Robert Vaughn) para proteger uma testemunha, Johnny Ross (Felice Orlandi, um ator que Walter Hill sempre gostava de colocar nos filmes que produzia), num fim de semana. Chalmers quer que Ross testemunhe numa grande audiência contra o crime organizado que será realizada na manhã de uma segunda-feira. Na verdade, ele é o grande trunfo, uma testemunha com a qual o procurador assistente pretende ganhar notoriedade, de modo que mantê-lo vivo durante o fim de semana é uma necessidade fortemente enfatizada pelo policial. No entanto, o local escolhido para escondê-lo acaba sendo descoberto. Enquanto um dos homens de Bullitt está sentado num quarto de hotel protegendo Ross, dois assassinos profissionais, um deles armado com uma escopeta, aparecem à porta e atiram tanto no policial quanto na testemunha — que morre em seguida, no hospital. Bullitt, entretanto, oculta essa morte — removendo o cadáver do hospital —, a fim de convencer os assassinos de que Ross ainda está vivo, na esperança de que eles tentem matá-lo outra vez naquele fim de semana. Enquanto isso, ele precisa driblar o procurador Chalmers e seus amigos poderosos no departamento, que querem que Bullitt apresente a testemunha, a qual acreditam estar viva. Agora, ao escrever isto, fiquei com a impressão de que a trama é muito bem elaborada. E de fato é. Mas passei mais tempo explicando essa trama do que Yates se dedicou a ela na história do filme.

Tudo bem, estou exagerando — mas só um pouquinho.

Até Neile McQueen achava engraçado o quanto o roteiro era confuso. Ela disse que Steve e Robert Vaughn viviam arrancando páginas de diálogos durante as filmagens. "Às vezes eles escreviam o roteiro na rua."

A história em si é mais ou menos fácil de acompanhar. O que não fica muito claro, sobretudo a partir do meio do filme, é exatamente o que Bullitt está tramando, ou por que faz metade das coisas que faz. E, se pararmos para pensar, algumas dessas coisas não fazem mesmo o menor sentido. Pelo menos não de um ponto de vista narrativo. Apesar disso, enquanto assistimos ao filme — enquanto acompanhamos Frank Bullitt flanando pelas ruas de São Francisco —, tudo faz um certo sentido emocional. Um dos produtores de *Bullitt*, Phillip D'Antoni, também faria *Operação França* alguns anos depois. E aplicaria uma estratégia narrativa idêntica no filme. O público também não sabe o que está acontecendo em metade de *Operação França*. Sabemos que Popeye Doyle está atrás do francês de barba grisalha, mas todas aquelas minúcias dos procedimentos policiais não significam nada para nós. Trata-se apenas de um filme animado, agitado e um tanto quanto empolgante... assim como o filme de Yates.

Bullitt está cheio de momentos estranhos e convenientes, mas isso não importa, porque Yates, D'Antoni e McQueen sabem muito bem que não damos a mínima para isso, contanto que o filme seja legal e não fique chato.

Se *Bullitt* pretendia revolucionar os filmes de ação (eu diria *criar* os filmes de ação modernos), primeiro teria que acabar com as cenas detalhadas sobre procedimentos policiais. A elegante sequência de créditos na abertura, com a trilha sonora de Lalo Schifrin e os títulos estilosos de Pablo Ferro, já aclimata a plateia para o filme inteiro. Não temos a menor ideia do que está acontecendo, mas os personagens na tela parecem saber. E não damos a mínima, porque é muito gostoso assistir àquilo tudo.

Em vez de gastar tempo tentando explicar um mistério, este é o primeiro filme de ação urbana que vai de uma sequência de alta complexidade perfeitamente executada para a outra (seria até possível argumentar que *007 contra Goldfinger* foi o primeiro filme moderno a fazer isso, mas a natureza fantástica da história era mais permissiva com esse recurso do que um filme policial situado nos dias atuais). E não estou falando apenas da perseguição de carros. A sequência na qual o assassino (John Aprea) corre pelo hospital — e Bullitt e Delgetti o perseguem — é simplesmente fantástica (quando vemos essa cena, é impossível não nos perguntarmos como Yates conseguiu errar tão feio nas cenas de suspense de seu *thriller* anêmico de 1981, *Testemunha fatal*).

Todo o apelo de *Bullitt* está na ação, na atmosfera, em São Francisco, na magnífica fotografia de Yates, no jazz da trilha sonora de Lalo Schifrin e em McQueen, com aquele cabelo e o guarda-roupa.

Nada mais importa.

Além da sequência de créditos na abertura, outra cena que coloca a plateia no clima do filme desde o princípio é aquela em que Frank leva a namorada para jantar. Eles vão a um restaurante chamado Coffee Cantata, e nós ficamos assistindo enquanto se divertem e degustam a refeição. Ainda assim, não escutamos porra nenhuma do que eles falam. Fora mostrar o quanto eles gostam um do outro e o fato de que Frank é capaz de se divertir, nada de pessoal é revelado sobre o casal durante toda a sequência. O que Yates acredita ser importante é a banda de jazz tocando no restaurante, o som da música, o clima descolado do ambiente, a atmosfera de São Francisco e os figurantes impecáveis que circundam McQueen e Bisset.

Em termos narrativos, a cena não nos diz coisa alguma, mas nós curtimos mesmo assim. Era legal estar ali, no Coffee Cantata. Era legal ver McQueen e Bisset curtindo um ao outro em plena São Francisco.*

A cena não nos diz nada e, ao mesmo tempo, diz tudo.

Don Siegel fez diversos trabalhos fantásticos de fotografia ao longo da carreira, e se sairia muito bem filmando São Francisco três anos depois, em *Perseguidor implacável* (muito embora metade do filme tenha sido gravada na área externa dos estúdios da Universal). Ninguém, no entanto, jamais filmou — nem filmará — São Francisco tão lindamente quanto Peter Yates. A forma dinâmica como ele usou as locações sugere uma maestria da técnica cinematográfica. Uma das razões pelas quais ele fez um serviço tão bom foi porque estou-

---

* Sobre o filme de Yates, o crítico de cinema britânico Dilys Powell fez a seguinte observação: "Exceto pela obra de Antonioni, nunca vi um uso emocional e narrativo tão eficiente de uma paisagem urbana."

rou o cronograma em trinta dias. Yates estava gravando um filme, não seguindo um cronograma. E, embora tenha feito bons trabalhos várias vezes depois disso — *O vencedor*, *Os quatro picaretas*, *Os amigos de Eddie Coyle* (superestimado), *O fundo do mar* e *Emergência maluca* (subestimado) —, nunca mais mostraria o mesmo estilo cinematográfico e a confiança que exibe em *Bullitt*. E se ele tivesse conseguido fazer o que fez em *Bullitt* outras quatro vezes? Teria sido o maior cineasta de ação (tirando Steven Spielberg e Sam Peckinpah) dos anos 1970. Comentei isso com o crítico de cinema Elvis Mitchell, e ele me disse: "Se tivesse feito isso só mais uma vez, Yates já teria entrado para o panteão dos diretores de cinema."*

E então nós temos Steve McQueen como Frank Bullitt.
O motivo pelo qual estamos aqui.
O motivo pelo qual vemos o filme.
O motivo pelo qual essa porra toda funciona.

Em toda a história dos astros de Hollywood sendo astros de Hollywood, raramente houve um que fizesse menos e conseguisse mais do que McQueen com esse papel, nesse filme. Era um papel de nada, e mesmo assim ele o fez parecer um grande papel. Ele *praticamente* não faz nada no filme, mas ninguém na história do cinema fazia *nada* como Steve McQueen.

Embora ele seja muito maior do que Bullitt, é por esse papel que deveria ser lembrado. Porque é nesse papel que ele demonstra que era capaz de fazer o que Newman e Beatty não eram.

Que é simplesmente *ser*.

Basta colocá-lo na tela.**

---

* Embora Yates nunca mais tenha adotado esse estilo, outros cineastas o fizeram: William Friedkin, em *Operação França*, *Parceiros da noite* e *Viver e morrer em Los Angeles*; Gordon Parks, em *Shaft*; os responsáveis por *Bonecas acorrentadas* (que é como se Frank Bullitt tivesse ido para Amsterdã); e Douglas Hickox, no estilo de filmagem e atuações em *O sanguinário*.

** Eastwood tentou entregar, em *O último golpe*, uma performance *à la* McQueen, mas não conseguiu. McQueen, todavia, jamais teria feito *O último golpe*, porque era abertamente egoísta, e de uma forma revigorante. Para que passar quatro meses rodando um filme só para que Jeff Bridges ganhasse uma indicação ao Oscar?

Não estou dizendo que McQueen estava interpretando a si mesmo. Na vida real, ele definitivamente *não* era como Bullitt. Frank Bullitt foi uma criação de McQueen.

O que torna essa criação tão grandiosa é a maneira minimalista como foi produzida, e como o minimalismo foi crucial para o sucesso da performance. Na vida real, tudo indica que Steve McQueen era uma pessoa que vivia de cabeça quente. Na autobiografia de Don Siegel é relatado que, durante as filmagens de *O inferno é para os heróis*, os dois várias vezes quase saíram no braço. Ao que parece, McQueen e seu coadjuvante no filme, Bobby Darin, não se suportavam. Quando James Bacon, o ardiloso jornalista de Hollywood, disse a Darin, um homem de temperamento siciliano, que McQueen era o pior inimigo de si mesmo, Bobby respondeu: "Não enquanto eu estiver vivo."

Entretanto, o tenente Frank Bullitt de McQueen nunca está de cabeça quente. Ele é o epítome do cuca fresca.

E quando digo *cuca fresca* não me refiro apenas à personalidade masculina, carismática e meio bad boy pela qual McQueen era famoso (embora ele realmente fosse essas coisas todas).

O que estou querendo dizer é que, emocionalmente, Frank Bullitt é gelado como um réptil.

Nada o faz esquentar a cabeça.

Nada o faz perder a frieza.

Quando o ambicioso procurador Chalmers de Robert Vaughn passa um sabão em Bullitt no hospital, acusando-o de incompetência e ameaçando acabar com a carreira dele, Bullitt não diz nada.

Não explode.

Nada de "Escuta aqui, Chalmers, um dos meus homens está ferido, lutando pela vida, por causa de você e desse seu pedido!".

Bullitt simplesmente fica olhando para ele.

Não está fervilhando por dentro em silêncio.

Quando Chalmers vai embora, ele nem sequer revira os olhos. Não faz uma careta nem diz a versão de 1968 para "Mas que babaca".

E, quando encontra seu parceiro, Delgetti, Bullitt não faz nenhum comentário sobre "aquele cuzão do Chalmers".

Ele simplesmente não se abala.

O tenente Frank Bullitt não se abala com coisa alguma que pudesse vir a perturbá-lo. Seu poder de *nunca* se perturbar é digno de um Hércules. O único conflito que ele tem com a namorada, Jacqueline Bisset, é sobre como os crimes, as mortes e os assassinatos que testemunha no trabalho *não* o afetam. Quando o assassino escapa do hospital, é claro que ele fica um pouco chateado, mas não começa a choramingar sobre como o tinham nas mãos e o deixaram escapar por entre os dedos.

Ele simplesmente volta ao trabalho.

E, quando se depara com Chalmers e o alto escalão da polícia, Bullitt tampouco é sarcástico (como Harry Callahan seria).

Ele simplesmente sai da sala.

E, após o clímax da história, no aeroporto, não há nenhum sentimento de satisfação ou recompensa da parte dele.

Ele simplesmente fez o trabalho que devia ser feito.

Curiosamente, o clímax no aeroporto se desenrola de maneira diferente das demais cenas de ação do filme. Porque, enfim, entendemos o que está acontecendo e o que Frank estava tentando fazer. Existe um senso de urgência nessa sequência que não existe nas demais.

Fico me perguntando quanto dessa atmosfera minimalista do personagem estava no roteiro. Perguntei a Neile McQueen — já que ela foi uma das primeiras pessoas a ler o material — o quanto esse primeiro roteiro era diferente do filme finalizado, e ela me disse: "Tremendamente diferente." Com isso, sugeria que o roteiro original, de Harry Kleiner, era uma adaptação muito mais fiel do livro de Pike. Ela descreveu o roteiro original como "quase aristocrático". Foi aí que McQueen e o sócio dele na Solar Productions, Robert E. Relyea, convocaram Alan Trustman, o roteirista de *Crown, o Magnífico*, e eles simplesmente reconstruíram o filme inteiro ao redor de Steve.

Yates não utilizou a manjada estratégia de subir o tom das atuações de todos os outros personagens para que o protagonista parecesse mais frio e no controle. A falsa e exagerada dramaticidade que costumava acompanhar os papéis secundários nos filmes policiais foi totalmente eliminada por Yates. Do jeito dele, Robert Vaughn é tão bem-sucedido em sua atuação quanto McQueen, nunca passando do ponto na performance ensebada, nunca forçando a barra nas falas provocativas. Assim como McQueen no papel de Bullitt, Vaughn encontra um registro próprio, um tom próprio, e nunca se desvia do curso. Em seu interessante estudo da carreira do ator, *Robert Vaughn: A Critical Study*, John B. Murray assim descreveu o sorrateiro Chalmers: "Ele funciona muito bem na estrutura do filme porque tem um estilo comedido e, ao mesmo tempo, tão dinâmico e compulsivo que você não consegue não ficar fascinado com o personagem. Os sentimentos dos espectadores em relação a Chalmers são ambivalentes ao longo de todo o filme: eles reconhecem o quanto o personagem é desprezível, mas, ao mesmo tempo, não conseguem deixar de admirá-lo substancialmente, ainda que de maneira relutante."

Embora seja apenas um obstáculo burocrático, Chalmers acaba sendo visto como o grande vilão do filme (a gente meio que espera que ele faça parte da conspiração no final), o que é um atestado da qualidade da interpretação de Vaughn. Ao mesmo tempo, também perto do fim do filme, quando Chalmers sai do aeroporto preparando-se para uma audiência na manhã de segunda-feira, que será um fracasso mas que todos esperavam ser um sucesso, nos sentimos ligeiramente mal por ele (não surpreende que o personagem interpretado em *Bullitt* acabe se transformando no senador que ele interpreta em *Inferno na torre*). Simon Oakland também entrega uma atuação discreta, porém intensa, no papel do chefe de Bullitt. Finalmente, ao longo da carreira, Oakland conseguiu interpretar seu papel costumeiro sem precisar recorrer à gritaria. No seriado que fez para a TV, *Kolchak e os demônios da noite*, no qual interpretava Tony Vicenzo, o estressado editor do jornal em que o Carl Kolchak de Darren McGavin trabalhava, ele berrava as falas em todas as cenas. Em *Bullitt*, poderíamos pensar que aquele era um ator totalmente diferente. Bill Hickman e John Aprea, como os dois assassinos armados com uma escopeta — e antagonistas de Bullitt na corrida pelas ruas de São Francisco —, funcionam muito bem, de maneira peculiar e sem clichês (eles não foram escolhidos para os papéis pelas carinhas feias). E Aprea, o integrante da dupla que carrega a escopeta, de cabelos brancos ralos e com um sobretudo comprido, fala com uma voz surpreendentemente suave e agradável quando pergunta aos funcionários do hospital qual é o quarto de Johnny Ross (para que ele possa terminar o serviço). E esse estilo despojado de atuação se estende inclusive a Don Gordon, que dá vida ao parceiro de Bullitt, Delgetti. Eu nunca gostei muito de Don Gordon. Não estou nem aí se ele é o policial corrupto em *The Mack*, o parceiro meio pamonha de Jim Brown em *O homem impiedoso*, se ele contracena com Dennis Hopper em *O último filme* ou aparece em qualquer um dos incontáveis seriados policiais televisivos feitos nos anos 1970. Mas essa versão enxuta de Don Gordon deu muito certo. Para falar a verdade, ele está perfeito como parceiro de Bullitt. E o fato de McQueen e Gordon gostarem um do outro na vida real transparece nas telas.

No papel de Frank Bullitt, Steve McQueen tem mais falas do que teria em *As 24 horas de Le Mans*, mas não *muito* mais. Em *As 24 horas de Le Mans*, a ausência de falas é constrangedora. Quando Eastwood, no papel de Frank Morris em *Alcatraz: Fuga impossível*, não fala nada nos primeiros quinze minutos, isso também é constrangedor (embora seja bacana e funcione). Já a ausência de diálogos em *Bullitt* jamais é constrangedora, porque a interpretação do personagem é toda física. Bullitt não explica à plateia ou aos demais personagens o que está fazendo ou pensando. Ele simplesmente age, e nós o observamos. Quando comentei com Neile McQueen que Bullitt falava muito pouco durante o filme, ela disse: "Isso era coisa do Steve. Ele não gostava de falar muito nos filmes. Vivia arrancando páginas de diálogos dos roteiros. Um dia, contracenando com Don Gordon, ele falou para o diretor: 'Dê essas falas para o Don.' E então o Don disse: 'Tanto faz quem vai falar isso, a câmera, de um modo ou de outro, vai estar virada para você.' Então Steve deu um sorriso e respondeu: 'É isso mesmo, baby.'"

Walter Hill corroborou essa afirmação. "Steve dizia: 'Deixa que ele fale isso. Eu fico aqui descascando uma maçã.'"

Steve McQueen interpreta seu papel do mesmo jeito que Peter Yates dirige o filme. Nenhum dos dois parece ter qualquer preocupação dramática ou narrativa.

Steve McQueen, assim como Frank Bullitt, simplesmente vai fazendo coisas; Yates, na direção, o segue de perto; e nós, a plateia, nos acomodamos em nossos assentos e deixamos que eles pensem em tudo por nós. Quando se trata de *cinema puro*, este é um dos filmes mais bem dirigidos de todos os tempos.

Perseguidor implacável

(1971)

Don Siegel iniciou a carreira na Warner Bros. no departamento de montagem, trabalhando junto com grandes diretores do estúdio, como Raoul Walsh, Anatole Litvak e o homem que viria a se tornar seu mentor, Michael Curtiz. Siegel filmou e planejou sequências em filmes como *A canção da vitória*, *Dentro da noite*, *Confissões de um espião nazista* e *Heróis esquecidos*, que estão entre as mais emblemáticas e recriadas da história do cinema (no livro *Who the Devil Made It*, de Peter Bogdanovich, Don disse: "A coisa mais esquisita sobre os filmes em que trabalho é que faço das tripas coração para não precisar colocar nenhuma montagem neles" — a exceção são suas excelentes montagens em *Alcatraz: Fuga impossível*). Depois de deixar o departamento de montagem, ele passou a dirigir a segunda unidade de alguns dos maiores filmes que estavam sendo gravados nos estúdios da Warner. Antes de dirigir *A guerra dos mundos*, *Robinson Crusoé em Marte* e *A selva nua*, Byron Haskin foi chefe de Siegel no departamento de efeitos especiais da Warner Bros.

No livro de Stuart Kaminsky, *Don Siegel: Director*, Haskin diz: "Nós passávamos o dia inteiro fazendo coisas do tipo: botar uns caras para trocar socos, derrubar mastros em cima de marujos, arremessar pessoas pelos telhados, quebrar barcos no meio e afundá-los. A maioria dos diretores não sabia, e ainda não sabe, como fazer uma luta, ou uma sequência de ação. O que essa experiência fez por Don foi lhe dar uma boa orientação em relação à violência cinematográfica."

Desde o começo de sua filmografia, Siegel sempre soube, como muito poucos, filmar uma briga de socos ou uma perseguição, ou fazer cross-cutting* numa cena de tiroteio. Nos anos 1950, não havia nenhum diretor *melhor* que Don Siegel para filmar cenas de ação. O que fazia com que as sequências se destacassem era uma combinação de tom e técnica. Por conta da formação na montagem, e com a intenção de criar o ritmo desejado na mesa de edição, ele filmava cenas de ação sempre tendo em mente as possibilidades de corte que poderia usar depois. Isso não era uma prática comum na época. Boa parte das cenas de ação era filmada em planos longos, os master shots, em que dois dublês (no lugar dos protagonistas) trocavam socos e quebravam móveis durante cinco minutos, ou até que se cansassem.

Numa edição de 1968 da revista *Cinema*, Siegel contou ao diretor Curtis Hanson (que na época atendia pelo nome de Curtis Lee Hanson): "Estou o tempo todo pensando na edição enquanto filmo. Como trabalho com um tempo limitado, com cronogramas muito apertados, planejo tudo que acho que pode ser cortado." E acrescentou: "Ser um bom editor não significa ser um bom diretor. Mas acho que para ser um bom diretor é preciso ser um bom editor."

Havia um outro aspecto nas cenas de ação de Siegel que fazia com que se destacassem em relação às de seus contemporâneos. Muitos diretores de outros gêneros, quando filmavam cenas de brigas e tiroteios, estavam filmando cenas de *ação*. Entretanto, quando Siegel filmava esse mesmo tipo de cena, estava filmando cenas de *violência*. Todas as sequências violentas nos filmes da Nova Hollywood — como *Operação França, Mãos sujas sobre a cidade, Dillinger: O gângster dos gângsteres, Assassino a preço fixo, Coffy: Em busca de vingança, Sob o domínio do medo, À queima-roupa* e *A outra face da violência* — já haviam sido filmadas uma ou duas décadas antes por Siegel, em fil-

---

* Técnica de edição também conhecida como edição paralela, que consiste de um corte intercalado entre duas cenas que acontecem em lugares diferentes e ao mesmo tempo. [N. da E.]

mes como *Onde impera a traição*, *Rebelião no presídio*, *Assassino público número um*, *Dinheiro maldito*, *O sádico selvagem*, *Estrela de fogo* e *Os assassinos*.

Neville Brand, que estrelou *Rebelião no presídio* (e matou vários homens durante a Segunda Guerra Mundial), declarou: "Don é igual a Peckinpah. Ambos gostam de violência, mas são dois dos caras menos violentos que já conheci. Só esse tipo de pessoa é capaz de entender de fato a violência."

No que diz respeito à direção de cenas de violência, podemos considerar Don Siegel um verdadeiro *cirurgião*. Nos primórdios, porém, quando comandava a segunda unidade de filmes de outros diretores ou dirigia filmes dele próprio, com um orçamento minúsculo e um cronograma apertado, seria mais adequado descrevê-lo como um *cirurgião de guerra*.

Todavia, depois de *Perseguidor implacável*, ele se tornou o cirurgião de guerra que acabaria virando reitor da Faculdade de Medicina de Harvard.

Após anos produzindo montagens e rodando cenas de ação com a segunda unidade para outros diretores, Siegel finalmente ganhou uma oportunidade da Warner Bros. para dirigir um filme dele próprio, um caça-níquel muito engenhoso chamado *Justiça tardia*. Tratava-se de um filme comercial, pensado especialmente para a dupla de atores Sydney Greenstreet e Peter Lorre, queridinhos do público à época. De qualquer perspectiva, é um filme muito divertido (além de ser bastante forte para um filme de estreia). Contudo, quando observado de um ponto de vista mais autoral, é simplesmente maravilhoso. Uma vez que o filme foi claramente feito sob encomenda, chega a ser engraçado quanto ele apresenta tantas das características pelas quais Siegel seria reconhecido mais tarde. Basicamente, trata-se de uma trama de mistério inteiramente sustentada pela tremenda habilidade narrativa que Siegel tinha para *ludibriar as plateias*. Ele empregava esse recurso narrativo com frequência (*Onde impera a traição*, *Estrela de fogo*, *O sádico selvagem*), sempre em prol da melhoria do filme, e atingiu o ápice em *O homem que burlou a máfia*. E ludibriar a plateia é tão crucial para *Justiça tardia* quanto seria, tempos depois, para *O homem que burlou a máfia*. Entretanto, o protótipo mais incrível do trabalho futuro de Siegel seria a semelhança do protagonista do filme, o superintendente Grodman, da Scotland Yard, interpretado por Sydney Greenstreet, tanto com o inspetor Harry Callahan, do Departamento de Polícia de São Francisco, vivido por Clint Eastwood, quanto com o detetive Dan Madigan, da Polícia Metropolitana de Nova York, interpretado por Richard Widmark. No começo do filme, o Grodman de Greenstreet manda enforcar um sujeito por homicídio e mais tarde descobre que ele era inocente. O erro do superintendente não foi motivado por maldade ou por incompetência na investigação policial, mas porque o álibi do homem só pôde ser corroborado após a execução (assim como em *Os impiedosos*, é um erro que um agente da lei comete no começo do filme que leva ao desenrolar da história).

Humilhado, Grodman é obrigado a entregar o cargo e a ver um detestável subordinado assumir a posição de superintendente da Scotland Yard. Contudo, um novo e misterioso assassinato acontece, permitindo que Grodman consiga provar sua superioridade mental perante os antigos colegas e, numa ironia poética, levar à justiça o verdadeiro assassino, aquele que cometeu o primeiro homicídio. Entretanto, para fazer isso, assim como o Harry Callahan de Eastwood e o Dan Madigan de Richard Widmark, o Grodman de Greenstreet abandona todo o processo legal a fim de seguir uma interpretação da justiça *toda própria*. A semelhança do filme com o maior sucesso do diretor é tão desconcertante que surpreende o fato de Siegel não a ter mencionado em sua autobiografia (em vez disso, ele critica severamente *Justiça tardia*, descrevendo-o como "chato" — o filme tem mesmo um clima meio teatral, meio de estúdio, e talvez seja por isso que Siegel o deteste).

Ainda assim, o policial rebelde em rota de colisão com os superiores, que atua de forma independente para pegar o homem que persegue e exerce *uma versão autodeterminada de justiça própria*, é, na prática, o protagonista quintessencial de Siegel. Esse é o caso não apenas do Harry Callahan de *Perseguidor implacável*, do Madigan de *Os impiedosos* e do Grodman de *Justiça tardia*, como também do Coogan de Eastwood em *Meu nome é Coogan*, do Vinny McKay de Michael Parks em *A caçada* e, ainda, do cômico inspetor da Scotland Yard interpretado por David Niven em *Ladrão por excelência* (mesmo nos dois filmes de espionagem de Siegel, *O moinho negro* e *O telefone*, todos os protagonistas, agentes secretos do M16, da KGB e da CIA, acabam se rebelando contra as agências em que trabalham). Até os criminosos de Siegel se rebelavam. O Baby Face Nelson de Mickey Rooney em *Assassino público número um* contrasta diretamente com o Dillinger de Leo Gordon, e tanto o Charley Varrick de Walter Matthau em *O homem que burlou a máfia* quanto o invasor de residências de Burt Reynolds em *Ladrão por excelência* executam seus planos secretos bem debaixo do nariz dos parceiros (Andy Robinson e Lesley-Anne Down, respectivamente). O xerife de Michael Parks em *A caçada* está em rota de colisão com seus homens, o soldado de Steve McQueen em *O inferno é para os heróis* está em rota de colisão com a própria companhia e o mestiço indígena Pacer de Elvis em *Estrela de fogo* está em rota de colisão com a comunidade branca do pai, o povo da mãe e, por fim, até mesmo com o pai e o irmão, que o amam. Essa iconoclastia se assemelha à relação que Don Siegel mantinha com seus produtores e os chefões do estúdio para os quais trabalhava.

Bogdanovich perguntou a Siegel se ele se sentia conscientemente atraído por esse tipo de personagem antissocial.

Siegel respondeu: "Acho que EU SOU esse personagem. Para os estúdios, certamente sou!"

Foi isso que McQueen entendeu errado em uma avaliação inicial do diretor, visto por ele como um "corporativista", ou um "picareta do estúdio". Tudo bem que Siegel cumpria as tarefas que os chefes lhe passavam — afinal, era esse o trabalho dele —, mas nunca fazia isso do *jeito* que eles queriam. Assim como seus personagens policiais, Siegel cumpria as tarefas *do seu próprio jeito*. Costumava fazer o que *ele* achava que era certo, com frequência contrariando os produtores e ignorando a opinião dos chefões dos estúdios. E, se o que diz na autobiografia (levemente exagerada) for verdade, não tinha papas na língua na hora de fazer um comentário sarcástico para destacar o quanto as ideias das pessoas para as quais trabalhava eram burras ou impraticáveis — assim como Harry Callahan.

Se Siegel tinha alguma superioridade estilística em relação aos cineastas de ação que o precederam (Hawks, Ford, Walsh, Curtiz, Gordon Douglas) ou a seus contemporâneos (Aldrich, Karlson, Witney, Jack Arnold, J. Lee Thompson), isso se devia à queda dele por explosões chocantes de violência brutal em seus filmes, em geral quando os espectadores menos esperavam. Nenhum outro cineasta listado em *The American Cinema*, de Andrew Sarris, acumulou mais cenas de violência cinematográfica ao longo da própria filmografia do que Siegel.

Henry Hathaway fez uma velhinha rolar escada abaixo. Fritz Lang jogou café quente no rosto de uma mulher. Os críticos falaram sobre esses episódios isolados de violência na tela por décadas. Já a filmografia de Siegel contém incontáveis sequências — e incidentes — com esse mesmo grau de brutalidade. Eu poderia listar todas essas cenas, mas isso apenas lhes reduziria a força. Elas precisam ser experimentadas dentro do contexto.

Mesmo depois que Sam Peckinpah chocou o mundo e a indústria do cinema com o explosivo *Meu ódio será sua herança*, Siegel não abdicou do trono.

A violência em Peckinpah era mais *explícita* (ou seja, *sangrenta*) do que a de Siegel jamais havia sido ou seria (muito embora o sangue vermelhíssimo que espirra da cabeça da nadadora no começo de *Perseguidor implacável* seja inesquecível).

A violência de Siegel tinha mais a ver com a *brutalidade* do que com o derramamento de sangue explícito (sei que estou exagerando ao usar *brutal*, mas vá em frente, tente descrever a distinta obra de Don Siegel sem repetir essa palavra diversas vezes).

★ ★ ★

Perseguidor implacável foi a quarta vez que Siegel e Eastwood trabalharam juntos, e o filme pelo qual ambos ficariam mais conhecidos. Seria com ele que Eastwood se estabeleceria fora do circuito dos filmes de faroeste e roubaria de John Wayne o trono de maior estrela de filmes de ação dos Estados Unidos (espantosamente, Wayne ainda fazia muito sucesso na década de 1970). *Perseguidor implacável* colocaria Siegel ao lado de Sam Peckinpah como o principal diretor de ação em Hollywood, e na primeira posição do ranking dos especialistas em violência cinematográfica. Junto com *Operação França*, ajudaria a facilitar a transição dos filmes de faroeste para os filmes policiais que seriam feitos naquela década, tanto no cinema quanto na televisão. Ele também se tornaria o filme de ação mais copiado das duas décadas seguintes e inauguraria, oficialmente, o popular subgênero dos filmes de serial killer.

Esse foi também o filme mais *político* de Siegel desde sua obra-prima, *Vampiros de almas*. Com *Vampiros de almas*, Siegel, que tinha inclinações liberais, fez a festa. Por um lado, o filme pode ser lido como uma crítica velada ao macarthismo (interpretação mais comum). Por outro, alimenta a paranoia da "ameaça vermelha" dos anos 1950. A sociedade dos alienígenas parece uma utopia socialista à qual esses humanos histéricos (os norte-americanos) reagem cegamente.* Em várias histórias de Siegel trabalhando para produtores e

---

* Sempre fiz uma leitura alternativa de *Vampiros de almas* e das respectivas refilmagens (de Kaufman e Ferrara, ambas intituladas *Os invasores de corpos*). Todos apresentam os alienígenas dentro de uma aura sinistra. Apesar disso, a verdade é que quase nada do que eles fazem na tela confirma essa impressão. Se você é uma dessas pessoas que acreditam que a *alma* é o que o torna quem você *é*, então pode-se dizer que os alienígenas estão assassinando os terráqueos para duplicá-los e substituí-los. Agora, se você acredita que são o seu *intelecto* e a sua *consciência* que tornam você quem você é, então a transformação promovida pelos extraterrestres está mais próxima de um *renascimento* do que de um assassinato. Você renasce com o intelecto intacto, na posse integral de suas lembranças e habilidades, porém desprovido das confusas emoções humanas. Tem, ainda, fidelidade completa aos outros seres humanos e um comprometimento total com a sobrevivência da espécie. Isso os torna *inumanos*? É claro, eles são vegetais. Os filmes, contudo, tentam retratar a ausência de humanidade deles (eles não têm senso de humor, não se comovem quando um cão é atropelado por um carro) como prova de algo profundamente sinistro. Esta é uma perspectiva bastante especista. Nossas emoções talvez sejam aquilo que nos torna

executivos dos estúdios pelos quais não tinha respeito, o diretor se referia a eles como "*pod people*", em alusão aos alienígenas do filme. Ele chegou a se referir à obediência de Elvis ao coronel Tom Parker chamando-o de "*pod person*".

Em seu *thriller* policial dos anos 1970, entretanto, a crítica velada é de um cunho político totalmente diferente. *Perseguidor implacável* conta a história de um protagonista típico de Siegel que é levado a um extremo lógico. O Harry Callahan de Eastwood é o policial mais durão no Departamento de Polícia de São Francisco. Em outra época, ele seria retratado como um daqueles sujeitos certinhos, que faz tudo dentro das regras. Entretanto, na época e no lugar em que o filme se passa (a São Francisco do começo dos anos 1970), na opinião de Callahan, essas regras haviam sido reescritas em favor dos vagabundos.

A sociedade estava criticando a violência da polícia.

O público estava do lado dos bandidos.

E os figurões da polícia, o governo local e os tribunais de justiça estavam acovardados e colaboravam para uma ordem social cada vez mais permissiva, que favorecia quem desrespeitava as leis e não quem cuidava para que fossem cumpridas.

---

humanos, mas seria um exagero dizer que é isso o que nos torna maravilhosos como seres humanos. Além das emoções positivas — amor, prazer, felicidade, diversão —, existem também as negativas — ódio, egoísmo, racismo, depressão, violência e raiva.

Por exemplo, mesmo com toda a devastação causada por Donald Sutherland na refilmagem de Kaufman, incluído o assassinato de diversos alienígenas, nunca há um sentimento de castigo ou vingança por parte dos extraterrestres, mesmo quando ele, obviamente, já demonstrou ser uma ameaça.

Eles querem apenas que o personagem de Sutherland se torne um *deles*. Imagine se, nos anos 1950, quando o filme de Siegel foi rodado, em vez de uma cidadezinha no norte da Califórnia (Santa Mira), os alienígenas tivessem chegado a uma cidade terrivelmente racista e segregada, dominada pela Ku Klux Klan, no coração do Mississippi. Em questão de semanas, as diferenças de cor desapareceriam. Pretos e brancos estariam trabalhando juntos (numa autêntica *irmandade*), com um objetivo em comum. E a *humanidade* seria representada por um desses membros racistas da Klan, que perceberia, com um olhar desconfiado, que os brancos que costumavam pensar como ele haviam passado a fazer parte de uma conspiração junto com membros da comunidade negra do condado. Imagine, agora, como seria *sua* reação histérica a uma coisa dessas ("Essas pessoas querem me pegar! Elas não são humanas! Você será o próximo! Você será o próximo!").

Claro que esse ponto de vista não seria compartilhado por um moleque mofando na cadeia por três anos por ter sido pego com um pouco de maconha. Mas é o ponto de vista de Harry. A genialidade do filme é confrontar esse personagem transgressor com uma versão ficcional de um criminoso real de São Francisco, o Assassino do Zodíaco (essa versão ficcional, o personagem Scorpio, além de um bandido frio e calculista, é um completo maluco).

Nesse processo, o filme produz o primeiro *thriller* no qual um policial persegue um serial killer. A maioria dos policiais nos filmes de ação dos anos 1970 se limitava a prender traficantes de drogas ou chefões da máfia. Contudo, dos anos 1980 até os dias atuais, a principal ocupação da polícia nos filmes policiais é perseguir serial killers. *Parceiros da noite, Dez minutos para morrer, Caçador de assassinos, O silêncio dos inocentes* e *Seven: Os sete crimes capitais* (bem como todos os demais filmes de David Fincher) são filhos do *Perseguidor implacável* de Siegel.

Assim como na maioria dos filmes seminais, *Perseguidor implacável* também teve seus protótipos. O exemplo mais evidente é *O pêndulo*, de 1969, com George Peppard no papel de um violento policial que não segue as regras e está obcecado com a ideia de prender o degenerado interpretado, de maneira caricata, por Robert F. Lyons.

O filme que viria a se tornar um dos grandes clássicos da Warner Bros. teve início na Universal, onde Jennings Lang ofereceu o papel de Harry Callahan a Paul Newman (provavelmente pouco tempo depois de ele ter feito *Harper: O caçador de aventuras*). Newman recusou. Segundo Lang, Newman disse ter achado "o papel muito pesado, e que não seria capaz de interpretar esse tipo de personagem". Então a Universal vendeu o roteiro de Harry Julian Fink e R. M. Fink para a Warner Bros., e a ideia era ter Frank Sinatra no papel de Harry e Irv Kirshner na direção. No entanto, Sinatra torceu o pulso, o que limitava consideravelmente a capacidade dele de segurar a Magnum .44 de Callahan. Em seguida, a Warner ofereceu o papel a Eastwood, que o aceitou, sob a condição de trazer

Don Siegel da Universal para dirigi-lo. Siegel veio e trouxe junto não apenas o diretor de fotografia (Bruce Surtees) e o editor (Carl Pingitore) de confiança dele, mas também o reforço mais importante de todos: o roteirista Dean Riesner. Foi Riesner quem reescreveu o roteiro e transformou *Perseguidor implacável* no filme que conhecemos e amamos. Foi ele quem teve a ideia de transformar o assassino, que seria um atirador de elite solitário, numa versão fictícia do Assassino do Zodíaco (mais tarde, John Milius faria uma das mais famosas alterações em um diálogo na história de Hollywood, ao acrescentar a fala "Eu sei o que você está pensando. Ele atirou seis vezes ou apenas cinco?").

Enquanto lia o roteiro após ter recebido o convite para dirigir o filme — e antes das interessantes mudanças no texto —, Siegel teve uma ideia muito intrigante para a escalação do elenco. Ele estava num avião e por acaso encontrou Audie Murphy. Siegel já havia dirigido dois filmes estrelados por Murphy (*Onde impera a traição* e *Contrabando de armas*), e os dois ficaram felizes de se reencontrar. À medida que conversavam e se reaproximavam, o diretor de repente teve um estalo: "Meu Deus, eu aqui procurando por um assassino e bem na minha frente está o maior assassino de todos os tempos, um herói de guerra que matou mais de 250 pessoas. Ele era um assassino, embora não parecesse. Pensei que podia ser bem interessante. Para falar a verdade, ele nunca tinha interpretado um assassino." Os executivos da Universal não estavam lá muito convencidos de que Murphy seria capaz de corresponder às exigências do papel (embora Siegel, aparentemente, estivesse). Contudo, Murphy morreu num acidente aéreo antes que a ideia pudesse ser levada a sério. Foi então que Siegel e Riesner começaram a repensar o papel. Honestamente, acho que a ideia de um *Perseguidor implacável* sem Andy Robinson é ainda mais impensável do que a de um *Perseguidor implacável* sem Eastwood. De qualquer maneira, a ideia de escalar Audie Murphy segue sendo incrivelmente intrigante.

A destreza demonstrada por Siegel em *Perseguidor implacável* é extraordinária. Numa filmografia cravejada de diamantes (*Rebelião no presídio, Vampiros de almas, Assassino público número um, Estrela de fogo, Uma dívida de amor, Meu nome é Coogan, Alcatraz: Fuga impossível), Perseguidor implacável* é, sem dúvida, o melhor de sua carreira. Um longa-metragem que pertence à lista dos filmes que encantaram as plateias nos anos 1970, como *Tubarão, Carrie, a estranha, Noivo neurótico, noiva nervosa* e *O exorcista*, os quais, olhando em retrospecto, são todos *perfeitos*. A técnica de Siegel e todos os seus pontos fortes se misturam em completa harmonia. A maneira como o diretor lida com o herói e o vilão do filme. A preocupação com a fotografia das locações, marca constante ao longo de toda a carreira dele. O talento para *chocar* as plateias com violência (o cadáver da vítima de 14 anos de idade sendo retirado da cova, Scorpio pagando para ter o rosto espancado, aquele primeiro tiro sangrento na cabeça da mulher na piscina, Scorpio surrando a criança apavorada dentro do ônibus) e também para *empolgá--las* com sequências de ação (Harry disparando a Magnum contra os ladrões de banco enquanto come um cachorro-quente, a entrega do dinheiro do resgate nas cabines telefônicas, o clímax dentro do ônibus escolar). O humor pontual de Siegel no que, essencialmente, é um *thriller* violento. É esse humor, aliado ao talento de Eastwood para interpretar Harry e proferir suas tiradas espirituosas, que faz com que a plateia fique ao lado dele, e é também, como até Pauline Kael teve que admitir, o que "deixa o público empolgado" (outros grandes filmes sobre serial killers deixam a plateia num estado de constante tensão, mas, em 1971, as salas de cinema lotadas adoraram *Perseguidor implacável* por ser divertido). O filme também inclui o maior defeito de Siegel: a tendência de utilizar-se de um simbolismo rebuscado, como o símbolo da paz quebrado na fivela do cinto de Scorpio.

No entanto, o que tornou *Perseguidor implacável* um filme político não foi o flerte cinematográfico com o que Roger Ebert descreveu como "uma postura moral fascista", e sim a maneira como Siegel customizou com perfeição o filme para seu público-alvo: norte-americanos mais velhos e frustrados que, em 1971 — quando olhavam pela janela do carro, liam os jornais e assistiam ao noticiário da noite na TV —, não reconheciam mais o próprio país.

Um dos slogans mais inesquecíveis de um filme moderno na época foi aquele usado para promover *Sem destino*, de Dennis Hopper: "O homem que saiu à procura dos Estados Unidos e não conseguiu encontrá-lo em lugar algum."

Uma ótima frase, porém uma inverdade. Se você se identificasse com o Billy the Kid de Hopper ou com o Capitão América de Fonda em vez de com caipiras horrorosos no bar, não precisava procurar tanto assim por representação. Ela estava por toda parte: na música, nos filmes, na TV e nas revistas.

Em contrapartida, a geração que lutou na Segunda Guerra Mundial nos anos 1940 e comprou casas nos subúrbios na década de 1950 era justamente composta por pessoas que estavam à procura do *próprio* país e "não conseguiam encontrá-lo em lugar algum".

Aqueles que Richard Nixon chamava de "a maioria silenciosa" estavam apavorados com um país que não reconheciam e uma sociedade que não conseguiam entender.

A cultura jovem havia tomado conta da cultura pop.

Se você tivesse menos de 35 anos, isso era bom.

Se você fosse mais velho, nem sempre era assim.

Na época, muita gente assistia ao noticiário no mais completo terror. Hippies, grupos de militância negra, seitas assassinas que faziam lavagem cerebral nos jovens do subúrbio para que tomassem ácido, se revoltassem e matassem os pais, garotos (filhos dos veteranos da guerra) queimando os certificados de alistamento e fugindo para o Canadá, adolescentes chamando os policiais de *porcos*, crimes violentos nas ruas, o surgimento do fenômeno dos serial killers, a cultura das drogas, o amor livre, a nudez, a violência e a profanidade nos filmes da Nova Hollywood, Woodstock, Altamont, Stonewall, Cielo Drive.

Esse mosaico fazia muitos norte-americanos se borrarem de medo.

E era para esse público que *Perseguidor implacável* havia sido feito.

Para os norte-americanos frustrados, Harry Callahan representava uma solução para a violência chocante à qual eles, de repente, estavam sendo obrigados a se adaptar. O policial rebelde de Eastwood em *Perseguidor implacável* e Paul Kersey, o justiceiro de Charles Bronson em *Desejo de matar*, estavam parados, em posição de duelo, num dos lados dessa divisão cultural. Do outro lado estavam o Billy Jack de Tom Laughlin, que trocava socos, descalço, e simpatizava com os hippies, e o detetive particular John Shaft (interpretado por Richard Roundtree), um sujeito fodão, durão e extremamente elegante que, ainda por cima, era uma verdadeira máquina de sexo para as gatinhas.

Muito se especulou ao longo dos anos sobre o fato de Harry Callahan ser ou não um personagem racista e se *Perseguidor implacável* é ou não um filme racista — ou as duas coisas. O jornalista Charles Higham entrevistou tanto Eastwood quanto Siegel no set de *Perseguidor implacável*, e reproduziu as entrevistas em seu livro *Celebrity Circus*. Na ocasião, Siegel descreveu o personagem de Eastwood como "um filho da puta racista [...] que põe a culpa de tudo nos negros e nos latinos". Bom, o personagem que Siegel descreveu não é o personagem que está no filme que ele dirigiu. No filme, Harry pode até ser politicamente incorreto, mas não é um "filho da puta racista".

O filme seria melhor — ou ao menos mais sério — se ele fosse. Mas aí seria *Taxi Driver*. Que, muito mais do que os clones de Stallone: *Cobra* que viriam depois, é o verdadeiro filho bastardo de *Perseguidor implacável* e *Desejo de matar*. No entanto, é difícil imaginar que *Perseguidor implacável* teria funcionado com tanta potência se tivesse ousado questionar os pilares do gênero a esse ponto. A maestria do filme de Siegel está na eficiência criativa e provocativa. Harry é um baita personagem, Scorpio é um baita personagem, a história funciona de verdade (é um daqueles filmes a que podemos assistir dezenas de vezes), mas é a execução elegante de um mestre do gênero que faz a coisa toda simplesmente brilhar. Se *Tubarão*, de Steven Spielberg, é um dos maiores filmes já feitos porque um dos cineastas mais talentosos de todos os tempos se deparou, quando jovem, com o material certo, entendeu o que tinha nas mãos e se matou para entregar a melhor versão que poderia fazer, *Perseguidor implacável* é seu exato oposto: a obra de um mestre do gênero já com muita experiência, 27 filmes no currículo, na quarta colaboração com o astro que era seu melhor parceiro, entregando tudo de uma forma tão magnífica que o filme se tornou uma obra de arte profundamente significativa.

Se *Perseguidor implacável* fosse um pugilista, seria Mike Tyson durante a sequência de vitórias por nocaute.

Desafio você, leitor, a montar uma sessão dupla com praticamente qualquer um dos grandes filmes dos anos 1970 que seja capaz de rivalizar com uma sessão dupla que apresente o filme de Siegel.

Perseguidor implacável daria um pau em todos eles e os botaria pra correr da tela rapidinho!

Bum!

Ao mesmo tempo, ao contrário de todas as imitações do filme que foram feitas (o que inclui todas as continuações), a criação de Siegel tem uma característica distinta e perturbadora. Tanto o filme em si quanto o personagem de Callahan.

Embora *Perseguidor implacável* não seja um filme racista, nem mesmo fascista, como alegaram os críticos da época, ele é *de fato* reacionário.

Agressivamente reacionário.

E dissemina essa visão de mundo reacionária às vezes nas entrelinhas, às vezes no próprio texto, porque o público que pretendia atingir tinha opinião formada sobre a sociedade em rápida transformação à volta, opinião que beirava um *choque do futuro*.

Perseguidor implacável deu voz aos medos dessas pessoas, disse que elas estavam certas em sentir-se daquele jeito, e lhes deu um herói brandindo um revólver calibre .44 para lutar por elas. Esse elemento desapareceria nas continuações do filme. Porque, muito embora ele tenha se conectado tão bem com um público específico justamente por conta disso, foi também por conta disso que acabou entrando na mira dos comentaristas sociais.

Foi esse elemento reacionário que a continuação extremamente violenta dirigida por Ted Post, *Magnum 44*, não apenas evitou, como também tentou reverter.

Toda a premissa do filme — no qual Harry desmantela um esquadrão da morte formado por policiais motoqueiros que usam jaquetas pretas de couro e executam os criminosos que os tribunais deixam escapar — é uma ocorrência bastante rara em Hollywood: uma continuação que faz um contraponto ao filme original.

Já sei o que vamos fazer. Vamos tirar tudo aquilo que incomodou as pessoas no primeiro filme e fazer tanto a continuação quanto o próprio Harry pregarem contra esse tipo de coisa.

Desejo de matar acabou sendo o filme que o público queria que *Magnum 44* fosse (um filme com a mesmíssima premissa de *Magnum 44* e muito melhor foi *The Death Squad*, com Robert Forster, Melvyn Douglas e Claude Akins).

A cornucópia de clones de Callahan que veio depois do sucesso de Siegel imitaria a conduta criada por Eastwood do policial durão que não seguia as regras e não tinha piedade de bandidos. Entretanto, todos esses outros filmes tiveram que pisar em ovos para não tocar em nenhum dos temas que poderiam causar incômodos no mundo real. O objeto da ira desses policiais fodões geralmente era um vilão genérico, como um chefão da máfia (Allen Garfield em *Mãos sujas sobre a cidade*, Jack Kruschen em *Duas ovelhas negras*, Vittorio Gassman em *Caçada em Atlanta*) ou algum personagem tão exageradamente irreal que o único lugar em que poderia existir seria nas páginas de uma história em quadrinhos. A seita de motoqueiros em *Stallone: Cobra* parece uma gangue de saqueadores pós-apocalípticos — e se comporta como tal — numa cópia barata italiana de *Mad Max*. A única exceção significativa é a contribuição de Charles Bronson em *Dez minutos para morrer*, de J. Lee Thompson, filme que, assim como *Perseguidor implacável*, gira em torno de um serial killer inspirado num criminoso real. O bandido interpretado por Gene Davis é uma versão do estudante de enfermagem e assassino Richard Speck, e a violência intensa na reconstituição dos homicídios que ele praticou é bastante pesada.

De modo geral, porém, a aplicação dessa fórmula atinge resultados similares aos de uma cópia malfeita de *Tubarão* ou *Alien: O oitavo passageiro*. A caracterização do sujeito que faz o Harry Callahan da vez é igual, os comentários espirituosos são similares, o chefe furioso e gritalhão fala e se veste do mesmo jeito que o de Harry, e os atores terrivelmente afetados que interpretam os bandidos pés-rapados nos filmes do verdadeiro Harry Callahan, como *Sem medo da morte* e *Impacto fulminante*, em nada diferem dos péssimos atores nessas porcarias que saíam direto em VHS, geralmente estrelados por algum ex-jogador de futebol americano, como John Matuszak ou Brian Bosworth.

Enquanto os outros filmes procuraram ser mais genéricos, o de Siegel foi bastante específico no que diz respeito à visão reacionária.

Em nenhum outro momento no filme isso é ilustrado de maneira mais nítida do que numa das sequências de ação mais relembradas: a famosa cena em que Callahan frustra um assalto a banco com aquela Magnum .44 grande pra caralho sem parar de mastigar um cachorro-quente.

O que torna esta cena *política* é o fato de três homens negros terem sido escalados para interpretar os ladrões de banco. Se os ladrões tivessem sido interpretados por três atores brancos, ela não teria nenhum contexto político. Harry seria apenas um policial que se deparou com um assalto a um banco e o impediu — do mesmo jeito que o Superman já fez em, mais ou menos, mil edições de histórias em quadrinhos. Se os ladrões fossem brancos, eles seriam vistos (mais ou menos) como criminosos profissionais (Willie Sutton, o Parker de Richard Stark, o Doc McCoy de Jim Thompson). E, uma vez que existem ladrões de banco desde que existem bancos, nada na cena seria um indicativo de qualquer mudança na sociedade. Mas vamos tentar usar um outro grupo racial, a título de comparação. Esses assaltantes poderiam ser asiáticos? Bom, é claro que *poderiam*. Entretanto, a menos que o banco ficasse no bairro chinês de São Francisco, isso pareceria um pouco estranho. O espectador perceberia e se perguntaria: *Por que eles são asiáticos?* Na verdade, ele esperaria que aquilo fosse reaparecer mais tarde em algum outro ponto da trama ("É a gangue do Teddy Wong, Harry. Uma gangue de rua chinesa que começou roubando bancos em Chinatown, mas agora saiu de lá e está assaltando bancos por toda a cidade"). A mesma coisa se fossem latinos. É claro que seria possível dizer ao público que os Latin Kings tinham começado a roubar bancos por toda a São Francisco, mas isso exigiria algum tipo de explicação. O motivo pelo qual isso soaria estranho é o fato de os telejornais noturnos não trazerem notícias frequentes sobre gangues de ladrões de banco latinas ou asiáticas assaltando bancos nos Estados Unidos. Mas esse tipo de crime tampouco costuma ser associado aos negros norte-americanos.

Exceto, naquela época, por um subgrupo específico de negros: os militantes revolucionários que roubavam bancos para comprar armas. E basta uma rápida olhada nos ladrões de *Perseguidor implacável* para dizer que o guarda-roupa deles estava na seção dos Panteras Negras do departamento de figurino da Warner Bros. Para muitos norte-americanos brancos mais velhos, os militantes negros raivosos eram muito mais apavorantes do que a "Família" Manson, o Assassino do Zodíaco e o Estrangulador de Boston juntos. Eles detestavam os hippies. Porque os hippies eram seus filhos, e eles detestavam os filhos. Os hippies queimando a bandeira norte-americana num protesto contra a Guerra do Vietnã os deixaram roxos de raiva. No entanto, eles se cagavam de medo dos negros militantes. A raiva, a retórica, as ideias, o uniforme, as fotos segurando armas automáticas, o fato de eles odiarem a polícia, a rejeição à cultura branca norte-americana (os brancos não conseguem conceber uma situação em que *não* sejam perdoados pelas transgressões passadas).

Então, aparece Harry Callahan.

Ele não tinha medo.

E ele não só não tinha medo, como também, ao se aproximar do figurante que interpretava o Pantera Negra com uma escopeta, não se deu nem mesmo o trabalho de parar de comer o cachorro-quente. Ele atirou em três homens negros durante o assalto e não sentiu um pingo de medo (nem sequer se protegeu atrás de nada). E, para finalizar, encarou um dos assaltantes empunhando uma arma sem balas, o tempo todo provocando e utilizando jargão policial para intimidá-lo ("Você acha que está com sorte? E aí... O que você acha, vagabundo?" Com a palavra "vagabundo" [pelo menos] no lugar de "garoto").

Essas características dão ao filme de Siegel uma moralidade contraditória, deixando um gostinho levemente incômodo, que vai na contramão da ideia de Harry como um super-herói, que foi o que ele acabou se tornando nas tenebrosas continuações do filme.

Ora, isso é o que faz dele um herói clássico de Siegelini (um nome que o diretor usava para se referir à persona dele mais autoral, meio em tom de piada). Siegel sempre confrontou o público com protagonistas capazes de encantá-lo, apesar das evidências na tela atestarem a natureza e as ações problemáticas deles. Siegel criou protagonistas pelos quais era difícil torcer, mas que no fim das contas ganhavam nossa torcida mesmo assim. Isso serve como prova de algo em que sempre acreditei: "Só um cineasta extraordinário é capaz de corromper uma plateia por inteiro." O Grodman de Greenstreet em *Justiça tardia*, o Reese de McQueen em *O inferno é para os heróis*, o Pacer de Elvis em *Estrela de fogo*, o Madigan de Widmark em *Os impiedosos*, o Charley Varrick de Matthau em *O homem que burlou a máfia*, os dois policiais corruptos (Steve Cochran e Howard Duff) em *Dinheiro maldito*, os detentos em *Rebelião no presídio* (ou vai me dizer que você torceu pelo diretor?), o violento delinquente de John Cassavetes em *Rua do crime*. Os dois assassinos interpretados por Eli Wallach e Robert Keith em *O sádico selvagem* são, de longe, muito mais envolventes do que os policiais sem sal que aparecem na série de TV que deu origem ao filme. O mesmo vale para os assassinos de aluguel de óculos escuros de Lee Marvin e Clu Gulager em *Os assassinos*, que são muito mais interessantes do que o acanhado piloto de carros de corrida Johnny North, interpretado por John Cassavetes. Em *A caçada*, podemos até sentir alguma pena do pobre Henry Fonda, porque ele é escolhido para bode expiatório, mas é a história do intolerante xerife Vinny McKay, interpretado por Michael Parks, que acaba prendendo nossa atenção. Em *O estranho que nós amamos*, não importa se ficamos do lado do soldado ferido, manipulador e conivente de Eastwood ou das garotas conspiradoras, vingativas e assassinas: fomos corrompidos de um jeito ou de outro. Mesmo quando

Siegel concentra todos os esforços em apresentar um personagem como odioso, como faz com o jogador vulgar e abrutalhado de Rip Torn em seu último filme, *Jogando com a vida*, como é possível não ficar do lado do cara naquela sequência em que ele vai para o tudo ou nada numa mesa de blackjack (*sério* que é para a gente torcer para o cassino?)?

Além disso, sem sombra de dúvida, assim que sai de cena, Rip Torn leva junto com ele qualquer interesse que o espectador poderia ter no filme.

Tanto o *The New York Times* quanto Pauline Kael e Roger Ebert classificaram *Perseguidor implacável* como um filme *fascista*. E insinuaram (quase a ponto da autoparódia) que ele era, de certa maneira, perigoso em termos políticos, e talvez até mesmo irresponsável, ao perpetrar uma suposta fraude social (ainda que Ebert tenha afirmado que o filme tinha uma "postura moral fascista", ele a atribuiu à época em que foi realizado, e não à decadência moral dos realizadores). Embora isso tenha sido motivo de aborrecimento para Eastwood durante muitos anos, Siegel não ficou nem um pouco surpreso. No livro de Peter Bogdanovich *Who the Devil Made It*, o autor se recorda de assistir a uma sessão de *Perseguidor implacável* para membros da indústria cinematográfica na qual Siegel parecia estar morrendo de medo de que os amigos liberais fossem torcer o nariz para ele. Entretanto, por ser um cineasta à moda antiga, ele era apolítico. O trabalho dele era encantar o público usando os meios que fossem necessários. E, se era capaz de fazer isso ao mesmo tempo que questionava o sistema de justiça criminal norte-americano ou a necessidade de um policial informar a uma pessoa detida sobre os direitos que ela tem, tudo bem. Se fosse obrigado a defender seu filme, tenho certeza de que o velho Siegel simplesmente semicerraria os olhos, abriria um grande sorriso e apresentaria os números da bilheteria.

Em *Perseguidor implacável*, porém, de maneira quase cômica, a maestria cinematográfica é tão indiscutível que nem mesmo os mais severos críticos de cinema são capazes de negá-la. Kael chegou a escrever: "Seria uma estupidez negar que *Perseguidor implacável* é um filme de gênero maravilhosamente bem-feito, e que, sem dúvida, empolga os espectadores." Mais tarde, em outro texto, ela disse: "Desfrutamos um prazer estético quando nos deparamos com uma técnica tão bem aprimorada; certas sequências de ação podem nos deixar embasbacados simplesmente por terem sido executadas de maneira tão brilhante — mesmo se, como é o caso de *Perseguidor implacável*, de Siegel, o filme nos provoque repulsa."

Até mesmo Sam Peckinpah, que era amigo de Siegel, compartilhou a opinião de Pauline: "Amei *Perseguidor implacável*, embora tenha ficado chocado com o filme. Don Siegel realmente conseguiu fazer algo bom com aquele monte de lixo. Detestei a mensagem que o filme passa, mas, no dia em que assisti, a plateia aplaudiu."

O argumento dos detratores do filme era cristalino. O que estava em questão era o fato de *Perseguidor implacável* apoiar a ideologia fascista, não a qualidade cinematográfica. E esse suposto elemento fascista foi denunciado à exaustão pelos críticos dos jornais e das revistas. Cinquenta anos depois, o filme de Siegel permanece sendo uma tremenda façanha do cinema de gênero. As plateias que se divertiram assistindo ao longa nas últimas cinco décadas *não se tornaram* reacionárias. Nem precisaram adotar uma "postura moral fascista" para gostar dele.

Mesmo porque, a bem da verdade, é a reação dos críticos ao filme, na época em que foi lançado, que pode ser lida como reacionária.

Existe alguma coisa que Harry faça no filme que seja abertamente fascista? Não.

Quando Harry atira nos assaltantes negros na cena do cachorro-quente, eles estão saindo correndo de um banco e se jogando dentro de um carro, segurando dinheiro e rifles.

Nem mesmo os esforços de Harry para pegar Scorpio parecem excessivos nos dias de hoje. Ele o mantém sob vigilância quando não deveria fazê-lo? Ele sabe que se trata de Scorpio! Isso está fora de questão. Ele é a porra do cara! A crítica mais dura que Kael faz ao filme é justamente quando diz que a ridícula cena com Josef Sommer não faz o menor sentido, porque eles sabem que Scorpio matou todas aquelas pessoas e, mesmo assim, se recusam a permitir que Callahan o mantenha sob vigilância. Podemos culpar essa cena por apresentar o argumento dos liberais de uma forma completamente absurda, mas é a cena em si que é completamente absurda. A única sequência do filme que pode realmente ser considerada *fascista* é aquela em que Callahan tortura Scorpio para descobrir o paradeiro da garota de 14 anos que havia sido sequestrada.

Mas sejamos honestos: Billy Jack teria feito diferente?

Um dos grandes motivos pelos quais *Perseguidor implacável* não escandaliza mais ninguém hoje em dia é porque traz uma outra mensagem que os críticos decidiram ignorar, mas que o público captou de cara. Por mais que o filme seja uma fantasia ocidental e branca ambientada numa São Francisco contemporânea, ele é também um pedido de *novas leis para novos crimes*.

Para o fenômeno dos serial killers, para ser mais preciso.

E um dos motivos pelos quais *Perseguidor implacável* envelheceu tão bem é que, no que diz respeito a perseguir e deter Scorpio, o que o filme prega é basicamente o que a sociedade acabou fazendo em relação a esse tipo de crime. Ao mesmo tempo, nossa familiaridade com o gênero — oficialmente inaugurado com este filme — o torna datado quanto às técnicas de investigação. Parece que Callahan e o parceiro (novato), Gonzales, são os dois únicos policiais envolvidos no caso de um maníaco que está aterrorizando uma cidade inteira.

Hoje, quando assistimos ao filme, não conseguimos deixar de nos perguntar: cadê a força-tarefa? Cadê o FBI? Cadê Will Graham? Cadê a Unidade de Análise Comportamental? Graças aos avanços sociais que empregamos atualmente contra esse tipo de crime, *nada* do que Harry faz parece injustificado. A partir de 1971, fomos nos acostumando de tal forma a um mundo cheio de serial killers que, hoje em dia, é perfeitamente possível existir um programa de TV como *Criminal Minds*, que, ao longo de quinze anos e 323 episódios, nos apresentou toda semana a um novo assassino em série degenerado.

Em 1971, porém, tanto a corajosa performance de Andy Robinson quanto os métodos do personagem eram uma novidade no quesito vilões do cinema. Nunca houvera até então um bandido como Scorpio nem uma atuação como a de Robinson. Foi por isso que, depois de *Perseguidor implacável*, a carreira de Eastwood se consolidou, enquanto a de Robinson foi cortada pela raiz (até uma aparição, quinze anos depois, envelhecido, em *Hellraiser: Renascido do inferno*). Sou testemunha disso: por mais injusto que seja, sempre que Andy aparecia num filme, a única coisa que eu conseguia ver era Scorpio. Andy Robinson havia assustado os espectadores de uma forma que nenhum monstro do cinema fez ou voltaria a fazer (e, depois de vê-lo espalhando sementes de terror, jamais seríamos tão inocentes quanto antes). E nem quarenta anos de filmes de serial killers foram capazes de diminuir a grandeza da atuação dele (trata-se simplesmente da melhor atuação *jamais vista* em qualquer filme de Don Siegel).

Eu me lembro de estar sentado no cinema, com 9 anos de idade, sentindo *exatamente* a mesma coisa que os adultos à minha volta. Uma descrença devastadora de que Scorpio pudesse ser tão doente e depravado. Na resenha que publicou na *The New Yorker*, Pauline Kael nunca se refere ao personagem ou ao ator pelo nome, nem escreve uma palavra sequer sobre a atuação dele. Em vez disso, refere-se ao antagonista do filme usando uma profusão de nomes sarcásticos de monstros ("hippie maníaco", "malvado de várias faces", "dragão malévolo").

O argumento dela era o seguinte: para que a plateia ficasse do lado de Harry, os realizadores do filme tiveram que criar um vilão tão doente e perverso que *qualquer coisa* que Harry fizesse pareceria justificada.

De todo modo, mesmo com a existência do Estrangulador de Boston, de Richard Speck, da "Família" Manson e, é claro, do Assassino do Zodíaco, pode ser que algum dia tenhamos visto o comportamento doentio de Scorpio com algum ceticismo.

No entanto, não mais.

Hoje em dia sabemos *exatamente* o quanto as pessoas podem ser doentes e perversas.

No mundo real existem muitas pessoas que expressam esse mesmo grau de depravação de Scorpio de um jeito nada fantasioso. E, sim, a sra. Kael estava correta em relação às motivações dos cineastas. Eles realmente criaram um "dragão malévolo" para que Harry o matasse com sua Magnum .44. Entretanto, ela errou ao descrever o personagem de Robinson como um simples monstro, num filme de monstros.

Em *Perseguidor implacável*, Siegel, Riesner e, principalmente, Robinson nos deram um vislumbre do que substituiria os monstros do passado nos pesadelos coletivos da sociedade que estava por vir. Nesse primeiro contato, cada membro da plateia entrou numa sala de cinema com uma visão inocente de mundo. Uma inocência que logo seria perdida.

Amargo pesadelo
(1972)

Ainda muito jovem, eu já havia assistido a um número considerável de sessões duplas de cinema e, em alguns casos, até mesmo triplas.

A já mencionada *Joe: Das drogas à morte* e *Como livrar-me de mamãe*.

O corujão e a gatinha e *Quando nem um amante resolve*.

O uivo da bruxa e *Internato derradeiro*.

Trog: O monstro das cavernas e *Quando os dinossauros dominavam a Terra*.

Equinox e *De volta ao Planeta dos Macacos*.

No mundo de 2020 e *A última esperança da Terra*.

O abominável dr. Phibes e *A casa que pingava sangue* (a sessão dupla favorita da minha infância).

Assisti a *Operação França* numa sessão dupla com *Corrida contra o destino*, quando a Twentieth Century Fox lançou os dois filmes ao mesmo tempo, num verdadeiro duelo de perseguições de carro pela cidade (a Fox faria a mesma coisa com *Esquadrão implacável*, exibindo-o junto com *Operação França*, e posteriormente faria as bilheterias dispararem como o velocímetro de um bólido ao exibir *Corrida contra o destino* lado a lado com *Fuga alucinada*).

A primeira vez que vi *Três homens em conflito* foi numa sessão dupla com *Por uns dólares a mais*.

Oficialmente, meu primeiro contato com um filme de James Bond (um rito de passagem na vida de um menino) foi em 1971, quando

Curt me levou para ver *Os diamantes são eternos* na primeira exibição no Grauman's Chinese Theatre (ficamos uma hora e meia numa fila que dava a volta em todo o enorme estacionamento e seguia bairro adentro).

E, no ano seguinte, Curt e meu tio Roger me levaram para assistir a uma sessão tripla de James Bond que estava em cartaz no Loyola: *Moscou contra 007*, *007 contra o satânico dr. No* e *007 contra Goldfinger*. Depois da ação ininterrupta de *Os diamantes são eternos*, achei tanto *Moscou contra 007* quanto *007 contra o satânico dr. No* chatos pra caralho (filmes chatos como esses podem ser considerados filmes de James Bond?). Mas, assim que *Goldfinger* começou, pensei: *Agora, sim*.

Meu primeiro filme de Woody Allen foi *Um assaltante bem trapalhão*. Embora eu fosse jovem demais para entender o que estava sendo parodiado (filmes de crime e documentários televisivos sobre crimes reais), achei aquilo uma das coisas mais engraçadas que já tinha visto. A cena em que Woody Allen esculpe um revólver numa barra de sabão para fugir da penitenciária (*à la* John Dillinger), sai no meio da chuva e então mostra a mão cheia de espuma é até hoje, para mim, uma das maiores piadas visuais de todos os tempos. No entanto, como minha mãe não gostava de Woody Allen, levou anos até que eu voltasse a assistir a um filme dele.

Ou seja: nada de *Bananas*, nada de *Tudo que você sempre quis saber sobre sexo (mas tinha medo de perguntar)*, nada de *O dorminhoco*. Então meu tio Roger começou a sair com aquela que logo viria a ser a primeira esposa dele, uma adorável garota inglesa chamada Jill, e eles me levaram num dos encontros para assistir a *Sonhos de um sedutor*.

Mais uma vez, tive dificuldade em acreditar que houvesse alguém tão engraçado quanto ele. Ri do começo ao fim do filme. Eu meio que sabia quem era Humphrey Bogart, embora duvide que, alguma vez, tenha assistido a um filme inteiro dele (para falar a verdade, Curt me mostrou *Uma aventura na África* na TV, mas, exceto pelo trecho das sanguessugas, não curti nada). Tudo que sei é que, na época, nunca tinha ouvido falar de *Casablanca* — mas isso não importava. Eu tinha uma boa noção do contexto. Quando Bogart faz sua piada mais engraçada no filme — "Você está tão nervoso quanto Lizabeth Scott antes de eu dar um tiro na cabeça dela" —, eu sabia quem era Lizabeth Scott? É claro que não. Com 12 anos de idade, conseguia deduzir que ela provavelmente era alguma atriz do passado com quem Bogart havia contracenado em seus filmes? Com certeza, sim. Tempos depois, quando vi Elvis em *A mulher que eu amo*, numa das dezenove vezes que a NBC reprisou o filme no horário nobre, pensei: *Ah, essa é Lizabeth Scott*. Então, se você está lendo este livro sobre cinema, possivelmente com a intenção de aprender alguma coisa sobre cinema, e está ficando meio perdido com todos esses nomes que não conhece, meus parabéns: você está aprendendo alguma coisa.

Bem, fugi do assunto.

Uma semana, do nada, a United Artists resolveu relançar três filmes de Woody Allen por toda a cidade! *Bananas, Tudo que você sempre quis saber sobre sexo (mas tinha medo de perguntar)* e *O dorminhoco*. Implorei a minha mãe que me levasse para assistir, e, inacreditavelmente, ela aceitou (e olha que era meio de semana e eu tinha aula no dia seguinte). Então é claro que, no dia seguinte, no colégio, deliciei meus colegas com histórias dos filmes aos quais havia assistido na noite anterior — num deles, um monstro no formato de um seio gigantesco aterrorizava a zona rural do país ("Querido, tenha cuidado"; "Não se preocupe, meu bem. Eu sei lidar com peitos").

De todas as sessões duplas às quais fui naquela época, porém, nenhuma foi tão intensa ou polêmica quanto a vez que minha mãe me levou ao cinema, em um encontro, para assistir a *Meu ódio será sua herança* e *Amargo pesadelo*.

Na época, essa sessão dupla em especial gerava polêmica quando eu falava sobre ela — e continua sendo assim até hoje. Alguns colegas meus eram proibidos pelos pais de brincar comigo no colégio por causa dos filmes malucos que eu via — e sobre os quais eu falava. Acho que receavam que incutisse alguma ideia ruim neles ou contasse sobre as imagens que tinha visto e as quais eram consideradas tabus. Só para que não reste nenhuma dúvida: todas as vezes que falei sobre ter visto *Meu ódio será sua herança* e *Amargo pesadelo* aos 11 anos de idade — tanto na época quanto agora —, eu estava me gabando, caralho!

Meu ódio será sua herança foi lançado em 1969, e, na época, não fomos assistir. Talvez essa obra-prima de Peckinpah fosse, de fato, pesada demais para um garoto de 6 anos (muito embora, um ano depois disso, eu tenha assistido a *Nas sombras da noite*, cujas imagens eram muito similares). Mesmo sem ter visto o filme, não há dúvida de que ouvi falar muito dele. Meu tio preferido, Cliff, assistiu e nos contou sobre o quanto era fantástico. E meu tio Roger também assistiu e compartilhava esse sentimento. Então, durante algum tempo, *Meu ódio será sua herança* foi um título bem comentado em nossa casa. Um título que representava um filme escandaloso. Escandaloso demais para mim.

Outra coisa que conferiu um status mitológico a *Meu ódio será sua herança* foi o fato de eu jamais ter assistido a um trailer do filme, seja no cinema, seja em comerciais na TV. De modo que tudo se resumia a apenas um título, *Meu ódio será sua herança*, e a uma reputação pesada baseada nos relatos de meus tios. Para falar a verdade, eu sabia tão pouco sobre o filme que, durante anos, nem sequer tive conhecimento de que era um faroeste. A princípio, achei se tratar de um longa sobre uma gangue de motoqueiros* (e acho que, no começo, Curt pensou o mesmo).

Então, em 1971, Sam Peckinpah lançou *Sob o domínio do medo*, e sua distribuidora, a ABC Pictures International, bombardeou as emissoras de televisão com comerciais muito vívidos e dinâmicos, nos quais o locutor dava uma tremenda ênfase ao nome de Peckinpah: "Do diretor SAM PECKINPAH, o mesmo de *Meu ódio será sua herança*." Também não assisti a *Sob o domínio do mal* na época, mas uma psicóloga que me atendia no colégio, sim. Ela sabia que eu era apaixonado por cinema, então, em nossas sessões, conversávamos principalmente sobre os diversos filmes que havíamos visto. E ela vira o filme bem naquele fim de semana, de modo que praticamente

---

* O título original do filme é *The Wild Bunch*, que em tradução livre significa "O bando selvagem". [N. da E.]

me contou a história inteirinha (menos a parte do estupro), incluindo cada passo da violenta vingança de Dustin Hoffman (que garota bacana!).

A Warner Bros. manteve *Sob o domínio do medo* em cartaz por anos e anos como segunda atração das sessões duplas do estúdio (até porque, na época, não havia a menor perspectiva de vender o filme para a TV). Foi assim que naquela noite, em 1973, tive a oportunidade de vê-lo com a minha mãe e um elegantíssimo cavalheiro chamado Quincy (que era muito parecido com Clifton Davis, do seriado *That's My Mama*), no Tarzana Six Movies (numa época em que um cinema ter seis salas de exibição era uma coisa e tanto).

É claro que a obra-prima de Peckinpah fundiu a porra da minha cabeça. Especialmente a cena em que eles cortam a garganta de Angel e o sangue — na câmera lenta de Peckinpah, rodada cerca de 120 quadros por segundo — praticamente espirra na lente. Para mim, a impressão era a de que eles realmente tinham cortado a garganta de Angel. Seriam necessários muitos anos, e teria que assistir ao filme várias outras vezes, para enfim eu entender não apenas a força, mas também a beleza dele. Diferentemente de seu mentor, Don Siegel, conhecido pelo nível de violência, em Peckinpah a violência é levada um passo além da brutalidade. Os jorros de sangue vermelho do Sanguinário Sam mais se parecem com um balé líquido, uma poesia visual pintada em carmim (nos anos 1980, John Woo faria a mesma coisa utilizando tons de laranja na ponta do cano das armas de fogo). O choque em *Meu ódio será sua herança* não se resumia apenas ao que víamos na tela; estava também em nossas reações ao que víamos.

Era um filme bonito e comovente.

Havia uma certa beleza naqueles filhos da puta desprezíveis decidindo arriscar tudo por um membro da equipe do qual ninguém gostava muito. E também algo colossalmente masculino e profundamente comovente na caminhada gloriosa do bando em direção ao destino que lhes estava reservado (é um desses momentos que de fato podem fazer um homem adulto chorar lágrimas salgadas de testosterona).

Havia uma certa beleza na maneira como eles matavam (algo que pode ser resumido no jeito orgástico com que Warren Oates manuseia uma metralhadora Gatling).

Havia algo de gratificante na total falta de consideração do bando durante o massacre, fosse quando arrancavam à bala as medalhas do peito daquele general escroto, fosse quando Pike atirava na prostituta traidora gritando "Sua vagabunda!".

Havia uma certa beleza na maneira como eles morriam — cravejados de minúsculas esferas de chumbo, cobertos de vermelho, vertendo sangue, Borgnine chamando o nome de Holden enquanto agoniza ("Pike... Pike...").

Naquela época, porém, no Tarzana Six, foi a pirotecnia de Peckinpah que fundiu minha cabeça e quase me fez sair voando pelo telhado do cinema.

O filme foi interrompido de repente e as luzes se acenderam para o intervalo. Não tenho a menor dúvida de que eu não parava de falar sobre o quanto aquilo era *irado* (Quincy, com certeza, mal acreditava que estava assistindo àquela porra de filme com uma criança).

De qualquer modo, foi o segundo filme daquela noite que me deixou mais impressionado e dominaria a conversa no carro no caminho de volta para casa.

Amargo pesadelo, de John Boorman, baseado no romance *Deliverance*, de James Dickey, conta a história de quatro sujeitos de Atlanta: três pais de família de classe média em processo de ascensão social — Ed (Jon Voight), Bobby (Ned Beatty) e Drew (Ronny Cox) — que acompanham o colega Lewis (Burt Reynolds), um entusiasta da caça com arco e flecha, numa viagem de canoa pelo rio Cahulawassee, no meio do mato. A excursão acontece uma semana antes da conclusão da obra de uma represa que inundará uma área com milhões de litros de água.

A diferença entre os três pais de família e o solteirão Lewis é bem acentuada. Lewis fala e se comporta de maneira arrojada (é o único que não se intimida com a presença dos matutos com quem se deparam no meio do mato), e se encaixa, sob todos os aspectos, no protótipo do machão (antes da camisa vermelha que Reynolds usou em *Bandido*, o estranho colete de mergulho que ele usa no papel de Lewis era o figurino mais emblemático dele em um filme). De qualquer forma, o autor, James Dickey — bem como o próprio filme —, deixa bem claro que Lewis está apenas tentando agir de acordo com uma ideia que tem de si próprio. Ele não é um embuste completo, mas, ao mesmo tempo, tampouco é aquela figura de autoridade que tenta fazer os outros pensarem que é. A maneira como ele blefa com os caipiras na negociação do valor para que levem os carros deles até a foz do rio é a mesma como ele blefa com os colegas em relação à imagem que tenta imprimir de homem da montanha em comunhão com a natureza.

Ele tem mais verdades absolutas do que sabedoria proveniente de uma experiência real. Ele é muito bom com o arco e flecha — mas é um esportista, não um especialista em sobrevivência. Tem mais colhões do que cérebro, mais opinião do que conhecimento.

Sim, o instinto dele é mais aguçado do que o dos três companheiros — mas esse instinto, assim como toda a imagem de machão que ele projeta, é apenas uma pose.

Não quero dizer, com isso, que essa pose seja uma mentira. Lewis não é uma farsa — ele acredita na própria pose, e é uma pose muito confortável. Apesar disso, não representa quem ele é *de fato*, apenas quem ele deseja ser. As pessoas em que Lewis se inspira não podem simplesmente deixar de ser quem são. Lewis pode. Se ele tivesse uma loja de artigos esportivos e precisasse pedir um empréstimo para expandir os negócios, poderia deixar essa pose de lado ao ir até o banco para falar com o gerente. Poderia se vestir, agir e falar como um empresário de Atlanta — e certamente o faria. E isso também não seria uma mentira. George Roundy, o cabeleireiro vivido por Warren Beatty em *Shampoo*, jamais teria sucesso num encontro com um gerente de banco. Lewis, sim. Para Dickey, teria sido fácil colocar no livro um verdadeiro especialista em canoagem de rio (um profissional contratado) para acompanhar o grupo de pais de família. Ele teria servido exatamente ao mesmo propósito na trama, e poderia expressar todos os comentários espirituosos que Reynolds despeja na primeira metade do filme (a melhor delas). No entanto, Dickey queria que nós soubéssemos que, por mais que Lewis falasse como se fosse diferente, tinha muito mais em comum com os três pais de família do que com os ribeirinhos com quem eles travam contato. Lewis é o cara que come camarão e lula frita nos restaurantes chiques de Atlanta.

Os charutos que ele fuma são Cohibas, não Dutch Masters. Ele sabe o que é um Brandy Alexander e um Harvey Wallbanger, e sabe o sabor que esses drinques devem ter.

Lewis viu Jack Nicholson em *Cada um vive como quer*.

Lewis sabe quem é Roman Polanski.

Isso tudo faz sentido quando nos damos conta de que Lewis está ali no lugar de James Dickey, que, na verdade, não é nenhum Tarzan, e sim um poeta.

O livro é escrito em primeira pessoa, narrado pelo personagem de Voight, Ed, mas é com Lewis que o escritor se identifica. E foi em Dickey que Reynolds se inspirou para fazer sua caracterização. Entre os outros três homens, o Bobby de Beatty é o único que se deixa enganar pela imitação de Tarzan feita por Lewis.

O Ed de Voight e o Drew de Cox respeitam a liderança de Lewis, mas têm plena ciência do que está por trás dela. A verdade é que aquela pose os entretém: eles se divertem com ela. E *nós* também nos divertimos. Os primeiros 45 minutos de filme são tremendamente divertidos, e o encantamento da plateia é todo construído com base nos comentários recorrentes do personagem de Burt Reynolds sobre a visão de um futuro distópico bem fatalista, ainda que interessante ("As máquinas vão parar de funcionar"), para o qual somente ele está preparado.

E um grande componente dessa diversão era o fato de o Burt Reynolds com quem as plateias haviam se acostumado graças às aparições em *The Johnny Carson Show* ainda se encontrar presente na persona de Lewis. Aquele mesmo cara que se sentava no sofá de Carson vestindo couro dos pés à cabeça, era apaixonado por si mesmo e fazia piadas sobre os filmes ruins em que ele próprio atuava, ainda era reconhecível no garanhão sensual cheio de papo-furado vestindo um colete de mergulho. Ele era apenas uma versão um pouco menos autodepreciativa e um pouco mais perigosa daquele mesmo Burt dos talk shows.

No primeiro dia, Drew anuncia: "Eu vou com você, Ed, e não com o sr. Lewis Medlock, porque vi como ele dirigiu pelas estradas do país, e ele não é muito bom nisso." No primeiro dia de viagem, Ed e Drew vão numa canoa e Lewis e Bobby seguem na outra, e Lewis fica ladrando ordens para Bobby o dia inteiro. Não porque tivesse experiência naquilo, nem o faz em tom de brincadeira, mas porque era um valentão. Chama Bobby de "gordinho", diminuindo a masculinidade dele na dinâmica daquele grupo de homens. Além disso, o classifica como "bunda-mole", num sentido que vai além do físico. Naquele bando de lobos, Bobby era o membro efeminado. Mesmo que fossem quinze quilos mais pesados, nem Ed nem Drew jamais tolerariam que Lewis os desrespeitasse com a alcunha de "gordinho". Mas, como Bobby permite, isso consolida a posição que ele ocupa entre os outros homens. Mais tarde naquela noite, bastante nervoso, Bobby reclama com Ed da maneira como Lewis o trata, mas não no tom de um homem adulto indignado. Ele usa o tom de um adolescente chorão. E tampouco confronta o objeto do próprio tormento. Em vez disso, faz uma fofoca para um substituto em potencial (Ed), na esperança de que ele intervenha.

De forma semelhante, na manhã seguinte, Lewis diz a Ed, e não a Bobby, "Leva o gordinho com você hoje", diminuindo ainda mais a reputação de Bobby no quartet masculino.

Essa jornada pelo rio não é um passeio qualquer: exige o esforço individual de cada homem, todos trabalhando juntos, uns com os outros. Não é como se eles tivessem saído para pescar e Bobby se revelasse incapaz de lidar com a vara, ou fosse o mais atrapalhado numa quadra de basquete. Ainda assim, aos meus olhos inexperientes, Bobby parecia estar fazendo um bom trabalho. Ele não tinha a mesma autoconfiança dos outros, mas não comprometia em nada por uma suposta falta de coordenação.

Dentro do grupo, Ed é aquele de quem todos gostam e em quem todos confiam, até por ser o ponto de contato entre eles. Bobby não conhece Lewis, é convidado para a viagem por Ed. Drew conhece Lewis, mas não tanto quanto Ed. No livro de Dickey, Ed é um designer gráfico, sócio de uma pequena agência de publicidade, enquanto Lewis herdou terras da família e vive dos proventos que elas lhe asseguram. Isso nos faz imaginar como Ed e Lewis se tornaram amigos. Como se conheceram? Por que Lewis o convidou na primeira vez que foi caçar com arco e flecha? Por que Ed aceitou? No filme, Lewis pergunta a ele: "Por que você me acompanha nessas viagens, Ed?"

Ed, porém, responde como um personagem de filme responderia: "Pois é, às vezes eu também me faço essa pergunta." Isso soa como uma fala em um filme. Já no livro, Ed conta ao leitor por que acompanha Lewis nessas viagens — e não era para levar carne de veado para casa, para a esposa cozinhar.

Ele gosta da companhia de Lewis, e até mesmo o admira: "Ele era o único homem que eu conhecia determinado a tirar alguma coisa dessa vida, e tinha tanto os meios quanto a disposição para fazer isso."

Lewis não pensa duas vezes antes de expor a própria filosofia ao grupo. Ele também faz discursos semelhantes para Ed, em particular. Mas esses discursos são *muito* mais íntimos. Quando a plateia é o grupo, o ato de contar vantagem, a retórica de sobrevivente, a maneira inconsequente de dirigir, a ousadia ao provocar os matutos e sinistros ribeirinhos, tudo faz parte de uma performance pensada para entretê-los e consolidar a posição dele como líder masculino. Além disso, ter uma plateia cativa para os monólogos inspirados em Nietzsche agrada, mais do que tudo, a uma plateia de uma só pessoa: ele próprio.

Entretanto, quando a plateia é composta apenas por Ed, o discurso até pode ter sido escrito pela mesma pessoa, mas é proferido de maneira muito íntima, *exclusivamente* para ele.

Vemos uma espécie de cortejo homoerótico entre Ed e Lewis na primeira metade do filme, não muito diferente da dança de sedução entre Randolph Scott e Richard Boone em *O resgate do bandoleiro*, de Budd Boetticher. Lewis não precisa da companhia de Drew ou Bobby, e tampouco as deseja. Por motivos que não apenas não entende, como também jamais lhe ocorreria investigar, ele teria gostado muito mais se Ed tivesse ido com ele sozinho.

É com Ed que Lewis quer descer o rio. É com Ed que ele deseja enfrentar as corredeiras. O fato de os dois homens hesitarem em compartilhar a canoa para atravessar aquelas águas claras é quase adorável. E, quando eles efetivamente a compartilham, Ed fica de bobeira e Lewis pesca violentamente o jantar com seu arco e flecha, exibindo a pose de machão somente para ele (o que suscita a pergunta: quem cozinhou o peixe?).

Enquanto faz caras e bocas e gesticula, expondo suas opiniões para deleite de Ed, Lewis diz, em tom sarcástico: "Você tem uma boa esposa. Um bom filho."

Ed, que não se ofende, mas se diverte com aquilo, responde: "Do jeito que você está falando, isso parece uma merda, Lewis."

Ao que Lewis (e, especialmente, Burt Reynolds) abre um sorriso e pergunta: "Por que você me acompanha nessas viagens, Ed?"

O sorriso murcha no rosto de Ed, e ele se defende num tom nada agressivo: "Eu gosto da minha vida, Lewis."

No segundo dia de viagem, Ed e Bobby vão numa das canoas, enquanto Lewis e Drew seguem na outra. Ed e Bobby se distanciam consideravelmente dos amigos (o que sugere que, talvez, Bobby não seja assim tão inepto no que diz respeito à navegação). Eles resolvem fazer uma parada numa margem do rio para esperar que os amigos os alcancem. Até esse momento, o diretor, John Boorman, mantém tudo num ritmo de suspense a fim de conduzir a plateia, da mesma forma que a corrente do rio conduz os homens na tela. Dá para perceber esse ritmo no filme. A história e os personagens estão indo para *algum lugar*... mas, a menos que estejamos muito ligados na trama, não sabemos direito para onde. E, na verdade, mesmo que quiséssemos, não conseguiríamos adivinhar. A maior parte das plateias que assistiram ao filme em 1972 estava completamente despreparada para as reviravoltas dramáticas que acontecem na história — e é por isso mesmo que elas funcionam tão bem. A maioria dos espectadores sentia que haveria algum tipo de reviravolta dramática, mas esperava que fosse causada pelas traiçoeiras correntezas do rio que os homens desciam. Está bem claro que *alguma coisa* vai acontecer durante a viagem. Ainda assim, entre os membros daquela matilha masculina, é tudo diversão e brincadeira. O cineasta não dá o menor indício do que essa *coisa* poderia ser. E essa *coisa* é simplesmente a mais profunda e perturbadora sequência de violência no cinema do começo dos anos 1970 não dirigida por Sam Peckinpah. E também se tornaria uma das mais emblemáticas.

Pouco depois de chegarem à margem do rio, Ed e Bobby são confrontados por dois caipiras que moram nas profundezas de um matagal (Bill McKinney e Cowboy Coward). Boorman mostra aos espectadores um primeiro vislumbre dos matutos — em meio à folhagem dos arbustos, descendo um morro na direção dos intrusos — do ponto de vista de Ed e Bobby. E, de repente — de maneira inexplicável —, estamos todos morrendo de medo.

Os canoístas cumprimentam os homens, que se aproximam com um aceno de mão e um "Tudo bem?" meio encabulado.

Entretanto, os dois trogloditas, um deles portando uma espingarda de cano duplo, mostram-se imediatamente hostis.

A princípio, parece que os dois sujeitos da cidade grande invadiram sem querer uma espécie de área protegida — talvez uma destilaria clandestina operada pelos caipiras. Ou, quem sabe, nossos protagonistas estivessem sendo confundidos pelos locais com os representantes de algum tipo de autoridade (a Receita, o governo federal, um alto funcionário do condado). Entretanto, logo fica nítido que os dois caipiras não estão se defendendo de sujeitos da cidade grande que invadiram a área deles. Eles têm muito mais a ver com outros tipos de predador que habitam aquele matagal. E Ed e Bobby são como dois ratos que, de repente, se veem cara a cara com uma serpente faminta.

Bill McKinney, o mais dominante dos caipiras, começa imediatamente a bolinar Bobby, o bunda-mole (toca o rosto dele e lhe aperta os mamilos). O longa começa a se afastar da atmosfera tradicional de suspense e mergulha numa direção que, até então, ainda não havíamos experimentado num filme. John Boorman não estava dirigindo uma cena de suspense, estava fazendo *manipulação emocional*. Porque, ao contrário dos palermas que aparecem dando risadinhas maníacas em *Desejo de matar*, os matutos representados por McKinney e Coward não são *vilões de cinema*. São apenas dois caipiras locais assustadoramente convincentes.

Ed e Bobby são forçados a adentrar a mata, afastando-se do rio: *Subam esse morro. O quê? Vocês querem negociar? Cavalheiros, o único negócio que vocês têm que fazer é subir a porra desse morro!* Em seguida, Ed é amarrado a uma árvore e Bobby é obrigado a tirar a roupa. Ed é torturado com a própria faca, enquanto o caipira interpretado por McKinney come o cu do indefeso Bobby.

Enquanto a cena vai se desenrolando perante nossos olhos incrédulos, parece que não estamos apenas observando um estupro, ou alguém tendo sua masculinidade subjugada — como talvez víssemos num filme de prisão —, mas, sim, algum tipo de ritual ancestral que poderia fazer parte de um documentário sobre a natureza.

É genuinamente perturbadora a maneira como o corpo macio de Ned Beatty é sexualizado, mas, assim como nas cenas extremas dos romanos espancando Jesus em *A Paixão de Cristo*, de Mel Gibson, não sem um certo apelo sadomasoquista.

Não é algo do tipo "Ah, não consigo ver isso", mas exatamente o contrário: não conseguimos desgrudar os olhos da tela.

Depois que tem o rabo penetrado e macetado, Bobby desmorona no chão de terra e folhas mortas, com o processo de feminização dentro da dinâmica masculina agora finalmente concluído.

Com Bobby arrasado, devastado e humilhado, os caipiras voltam a atenção para Ed, fazendo-o ajoelhar-se enquanto se preparam para obrigá-lo a chupar o pau (provavelmente) imundo deles.

É nesse momento que Ed vê, em meio às árvores, a canoa de Lewis e Drew parando ao lado da deles.

Referindo-se a Voight, McKinney pergunta a Coward: "O que você quer fazer com este aqui?"

"Ele tem uma boca muito bonita" — é a famosa resposta do cretino.

Assim que McKinney começa a desabotoar as calças, porém, o caçador Lewis arremessa uma flecha que o trespassa bem no meio do peito.

Coward começa a correr em direção ao morro (sem a espingarda), enquanto McKinney — como um veado que executa lentamente, e aos coices, a dança da morte — cai duro no chão.

O estupro de Bobby não nos é apresentado com a mesma incomensurável depravação do Scorpio de Andy Robinson em *Perseguidor implacável*. Há algo de pueril na maneira como McKinney tortura Beatty. É por isso que a cena parece tão real, e não é percebida como uma reviravolta narrativa calculada dentro do roteiro. Ela contém a crueldade inconsequente da qual apenas as crianças são capazes. E foi exatamente assim que reagi ao tormento de Ned Beatty quando assisti ao filme pela primeira vez, com minha mãe, no Tarzana Six Movies. Fiquei cagado de medo com aquela cena. Não com a parte do *estupro* em si. Porque, naquela idade, eu nem sabia o que era um estupro, apesar de já ter visto alguns em outros filmes — tem um inclusive em *Como livrar-me de mamãe*, ainda que em tom cômico. Como eu não tinha a menor ideia do que era sodomia, também não tinha a menor ideia de que Bill McKinney estava enfiando o pau no cu de Ned Beatty. Tudo que *eu* sabia era que Beatty estava sofrendo bullying e sendo humilhado. E eu estava certo. Isso era algo que qualquer menino que tivesse frequentado um pátio de escola entenderia. O que realmente me assustou naquela primeira sessão foram os dois caipiras pavorosos em si. E o fato de aquilo ter acontecido num lugar isolado, no meio do mato, longe da civilização, parecia terrivelmente plausível.

O medo que as pessoas tinham de entrar na água depois de assistirem a *Tubarão* era o mesmo que eu sentia diante da perspectiva de acampar no meio do mato depois de assistir a *Amargo pesadelo*. No entanto, com Curt fora de cena, e eu estando sob os cuidados de minha mãe, Jackie e Lillian, os perigos de acampar não eram algo com que eu realmente precisasse me preocupar. Seria mais fácil eu morrer como Isadora Duncan do que ser levado para acampar no meio do mato pela minha mãe.

O dinâmico coadjuvante Bill McKinney desfilaria por uma grande variedade de papéis ao longo dos anos 1970 e 1980, sendo mais lembrado por seus vilões sarcásticos (*A quadrilha*, *Josey Wales: O fora da lei* e *Cannonball:A corrida do século*). Embora tenha sido uma presença constante em filmes e programas de TV por duas décadas, principalmente após ter entrado para o rol dos coadjuvantes recorrentes de Clint Eastwood, ele nunca foi promovido ao papel de vilão principal, que as plateias conheciam pelo nome, como Neville Brand, Claude Akins, Jack Palance e William Smith — mas deveria. A atuação de McKinney em *Amargo pesadelo* é tão autêntica que muita gente *até hoje* acredita que ele realmente era natural daquele lugar (como o parceiro dele, Cowboy Coward, e aquele imbecil que toca o banjo) escolhido para aparecer no filme. No entanto, só um *ator de verdade* seria capaz de controlar as dinâmicas da cena e executá-la do jeito que ele faz com Ned Beatty, com quem contracena. McKinney confere ao palerma sodomita que interpreta uma primitividade humana muito convincente.

O filme de John Boorman é sobre o estupro, quer esta fosse, quer não a intenção. Depois de assistir à cena, é impossível esquecê-la. Para ser franco, Bobby parece se recuperar da situação mais rápido do que os próprios espectadores. A história e o tema do livro de Dickey, no entanto, são sobre o que acontece *depois* desse incidente estarrecedor e violento.

A narrativa de Boorman nos puxa na direção dos caipiras o tempo todo, como cães de caça farejando um cheiro. No livro de Dickey, por sua vez, a narrativa vai na direção da discussão furiosa que os quatro homens têm sobre o que fazer em seguida.

Os homens em *Amargo pesadelo* são confrontados com um tabu social — o estupro de um homem de seu grupo — que, em maior ou menor grau, os acompanhará pelo resto da vida. Isso é muito parecido com a maneira como o filme de Boorman confronta o público com esse mesmo tabu social, que acompanhará os espectadores por toda a duração do filme (e, talvez, os acompanhe até a volta para casa, e quando eles forem trabalhar no dia seguinte e conversarem com os amigos sobre o filme selvagem a que assistiram na noite anterior).

Os homens do filme, porém, são agraciados com uma oportunidade de enterrar o segredo, porque, assim que a obra da represa estiver pronta, toda aquela área estará inundada com milhões de litros de água. E assim Lewis enfatiza para os três amigos: "Cara, não tem como ficar mais enterrado do que isso."

Em outras palavras, o que acontece no meio do mato fica no meio do mato. Depois disso, os quatro homens poderão retornar às respectivas vidas ordinárias, sem dever nada a ninguém além de a si próprios. Então, o filme provoca o público com a seguinte pergunta: *O que você faria?*

Deliverance é o primeiro romance de Dickey. Ele acabaria escrevendo apenas três. O terceiro, *To the White Sea*, é praticamente um livro de um personagem só, e esse personagem é em essência Lewis, se ele fosse um esquimó. Isso significa que é Dickey, se ele fosse um esquimó. A primeira vez que ouvi falar desse livro foi quando John Milius me disse que era maravilhoso. Houve até um roteiro que circulou nos anos 1990, assinado por David Webb Peoples e pelos irmãos Coen, mas era tenebroso. Nessa época, meu agente chegou a oferecê-lo a mim, dizendo que seria uma boa oportunidade para escalar Brad Pitt como protagonista. "Brad Pitt?", perguntei, incrédulo. "Mas o cara é uma porra de esquimó."

Deliverance é um bom romance, mas soa estranhamente incompleto. A maioria dos livros é resumida quando adaptada para o cinema, mas *Deliverance* se beneficia da transformação em *Amargo pesadelo*. Dá para imaginar Boorman lendo o livro e ficando empolgado: *esta adaptação vai me dar a chance de criar alguma coisa.* Boorman deixa a história mais vívida e atraente. Ed, Lewis, Bobby e Drew não saltam das páginas como Voight, Beatty, Cox e, principalmente, Reynolds saltam da tela. Nem os dois caipiras estupradores. No livro, os caipiras não são conceitos vagos, são personagens de verdade, mas Mc-

Kinney e Coward dão corpo a eles. Há uma autenticidade quanto à presença na tela. McKinney, Beatty e Coward podem estar atuando para as câmeras, mas não estão se apresentando para uma plateia. Nós *não assistimos* ao estupro de Bobby, nós o *testemunhamos*.

De todo modo, depois que a cena da discussão acaba, o filme atinge o ápice. A ambiguidade acerca do que aconteceu *ao certo* com o Drew de Ronny Cox faz com que o terceiro ato se inicie com o pé esquerdo. Estou perfeitamente ciente de que essa ambiguidade é *proposital*. Mesmo assim, a maneira como Boorman construiu essa parte da ação e dirigiu a reação de Cox primeiro confunde e depois irrita o espectador. Ainda que Boorman julgasse importante que os personagens ficassem confusos a respeito do que aconteceu com Drew (o que eu não acho necessário), a plateia não deveria ficar no escuro.

A partir desse ponto, o filme, que até então parecia reto como uma corda de guitarra, perde completamente o rumo.

O rito de passagem masculino executado por Ed/Voight — subir o morro e atingir Cowboy Coward com uma flechada — não chega a ser tão empolgante ou tenso quanto deveria, porque é previsível demais. Ficamos mais preocupados com a porra do Rambo em *Programado para matar* do que com Ed subindo aquele morro.

E algo que deveria ser tão tenso quanto qualquer passagem do começo do filme — os sobreviventes encarando as autoridades ao chegarem à foz do rio e fingindo que nada aconteceu — é uma tremenda decepção. Isso porque Boorman fez a escolha inexplicavelmente incoerente de apresentar todo o clímax do filme — que deveria nos fazer roer as unhas — de maneira incrivelmente morna.

Quer dizer, *que porra é essa?*

Será que Ed vai subir aquele morro e, quase chegando no topo, acabar caindo e morrendo, chocando-se contra as pedras?

Acho que não.

Quando ele estiver frente a frente com Cowboy Coward, será que o cretino desdentado vai estourar os miolos dele e, depois, os créditos começarão a subir, a cortina se fechará e as luzes se acenderão?

Duvido muito.

Mas, a partir do momento em que eles contam uma mentira altamente elaborada para o desconfiado xerife da comunidade ribeirinha, tudo poderia acontecer. Eles poderiam acabar tão fodidos quanto Bobby.

Boorman, porém, apresenta tudo isso de forma *tão* sem sal que poderia ter simplesmente colocado uma sequência de imagens congeladas enquanto um narrador nos informa sobre o desfecho da história. É o próprio James Dickey quem interpreta o xerife, e, mesmo levando em conta a maneira preguiçosa com que o diretor decide dramatizar a cena final do filme, até que ele consegue se sair bem no papel.

No entanto, é nesse momento que o filme precisava que algum outro personagem suculento aparecesse e conduzisse a história até a conclusão. Com o ator certo, no terceiro ato correto, o papel do xerife poderia ter virado o jogo em favor próprio de maneira espetacular (pense em Wilford Brimley em *Ausência de malícia*).

Existe, contudo, um motivo óbvio para que *Amargo pesadelo* vá se arrastando até o fim. Muito embora seja rico do ponto de vista temático e ousado do ponto de vista estrutural, jogar o Lewis de Burt Reynolds para escanteio pouco antes do começo do terceiro ato... nesse filme, do ponto de vista cinematográfico, foi suicídio puro.

O último papel que Burt Reynolds interpretou antes de Lewis foi o tenente Dan August, no seriado de TV de mesmo nome produzido por Quinn Martin. Esse papel e esse programa eram extremamente representativos da carreira dele até aquele momento. Perguntei a Burt, que gostava de investir tanta personalidade em seus personagens, por que ele havia interpretado Dan August de forma tão seca.

"Porque era isso que Quinn Martin queria", respondeu ele. "Quinn não queria que o protagonista do seriado ficasse fazendo gracinha, era preciso interpretá-lo que nem a porra do Efrem Zimbalist Jr."

Hoje em dia, visto que Burt acabou ficando conhecido por ser um ator cheio de personalidade, vê-lo proferindo as falas de forma tão ritmada e seca acaba sendo uma mudança de ares muito curiosa. É bem impressionante que, mesmo impedido de usar seus principais truques,

Burt ainda tenha sido capaz de mostrar uma boa atuação. Em *Dan August*, o trabalho dele era ser John Gavin. Só que Burt não queria ser John Gavin, e, apesar de toda uma máquina empurrá-lo nessa direção, ainda assim ele conseguiu resistir. Aquele, porém, também não era Burt. O sofá de Carson foi o único lugar que lhe deu essa oportunidade. Perguntei a Burt se, caso *Dan August* tivesse sido renovado para uma segunda temporada, ele ainda poderia ter estrelado *Amargo pesadelo*.

"De jeito nenhum", disse ele. "Eu estaria rico, mas tremendamente infeliz."

Por mais divertido que os rompantes exibicionistas de Lewis tenham sido para a plateia durante a primeira metade do filme, a liderança que ele exerce sobre o grupo improvisado de quatro homens foi o melhor desempenho do ator até aquele momento.

Quando vemos Reynolds — o galã sensual vestindo um colete de mergulho — andando pelo mato, à espreita, fazendo um excelente comentário atrás do outro para desmontar os argumentos contrários de Ronny Cox com sua lógica e liderança, fica fácil perceber que cada programa de TV ruim de Quinn Martin em que ele atuou e cada filme ruim que protagonizou (*100 rifles*, *Sam Whiskey, o Proscrito* e *Cruéis são os homens*) o prepararam para o momento em que ele finalmente poderia atuar em algo de qualidade.

O que Reynolds apresenta de tão sensacional na sequência em que eles se perguntam "O que vamos fazer com essa porra desse caipira morto" é o fato de tanto o ator quanto o personagem compartilharem uma dualidade. Lewis não é tão cativante no livro quanto no filme. A primeira escolha de Boorman para o papel foi um de seus atores favoritos, Lee Marvin. E, levando em consideração o personagem no livro, sim, poderia ter sido Lee Marvin. No entanto, era mais do que provável que ele bebesse o tempo todo e deixasse que o cabelo branco e o cavanhaque igualmente branco fizessem toda a atuação no lugar dele. O Lewis do livro precisava de Reynolds para lhe dar uma existência vibrante.

E Reynolds precisava de Lewis para provar (usando o linguajar de seu arqui-inimigo, Marlon Brando) que era um competidor.

Assim que conseguiu o papel, Reynolds o tomou para si, arrebatando a tela e a atenção do público e transformando o filme num tremendo sucesso.

Da mesma maneira que Burt esperou e se preparou a vida inteira para estar no centro de uma cena como essa, num "filme de verdade" como esse, com atores como esses, atuando para um cineasta sério como Boorman — para finalmente se destacar —, Lewis também esperou e se preparou a vida inteira para uma aventura sem volta como essa... em que *ele* poderia finalmente se destacar.

Agora, todos aqueles discursos sobre sobrevivência não eram mais *retórica*. Agora, o imperativo moral não era mais um debate intelectual. Agora, os homens não riam mais das ideias dele como se elas pertencessem a um bravateador metido a machão apaixonado pelo som da própria voz.

Agora ele era o líder deles.

Agora, recorriam a ele para que ele lhes dissesse o que fazer.

Toda vez que matava um cervo com uma flechada, Lewis se perguntava: *Será que seria capaz de fazer o mesmo com um homem?* Agora, ele havia feito. Quando a ocasião se apresentou numa questão de *vida ou morte*, ele se impôs e não deixou *nada a desejar*.

Ele é o maior personagem de John Milius que John Milius jamais criou, e *este* é o seu *Amargo reencontro*.

Apesar da gravidade da situação e de todos os riscos envolvidos, nem Burt *nem* Lewis jamais tiraram o sorriso do rosto.

Os implacáveis

(1972)

> *A marca pessoal de Steve McQueen, Sam Peckinpah, os dublês, as locações, esse tipo bastante particular de masculinidade, tudo isso é tão empolgante... e ninguém jamais conseguiu replicar.*
> Ali MacGraw sobre *Os implacáveis*

O enredo do livro de Jim Thompson e do filme de Sam Peckinpah é o mesmo. O experiente ladrão de bancos Doc McCoy, que acaba de cumprir quatro anos na prisão, sai em liberdade condicional em troca de orquestrar um assalto para um figurão local chamado Beynon (interpretado no filme por Ben Johnson), que faz parte da junta da condicional. O acordo é intermediado por Carol, esposa e cúmplice de McCoy em seus roubos (no filme, fica implícito que foi um erro dela que acabou colocando Doc atrás das grades). Assim que McCoy deixa a penitenciária, Beynon o põe em contato com dois cúmplices imprevisíveis, entre os quais um maluco sádico e homicida chamado Rudy (vivido por Al Lettieri). O roubo acaba virando um festival de balas, mas o casal consegue escapar com o dinheiro. Quando eles chegam à casa de Beynon para entregar a parte dele do butim, o magnata revela a Doc que parte do combinado para soltá-lo envolveu dormir com Carol — que, após essa revelação, atira em Beynon. Em seguida, o casal (com o dinheiro) empreende uma fuga alucinada pelo Texas em direção à fronteira com o México, tendo no encalço as autoridades do estado e os capangas de Beynon, além de Rudy, sedento por vingança. E, não bastassem todos esses inimigos, o casal também precisa lidar um com o outro, uma vez que Doc não consegue perdoar Carol por ter transado com Beynon.

Os implacáveis entrou em produção durante um período de transição sério na vida de Steve McQueen — ele e Neile McQueen, sua esposa, amiga e confidente, estavam finalizando o processo de divórcio. Steve tinha deixado a mansão em Malibu e estava morando no hotel Chateau Marmont. Durante a produção do arrasa-quarteirão *Bullitt*, Peter Yates havia estourado o cronograma em trinta dias, o que fez a Warner Bros.-Seven Arts encerrar o contrato com a produtora de McQueen, a Solar Productions, antes mesmo de o filme ser lançado. Então, McQueen e o sócio, Robert Relyea, levaram a produtora para a Cinema Center Films, o braço cinematográfico da emissora de TV CBS, dando início a uma relação muito turbulenta.

Depois de ser escalado no último minuto para *Butch Cassidy*, McQueen embarcou em três projetos nada convencionais que acabaram sendo uma tremenda decepção para o ator.

Seu trabalho na adaptação de *Os rebeldes*, filme familiar baseado no livro de William Faulkner e dirigido por Mark Rydell, até chamou alguma atenção, mas foi o coadjuvante Rupert Crosse quem roubou a cena, monopolizou as críticas e conquistou uma indicação ao Oscar (vamos ignorar o fato de que tanto McQueen quanto Crosse eram velhos demais para os papéis). Além disso, comédia nunca foi o forte de McQueen, e o filme exigia que ele fizesse caras e bocas e atuasse, desavergonhadamente, num tom exagerado.

As 24 horas de Le Mans, o segundo filme do contrato com a Cinema Center, é hoje considerado um dos pilares mais emblemáticos da filmografia de McQueen e da mística em torno dele. E muita gente (inclusive eu) acha que se trata do melhor filme de corridas jamais feito. Na época, contudo, ele foi uma decepção terrível para McQueen. E o mercado o viu não apenas como um fracasso, mas também como um fiasco motivado pelo ego, com os financiadores, a

Cinema Center Films, assumindo as rédeas da produção e, em certo momento, até mesmo suspendendo as filmagens.

E o último dos três filmes, a trama de rodeio *Dez segundos de perigo*, de Sam Peckinpah (feito para a ABC Pictures International, o braço cinematográfico da rede de TV ABC), foi um estrondoso fracasso de bilheteria.

Assim, McQueen e Bob Relyea começaram a planejar um filme sobre um casal de ladrões de banco em fuga com a intenção de fabricar um grande sucesso.

O projeto começou a ganhar vida quando o produtor David Foster (da produtora Truman/Foster) e Mitch Brown compraram os direitos do livro de Thompson.

McQueen recebeu o convite e aceitou.

Em seguida, o filme começou a ser produzido com Robert Evans, na Paramount.

O primeiro diretor a ser escalado para o projeto foi Peter Bogdanovich.

Ele tinha acabado de dirigir *A última sessão de cinema*, que ainda não fora sequer lançado. De todo modo, Bogdanovich era considerado uma estrela em ascensão. E uma estrela tão grande que, na verdade, já estava rodando um novo filme, com Barbra Streisand, ao qual se seguiria o trabalho com McQueen.

Bogdanovich, então, chamou o roteirista Walter Hill para adaptar o livro de Thompson.

Walter disse que o diretor, o produtor e McQueen não tinham nenhuma observação a fazer, queriam apenas um roteiro finalizado o quanto antes. Enquanto isso, Bogdanovich estava em São Francisco filmando *Essa pequena é uma parada*, de modo que o roteirista de *Os implacáveis* foi levado até a cidade para trabalhar no roteiro e reunir-se com Peter no set de tempos em tempos.

Walter Hill era fã de Jim Thompson e havia lido vários dos livros desse autor. Peter, não.

Quando perguntei a Peter o que ele achava da história de Thompson, ele o descreveu como "um bom livro com um final terrível".

Walter gostava de Peter, mas, logo de cara, começou a se perguntar se ele seria mesmo o homem certo para dirigir aquele material. "Peter dizia o tempo todo que queria transformar o livro numa aventura hitchcockiana, uma coisa que, para ser sincero, nunca entendi. Para mim, era óbvio que o filme tinha que ser feito mais no estilo de Raoul Walsh, e que *Seu último refúgio* era o modelo perfeito."

No entanto, não havia como negar a competência de Bogdanovich para tocar uma grande produção. Hill costumava ir ao set de *Essa pequena é uma parada* pela manhã — quando ele e Peter tinham mais tempo para conversar sobre o roteiro. Lá, ele pôde ver com os próprios olhos Peter lidando com Barbra Streisand, então no zênite absoluto do estrelato.

Walter me disse: "A maneira como Peter lidava com Streisand era magistral. Não existe outra palavra. Ela chegava no set que nem uma abelha, zunindo sobre uma coisa ou outra. E o Peter a reconfortava. Dizia o quanto ela estava bonita. 'Não se preocupe, Barbra, você é a namoradinha dos Estados Unidos, nada disso importa.' 'Você está incrível no filme. Os críticos vão te adorar. Os fãs vão te adorar.' 'Assisti ao material bruto ontem à noite, e quase caí da cadeira de tanto rir.' E não demorava muito, Barbra estava ronronando como uma gatinha. Sei que pode parecer que estou dizendo que ele puxava o saco dela, ou que não estava sendo sincero. Não se tratava disso. Ela estava bem no filme. E engraçada também. Você sabe, Quentin, como diretor, que existe uma certa medida desse tipo de conversa que é necessária. Especialmente com as estrelas de natureza temperamental. E nunca vi ninguém lidar com uma estrela com a maestria demonstrada por Bogdanovich."*

Àquela altura, porém, McQueen estava começando a ficar realmente irritado por ter que esperar pelo fim das filmagens de *Essa pequena é uma parada* para começar a fazer *Os implacáveis*. É claro que ele sabia que Peter tinha que terminar o filme com Streisand

---

* Resolver os problemas, sejam grandes ou pequenos, dos atores — especialmente dos protagonistas — *é* trabalho de um diretor de cinema.

primeiro, mas, à medida que o tempo foi passando, Hill disse que "aquilo o fez sentir-se preterido".

Então, para que ninguém ficasse com a sensação de que o projeto de *Os implacáveis* estava abandonado, uma reunião entre os produtores, McQueen, Bogdanovich e Hill — que ainda estava trabalhando no roteiro — foi marcada em São Francisco num dia de folga de Peter.

"Àquela altura", disse Hill, "Peter tinha lido talvez umas vinte páginas do roteiro. Além disso, para ser justo, ele estava cansado das filmagens, e provavelmente feliz por ter um dia de folga. Assim, é possível que não tenha levado em consideração quanto aquele encontro era importante para McQueen e os produtores."

A primeira pergunta que os produtores fizeram a Peter foi: "Como está o roteiro?"

Peter, então, virou-se para Walter e perguntou: "E aí, Walter, como está o roteiro?"

E Walter disse: "Está saindo."

Em seguida, McQueen fez uma pergunta muito direta a Peter: "Que tipo de armas vou usar no filme?"

Peter riu e falou: "Ah, não se preocupe com isso agora, Steve. Vamos ter muito tempo para pensar nisso" — basicamente usando com McQueen a mesma tática que usava com Streisand.

Só que McQueen não era Streisand.

E, para ele, que sabia muito sobre armas e era especialista no manuseio delas, a questão era importante.

Sobretudo num filme como aquele e com um personagem como Doc.

Hill recordou: "Dava para ver, pela expressão de Steve em reação à resposta de Peter, que ele estava se perguntando: *Será que esse é mesmo o cara certo para dirigir um filme de ação?* E, alguns dias depois, ele decidiu cortar Bogdanovich do projeto."

Walter me disse que nunca teve nenhum problema com Peter ao longo dos anos, mas que, uma vez que Peter havia sido demitido do projeto, era esperado que o roteirista também pedisse para sair.

Walter entendia o cunho moral dessa expectativa.

Entretanto, não achava que isso se aplicava, necessariamente, *àquela* situação.

E não era só isso: Walter havia recebido um memorando de Peter Bart, da Paramount, o qual dizia que ele deveria *continuar* trabalhando naquele roteiro ou seria processado. Então, havia uma decisão muito importante a ser tomada: quem dirigiria o filme? Depois da experiência com Bogdanovich, ficou decidido que só seriam considerados cineastas com experiência em filmes de ação com protagonistas durões.

E, dentro desses critérios, havia apenas duas escolhas possíveis: Sam Peckinpah ou Don Siegel (e qualquer um dos dois teria deixado Walter Hill "empolgadíssimo").

Depois de *Perseguidor implacável*, Siegel estava na crista da onda. No entanto, ele havia trabalhado com McQueen nos anos 1960 em *O inferno é para os heróis*, e, como foi dito antes, em diversos momentos os dois quase saíram no braço.

Por sua vez, McQueen tinha acabado de trabalhar com Peckinpah em *Dez segundos de perigo*, e ficara muito satisfeito com a experiência e o desempenho dele. O filme, porém, acabou sendo não apenas um fracasso, mas também uma tremenda bomba. O tipo de filme ao qual um astro pop do cinema como McQueen não estava acostumado. Em todo caso, ficou decidido que, assim que Hill terminasse o roteiro, este seria enviado a Sam Peckinpah com um convite para dirigi-lo, tendo McQueen como protagonista.

Sam leu o roteiro durante um voo e, de acordo com Walter, disse: "Esse material é perfeito para ele, sem dúvida. Steve ficará sensacional nesse papel."

A primeira versão do roteiro de Hill era bastante diferente do filme que Sam acabaria fazendo. Fiel ao livro, nessa primeira versão a história se passaria em 1949. Hill disse: "Todo mundo leu e ficou feliz com o roteiro. Mas, quando o pessoal do financeiro da Paramount fez as contas, os custos chegaram a um patamar astronômico. Então, num esforço para diminuir o orçamento, Sam sugeriu que fizéssemos um filme contemporâneo. Mesmo sem o elemento de época, o estúdio ainda considerou o orçamento muito alto. Sam contestou os valores apresentados, mas tanto ele quanto Steve eram conhecidos por estourar o orçamento dos filmes que faziam."

Isso levou o mandachuva do estúdio, Robert Evans, a dizer: "Olha, eu pago o pessoal do financeiro para eles me dizerem quanto as coisas vão custar. E, se dizem que vai ficar muito caro, tenho que escutá-los."

Então, Evans suspendeu a produção do filme.

Ele tinha certeza de que os outros estúdios fariam as contas e chegariam à mesma conclusão, que a coisa toda era cara demais, e então McQueen e companhia seriam obrigados a voltar à Paramount, que poderia negociar melhores condições e estabelecer valores mais razoáveis. No entanto, para decepção de Evans, no minuto em que o filme ficou disponível para compra, a National General Pictures (NGP) o adquiriu do jeito que estava.* Então, agora que eles tinham um filme de ação perfeito para McQueen, um diretor de ação aclamado pela crítica, um roteiro que empolgava todo mundo, um orçamento com que todos concordavam e um estúdio entusiasmado para produzi-lo, faltava apenas escolher um dos gigantes desse time...

Quem faria o papel da coadjuvante Carol McCoy?

Bem, no instante em que Robert Evans se envolveu no projeto, ele começou a tentar emplacar, de forma bastante agressiva, a ideia de colocar a própria esposa, a superestrela Ali MacGraw, para contracenar com McQueen.

Olhando em retrospecto, isso é bastante irônico, porque seria justamente durante as filmagens de *Os implacáveis* que Ali deixaria o magnata para se casar com o parceiro de cena, Steve McQueen. Naturalmente, os produtores estavam empolgados com as perspectivas comerciais da parceria McQueen/MacGraw, e tinham bons mo-

---

* A NGP era o principal investidor da First Artists, empresa fundada em 1970 por Sidney Poitier, Paul Newman e Barbra Streisand. Em 1971, McQueen juntou-se a eles. O negócio foi muito vantajoso para McQueen, porque, a cada filme que ele fazia para a First Artists, ganhava muitos pontos significativos. E também porque as considerações comerciais eram a principal preocupação de todos.

tivos para isso. Ali MacGraw era uma das maiores estrelas do cinema mundial, e *Love Story: Uma história de amor* havia sido o maior sucesso de bilheteria de 1970. Mas a atriz ainda precisava estrelar mais um filme. Então, *Os implacáveis* seria um complemento a *Love Story*.

Durante o período em que esteve envolvido no projeto, Bogdanovich me contou o quanto Evans foi agressivo na pressão exercida no sentido de que MacGraw fosse escalada para o filme.

Peter, por sua vez, queria escalar a própria namorada, Cybill Shepherd.

"Eu não insisti. Não era uma questão de ou é a Cybill ou não é ninguém. Mas eu achava que Cybill seria uma boa escolha para o papel, ao contrário de MacGraw, e disse isso a Evans. Argumentei que o filme seria negativo para a carreira de Ali no longo prazo, porque, em razão de ser mal escalada para o papel, os críticos iriam massacrá-la — e foi exatamente isso que acabou acontecendo. A personagem era uma garota texana de ombros largos que andava descalça. Essa era Cybill!"

Ele não estava totalmente errado. A personagem, tanto no livro de Thompson quanto no roteiro de Hill (que não são, exatamente, a mesma coisa), é *de fato* um pouco mais parecida com Shepherd do que com MacGraw. Na época, porém, quem mais resistia à escalação de MacGraw (mais uma vez, ironicamente) era Steve McQueen.

O pensamento dele era: *Nenhum bambambã do estúdio vai me dizer quem tem que estar no meu filme!*

Entretanto, mesmo depois de o filme ter trocado de mãos e passado para a Warner Bros., Evans continuou tentando emplacar MacGraw. "Sei que esse não é mais um filme da Paramount. Mas não use isso contra Ali. Não é culpa dela. Ela e McQueen seriam explosivos juntos!"

A escolha de Sam para o papel de Carol era Stella Stevens, protagonista dele em *A morte não manda recado*. Para a personagem das páginas do livro, Stevens seria *perfeita*. McQueen, no entanto, não queria ninguém que fosse *perfeito*.

Na verdade, não queria que Carol competisse com ele em pé de igualdade.

Stevens disse que saiu para tomar um drinque com McQueen quando Sam sugeriu o nome dela, e na ocasião Steve disse a ela: "Eu te vejo como uma rival."

E, num filme de Steve McQueen, tudo que ele não queria era competição.

Isso tinha acontecido com Rupert Crosse em *Os rebeldes*.

Ele ficaria arrasado se fizesse *Os implacáveis* com Stella Stevens e tivesse que vê-la sendo indicada ao Oscar. Por isso, ela não contracenou com ele em *Os implacáveis*. Naquele mesmo ano, porém, Stevens contracenaria com Jim Brown, outro "rei dos bacanas" do cinema, num filme de ação muito emblemático e que seria um grande sucesso: *A chacina*. E, em *A chacina*, Brown teve uma química com Stevens que nunca havia tido e nunca mais teria com nenhuma outra atriz.

Assim como McQueen e MacGraw, a gente acredita de verdade, quando vê o filme, que Brown e Stevens estavam apaixonados.

Perguntei a Walter Hill quem ele achava que daria uma boa Carol.

Ele disse que gostava da ideia de escalar Stella Stevens, mas que a escolha mais óbvia seria Angie Dickinson. "Não digo isso no mau sentido, mas sempre achei que Angie tinha uma qualidade meio sórdida. É fácil comprar a ideia de que ela podia fazer parte de um casal de ladrões de banco."

Walter me contou que o nome mais cogitado foi o de Lauren Hutton, e Neile McQueen certa vez comentou comigo que Geneviève Bujold também esteve no páreo. A ideia, porém, acabou sendo descartada depois que Steve a convidou para tomar um drinque e conversar sobre o filme e ela chegou ao bar acompanhada de Maximilian Schell.

O fato é que, depois de ter sido traída diversas vezes por Steve ao longo do casamento, Neile resolveu dar o troco e teve um caso com Max Schell. Assim, quando Geneviève Bujold atravessou as portas do bar ao lado do homem que havia trepado com a esposa dele, Steve se distraiu do propósito do encontro e, em vez de conversar sobre a escalação de Bujold para o papel, pediu licença à atriz franco-canadense e chamou o ator austríaco para trocar uma palavrinha do lado de fora do bar. Nesse momento, de acordo com Neile, Steve começou a *espancá-lo*.

Contei essa história para Walter Hill e ele me disse que, se isso realmente aconteceu, com certeza foi uma briga unilateral. De todo modo, depois desse episódio, foi o fim da linha para Geneviève Bujold no papel de Carol.

Hill me disse que todos os envolvidos no filme concentraram esforços para fazer de *Os implacáveis* um sucesso comercial.

Depois dos últimos três filmes de Steve, ele *precisava* de um sucesso.

Sam, por sua vez, nunca *havia feito* um filme de sucesso, e sabia que aquela era a grande chance dele de descobrir como seria isso.

Esse foi o principal motivo para que as características mais sombrias do livro, incluído o final surreal, tenham sido deixadas de lado na adaptação.

Para atender aos desejos do filme do ponto de vista comercial, porém, uma escolha bastante óbvia para o papel de Carol teria sido Faye Dunaway. De todas as autênticas estrelas do cinema da época, Dunaway era a que mais se parecia com Carol McCoy. E, como as considerações comerciais eram a principal preocupação de todos, reunir os astros de *Crown, o Magnífico*, parecia uma escolha bastante lógica.

Walter Hill me disse: "Bem, olhando em retrospecto isso parece lógico, mas, na época, eles temiam passar o tempo todo brigando com o fantasma de Bonnie & Clyde. Foi por isso que, de forma muito frustrante para todos, nunca chegaram sequer a cogitar o nome de Faye."*

E não apenas isso. Hill me contou certa vez que, quando Sam entrou no projeto, tinha uma ideia completamente diferente para o

---

* Na edição de fevereiro de 1977 da *Films in Review*, Ronald L. Bowers escreveu: "Este filme de polícia e ladrão com fotografia extravagante é uma espécie de *Bonnie & Clyde* de segunda classe com meia dúzia de *bons* momentos empolgantes, todos em torno do assaltante de banco interpretado por Steve McQueen."

final. Ele queria encerrar o filme com um de seus tradicionais banhos de sangue.

A ideia era que Doc e Carol cruzassem a fronteira com o México e que, do outro lado, as autoridades estivessem esperando por eles e "os fuzilassem até a morte!".

Walter me disse que falou com Sam: "Por mim, tudo bem, porque sei como você vai filmar isso. Não sei se você sabe, Quentin, mas Sam não gostava muito de Arthur Penn. E os críticos sempre insinuavam que ele havia roubado aquela técnica de violência em câmera lenta do final que Arthur Penn havia criado para *Bonnie & Clyde*." E nada incomodava mais o diretor beberrão do que ser acusado de ter surrupiado o estilo característico, entre todas as pessoas desse mundo, justamente de Arthur Penn.

Hill disse a Sam: "Se você filmá-los sendo mortos a tiros, sei exatamente como vai fazer isso. Você vai filmar tudo em câmera lenta."

Essa teria sido a chance de Peckinpah superar Penn com seu próprio final. Todos os demais envolvidos, porém, queriam se afastar de *Bonnie & Clyde* o máximo possível. Então, o "final feliz" *à la* Slim Pickens acabou sendo escolhido como caminho.

Embora Steve não gostasse muito da ideia, a perspectiva de ter Ali MacGraw no papel de Carol nunca saiu do horizonte. E então Sam encontrou-se com a atriz e gostou dela. "Aí, de repente", lembrou-se Hill, "Sam começou a defender o nome de MacGraw. E isso deixou Steve bastante confuso. Particularmente, acho que Sam gostou mesmo dela. Nem tanto para o papel em si, mas da pessoa dela. E é preciso lembrar que ele nunca havia feito um filme de sucesso, e desejava isso. E, uma vez que todo mundo achava que o envolvimento de Ali transformaria *Os implacáveis* num grande sucesso, não via problemas em concordar com aquilo. Então, quando disse que gostava da ideia de escalar MacGraw, Steve finalmente cedeu".

Walter teorizou: "Steve provavelmente achava que havia atrizes melhores para o papel, mas, se todo mundo gostava tanto de Ali e a presença dela transformaria o filme num enorme sucesso, então por que não?"

E só para registrar: "todo mundo" estava certo. *Os implacáveis* foi um tremendo sucesso, e a participação de MacGraw foi fator crucial para isso.

A primeira vez que vi *Os implacáveis* foi na época do lançamento, em 1972, no Paradise Theatre, em Westchester, o bairro de Los Angeles onde fica o aeroporto (o Paradise e o Loyola eram os dois cinemas que ficavam perto de onde eu morava, em El Segundo, e onde assisti a muitos filmes entre 1971 e 1974). Minha mãe me dava uma carona até o cinema numa tarde de sábado ou de domingo, me deixava lá e ia me buscar umas quatro ou cinco horas depois. E foi assim que vi *Os implacáveis* pela primeira vez, o qual havia sido classificado como um filme PG (com "supervisão dos pais sugerida"), quando ele estreou numa sessão dupla com *Roy Bean: O homem da lei*. Gostei tanto dos dois filmes que fui vê-los de novo no fim de semana seguinte. Um ano depois, quando estava morando com minha avó no Tennessee, vi o filme pela terceira vez, numa sessão dupla com *Fibra de valente*. E, em 1974, já de volta a Los Angeles, fui vê-lo de novo, num cinema da United Artists na Marina del Rey, quando ele era a segunda atração numa sessão dupla com *A quadrilha*. E tudo isso antes dos 15 anos. Depois disso, vi *Os implacáveis* várias vezes em sessões de clássicos do cinema, e também na minha casa (tenho uma cópia em película Technicolor IB de 35 mm).

No entanto, embora sempre tenha gostado do filme, muito mais do que de vários outros filmes aclamados de Sam Peckinpah (*Pistoleiros do entardecer*, *A morte não manda recado*, *A cruz de ferro*), também sempre tive minhas ressalvas.

A principal delas é a diferença do filme em relação ao livro. Apesar de gostar do trabalho de Sam e Walter, sempre julguei o filme por aquilo que ele não era. As diferenças entre as páginas e a tela não afetam a história, que é basicamente a mesma. Existe, porém, uma enorme diferença de tom entre a história contada por Thompson e a história contada por Peckinpah. O filme de Peckinpah é forte, mas o romance de Thompson é muito, muito mais brutal. Os personagens, os acontecimentos que ele descreve, o desfecho. E sobre toda essa brutalidade (que é o motivo pelo qual a maioria de nós gosta da escrita de Thompson) há uma densa camada de pessimismo e cinismo e, por cima dela, uma leve camada de surrealismo.

O Doc McCoy do romance é um assassino frio e calculista.

Quando comentei com Walter Hill sobre as diferenças entre o Doc das páginas e o Doc das telas, ele disse: "Comparado ao Doc do livro, o Parker [de Richard Stark] é um exemplo de retidão moral."

O filme, por sua vez, mais até do que o roteiro de Hill, parece se esforçar para retratar o Doc de McQueen como se ele *não fosse* um assassino. Essa diferença é o que dá a porra de um nó na minha cabeça.

Mas o Doc do livro é diferente por outros motivos.

McQueen não fala tanto quanto Doc.

É uma atuação muito introspectiva.

E acho que é uma atuação muito real e muito profunda.

No entanto, uma das características que melhor define o Doc do livro é a habilidade em desarmar as pessoas com o charme da sua lábia.

No livro, Doc é capaz de convencer os pássaros a sair das árvores para, em seguida, quebrar-lhes as asas e esmagá-los com a bota.

A omissão mais inexplicável do filme em relação ao livro é a sequência em que o traiçoeiro cúmplice de Doc, Rudy, rende o comparsa depois do roubo. Rudy está prestes a matá-lo quando Doc o convence a levá-lo até Carol, pois é ela quem está com o dinheiro. Nem preciso dizer que não é nada fácil convencer Rudy, que não confia em ninguém: ele é um cachorro louco, e conhece a reputação de Doc. Apesar disso, a conversa fiada de Doc é tão convincente, tão sincera e faz tanto sentido, que Rudy, ainda que jamais desvie a arma de Doc, concorda em levá-lo até Carol.

O que é realmente incrível na cena é o percurso de carro.

O que convence tanto Rudy quanto o leitor de que Doc está sendo sincero é que, durante todo o trajeto, ele nunca para de falar: continua jogando conversa fora com Rudy sobre absolutamente todo e qualquer assunto. Segue despejando suas piadas, suas histórias divertidas, suas tiradas espirituosas, o tempo todo rindo, até que o carrancudo

Rudy se vê obrigado a (de alguma forma) juntar-se a ele. A viagem de carro até o lugar onde Carol está dura cerca de uma hora. Quando eles enfim chegam, Doc sai do carro, tira casualmente o chapéu, puxa uma arma de dentro dele e mata Rudy.

Como qualquer pessoa que tenha familiaridade com meu trabalho deve estar imaginando, esta é minha cena preferida não somente desse livro, mas de qualquer dos livros de Thompson. E foi feita sob medida para estar em um filme.

Ainda assim, *dois* filmes foram feitos com base no livro e nenhum deles achou boa ideia utilizá-la. Quando mencionei a cena para Hill, querendo saber por que ele não a havia incluído, ele me deu uma boa resposta:

"Eu também gostava dessa cena. Mas estava escrevendo um filme para Steve McQueen. Essa cena é muito boa no livro, mas não era para ele. Quando você escreve para um ator como Steve — ou, de maneira geral, para qualquer ator —, ganha muito se consegue ajustar o material para valorizar os pontos fortes dele. Mas perde um pouco no que diz respeito à caracterização, porque acaba tendo que evitar algumas coisas que não vão mostrar esse ator no seu melhor."

Outra diferença está na forma como Rudy, a traiçoeira nêmesis de Doc, nos é apresentado. Tanto nas páginas do livro quanto na tela, Rudy é retratado como um brutamontes sádico e grotesco. Mas o personagem de Thompson é fisicamente grotesco. No livro, ele é chamado de Rudy Cabeça de Torta porque, ao nascer, a cabeça, que era muito grande, ficou entalada no canal vaginal, e ele teve que ser arrancado de lá com um fórceps — que amassou os dois lados da cabeça dele, fazendo com que ela adquirisse um formato que dá sentido ao apelido.

Ele ficou parecido com uma torta, e por isso foi apelidado de Rudy Cabeça de Torta.

É fácil imaginar os produtores, os estúdios e os astros do cinema rejeitando esse detalhe da história por considerá-lo ridículo. No entanto, era de esperar que um homem que havia se refestelado como um porco farejando trufas dentro de uma lixeira em *Tragam-me a* *cabeça de Alfredo Garcia* talvez se interessasse por essa pincelada *à la* Dalí de Thompson.*

Novamente, perguntei a Walter por que ele não colocou esse detalhe no roteiro.

Ele me disse que ficou com a sensação de que essa coisa toda de "Rudy Cabeça de Torta" era meio parecida com o famoso epílogo do romance. Ou você vai até o fim com o bizarro ou nem começa. "A gente nem começou."

Quanto à história de Rudy... Não sou muito fã. Não gosto da escolha de Lettieri para o papel. Não que ele seja um mau ator nem que tenha tido um desempenho ruim. É mais pelo fato de eu considerar a performance dele fisicamente repugnante.

Ainda assim, para um personagem como Rudy, isso deveria ser uma coisa boa, não?

Não. Ainda se trata de um filme. Eu ainda deveria *querer* assistir ao filme e gostar dele. Alguns atores são capazes de interpretar vilões extremamente grotescos e, mesmo assim, estabelecer uma conexão com o público. Nós ainda gostamos de vê-los atuando. Eles cometem atos cruéis e monstruosos, mas nós gostamos deles porque, quando aparecem na tela, já sabemos que alguma coisa emocionante vai acontecer.

Vou dar um exemplo: um ano depois da estreia de *Os implacáveis*, Neville Brand interpretou um estuprador em série degenerado e homicida em *Fabricante de bombas*. Seu personagem é um psicopata filho da puta. Mas é dele também a melhor atuação no filme. Toda vez que ele aparece — ao contrário do que acontece quando aparecem tanto o clone de Harry Callahan, interpretado por Vince Edwards, quanto o protagonista, Chuck Connors, numa performance deplorável —, ficamos não apenas aliviados, como também entusiasmados.

Al Lettieri não estabelece esse tipo de relação ou conexão com o espectador. Vi *Os implacáveis* no cinema inúmeras vezes, e sempre

---

* Dá para imaginar que, se Sam Fuller tivesse adaptado o romance de Thompson, só esse detalhe já seria suficiente para convencê-lo a participar do projeto. É praticamente um toque fulleriano.

que o filme corta para a cena de Rudy e Fran, dá para sentir as pessoas afundando nas cadeiras.

Trata-se de uma sequência terrível do começo ao fim, e tanto Lettieri quanto Sally Struthers, no papel da refém submissa Fran, nos fazem sentir repulsa do que vemos na tela.

Mais uma vez: era essa a intenção?

Duvido muito.

No livro de Thompson, diferentemente do filme de Peckinpah, existe uma atmosfera de humor ácido e sádico que paira sobre a relação de dominação e submissão de Rudy e Fran. Se William Smith, Robert Blake ou Jack Palance tivessem interpretado Rudy, a subtrama do personagem ainda seria tão cruel quanto é, mas se aproximaria mais da piada de mau gosto proposta por Thompson.

Lettieri parece estar tentando executar o tipo de performance na qual Richard Boone se especializou no fim da carreira.

Só que Boone era um urso feroz e social que gozava de uma tremenda empatia por parte do público. Certa vez, perguntaram a Elmore Leonard se algum ator havia interpretado um de seus excelentes diálogos exatamente da maneira como ele o havia imaginado. E ele disse: "Sim. Richard Boone. E ele fez isso duas vezes" (em *O resgate do bandoleiro* e *Hombre*).

Além disso, Boone tinha aquele vozeirão meio rústico (um Boone um pouquinho mais jovem poderia ter interpretado o Doc do livro de Thompson). Já o Rudy de Al Lettieri é intimidador, é uma força, mas também um pouco enfadonho.

Toda vez que a cena corta para Rudy, nós pensamos: *Puta merda, esse cara de novo!*

Revelei minhas ressalvas a respeito de Lettieri para Walter Hill, curioso para saber como reagiria, e fiquei um tanto surpreso ao descobrir que ele concordava comigo.

"Deixa eu te falar uma coisa sobre a performance do Lettieri. Eu também jamais gostei. Mas, originalmente, era para ter sido o Jack Palance. Sempre que falávamos sobre o Rudy, era nele que pensávamos. Então ofereceram o papel ao Palance, e ele aceitou. Só que aí aconteceu uma tremenda briga por causa de dinheiro. E depois disso eles não queriam simplesmente rejeitar o Palance — queriam castigá-lo. Aí, retiraram a oferta. E entraram numa baita disputa por causa disso. E o Palance processou o estúdio e levou uma grana! No fim das contas eles acabaram pagando de um jeito ou de outro, mas ficaram sem o Rudy dele. E eu acho que o problema foi que a gente tinha pensado naquele papel como sendo do Jack Palance por tanto tempo, que ninguém conseguiu se desvencilhar dessa ideia. Eu, pelo menos, não consegui. A certa altura, surgiu o nome de Jack Nicholson. E, naquela época, a gente provavelmente teria conseguido fazer o filme com ele — é preciso lembrar que ele ainda não era exatamente o Jack. Mas Sam não gostava dele. Acho que ele tinha visto *Cada um vive como quer*, e disse: 'Ele é o Henry Fonda dos pobres.' Nunca vou me esquecer disso. Detesto admitir, mas Lettieri está mesmo meio repulsivo no filme. Quer dizer, caras como o Lee Marvin e o Neville Brand, que eu adoro, interpretaram personagens como Rudy e sempre foi legal assisti-los. Mas, apesar de tudo, tenho que ressaltar que Sam adorou a interpretação dele."

Outra coisa que o filme perde é o surrealíssimo capítulo final do livro, intitulado "El Rey". No livro, El Rey é um refúgio em meio a uma terra de ninguém, do outro lado da fronteira mexicana, para onde criminosos costumam fugir. Trata-se de uma criação bastante original de Thompson. Uma terra de ninguém latino-americana na qual se escondem criminosos e fugitivos é um recurso narrativo muito comum tanto em obras de baixa quanto de alta qualidade artística. Essa é a descrição do buraco em que tanto Yves Montand quanto Roy Scheider acabam parando em *O salário do medo* e no remake infinitamente superior, *O comboio do medo*. Em uma de suas peças, Tennessee Williams apresenta um lugar mítico parecido, chamado Camino Real, onde o protagonista, o ex-boxeador Kilroy, passa o tempo ao lado de Camille, Casanova e Lord Byron.

A El Rey de Thompson, contudo, tem uma direção de arte diferente e também um desfecho alternativo. Ela está mais próxima de um resort de luxo do que do vilarejo infestado de mosquitos, lama e urina de *O comboio do medo*. Ainda assim, é um verdadeiro purgatório católico na Terra, digno de um Luis Buñuel ou de um Ken Russell, que dá um passo além do território dos romances policiais para flertar com a ficção científica.

El Rey oferece, para os que estão em fuga, um refúgio seguro.

Mas a um preço altíssimo.

Cada quarto, cada refeição, cada bebida têm um custo exorbitante (é meio parecido com o Festival de Cinema de Cannes). E, como as pessoas que escolhem ir para El Rey não podem sair de lá, em algum momento o dinheiro acaba.

E todos acabam reduzidos a mendigos, alguns recorrendo até mesmo ao canibalismo. É esse o destino de todos que entram em El Rey.

Inclusive o de Doc e Carol, que, no fim da trama, não apenas se detestam, como também estão planejando a morte um do outro, para que o dinheiro dure mais tempo e possam adiar o inevitável e inescapável destino. Parece que Thompson, afinal de contas, depois de nos apresentar a tanta violência sem qualquer remorso, demonstra alguma moralidade. Ainda que talvez fiquemos decepcionados com o final de Doc e Carol, fica claro que o autor pensa que eles, e outros da mesma laia, estão simplesmente recebendo o que merecem — com o toque de canibalismo revelando a verdadeira opinião dele quanto ao casal.

Para a maioria dos leitores, o capítulo final acaba sendo a hora da verdade. Tem gente que o odeia, que acha que estraga o livro.

Tem gente que não odeia, mas acredita que estraga a história.

Tem gente que adora o livro justamente *por causa* do final.

E tem gente, ainda, que acha que esse final dá ao livro o status de obra-prima.

Eu costumava gostar do final mais do que gosto hoje em dia. O que me atraía nele era justamente a perversidade. Agora, porém, acho que, se Thompson queria incluir um momento abracadabra em seu livro, deveria tê-lo escrito melhor.

Na verdade, assim que começa a descrever o terrível destino dos protagonistas, o livro vai ficando chato. A gente meio que precisa se forçar a continuar lendo. E olha que sou eu quem está dizendo isso — uma pessoa que acha que transgressão e arte são equivalentes.

Em suma, *talvez* o Doc e a Carol do livro mereçam esse final, mas em nenhuma circunstância iríamos querer ver o casal do filme, McQueen e MacGraw, tramando a morte um do outro para, em seguida, acabarem se tornando mendigos canibais. Perguntei a Walter se esse final chegou a ser considerado.

Ele disse: "Bem, os produtores nunca me falaram para não o incluir no roteiro. Mas, ao mesmo tempo, eu tinha plena ciência do que eles queriam. E não era aquilo. Se eu tivesse colocado aquele final no roteiro, o filme jamais teria sido rodado. E, mesmo se a Paramount tivesse feito o filme, o que eu acho extremamente improvável, teria sido um filme muito esquisito. E ninguém queria fazer um filme esquisito. Eles queriam um bom filme policial, com um protagonista durão, estrelado por Steve McQueen e que tivesse um bom desempenho comercial. Mas gosto muito do romance de Jim Thompson. Alguém deveria fazer uma versão sombria de *Os implacáveis*."*

Ainda que eu adore *Os implacáveis*, ele tem alguns defeitos irritantes que são culpa exclusiva de Peckinpah. As viradas dramáticas na história que indicam às autoridades a direção tomada pelo casal de fugitivos são baseadas em acontecimentos muito improváveis (como o caubói ladrão vigarista de Richard Bright). Parece que, ao longo de todo o filme, o casal não é capaz de passar por um único figurante no Texas que não esteja segurando um jornal com a foto deles estampada, o que faz o figurante olhar novamente na direção dos dois, com desconfiança. Além disso, todos os habitantes do estado parecem saber não apenas como é a aparência de Doc, mas também qual a marca e o modelo do carro que ele dirige. Isso praticamente acaba virando uma piada involuntária que se repete (o aparecimento na TV na oficina mecânica é muito conveniente, mas essa Peckinpah faz bem). Por fim, não haveria sequer necessidade de uma *fuga* pro-

---

* Esse alguém deveria ter sido Ken Russell. Cada elemento bizarro e toque surrealista grotesco do livro seria não apenas enfatizado, como também aprofundado.

priamente dita se Beynon não tivesse obrigado Doc a trabalhar com dois idiotas desequilibrados como Rudy e Jackson (Bo Hopkins).

Doc diz: "Eu escolho meus próprios homens."

No entanto, Beynon o obriga a trabalhar com esses caras.

Por quê?

Sabemos que eles não são confiáveis no instante em que batemos os olhos neles naquele pedalinho idiota.

Se Doc é um autêntico "especialista", um ladrão profissional veterano, e Beynon quer manter as mãos limpas, por que não deixar que Doc escolha os homens?

Assim diz Robert Prosky em *Profissão: Ladrão*: "Se eles têm um problema com você, o problema é seu. Mas, se eles têm um problema conosco, o problema é nosso."

Porque é um filme, idiota. Ou seria "porque é um filme idiota"?

De todo modo, para mim, o principal problema é, de longe, a escolha de Ben Johnson para o papel de Beynon. Não gosto de Al Lettieri como Rudy, mas ele, ainda assim, funciona.

Para Sam Peckinpah, o fato de Carol ter transado com Beynon era a coisa mais importante do filme. Para quem assiste pela primeira vez, é fácil supor que, para tirar o marido da prisão, ela foi obrigada a fazer uma barganha sexual contra a própria vontade. Ela fez o que tinha que fazer.

Peckinpah, porém, decididamente não dramatiza as coisas dessa maneira.

O filme insinua que Carol não apenas estava disposta a fazer aquilo *por* Doc, como também estava disposta a fazer aquilo *com* Beynon. Além disso, tenta insinuar (sem nenhum sucesso) que ela precisa refletir sobre com qual homem prefere ficar. E, na cena do confronto no qual ela atira em Beynon, tenta nos convencer, ridiculamente, de que *talvez* Carol esteja mancomunada com o figurão texano *contra* o próprio marido.

Mais tarde, Doc a acusa: "Eu acho que você gostou. Acho que ele conquistou você."

Carol responde: "Acho que quem o conquistou fui eu."

Se Beynon não tivesse sido interpretado por Ben Johnson, *talvez* a dinâmica desse triângulo sexual funcionasse. Não estou querendo diminuir Big Ben nem pôr em dúvida o carisma masculino dele. A questão não é que não conseguimos imaginar Ben Johnson transando com Ali MacGraw, e sim que não conseguimos imaginar Ben Johnson *transando*. E menos ainda a Carol de Ali MacGraw considerando *seriamente* a ideia de largar o Doc de Steve McQueen (por quem ela é apaixonada) pelo Beynon de Ben Johnson.

"Eu acho que você gostou!"

É, ok, a Ali MacGraw *gostou* de transar com Ben Johnson.

"Acho que ele conquistou você."

Se não consegui comprar a ideia de Richard Benjamin *conquistando* Ali MacGraw em *Paixão de primavera*, imagina Ben Johnson.

Toda essa subtrama poderia ser muito mais eficaz se Beynon tivesse sido interpretado por alguém um pouco mais próximo de McQueen em idade e dinamismo. Joe Don Baker teria sido uma escolha fantástica. Também consigo imaginar Robert Culp ou Stuart Whitman entregando o que seria necessário para que a dinâmica do triângulo funcionasse.*

É evidente, no entanto, que mais coisas estavam em jogo além do sex appeal.

Beynon representava dinheiro, segurança, estabilidade e conforto. Com Beynon, Carol poderia ter um filho, além dos meios para criá-lo adequadamente. Ela teria um filho com Doc? É improvável. Doc seria um bom pai? É improvável. Com Doc, ela estaria sempre ressabiada, com medo da confusão que poderia aparecer a cada esquina.

Com Doc, a possibilidade — se não a probabilidade — de uma nova temporada na prisão era bastante palpável.

Ela havia esperado quatro anos da última vez.

---

* Richard Compton dirigiu um divertido *thriller* com Oliver Reed, Jim Mitchum e Paul Koslo intitulado *Ransom: O resgate*, em que Stuart Whitman, no papel de um magnata cruel e machão do Arizona, vestindo uma jaqueta safári no estilo de Brian De Palma, nos dá uma ideia de como teria sido bom um Beynon interpretado por ele.

Será que esperaria outros oito ou dez?

Atuando como sua cúmplice, ela provavelmente também acabaria presa em algum momento. Beynon, provavelmente, não iria para a cadeia. E, mesmo que fosse, ela ainda teria dinheiro e uma casa para atravessar esse período.

Ainda assim... Eu engoliria essa coisa toda com muito mais facilidade se não fosse a porra do Ben Johnson.

Walter Hill me disse que William Holden deveria ter feito o papel de Beynon, o que mitigaria um pouco minhas ressalvas, embora eu ainda goste muito mais da minha ideia de escalar Joe Don, Culp ou Whitman.

Comentei com Hill sobre minhas questões com o enredo, e ele riu. "Meu Deus, Quentin, você está desencavando cada coisa!"

Então me explicou: "Eu não só gostava de Sam, como também gostava de trabalhar com ele. E eu era muito grato pela oportunidade de trabalhar com ele. Além disso, foi o sucesso do filme dele que permitiu que eu me tornasse diretor. Mas a relação entre Carol e Beynon foi nosso único ponto de discordância no filme. Você sabe, no livro de Thompson é assim que a coisa funciona. Ela transa com Beynon para tirar o marido da cadeia, mas talvez por um momento a lealdade de Carol fique dividida. Eu não achava que devia ser assim. Achava que tínhamos que deixar muito evidente que aquela tinha sido uma condição do acordo para tirar Doc da cadeia. Que ela tinha feito aquilo por esse motivo e nenhum outro. Eu achava que isso deixava o lado dela mais forte na discussão. Carol poderia ter dito a ele: 'Olha, o acordo foi esse. Para tirar você de Huntsville, eu fiz o que tinha que fazer. Fiz isso por você. Então, vê se cresce e deixa isso pra lá.' Mas Sam falou: 'Não, tem que ser como está no livro.' Eu não concordei, mas o filme era dele, então fiz do jeito que ele queria."

Os diretores dos filmes de gênero da velha guarda lidaram com uma indústria sobre a qual apenas li nos livros, mas que não consigo imaginar, para falar a verdade. O estúdio designava produtores que eles não suportavam para trabalhar juntos. Atores que eles não achavam adequados para o papel. Os diretores trabalhavam com assistentes de direção, figurinistas, diretores de fotografia e diretores de arte que não estavam trabalhando para eles, mas para o estúdio. E essa lógica era a mesma para o outro lado. Produtores e atores acabavam trabalhando com diretores picaretas que não tinham a menor relação com o material que estavam filmando, que simplesmente cumpriam um cronograma. Charles Bronson disse certa vez que três em cada cinco diretores com quem trabalhou eram assim. Naquela época, as pessoas trabalhavam juntas e chegavam ao fim dos projetos se odiando.

Especialmente Sam Peckinpah.

Certa vez, ele declarou: "Um diretor tem que lidar com uma profusão de pessoas medíocres, aproveitadoras, acomodadas e um bando de psicopatas."

Essa não foi minha experiência na indústria.

Diretores como Sam Peckinpah e Don Siegel foram mestres do cinema de gênero.

Mas eles não fizeram filmes de gênero da mesma maneira que Jean-Pierre Melville *fez*. Como eu *faço*. Como Walter Hill *faz*, como John Woo *faz*, como Eli Roth *faz*. Como estudamos cinema de gênero, *nós* fazemos filmes de gênero porque *amamos* fazê-los. Eles faziam filmes de gênero porque eram bons nisso e porque era isso que os estúdios lhes pagavam para fazer.

Sam Peckinpah fez *Meu ódio será sua herança*, mas teria gostado mais de ter feito *Rashomon*. Ele ficou feliz de adaptar o romance de Jim Thompson. Sabia que daria um bom filme. Que seria perfeito para McQueen. E que, possivelmente, lhe proporcionaria o primeiro sucesso de bilheteria. Peckinpah, contudo, preferiria ter adaptado *Play It as It Lays*, de Joan Didion.

Então, como essa geração de diretores de gênero foi obrigada a filmar o que, no fim das contas, consideravam histórias bobinhas sobre caubóis e policiais e ladrões, basearam essas histórias em metáforas relevantes para as respectivas vidas, de modo que essas histórias bobinhas significassem alguma coisa para eles.

Sam também se estabeleceu no mercado numa época em que os homens traíam as esposas e as esposas traíam os maridos, e havia repercussões violentas — mas o show não podia parar. Um mundo em que o produtor Walter Wanger atirou no saco do agente Jennings Lang por este ter dormido com a esposa dele, Joan Bennett. Wanger passaria alguns anos na prisão por isso. Mais tarde, Jennings Lang se tornaria o chefão da Universal Studios e Walter Wanger produziria *Rebelião no presídio* e *Vampiros de almas*, dois filmes em que Peckinpah trabalharia quando jovem.

Vamos imaginar *Os implacáveis* como uma história sobre Sam Peckinpah, contada do ponto de vista do próprio Peckinpah, paranoico e com mania de perseguição.

Sam Peckinpah é Doc McCoy. Um diretor e roteirista dentro de uma cela da prisão do cinema, incapaz de conseguir um trabalho. Beynon, um executivo do estúdio que ele odeia, quer que Sam faça um filme. O executivo representa tudo que o diretor mais odeia, mas é o único disposto a contratá-lo. O único capaz de abrir a porta da cela da prisão em que ele está. A esposa de Doc negocia um acordo para que o filme seja realizado. Doc escreve o roteiro do filme. Beynon o obriga a trabalhar com pessoas que ele não quer (Rudy e Jackson) e deixa bem explícito que o contratado não tem escolha. Devido a esses incompetentes inferiores, o filme acaba sendo um desastre, e o diretor é apontado como culpado pelo executivo, que o colocou, desde o começo, numa posição em que só poderia fracassar.

Então, depois que o filme acaba, o diretor descobre que a esposa, que negociou o acordo, dormiu com o inimigo como parte do trato.

Como Sam Peckinpah reagiria a essa situação?

De maneira similar à de Doc McCoy no filme?

Provavelmente.

Acho que Sam Peckinpah só se importava com uma coisa: a mais verdadeira expressão de seu eu artístico. Como me disse Walter Hill: "Sam era um cara sério, e estava nessa movido por ambições muito sérias."

★ ★ ★

Em sua autobiografia, Neile McQueen conta que Steve relutou em fazer *Os implacáveis* porque "a principal força motriz da história estava ligada à infidelidade da esposa de McCoy". Ela disse a Steve: "Veja por outro lado, querido. Você já passou por isso. Sabe como é." Então, aos risos, ela completou: "Acho que ele me deu um tapão na bunda depois que eu disse isso."

"*Os implacáveis* foi a última vez que Steve esteve num filme no papel do Steve McQueen que a gente gostava de ver", disse Walter Hill. "Ele fez mais alguns filmes e teve algumas boas atuações depois disso, mas aquela qualidade especial que o caracterizava nunca mais foi vista."

Estou de pleno acordo.

Agora, há muitas coisas no livro de Jim Thompson das quais *ainda* gosto — e algumas que inclusive prefiro —, especialmente o jeito de Doc, que tende à frieza, como na sequência em que ele convence Rudy a dirigir até a casa de Carol e depois atira nele através do chapéu, e até mesmo o fato de a cabeça de Rudy ter o formato de uma torta.

Hoje, porém, embora ainda ache que essas coisas são boas, exceto pelo fato de Doc ser um assassino frio e calculista, elas não são necessariamente melhores do que o filme que foi feito. Porque, assistindo ao filme agora, não o vejo mais como uma história sobre um assalto a banco. Nem sequer o vejo como um *thriller* policial sobre uma dupla de ladrões tentando fugir, com uma verdadeira caçada humana sendo empreendida contra eles de todos os lados.

Agora percebo que o que Sam filmou, e o que McQueen e McGraw interpretaram, foi uma história de amor.

A história do crime é literal.

A história de amor é metafórica.

E foi na metáfora que os realizadores do filme (e incluo aqui os atores) foram mais bem-sucedidos.

Thompson não escreveu uma mera história de fuga — ele passa o livro inteiro, capítulo a capítulo, página por página, criando um inferno na vida do casal e afastando-os um do outro.

Sam faz o exato oposto.

Ele passa o filme inteiro, quadro a quadro, cena a cena, criando um inferno na vida do casal e aproximando-os um do outro.

No entanto, quando falamos dos fãs de Peckinpah, dos fãs de Jim Thompson, dos fãs de Steve McQueen ou, simplesmente, dos fãs de filmes policiais dos anos 1970 em geral, a única coisa sobre a qual todos parecem concordar é o papel de Carol McCoy... Ali MacGraw foi *terrível*.

E, nos últimos quarenta anos, também fui um dos críticos de Ali MacGraw.

Até pouco tempo atrás.

Hoje vejo a performance de Ali McGraw de outro modo.

Para começar, quero dizer que ela não é a Carol McCoy do livro ou do roteiro de Walter Hill.

Se você quer *aquela* Carol, se você *precisa* dela, não existe ninguém capaz de substituir a primeira escolha de Sam, Stella Stevens (exceto, talvez, Linda Haynes, a estrela de *A outra face da violência*).

Não, a Carol de MacGraw talvez não seja uma das partes do maior casal de ladrões de banco da história do cinema e da literatura policial.

Mas em vez de focar no que ela *não é*...

Vamos examinar o que ela *é*.

Ela *é* uma das partes de uma das maiores histórias de amor do cinema policial.

Ainda que não seja a personificação de uma ladra profissional à mão armada, o que ela representa, minuto a minuto, cena após cena, é a realidade emocional de uma mulher que tenta evitar que seu relacionamento se despedace. O casal atravessa uma série de provações físicas e emocionais, arrastando-se de uma catástrofe a outra.

Enquanto McQueen alterna entre manter e perder a calma, Carol *sente*, Carol *sangra*, Carol *se machuca*, Carol *sente medo*.

Ela está de partir o coração (e tem o coração partido) quando perde a maleta cheia de dinheiro para o caubói ladrão e vigarista de Richard Bright. Ela fica lá, na estação de trem, esperando por Doc, sem saber ao certo se ele voltará, no mais profundo desespero. *Será que estraguei tudo? Será que arruinei as coisas? Como pude ser tão burra?*

Hoje, sou da opinião de que o trabalho de Ali MacGraw, em cada momento do filme, é simplesmente sensacional.

Na vida real, ela estava passando por tudo que havia sido contratada para retratar no papel de Carol.

Ela é uma mulher jovem correndo um grande risco — assim como MacGraw.

Carol, com Doc e o assalto ao banco — é como MacGraw com McQueen no auge da relevância dele como ícone em um filme de gênero como aquele.

Ela é uma mulher passando por uma dolorosa traição.

Carol com Beynon — MacGraw com o marido, Robert Evans.

Ela é uma mulher que precisa lidar com um homem muito difícil, temperamental e viril, no meio de uma penosa empreitada.

Carol fugindo com Doc — MacGraw fazendo esse filme incrivelmente difícil com McQueen e Peckinpah.

Ela é uma mulher apaixonada — assim como MacGraw.

Quando o filme foi lançado nos Estados Unidos e na Inglaterra, MacGraw foi destroçada pelos críticos.

Destruída e ridicularizada em toda parte.

Em toda parte... *exceto* na França.

Desde o começo, os franceses sempre viram o filme como uma história de amor. E, na França, os críticos elogiaram o caráter emocional da performance de Ali.

A melhor adaptação feita por Hill a partir do original de Thompson é a cena no depósito de lixo. No livro, Carol e Doc se esconden num casebre miserável e imundo e vão avançando por lugares semelhantes. Hill reduz tudo isso a um único momento: para despistar a polícia, eles se esconden numa lixeira. Então, a lixeira é coletada por um caminhão de lixo, e eles são jogados na caçamba. Passam a noite ali e, na manhã seguinte, são despejados com todo o lixo do Texas num lixão. Enquanto fazem uma pausa para descansar num Fusca abandonado, Carol ameaça "dar no pé".

Se Carol perdesse a fé, seria o fim de tudo.

É a destreza de Doc para sobreviver que evita que eles sejam capturados. Que garante que eles avançarão mais alguns passos na jornada.

Mas é Carol quem os mantém unidos.

É Carol quem os salva dos impulsos autodestrutivos de Doc.

É Carol quem sabe que se não saírem dessa juntos... *eles não vão sair dessa.*

Se ela jogasse a toalha, tudo aquilo não teria valido de nada.

Se Doc não fosse capaz de perdoá-la pelo episódio com Beynon, nem de confiar (*plenamente*) que ela havia feito aquilo pelo motivo *certo*, seria como se ainda estivesse em Huntsville.

No fim, Doc se dá conta de tudo isso. E Carol exige do marido: "Não importa o que aconteça, chega de falar dele."

Doc concorda: "Não importa o que aconteça, chega de falar dele." E os dois (*porra, finalmente*) estão juntos de novo.

Eles saem andando, lado a lado, Doc com o braço ao redor de Carol, puxando-a mais para perto. No outro braço, ele carrega a escopeta que roubou da loja de artigos esportivos. Ao fundo, um mar de lixo, aqueles terríveis pássaros comedores de lixo voando pelo céu e os caminhões movimentando montanhas de lixo... e, mesmo assim, pela primeira vez no filme, sabemos que eles vão ficar bem.

"Não importa o que aconteça."

A quadrilha

(1973)

Em 1962, Donald Westlake, autor de livros de mistério, começou a publicar, sob o pseudônimo de Richard Stark, uma série sobre um ladrão profissional chamado Parker.

Descobri esses livros quando tinha uns 20 e poucos anos e fiquei maluco com eles.

Parker era um filho da puta frio e insensível, cuja única identidade era o código profissional de assaltante. Ele roubava bancos, títulos de dívida, coleções de moedas raras — tudo que se pode imaginar.

Na maioria das tramas, o conflito surgia do fato de que, de modo geral, os outros membros da equipe com quem Parker trabalhava nunca eram tão profissionais quanto ele.

E era aí que Parker, o ladrão profissional, podia se transformar em Parker, o assassino frenético.

Talvez ele não fosse soterrado pelas emoções normais que a maioria de nós, seres humanos, temos, mas isso também não quer dizer que fosse um cínico.

Livro após livro, ele continuava esperando que os colegas de crime fossem tão profissionais quanto ele, e, quando isso não acontecia, sempre ficava perplexo.

Em alguns livros, Parker ajudava a tirar um antigo comparsa de uma enrascada, ou acertava as contas com um velho parceiro, ou ia atrás de um ex-colega de trabalho ganancioso.

Ainda que não fosse um assassino profissional, ele lidava com assaltos à mão armada e tudo que isso implicava.

Parker não saía metendo bala em todo mundo (isso não seria nada profissional), mas também não tinha medo de usar a arma caso fosse necessário.

Há sempre riscos e possíveis consequências quando se leva uma arma carregada para executar um trabalho. E Parker estava sempre disposto a encará-los.

No primeiro livro de Parker escrito por Stark, *The Hunter*, nosso protagonista amarra e amordaça a secretária de um escritório que ele está assaltando e, sem querer, acaba sufocando-a até a morte.

Poxa... Que azar... Principalmente para ela... Mas é aquilo: *sempre há riscos*. E Parker nunca se acovardou diante dos riscos inerentes à profissão que escolheu.

O que torna tanto o personagem quanto os livros tão interessantes é a insistência na existência de um código de ética relacionado à atividade criminal.

É como se, ao insistir num código de ética profissional, os personagens pudessem se convencer de que ser ladrão era um negócio legítimo.

A coisa mais próxima de um traço humanizante que Stark concede a seu personagem é o carinho sincero, beirando a afeição, que Parker demonstra por seu único amigo, um colega de profissão chamado Cody. Cody aparece frequentemente nos livros, uma presença sempre bem-vinda.

Quando descobri Parker, o que para mim tornava o personagem tão memorável era o fato de ele funcionar como um antídoto aos filmes horrivelmente homogêneos que Hollywood estava fazendo nos anos 1980. Depois de crescer em meio aos anos 1970, época em que valia tudo, os anos 1980 foram para mim uma década mais comportada, parecida com aquela outra década horrível para os filmes de Hollywood, os anos 1950. Só que os anos 1980 foram ainda piores. Na década de 1950, seria possível alegar que era uma sociedade reprimida que estava impondo restrições a Hollywood, aos filmes e aos artistas. Nos anos 1980, no entanto, as restrições que Hollywood impôs a seu produto foram autoimpostas. O pior tipo de censura é a autocensura. E nem sempre ela vinha dos grandes estúdios malvadões. Muitos cineastas abrandaram as próprias visões desde o começo.

A ideia de que um filme de estúdio norte-americano feito em 1986 pudesse ter uma cena de abertura como a de *Matador*, de Pedro Almodóvar, em que um personagem se masturba assistindo a cenas sangrentas de filmes B de terror, era inimaginável.

O romance de Elizabeth McNeill, *9 e ½ semanas de amor*, mal podia ser considerado um livro. Ainda assim, havia *alguma coisa* ali. Era uma história picante, obscena e divertida. E, apesar de ser um livro fininho, sugeria que uma adaptação para o cinema poderia ser ainda melhor. Dava para imaginar Radley Metzger transformando-o num clássico dos primórdios do cinema erótico dos anos 1970. Entretanto, o filme feito por Adrian Lyne parece ter medo desse livrinho. E, se alguém reclamasse que o filme não fazia jus ao livro, ele poderia ter dito, com toda a sinceridade, que quase foi enforcado pelo filme que fez. Isso seria verdade, porque foi mesmo o que aconteceu.

De Palma foi destroçado por sua enfadonha sátira pornográfica *Dublê de corpo*, o que o levou a dar um passo para trás e fazer uma comédia boba sobre a máfia, *Quem tudo quer, tudo perde*.

Quando falamos de artistas cuja obra cinematográfica não se corrompeu pela atmosfera dos anos 1980, temos David Lynch, Paul Verhoeven, Abel Ferrara, Terry Gilliam, Brian De Palma (às vezes) e David Cronenberg.

E é isso.

Sim, também há alguns pontos fora da curva. *O enigma de outro mundo*, de John Carpenter. *Parceiros da noite*, de William Friedkin. *A morte pede carona*, de Robert Harmon. *Quando chega a escuridão*, de Kathryn Bigelow. *O ano do dragão*, de Michael Cimino. *Morrer mil vezes*, de Hal Ashby. *A força de um amor*, de Jim McBride. *Hellraiser: Renascido do inferno*, de Clive Barker. Entretanto, tirando *Hellraiser*, todos esses diretores costumavam ser punidos pelas transgressões que cometiam, fosse pela imprensa, pelo público ou pela indústria.

Eu me lembro de quando trabalhava numa locadora chamada Video Archives, em Manhattan Beach, e conversava com outros funcionários sobre o tipo de filme que queria fazer e as coisas que queria fazer dentro desses filmes. E usava como exemplo a cena de abertura de *Matador*, do Almodóvar.

E as respostas deles sempre eram: "Quentin, *eles* não vão te deixar fazer isso."

Ao que eu replicava: "Quem *eles* pensam que são para me impedir, porra? *Eles* que se fodam."

Eu ainda não era um cineasta profissional, apenas um fanático por cinema impertinente e metido a sabichão. Mesmo assim, depois que me profissionalizei, nunca deixei que "eles" me impedissem de fazer nada. Os espectadores podem aceitar ou rejeitar meu trabalho. Considerá-lo bom, ruim ou vê-lo com indiferença. Mas sempre rodei meus filmes sem medo do resultado final. Essa ausência de medo é algo que me ocorre naturalmente — quer dizer, falando sério, quem se importa? É só um filme. Entretanto, na idade certa (20 e poucos anos) e na época certa (a porra dos anos 1980), a ausência de medo demonstrada por Pedro Almodóvar foi exemplar. Enquanto eu via meus heróis — os inconformistas do cinema norte-americano dos anos 1970 — serem obrigados a se adequar a uma nova maneira de trabalhar só para continuar trabalhando, o destemor de Pedro transformava suas concessões calculadas numa grande piada. Os filmes dos meus sonhos *sempre* incluíam uma reação cômica a alguma coisa desagradável. Algo parecido com a conexão que os filmes de Almodóvar fazem entre o desagradável e o sensual. Sentado num cinema de arte em Beverly Hills, assistindo às imagens coloridamente vívidas e provocativamente empolgantes captadas em 35 mm e projetadas numa parede enorme — provando que era *possível* haver algo sexy na violência —, eu me convenci de que existia lugar para mim e meus devaneios violentos na cinemateca moderna.

No entanto, a verdadeira maldição do cinema dos anos 1980 não era que ele não permitisse que você filmasse alguém batendo uma enquanto assistia a *Seis mulheres para o assassino*, de Mario Bava, mas o fato de que ignorava completamente os protagonistas complexos e complicados dos filmes dos anos 1970. Personagens complexos não são necessariamente *aprazíveis*. Pessoas interessantes nem sempre são *simpáticas*. Na Hollywood dos anos 1980, porém, *simpatia* era tudo. Um livro podia ter um filho da puta degenerado como protagonista, desde que fosse um personagem interessante.

Um filme, não. Não nos anos 1980.

Depois da década de 1970, ao que parece, o cinema havia retornado às restrições da de 1950. Estava de volta à era em que livros e peças controversos tinham que ser destituídos de toda vida, modificados ou transformados em histórias moralistas. Foi o que aconteceu com *9½ semanas de amor*, *Abaixo de zero*, *Nova York: Uma cidade em delírio*, *Rambo: Programado para matar*, *A cor púrpura*, *Loucos de paixão*, *Um homem destemido*, *O anjo assassino* e *A fogueira das vaidades*.

E quanto ao filme de Philip Kaufman, *A insustentável leveza do ser*? A sexualidade sem censura dessa película chegou às telas mais ou menos intacta. Isso significa que era possível fazer esse tipo de coisa, não é mesmo?

Sim, se você deixasse a coisa toda chata o bastante.

A insustentável chatice de assistir.

E, se você fizesse um filme sobre uma porra de um filho da puta, pode apostar que esse filho da puta reconheceria os próprios erros e se regeneraria nos vinte minutos finais.

Como, por exemplo, os personagens de Bill Murray.

Em *Recrutas da pesada*, como é que Murray, um iconoclasta chato pra caralho que merece levar uma surra do sargento Warren Oates, acaba se tornando um motivador dos soldados ("O fato é este, Jack!") e o gênio por trás de uma missão secreta em solo estrangeiro?

E olha que *Recrutas da pesada* era um dos filmes mais legais.

Os críticos de cinema sempre gostaram mais de Bill Murray do que de Chevy Chase. Ainda assim, com frequência, Chase permanecia o mesmo babaca debochado do começo ao fim do filme. Ou, pelo menos, a conversão dele não era o pilar da história, como em *Os fantasmas contra-atacam* e *Feitiço do tempo*.

É preciso reconhecer que, quando não se dá a mínima para os sentimentos das pessoas, isso certamente faz maravilhas pelo seu humor cáustico. No entanto, sempre fui contra a ideia de que os personagens de Bill Murray precisassem de redenção.

Tudo bem, talvez ele tenha encantado Andie MacDowell, mas alguém realmente acha que um Bill Murray menos sarcástico é um Bill Murray melhor?

Eles não estavam preparados para fazer uma biografia *verdadeira* de Jerry Lee Lewis em 1989, da mesma forma que não estavam preparados para retratar verdadeiramente Cole Porter em 1949.

Em *Wall Street: Poder e cobiça*, estava tão evidente que Gordon Gekko teria que ir para a cadeia no final do filme que isso poderia muito bem ter sido predeterminado pelo Código Hays.

Naturalmente, Michael Douglas acabaria se arrependendo de seus atos e entregaria todo mundo em *O esquadrão da justiça*.

Em *Totalmente selvagem* e *Um romance muito perigoso*, havia alguma chance de que Melanie Griffith e Michelle Pfeiffer *não* voltassem inexplicavelmente para o herói do filme? É óbvio que não, teria sido um final péssimo.

E daí se não faz sentido que elas tenham voltado? Quem se importa, o filme acabou. As pessoas que faziam os filmes não achavam que as plateias se importavam se os finais felizes dos personagens eram coerentes ou não. E, embora eu quisesse muito dizer que esses profissionais de Hollywood estavam errados, não tenho tanta certeza assim de que estivessem.

Na Video Archives, eu lidava de perto com pessoas que assistiam a filmes (geralmente, de forma individual). Muito mais de perto do que qualquer executivo de Hollywood. E, na grande maioria das vezes, elas *não* se importavam se os finais que lhes enfiavam goela abaixo eram irreais ou implausíveis. Elas só não queriam que os filmes terminassem numa decepção.

Basta perguntar aos realizadores da versão de *A letra escarlate* estrelada por Demi Moore, também conhecida como "a versão com o final triunfante".

Ou pergunte à própria Demi Moore: "Quase ninguém leu o livro."

Quando o bando de caipiras que persegue John J. Rambo acaba passando dos limites e vira a chave que o transforma numa máquina assassina em *Programado para matar*, ele, em vez de massacrar todos, como faz no livro de David Morrell, apenas os machuca.

Isso, por sua vez, torna o argumento do livro — o fato de que, a partir do momento em que o governo transforma um homem numa máquina de matar para servir na guerra, desligar essa máquina quando ela volta para casa em tempos de paz não é muito fácil — irrelevante?

É claro, mas, como disse Demi Moore...

Assim como nos anos 1950, a infantilização do cinema foi um problema distintamente norte-americano. Outros países continuaram fazendo filmes para adultos: Hong Kong, França, Holanda, Japão e, principalmente, Inglaterra — com *Made in Britain*, de Alan Clarke, *Sid & Nancy: O amor mata*, de Alex Cox, e a Trilogia de Londres, de Stephen Frears (*Minha adorável lavanderia*, *O amor não tem sexo* e *Sammy e Rosie*).

Também todos os filmes espanhóis de Almodóvar e os holandeses de Verhoeven.

Todo ano, Nicolas Roeg lançava algum filme maluco estrelado por Theresa Russell. Ken Russell seguia fazendo qualquer merda que estivesse a fim de fazer, mesmo quando vinha para os Estados Unidos (*Crimes de paixão*).

Mesmo assim, descobrir um personagem desumano, letal e intransigente como Parker durante essa década perdida de merda foi um sopro de ar fresco muito bem-vindo.

Os três primeiros livros com Parker — *The Hunter*, *The Man with the Getaway Face* e *The Outfit* — são, de longe, os melhores. Depois que a coisa toda se tornou uma série, com a necessidade de fazer sucesso, algo se perdeu. Apesar disso, nos últimos livros com

Parker — que eu comecei a ler, mas nunca terminei — o protagonista sempre foi leal a si próprio.

Os três primeiros livros da série são interligados. O primeiro, *The Hunter*, ficou famoso após a adaptação de John Boorman para a tela, *À queima-roupa*, que transformou Lee Marvin no primeiro dos muitos Parkers do cinema (embora nesse filme ele se chamasse Walker).

O filme não é lá muito fiel à história do livro, mas ambos chegam ao mesmo lugar: Parker perseguindo, aterrorizando e assassinando um bando de mafiosos — que não estão acostumados a esse tipo de tratamento — por causa de uma dívida com ele (46 mil dólares). No fim do livro, Parker promoveu um banho de sangue tão brutal no sindicato do crime organizado (ou "a quadrilha", como eles são conhecidos no universo de Stark), que até mesmo ele sabe que precisa desaparecer.

E sua tentativa de desaparecer constitui a trama do segundo livro, *The Man with the Getaway Face*, que nunca foi adaptado para o cinema.

Na primeira página, Parker ganha um rosto totalmente novo pelas mãos de um inescrupuloso cirurgião plástico do submundo, que realiza esse tipo de procedimento em pessoas que desejam desaparecer (*à la* David Goodis). Infelizmente para Parker, depois da operação, o cirurgião acaba sendo assassinado. A família do médico acredita que Parker é o responsável e diz que vai alertar a quadrilha sobre a nova identidade e o novo rosto dele. Parker insiste que não tem nada a ver com aquilo e pede uma semana para encontrar o verdadeiro assassino antes que a família do médico tome uma medida drástica.

Ele passa o resto do livro nessa empreitada.

E, num toque de justiça poética, acaba arrancando o novo rosto do assassino, dado pelo inescrupuloso cirurgião plástico.

No fim do livro, Parker volta para se encontrar com a família do cirurgião, explica quem era o assassino e por que o médico fora morto, e termina apresentando o rosto que arrancou do homem. Só que os familiares, convictos da culpa de Parker, não haviam lhe dado a semana pedida, de modo que já tinham informado a quadrilha sobre a nova identidade e o novo rosto dele, tornando ironicamente inútil tudo que acontece no livro.

The Outfit é o terceiro livro da série. Sabendo que os poderosos inimigos estarão em seu encalço, ao invés de fugir da máfia, Parker vai ao encontro dela.

Levando em conta quanto é difícil lidar com o personagem Parker, ele é incrivelmente bem representado no cinema. Houve tantos Parkers quanto Philip Marlowes. E, quando paramos para pensar que Lee Marvin, Jim Brown, Robert Duvall, Mel Gibson e Anna Karina interpretaram alguma versão desse personagem, percebemos a amplitude das variações.

Nem sempre eles se chamavam Parker. Até pouco tempo atrás, *nenhum deles* tinha esse nome. Stark não se importava de vender seus livros, mas nunca vendeu o personagem.

O diretor John Flynn me explicou: "Westlake não queria que o personagem dele fosse afetado por nada que acontecesse em algum filme idiota."

Na minha opinião, o melhor filme com o personagem Parker não é nenhuma adaptação de um dos romances de Stark, mas *Fogo contra fogo*, de Michael Mann, protagonizado por Neil McCauley, um assaltante interpretado por Robert De Niro. Embora não seja uma adaptação literal de um livro de Richard Stark, fica óbvio pra caralho que McCauley é, no mínimo, bastante inspirado — se não diretamente baseado — em Parker.

O profissionalismo, as crenças, as emoções controladas e até mesmo o lema — "Não permita nada em sua vida de que não seja capaz de escapar em trinta segundos assim que avistar o perigo virando a esquina" — parece alguma merda que Parker diria. McCauley é um *pouco* mais expressivo que Parker, e Mann o faz verbalizar coisas que Stark poderia ter escrito em sua prosa. E o final do filme — quando McCauley perde a chance de fugir e decide ficar em L.A. para se vingar de um respeitado colega de trabalho — apresenta um dilema clássico de Parker.

Todavia, se essa trama fosse de um livro de Stark, o profissionalismo de Parker o teria levado a fugir. Porque Parker sabe que não existe nada mais importante do que *não ser pego*. Seguir estritamente o código é a única maneira de viver no mundo sem ser pego.

Assim, em doze livros, Parker nunca é pego e nunca é morto. No fim de *Fogo contra fogo*, McCauley é baleado pela polícia. Nunca gostei desse final. Não apenas porque quisesse ver De Niro se safando, nem porque não quisesse vê-lo infringindo seu código de conduta, nem porque não quisesse que o detetive interpretado por Al Pacino vencesse. Mas, no momento em que Jon Voight diz a ele que encontrou o cara que matou Danny Trejo, já sabemos como o filme vai terminar. O close-up de De Niro dirigindo e pensando... é incrível. No entanto, assim que ele dá meia-volta com o carro, sabemos que está fodido. As sequências moralistas dos últimos quinze minutos do filme, quando comparadas às duas horas e 35 minutos que as precedem, são uma verdadeira tristeza.

Entre as adaptações literais do personagem de Stark, a maioria das pessoas prefere *À queima-roupa* e considera Lee Marvin a verdadeira personificação de Parker.

Nunca entendi a fama que os críticos *baby boomers* concederam a essa nulidade de filme policial dirigida por Boorman.

Tudo bem, os primeiros dez minutos são bem impactantes (para a época), mas a verdade é que pareceram bem mais impactantes quando eu tinha 26 anos do que hoje. Mesmo quando comparada a outras aberturas de filmes de gângsteres implacáveis com Lee Marvin, a abertura de *À queima-roupa* não chega nem aos pés da que Don Siegel fez em *Os assassinos*.

O que funciona na abertura de Boorman é a maneira como ela vai crescendo pouco a pouco. A maneira como o barulho dos sapatos de Marvin pisando no chão vai ditando o ritmo da ação nos faz pensar tanto num pavio de dinamite queimando quanto no cantar de pneus antes de um acidente de carro. E a sequência chega ao ápice quando Marvin aparece à porta de Angie Dickinson brandindo uma pistola. Mas este é, de longe, o ponto alto do filme — que, daí em diante, exceto pela briga violenta na discoteca, não volta a brilhar.

Depois da abertura espalhafatosa, *À queima-roupa* se acomoda e se transforma em algo que poderia passar na televisão nos anos 1960. Não há como distinguir o filme de um episódio de *Mannix* da mesma época (a propósito, o astro de *Mannix*, Mike Connors, não teria dado um mau Parker. Para falar a verdade, quando li *The Hunter* — Parker antes da cirurgia plástica —, imaginava justamente alguém como Connors no papel).

Não concordo que Lee Marvin seja o Parker perfeito. Nem sequer acho que a performance dele seja boa. Marvin foi um dos atores mais empolgantes dos anos 1950 (em filmes como *A besta negra, Shack Out on 101, O laço do carrasco, O homem que matou o facínora* e, principalmente, *Morte sem glória*). E, em *Os profissionais* e *Os doze condenados*, ele usou essa empolgação em favor próprio para alcançar o estrelato. Entretanto, depois de *À queima-roupa*, Marvin foi da sua maior atuação como protagonista, em *Os doze condenados*, para um desempenho comparável ao de uma árvore desfolhada. E, pelo resto da carreira, oscilaria violentamente entre essas emblemáticas não performances de máscara mortuária (*A marca da brutalidade, Inferno no Pacífico, Pânico no Atlântico Express*) e exageros humorísticos caricatos (*Meu nome é Jim Kane, No Oeste muito louco, A batalha da vingança* e *Os aventureiros do ouro*). Nos anos 1950, a maneira como Marvin interpretava seus diálogos no cinema sugeria que ele era um grande ator de teatro que sabia que funcionava melhor na frente das câmeras (a forma como ele profere as falas da peça *Fragile Fox*, de Norman Brooks, na adaptação para o cinema, *Morte sem glória*, nos dá uma boa amostra disso). Nos anos 1970, porém, ele praticamente parou de falar. E, quando voltou a fazer isso, em *O homem de gelo*, de Frankenheimer... já não tinha mais a manha.

Mesmo assim, quando comparado a outras adaptações de Stark — como o abissal *Quadrilha em pânico*, com Jim Brown (terrível não por culpa dele), o remake de *À queima-roupa* com Mel Gibson (*Payback: A vingança*) e a não adaptação de Godard, *Made in U.S.A.*, que simplesmente jogou fora o livro de Stark, o tempo da plateia e vários metros de filmes da Kodak —, *À queima-roupa* é pelo menos uma tentativa esforçada.

M inha indicação para melhor adaptação de um livro de Richard Stark é, de longe, *A quadrilha*, de John Flynn, estrelado por Robert Duvall como Macklin (Parker), Karen Black como Bett (no mesmo papel de Angie Dickinson em *À queima-roupa*) e um Joe Don Baker perfeito no papel de Cody.* Se você gostou de *À queima-roupa*, muito bem, *A quadrilha* é sua sequência de fato. Os acontecimentos em *The Hunter* e no filme de Boorman são o que levam o sindicato do crime a perseguir Parker e Cody e também Duvall e Baker a executar um ataque direto e frontal contra a quadrilha. Flynn, obrigado a começar do zero, traz o Macklin de Duvall no fim da sentença na prisão — por ter sido pego com uma arma não registrada durante uma batida policial em um bar. Ele conta essa história a alguém, que responde: "Caramba, que dureza."

Quando Macklin sai, o irmão é assassinado por dois matadores profissionais da máfia (numa cena de abertura muito legal, que transborda cinema dos anos 1970). Em seguida, os assassinos (o conhecido e feioso Tom Reese, que teria dado um excelente Parker após a cirurgia plástica), disfarçados de caçadores de codorna, aparecem na lanchonete rústica que Cody (Joe Don Baker) administra quando não está cometendo crimes. No entanto, escolhem o momento errado, uma vez que o xerife local (que não tem a menor ideia da vida dupla de Cody) está lá, tomando o café da manhã. Mas Cody fica sabendo que uma dupla de pistoleiros forasteiros está na cola dele.

Macklin/Parker (Duvall) é levado da prisão pela esposa, Bett (Karen Black), que o conduz até uma armadilha num hotel local. Ela é obrigada a traí-lo depois de passar por uma sessão de tortura conduzida pela quadrilha, na qual lhe queimam o braço de cima a baixo com um cigarro (ficamos sabendo depois que ninguém menos que Timothy Carey usou o braço dela como cinzeiro), mas consegue alertar Macklin a tempo de ele emboscar o atirador (Felice Orlandi, um queridinho de Walter Hill), quebrando uma garrafa na cara dele. Duvall o tortura para arrancar informações e descobre por que a quadrilha está em seu encalço.**

---

* Esse foi o filme que Donald Westlake achou que melhor traduziu Parker para as telas.
** Flynn, o diretor, escreveu o excelente roteiro com a ajuda não creditada de seu camarada Walter Hill. E toda a cena de abertura — com Macklin saindo da prisão e sendo levado por Betty e até mesmo a conversa que eles têm no carro — é muito parecida com a abertura de Doc e Carol em *Os implacáveis*.

Ao que parece, antes de ser pego na batida policial, Macklin, o irmão e Cody haviam roubado um banco que não sabiam ser usado como fachada pela máfia. Assim que Macklin sai da cadeia, Mailer (risadinha de escárnio), o chefão da quadrilha, interpretado por Robert Ryan, dá a ordem para que os três insignificantes sejam eliminados. (Ryan era tão magro que parecia um lápis e, tal qual Marvin, tinha um rosto que parecia ter sido esculpido num totem indígena. Contudo, ao contrário de Marvin — nos anos 1970 —, Ryan foi apenas melhorando ao longo dos anos. É ele, e não Marvin, quem se apresenta à altura do desafio proposto pelos diálogos de Eugene O'Neill em *O homem de gelo*.)

Macklin e Cody chegam à conclusão de que a melhor defesa é um ataque brutal. Assim, em vez de fugirem da máfia, eles partem para cima com tudo. Com Black como motorista da fuga, Duvall e Baker começam a assaltar uma série de negócios de fachada da quadrilha. E, como os mafiosos não estão acostumados com esse tipo de incômodo, em todos os roubos alguém grita: "Você sabe quem é o dono desse lugar?" E Joe Don Baker grita de volta: "Pode ser a sua mãe, que estou pouco me fodendo!" Ou Duvall simplesmente quebra os dentes de um homem com uma coronhada. Grande parte da graça do filme vem do choque dos comparsas da máfia em reação ao tratamento brutal que recebem de Duvall e Baker. Mas há outras coisas envolvidas no plano de nossos heróis além de vingar a morte do irmão de Duvall e provocar uma onda de crimes. Tanto Macklin quanto Cody imaginam que, se causarem bastante confusão e atingirem o sindicato onde ele é mais sensível — o bolso —, e considerando que Mailer vê a si mesmo como um homem de negócios, talvez eles possam forçá-lo a fazer um acordo. Naturalmente, o plano não dá certo.

De modo que o filme acaba com Duvall e Baker atacando a fortaleza onde Ryan mora, numa das sequências mais satisfatórias desse gênero que já vi, muito melhor do que o clímax similar filmado por Michael Mann em *Profissão: Ladrão*. Embora não seja tão maravilhosa ou violenta quanto o tiroteio no prostíbulo no filme seguinte de John Flynn, *A outra face da violência*, ela ainda é muito legal e empolgante. E a sequência entre Duvall e Baker na escada é o epítome de toda essa masculinidade pungente, com a cena congelada no final trazendo um tom cômico à película e encerrando o filme com uma vigorosa gargalhada bem máscula.

Na matéria de capa de uma edição de 1981 da revista *American Film* (feita para promover Duvall em *Confissões verdadeiras*), ele é descrito como um "Olivier durão". Não é uma má descrição da performance de Duvall nesse filme. No jornal *The Signal*, de Santa Clarita, na Califórnia, o crítico de cinema Phillip Lanier escreveu sobre o ator no papel de Macklin: "Earl é um dos gângsteres mais interessantes que já vi numa tela. Ele é esperto, e sua brutalidade é tão calculada quanto indiferente. Para ele, roubar e matar são apenas um emprego convencional que o obriga a levar trabalho para casa. A determinação silenciosa [de Duvall] passa a imagem de um personagem que parece ser um homem desesperado por vontade própria. É um tipo misterioso de masculinidade que, ao que parece, apenas ele tem."

Macklin até pode ser o Parker de Stark, mas tanto Flynn quanto Duvall expandem o personagem. Macklin, definitivamente, tem mais senso de humor do que Parker (no filme, Duvall ri diversas vezes). Entretanto, é a afeição de Macklin por Cody que o diferencia do Parker literário. O Parker dos livros também tem afeição por Cody, mas a atuação magnífica de Duvall a faz parecer ainda mais forte, ainda que Duvall jamais abandone o casco de tartaruga que usa para cobrir o rosto. E ele e Baker fazem uma dupla maravilhosa, com Duvall murmurando as falas mais enigmáticas e Baker proferindo em alto e bom som as mais engraçadas. Quando os dois discutem como vão atacar o complexo fortemente protegido de Ryan, chegam até mesmo a roubar o maior momento cinemático de Flynn, a cena do "Vou pegar meu equipamento" entre William Devane e Tommy Lee Jones em *A outra face da violência*.

Embora eu duvide que algum ator possa vir a ser o Parker definitivo, Joe Don Baker é, sem sombra de dúvida, a personificação perfeita de Cody. Joe Don sempre foi um dos meus atores de cinema preferidos, e, para mim, a performance dele nesse filme é a melhor que já entregou. O filme chega até mesmo a deixar a cargo dele a sensacional frase de encerramento. Segundo afirma o grandalhão James Bacon num perfil que escreveu sobre Baker, quando Flynn, o produtor Carter DeHaven e o chefão da MGM, James Aubrey, foram assistir juntos a uma exibição de *Fibra de valente*, os três gritaram em uníssono na metade do filme: "Esse é o nosso cara!"

Como já observei, *À queima-roupa* tem a mesma qualidade de um enlatado de TV dos anos 1960. Tirando Marvin, até mesmo o elenco é o de um programa televisivo.

Todo o elenco de apoio do filme poderia ter participado de um episódio de *Cannon* (Angie Dickinson e Keenan Wynn, por mais incríveis que fossem, fizeram bastante televisão).

John Vernon, nos anos 1960 e no começo dos anos 1970, estava sempre fazendo o papel de bandido em algum seriado. E, embora eu sempre tenha gostado de Vernon, foi depois de *Josey Wales: O fora da lei* e *Clube dos cafajestes* que passei a gostar dele ainda mais. Em 1967, porém, o papel de Vernon em *À queima-roupa* era um pouco demais para ele. Vernon não conseguiu sustentar a atuação mesmo contracenando com um Lee Marvin em baixa voltagem (Keenan Wynn teria sido muito melhor no papel).

Carroll O'Connor, antes de se tornar um ícone televisivo no papel de Archie Bunker, exibia um estilo de atuação cômico, espalhafatoso e bastante físico. Uma verdadeira força da comédia, interpretava tudo com um toque de humor, porque não era um ator muito bom para papéis dramáticos. Apesar disso, assim como Ed Asner no papel de Lou Grant, a maestria com que interpretou Archie Bunker o levou a trabalhos muito mais profundos posteriormente (ele está espetacular em *Lei e desordem*, de Ivan Passer, no qual Ernest Borgnine é quem parece um burro zurrando). Em *À queima-roupa*, no entanto, mesmo com uma atuação fraquíssima, Marvin oblitera por completo o falastrão O'Connor.

E tem ainda Lloyd Bochner, com sua cara de peixe. O tipo de personagem todo duro, com os lábios cerrados, que aparecia com frequência nos programas de TV produzidos por Quinn Martin.

Qualquer filme que escalasse a porra do Lloyd Bochner tinha sérios problemas com o elenco.

Em compensação, o elenco de apoio de *A quadrilha* é um verdadeiro desfile de atores excelentes (Timothy Carey, Richard Jaeckel, Sheree North, Marie Windsor, Jane Greer, Henry Jones, Bill McKinney).

Flynn me disse que escalou o elenco do filme com o amigo Walter Hill, procurando os nomes num livro de grandes atores de filmes B.

Com relação às atuações, Flynn me contou que ficou feliz com o elenco principal. Ele gostava de Baker e de Black e achava Duvall um bom ator, além de vê-lo como uma estrela em ascensão. Nenhum deles, contudo, foi a primeira escolha para os papéis. Se pudesse escolher, teria optado por um elenco menos moderno, dos anos 1970 e mais ligado ao cinema noir. O elenco dos sonhos de Flynn teria Burt Lancaster como Macklin, Kirk Douglas como Cody e Angie Dickinson como a esposa de Macklin. Cheguei a cogitar fazer uma adaptação do livro no fim dos anos 1990, com Robert De Niro como Parker, Harvey Keitel como Cody e Pam Grier como Bett. E só de escrever isso agora me arrependo de não ter feito.

A quadrilha foi um dos últimos filmes da MGM realizados sob o comando de James Aubrey (vulgo "Cobra Sorridente"). E o mandachuva do estúdio havia determinado um novo padrão de lançamento para seus derradeiros trabalhos.

Aubrey estava puto com a maneira como os críticos de Nova York e Los Angeles haviam tratado os filmes produzidos pela MGM sob o comando dele. Então, começou a lançar os novos filmes do estúdio regionalmente. Levou um ano inteiro para que *A quadrilha* chegasse a todos os cantos dos Estados Unidos, começando por Chicago e Baltimore, em outubro de 1973, e sendo lançado na Califórnia (sua última parada) apenas em outubro de 1974. As primeiras notas na imprensa (com exceção dos anúncios de elenco) sobre o filme de Flynn foram quase todas feitas por James Bacon, que escreveu em sua coluna em 23 de outubro de 1973: "Vi *A quadrilha* uma noite dessas, numa sessão para o elenco e a equipe, e o filme é *O Poderoso Chefão* de 1973." Uau! Impressionante, né? Mas aí temos que nos perguntar: o que James Bacon estava fazendo numa sessão para o elenco e a equipe? Acontece que ele faz uma pequena participação no filme, e esse era meio que o esquema na época. Se você escalasse James Bacon em seu filme, garantiria algumas menções positivas na coluna dele. Em contrapartida, os críticos menos parciais espalhados pelo país se dividiram em três grupos: os que consideraram o longa na média dos filmes policiais, os que o consideraram um pouco acima da média e os que o consideraram dramaticamente abaixo dela.

Vincent Canby, do *The New York Times*, escreveu: "*A quadrilha* não é um filme exatamente ruim. Não fracassa tentando ser algo além de sua capacidade. Não tenta ser nada além de um mero passatempo, o que, sinceramente, não é bom o bastante levando em conta que a maioria de nós tem acesso a uma televisão."

Greg Swem, do *Courier-Journal* (de Louisville, no Kentucky), obviamente gostou do filme, mas acabou concluindo que "ele é bem escrito e bem dirigido por John Flynn, embora o roteiro e a direção sejam fragmentados. O filme, como um todo, não tem nenhum grande atrativo".

Já Gary Arnold, do *The Washington Post*, declarou que o filme era "um *thriller* lamentável e de segunda linha". Após descrever a trama, ele concluiu: "Dito assim, parece o enredo de um filme policial muito tenso, mas Flynn tem uma maneira tão arrastada de conduzir a narrativa que a crueza e a brutalidade, cruciais para a concepção do filme, não são apresentadas nem de forma extraordinária nem de forma empolgante."

Jeanne Miller, do *San Francisco Examiner*, refere-se ao trabalho de Flynn como "uma direção decepcionante" e ao filme em si como "desastroso".

Bernard Drew, do *The Journal News*, de White Plains, Nova York, menospreza ainda mais o trabalho do cineasta: "O diretor e roteirista John Flynn, que produziu, de maneira acidental, um dos filmes mais engraçados dos anos 1960, *Na solidão do desejo*, e, tempos depois, transformou a Terra Santa num lugar chatíssimo em *O arquivo secreto*, atinge, agora, um novo grau de inaptidão com *A quadrilha*."

Roger Ebert, contudo, numa resenha publicada no *Chicago Sun-Times* em outubro de 1973, deu ao filme três estrelas e meia (de quatro) e escreveu: "*A quadrilha* é um filme de ação classudo, muito bem dirigido e atuado, sobre um gângster que se vinga da máfia pelo assassinato do irmão. Uma descrição da trama o faria parecer demasiado banal, mas o que atesta sua superioridade é a riqueza dos detalhes." Então, Ebert explica melhor: "O que acontece realmente não interessa muito, porque nos filmes de ação estão sempre acontecendo as mesmas coisas. Uma vez que você viu um carro pegando fogo, você viu todos. Mas os personagens no filme são excepcionalmente interessantes."

Então, um ano depois, em outubro de 1974, Charles Champlin encerrou uma resenha positiva no *Los Angeles Times* da seguinte maneira: "Há sempre um prazer especial quando vemos um filme que está no controle de todas as variáveis do começo ao fim, que é um exercício de profissionalismo, e *A quadrilha* oferece esse tipo de satisfação como um bônus, além das surpresas, do suspense e das atuações muito vívidas."

John Fox, por sua vez, escrevendo para o *Oakland Tribune*, foi o único a produzir uma reflexão séria, que vai além de um resumo do enredo e de um veredicto de *bom, ruim* ou *indiferente*. "O filme é muito inteligente na compreensão das atitudes que os homens têm em relação uns aos outros. E, embora a violência talvez impeça alguns espectadores de compreender essa mensagem, trata-se de um excelente comentário sobre a capacidade de um indivíduo de superar uma força que o ameaça se conseguir reunir os meios e a coragem para fazê-lo."

A primeira vez que vi *A quadrilha* foi no Tennessee, em março de 1974, sob o título de *The Good Guys Always Win* [Os mocinhos sempre vencem] — que não é um título ruim depois que você assiste ao filme. Graças à tremenda popularidade de Joe Don Baker no estado por causa de *Fibra de valente*, a ligação entre Baker e Bufford Pusser foi bastante enfatizada.*

---

* No estado do Tennessee, depois de *Fibra de valente*, Joe Don Baker só não era mais popular do que Elvis Presley.

E, oito meses depois, quando o filme finalmente estreou em Los Angeles, com o título original, *A quadrilha*, fui vê-lo novamente no United Artists Cinema, em Marina del Rey, numa sessão dupla com *Os implacáveis*, de Sam Peckinpah (isso é que é uma sessão dupla cheia de ação e proibida para menores!).

Na verdade, achei que estava comprando um ingresso para a continuação de *The Good Guys Always Win*. Mas tudo bem. O filme ficou ainda melhor da segunda vez. E a plateia, composta por um monte de sujeitos metidos a machões, deixou tudo ainda mais divertido. Eles riam de tudo que Joe Don Baker dizia, inclusive da maravilhosa frase de encerramento, que fez o cinema vir abaixo.

Samurai adjunto

Uma exaltação de Kevin Thomas

Assim como fizeram em *Angels Hard as They Come* e *The Hot Box*, Jonathan Demme e Evelyn Purcell se arrebentaram para filmar para Roger Corman o drama prisional feminino *Celas em chamas*. Só que, dessa vez, com Jonathan na direção e Evelyn como produtora (e diretora de segunda unidade). E então, finalmente, chegara o dia de lançar a bomba mercenária que eles haviam feito nas salas de cinema e drive-ins espalhados por Los Angeles (onde o filme foi exibido em sessões duplas junto com *Sweet Sweetback's Baadasssss Song*, de Melvin Van Peebles).

Apesar de todo o trabalho duro, porém, um certo fatalismo ainda assombrava o casal de cineastas. Segundo Gary Goetzman, colega de longa data de Demme, sim: eles sabiam que tinham feito um filme de segunda linha para Roger. Mas, em última análise, e daí? Quem é que vai assistir a um filme de segunda linha da New World Pictures chamado *Celas em chamas* além dos frequentadores de drive-ins, para os quais ele se destinava? Na época, quando Jonathan e Evelyn encontravam amigos ou conhecidos pela cidade e mencionavam que tinham acabado de fazer um filme, as pessoas geralmente perguntavam a eles o nome.

Quando respondiam *Celas em chamas*, dava para ver a expressão de nojo se formando no rosto das pessoas: "Espera, é um pornô?"

Embora estivesse feliz e empolgado, o casal também sabia o que significava fazer um filme do gênero exploitation em Hollywood.

Quando *Celas em chamas* estreou em Los Angeles, Hollywood não deu a mínima, a indústria não deu a mínima, a imprensa não deu a mínima e o público (exceto por meia dúzia de adolescentes) não deu a mínima.

Na verdade, a única pessoa que *deu* a mínima foi Roger Corman.

E tudo que eles esperavam era que Corman lhes oferecesse outro filme.

De modo que imagine a surpresa de Demme e Purcell quando, no dia seguinte ao da estreia, eles estavam folheando o *Los Angeles Times* e se depararam com uma verborrágica resenha de Kevin Thomas sobre o filme vagabundo que haviam feito.

Depois de deixar bem claro o desprezo que sentia pelo subgênero de filmes prisionais femininos (principalmente do tipo produzido por Jack Hill e pelo filipino Eddie Romero), Thomas escreveu sobre o primeiro filme de Demme como diretor:

"Com inteligência, estilo e uma verve inabalável, o diretor e roteirista Jonathan Demme, um jovem e talentoso veterano do exploitation, eleva o gênero a novas alturas, ao mesmo tempo que faz valer o dinheiro de seus fãs com a ação inconsequente de que eles tanto gostam. Demme, mais conhecido por *Angels Hard as They Come*, consegue não apenas ser bem-sucedido nessas duas frentes, como, ao apontar um dedo para os absurdos do gênero, aponta também um dedo para as condições muitas vezes atrozes e desumanas das prisões da vida real."

Então, ele encerra a resenha da maneira que todos os diretores da New World Pictures *gostariam* que o *Los Angeles Times* encerrasse as resenhas dos filmes que ela produzia: "Em todos os quesitos, *Celas em chamas* atesta o virtuosismo de Demme, do diretor de fotografia Tak Fujimoto e do compositor John Cale — o que demonstra, portanto, que os três estão prontos para projetos maiores."

Se quisermos falar dos primórdios da carreira de Jonathan Demme, precisamos falar de seu maior defensor, o crítico adjunto do *Los Angeles Times*, Kevin Thomas. Posteriormente (depois de *Nas ondas do rádio*), Demme teria uma verdadeira horda de críticos que funcionavam como sua claque. Entretanto, antes de Vincent Canby, antes de Richard Corliss, antes de Kenny Turan, antes de Pauline Kael e de suas "Paulettes" se apaixonarem por Demme, o principal responsável pelo avanço da carreira do cineasta na crítica especializada foi Kevin Thomas.

Uma coisa que eu tinha esquecido, mas lembrei rapidamente ao ler todas aquelas resenhas de *A quadrilha*, era o que Elvis Mitchell chamava de "indiferença institucional", algo que os críticos de jornal da época demonstravam até mesmo em relação aos filmes de gênero produzidos pelos grandes estúdios.

A impressão era de que a maioria dos críticos que escreviam para os jornais e revistas se colocava numa posição de superioridade em relação aos filmes que eram pagos para resenhar. Algo que jamais entendi, porque, a julgar pela qualidade do texto, este *claramente* não era o caso.

Eles desprezavam os filmes que divertiam as plateias e os cineastas que compreendiam o público que eles próprios não conseguiam atingir.

E isso porque nós estamos falando de *A quadrilha*! Um filme de estúdio grande, muito bem-feito, baseado num bom livro, com atores sensacionais. Agora imagine o tratamento ainda mais aviltante que os *verdadeiros* filmes de exploitation recebiam.

Quando eu era um moleque que amava cinema e pagava ingresso para assistir a praticamente tudo que era lançado, considerava esses caras uns babacas filhos da puta. Hoje, muito mais velho e experiente, percebo o quanto eles deviam ser infelizes. Eles escreviam com a atitude de alguém que detestava a própria vida ou, no mínimo, o próprio trabalho.

Durante vinte anos, de forma quase cômica, o *Los Angeles Times* — o jornal oficial da indústria cinematográfica — contratou para sua equipe titular apenas críticos que eram vistos como motivo de chacota.

O *The New York Times* tinha Vincent Canby, que era uma boa voz para o jornal. O *Chicago Sun-Times* tinha Roger Ebert, que, quando inspirado, se debruçava sobre algum detalhe bizarro do filme que estava analisando, como o fato de *Quando nem um amante resolve*, o filme de Frank Perry, ser narrado da perspectiva de um narrador inconfiável, uma vez que se tratava de um *diário*. E, apesar do escândalo que ele e o colega moralista Gene Siskel fizeram por causa dos filmes do gênero slasher nos anos 1980, Roger gostava do cinema exploitation, tendo escrito resenhas positivas de filmes como *Aniversário macabro*, *Breakdance 2* e *Super Inframan*, além do roteiro para o clássico atemporal *De volta ao Vale das Bonecas*.

Entretanto, nos anos 1970, o *Los Angeles Times* teve o queridinho dos anunciantes, Charles (Chuckie) Champlin, que resenhava filmes do mesmo jeito que Ralph Williams vendia carros.

Em Los Angeles, ele era conhecido como "o Will Rogers dos críticos de cinema — Charles Champlin nunca viu um filme de que não tenha gostado". Champlin escrevia como se emplacar citações no maior número possível de anúncios de filmes fosse uma regra editorial. Além disso, ele apresentou, por anos, um programa de entrevistas na televisão local chamado *At One With*, em que conversava com atores como Gene Hackman e cineastas como John Frankenheimer. De modo que ele não estaria fazendo nenhum favor a si mesmo, ou ao status que havia obtido como celebridade local em L.A., se pegasse pesado demais com os cidadãos de Hollywood no jornal da própria cidade.*

Em todo caso, Champlin era muito melhor do que Sheila Benson, a mulher que ocupou a posição nos anos 1980. Ela praticamente arruinou a seção de cultura do *Los Angeles Times* durante uma década. As resenhas de filmes escritas por elas mais pareciam resumos de livros escritos por donas de casa matriculadas em cursos noturnos sobre literatura contemporânea norte-americana.

Nessa época eu só me importava com a opinião e a personalidade dos críticos, nunca julgava a qualidade dos textos deles — *exceto* por Sheila Benson.

---

* Na verdade, Charles Champlin não era crítico de cinema, era ensaísta. E os ensaios sobre cinema que ele escreveu são muito bons. Entretanto, quando lhe ofereceram o posto de crítico titular no *Times*, ele não conseguiu recusar a oferta, ainda que provavelmente soubesse que não era a pessoa certa para o cargo.

Eu e minha primeira namorada, Grace Lovelace (ambos devotos de Pauline Kael), costumávamos citar trechos de resenhas de Sheila Benson para provocar sorrisos de escárnio um no outro. Em jantares nos anos 1990, Manohla Dargis e John Powers, colegas dela de crítica cinematográfica, costumavam arrancar gargalhadas das pessoas à mesa ao tirar sarro do estilo de escrita de Benson.

Não que ela não tivesse um eleitorado. Para ser justo, de uma maneira muito estranha, Sheila Benson era uma voz bastante apropriada para os filmes de estúdio de Hollywood no fim dos malditos anos 1980. Os filmes meia-boca que fizeram sucesso nessa época caíam como uma luva para o estilo dela. *O reencontro, Entre dois amores, Gente como a gente, Quando os jovens se tornam adultos, Gandhi, Conta comigo* — era esse tipo de filme que satisfazia o gosto insosso de Benson.

O problema era seu posto de crítica titular. Se ela escrevesse para qualquer outro veículo que não a porra do *Los Angeles Times*, poderia ter sido uma crítica perfeitamente aceitável. Se Benson, com uma mentalidade de associação de pais e professores, tivesse assinado a seção de cinema da revista *McCall's* (a *Redbook* tinha uma também?), ela e seus leitores teriam encontrado um lar doce lar. Pauline Kael foi demitida da *McCall's* pelas opiniões dela. Benson teria sido imensamente amada pelos leitores.

Nos anos 1990, Benson deu adeus e foi substituída por Kenny Turan. Comparado a Champlin, que poderia muito bem ter trabalhado no departamento de marketing de algum estúdio, e Benson, que era simplesmente inadequada para o cargo, Kenny Turan era um crítico *de verdade*, mas não um crítico de verdade que você realmente quisesse ler.

É preciso destacar que, ao longo de toda a minha carreira, e no jornal da minha própria cidade, Kenny se apresentou como minha nêmesis. Ele não foi o único crítico a fazer uma resenha negativa de *Pulp Fiction*, mas a resenha dele não era apenas uma pancada num filme do qual não havia gostado — tinha toda uma intenção por trás: contrastar com as raríssimas resenhas entusiasmadas de Todd McCarthy e Janet Maslin na *Variety* e no *The New York Times*, respectivamente.

Achei que talvez pudesse conquistá-lo com *Jackie Brown*, mas não tive sucesso.

Então, pelos anos seguintes, Kenny resolveu me usar como exemplo negativo de tudo que estava errado no cinema contemporâneo em todos os artigos que escrevia. Num deles, sobre *Meu ódio será sua herança*, de Peckinpah, ele não se contentou em apenas me atropelar: ele deu a volta no quarteirão para me atropelar. A animosidade de Turan em relação a meu trabalho persistiu durante toda a minha carreira. A tal ponto que, quando ele finalmente teve uma reação positiva a meu filme *Era uma vez... em Hollywood*, sentiu-se obrigado a explicar aos leitores quanto havia desprezado minha obra no passado (muito embora àquela altura eu fosse o único prestando atenção). Quando se desenvolve um antagonismo com um crítico por tanto tempo, uma estranha conexão pessoal acaba se formando.

Nas poucas vezes que nos encontramos num evento, compartilhamos um momento profissional de rejeição mútua que beirava a intimidade.

Contudo, por todo esse tempo — durante o reinado de Champlin, de Benson e de Turan —, quem sempre ocupou a posição de crítico adjunto no *Los Angeles Times* foi Kevin Thomas.

O trabalho de Kevin como crítico adjunto era ver todos os lançamentos dos grandes estúdios que os críticos titulares não conseguiam ver. E também todos os filmes de arte e independentes. E também todos os filmes estrangeiros que eram exibidos em Los Angeles. Um trabalho que, de meados até o fim dos anos 1970, época de Lina Wertmüller, Claude Lelouch, Giancarlo Giannini e Laura Antonelli, era muito legal. A primeira vez que muitos de nós, residentes de Los Angeles, lemos sobre Wertmüller, Fassbinder e Oshima foi nas colunas de Kevin Thomas. Além de tornar filmes estrangeiros mais palatáveis para os frequentadores comuns de cinema em L.A., a outra grande função de Kevin Thomas era resenhar para o *Los Angeles Times* a maioria dos filmes de exploitation em exibição na cidade.

E, no que diz respeito a essas duas funções, ninguém no país fazia isso melhor que ele.

Assim, a primeira vez que li sobre Russ Meyer, Jess Franco e Dario Argento foi nas colunas de Kevin Thomas. Na maioria dos jornais diários, as resenhas dos filmes de exploitation geralmente não eram escritas nem pelo crítico titular nem pelo adjunto, mas por algum subalterno da redação, e muitas vezes como se fosse uma espécie de castigo. E não era raro que os textos tivessem um tom de desforra contra os filmes (eles não estavam putos por terem que escrever aquelas resenhas, mas, antes de tudo, por terem que assistir aos filmes). Não era dessa maneira que Kevin Thomas exercia a profissão ou conduzia a estética. Ele sempre abordava qualquer filme lançado pela American-International Pictures — ou pela New World Pictures, ou pela Crown International Pictures, ou pela Cannon Pictures, ou pela Empire Pictures — de peito aberto, com otimismo e uma boa dose de respeito.

Roger Corman recebeu (merecidamente) muito crédito por ter catapultado uma série de jovens cineastas de seus filmes de drive-in direto para os grandes estúdios de cinema.

Se ele merece o crédito por ter descoberto esses diretores? É claro que sim. No entanto, o que realmente facilitava a ascensão desses diretores para os grandes estúdios era o fato de receberem ou não uma crítica positiva de Kevin Thomas no *Los Angeles Times*. O *Los Angeles Times* era o jornal que a maioria dos agentes e executivos dos estúdios lia. E, quando Thomas fazia um comentário positivo sobre um dos filmes de Jonathan Demme para Corman, ou de Joe Rubin para a Crown International, ou de Sam Firstenberg para a Cannon Pictures, ou de Stuart Gordon para a Empire, ou o *Grito de horror*, de Joe Dante, ou *Alligator: O jacaré gigante*, de Lewis Teague, ou *Massacre brutal*, de Michael Laughlin, ou *Delírios mortais*, de John McTierman, a indústria ficava sabendo.

Digamos que você fosse um agente júnior na William Morris tentando aumentar sua cartela de clientes, ou um executivo júnior da Warner Bros. tentando emplacar um jovem talento do qual os executivos graúdos nunca tinham ouvido falar. Quando você abria o *Los Angeles Times* de manhã e lia Kevin Thomas elogiando um cineasta ou ator em algum filme de exploitation que havia acabado de chegar à cidade, você prestava atenção.

Então, se Thomas dissesse que *Celas em chamas* era um bom filme, você iria atrás de uma cópia e assistiria na sala de projeção da sua empresa. Se concordasse com ele, contrataria Jonathan Demme ou sugeriria o nome dele na próxima reunião sobre os filmes que o estúdio estava pensando em produzir.

E quando seu chefe perguntasse "Mas quem diabos é Jonathan Demme?", você diria: "O último filme dele foi muito elogiado no *Los Angeles Times*."

Era assim que esses diretores chegavam aos grandes estúdios. O status de Corman como uma espécie de curador da segunda divisão do cinema — enquanto os grandes estúdios seriam a primeira — evaporou assim que ele vendeu a New World Pictures e abriu uma nova empresa nos anos 1980, a Concorde-New Horizons. Isso aconteceu mais cedo com ele do que com os outros porque Corman interpretou bem os sinais da época e entendeu que, para o tipo de filmes que ele produzia, a exibição em salas de cinema estava se tornando algo do passado. O verdadeiro mercado para esses filmes era o VHS. Então, ao contrário do que acontecia antes, quando a bilheteria era a principal preocupação dos executivos (seguida de perto por uma eventual venda para a televisão), a exibição nas salas de cinema passou a ser uma mera obrigação contratual, apenas para que a propaganda do filme pudesse dizer "Direto das telas do cinema". Em Los Angeles, isso geralmente significava uma sessão num horário ruim no Egyptian 3 (uma sala do tamanho de uma caixa de sapatos com uma tela minúscula num anexo do histórico Egyptian Theatre, no Hollywood Boulevard) ou no Lakewood One & Two.*

---

* O Lakewood One & Two era um cinema da rede Pussycat Theatre que exibia entretenimento adulto explícito. Todavia, para a inconveniência de todos, o cinema pornô estava localizado bem em frente a uma escola primária, do outro lado da rua. De modo que a comunidade fez diversos esforços para fechá-lo. O caso foi parar nos tribunais, nas mãos de um juiz favorável aos apelos da comunidade. Contudo, a rede Pussycat Theatre (de propriedade de um sujeito chamado Vincent Miranda) era uma empresa sólida com sede em Los Angeles que havia feito, de

No entanto, como os novos produtos de Corman dispensavam a fase de exibição no cinema e iam direto para VHS, eles também dispensavam a oportunidade de ser resenhados pela imprensa local. De modo que, sem Kevin Thomas para atuar como caçador de talentos, salvo raríssimas exceções (Carl Franklin e Louis Llosa), a conexão de Corman com os grandes estúdios foi interrompida.

Kevin Thomas escreveu sobre filmes de exploitation da mesma forma que um devoto colunista de esportes teria escrito sobre um bom time colegial: procurando aquele jogador que talvez tivesse o talento e o potencial para atingir um patamar mais elevado. Então, quando esse jogador chegasse à liga universitária, continuaria a acompanhá-lo, e escreveria sobre ele ter concretizado ou não esse potencial. E depois disso o seguiria nas ligas profissionais, desde as inferiores até a primeira divisão. Sempre do lado de fora do campo, torcendo por ele. Quando Jonathan Demme finalmente dirigiu *Nas ondas do rádio*, para a Paramount Studios, seu primeiro filme depois de sair de baixo das asas de Roger Corman, Thomas elogiou a produção: "O mais gratificante de tudo é que o filme marca a evolução de Demme, um dos mais talentosos jovens diretores de Hollywood, oriundo das fileiras do cinema exploitation, no qual aprendeu muito com Roger Corman, parceria que gerou um clássico do gênero, *Celas em chamas*."

Se Kevin Thomas fosse uma mulher, seria fácil argumentar que sua posição como crítico adjunto do *Los Angeles Times* por tanto tempo

---

forma muito perspicaz, diversas contribuições políticas ao condado de Los Angeles. Todo panfleto da Pussycat Theatre trazia uma foto de Vincent Miranda apertando a mão de Tom Bradley, prefeito de Los Angeles. De modo que o juiz chegou a uma solução que teria deixado Salomão orgulhoso. Como o cinema tinha duas salas, uma delas poderia continuar exibindo conteúdo adulto. A outra, porém, teria que exibir material não pornográfico. No começo, houve um esforço genuíno da empresa para fazer a segunda sala dar certo. Primeiro, eles tentaram exibir filmes estrangeiros (*Esposamante, Pão e chocolate, A divina criatura, À meia-noite, A ronda do prazer*), e, quando isso não deu certo, tentaram transformá-la numa sala dedicada aos clássicos do cinema. Então, lado a lado com o novo pornô estrelado por Jennifer Welles ou Seka, podíamos ver *O falcão maltês* ou *Cidadão Kane*. E, quando isso também não deu certo, a empresa parou de se preocupar com o que a sala 2 exibia, contanto que a sala 1 pudesse continuar funcionando. Assim, ela logo se converteu num espaço em que os distribuidores da cidade podiam desovar seus filmes para cumprir questões contratuais.

foi uma forma de misoginia. No caso dele, porém, acho que os editores sabiam que não havia ninguém no mercado capaz de ocupar o lugar com metade da competência que ele tinha.

Havia alguns pontos nos quais eu e Kevin discordávamos. Ele tinha uma verdadeira repulsa pela violência de natureza cruel. Não se incomodava com a violência explícita quando ela aparecia no contexto de uma trama complexa como *Despertar dos mortos*, de George A. Romero, ou *No limiar do ódio*, de Richard Compton. Um dos meus filmes favoritos dos anos 1970 é *A outra face da violência*, de John Flynn, e, anos depois, quando procurei a resenha de Thomas sobre o filme na Biblioteca Pública de Torrance, fiquei chocado com o parágrafo de abertura.

"No meio da sessão de pré-estreia para a imprensa de *A outra face da violência*, alguém gritou: 'Pelo menos não é chato.' E, para ser justo, não é mesmo. Apesar disso, é um dos títulos de exploitation mais revoltantes que vi nos últimos tempos."

Porra, Kevin!

E ele não parou por aí.

"Agora, o que precisa ser dito sobre *A outra face da violência* é que não se trata apenas de mais uma dessas porcarias malfeitas — muito embora eu lhes garanta que ele é mesmo uma porcaria. O filme foi muito bem dirigido por John Flynn e tem uma fotografia maravilhosa de Jordan Cronenweth. [...] *A outra face da violência* é uma espécie de epítome do calculismo insolente. O dilema do prisioneiro de guerra que retorna para casa é retratado de maneira muito perspicaz e convincente, mas serve apenas para preparar o território para a carnificina que virá depois."

Então, ele encerra a resenha:

"É claro que podemos argumentar que [William] Devane está apenas colhendo o que plantou no Vietnã, mas seria necessário um filme muito menos raso do que este para fazer uma verdadeira relação entre a violência que os Estados Unidos promovem no exterior e a que existe em seu território."

Obviamente, discordo disso. Entretanto, se eu *tivesse lido* essa resenha na época, a ênfase dada à intensa carnificina do filme teria me deixado louco para assisti-lo.

Assim, quando o menino de ouro de Thomas, Jonathan Demme, fez um filme de vingança para Corman, *Pelos meus direitos* (com Peter Fonda), ele também lhe passou uma reprimenda. Logo de cara, a resenha diz: "Em *Pelos meus direitos*, Jonathan Demme, um dos mais promissores jovens diretores do gênero exploitation, deixou que a violência superasse as ideias a tal ponto que o filme acaba sendo uma decepção, pouco mais do que um aceno explícito ao público de mentalidade selvagem."

Na minha opinião, o clímax de *Pelos meus direitos* não é violento *o suficiente*.

Será que meu gosto para o cinema é mais *sanguinário* que o de Kevin Thomas? Sem dúvida (estou tentando não levar essa alfinetada sobre "mentalidade selvagem" para o lado pessoal).

De todo modo, o que para uma pessoa é uma decepção...

A resenha de Thomas da qual eu mais discordei, no entanto — depois da que ele escreveu sobre *A outra face da violência* —, foi a de *Halloween: A noite do terror*, de John Carpenter.

"Ainda que a trama de Carpenter e da produtora Debra Hill tenha um monte de furos, Carpenter conta com os recursos da câmera para driblá-los com facilidade. Além disso, os papéis das vítimas foram muito bem escritos e interpretados. Com talento cinematográfico, Carpenter sabe como incitar medo (em vez de suspense) e como nos fazer sentir como voyeurs (o que transforma o filme numa completa decepção, mais ou menos a partir da metade). Dito isso, qual o sentido de todo aquele terror com os assassinatos encenados com altíssimo grau de realismo? Tendo como cenário uma cidadezinha norte-americana escondida em meio às árvores, *Halloween* já teria grande força metafórica nos tempos inseguros em que vivemos. Mas, como não oferece nada além disso, ele acaba se tornando apenas mais um item numa lista aparentemente interminável de filmes que apenas exacerbam nossa crescente paranoia — e o que há de bom nisso?"

É quase engraçado ler, em retrospecto, o lamento de Thomas sobre "uma lista aparentemente interminável de filmes que apenas exacerbam nossa crescente paranoia" sabendo da onda de filmes slasher que viria em seguida — e que devem a existência precisamente a *Halloween*. Mais uma vez, porém, mesmo uma resenha negativa de Kevin Thomas parece uma resenha positiva até chegarmos ao ponto em que ele se sente ofendido do ponto de vista psicológico. Assim como na resenha de *A outra face da violência*, independentemente do produto, o talento do cineasta sempre é reconhecido, elogiado e destacado. E, além disso, todo mundo (sobretudo um crítico de cinema) tem direito à própria opinião, e se uma pessoa não gostou de *Halloween* e achou o filme uma decepção, que seja. No entanto, seria interessante descobrir se Thomas teria mudado de ideia caso tivesse assistido a *Halloween* não em uma sala de exibição praticamente vazia, mas num cinema lotado de adolescentes assobiando, urrando, gritando, rindo e, basicamente, tendo o melhor dia das respectivas vidas, como aconteceu com a maioria de nós quando o filme de Carpenter estreou.

Também houve momentos — e isso *jamais* aconteceu com os colegas dele — em que senti que Thomas *superestimou* um filme de exploitation. Isso aconteceu quando comprei ingresso para assistir a *Dançando na TV* — um dos primeiros filmes de Sarah Jessica Parker, do qual não gostei nem um pouco — depois de ler uma resenha entusiasmada de Thomas. O mesmo se deu com o péssimo filme sul-africano de artes marciais *Matar ou morrer 2*, uma continuação do igualmente ruim *Mate ou morra*, que fui ver e achei tão horrível que deixei o cinema passados apenas quarenta minutos (faço isso de tempos em tempos, mas não é algo muito corriqueiro). Depois de ler a crítica muito bem escrita de Kevin na qual elogiava a continuação, resolvi dar uma chance, achando que seria diferente do pavoroso original — mas não era.

Era tão ruim quanto (um amigo, Craig Hammon, descreveu os filmes como "kung fu vestido em jeans de marca", devido às calças Sergio Valente que o protagonista James Ryan usou do começo ao fim da película). Depois de vinte minutos, fui embora deste também. Mas nunca me ressenti do entusiasmo de Kevin Thomas.

Ele me fez desperdiçar dinheiro?

Sim, mas não vou fingir que algum dia me importei com isso.

Eu gostava tanto de Thomas que fiquei feliz por pelo menos *ele* ter se divertido com os filmes. Uma das coisas que eu adorava nos seus textos era quando ele chamava a atenção para algum momento de ternura vindo de uma fonte improvável. Na resenha da bobinha e esquecível comédia *Amores eletrônicos*, Thomas observa que o casal de protagonistas do filme, Lenny von Dohlen e Virginia Madsen, era menos interessante do que Bud Cort, que dava voz ao computador Edgard, o qual adquire uma consciência repentina no filme e sobre o qual escreveu: "Bud Cort nos faz recordar de como eram as melhores atuações na era do rádio." Contudo, em seguida, ele destaca a cena em que os dois protagonistas finalmente obtêm sua atenção.

"Von Dohlen e Madsen nos conquistam pra valer — e um ao outro — quando ele a consola após a perda do amado violoncelo, esmagado pelas portas de um elevador. Para confortá-la, ele ressalta que o que realmente importa, e não se perdeu, é o que está dentro dela — e que o violoncelo, no fim das contas, é apenas um instrumento."

De modo geral, quando alguém finalmente assiste ao filme, esses momentos não parecem tão impactantes quanto a descrição que Thomas faz deles. Ainda assim, sabemos o que eles significam, e reconhecemos os esforços dele em fazer uma bobagem como *Amores eletrônicos* parecer minimamente decente.

Uma das resenhas de Kevin Thomas de que eu mais gostei foi a que ele escreveu sobre *Supervixens*, de Russ Meyer.

Além de Demme e Romero, Thomas era um defensor ferrenho de Meyer, tendo inclusive atuado como mestre de cerimônias num festival de filmes do diretor realizado em Los Angeles, quando o apresentou como "o único cineasta além de Alfred Hitchcock cujo nome acima do título do filme significa alguma coisa".

"Logo nos primeiros minutos, *Supervixens* já se revela um clássico de Russ Meyer, uma hilária e tempestuosa combinação de ação em alta voltagem com gatinhas peitudas. No entanto, de uma forma um tanto quanto abrupta, Meyer, o verdadeiro Rei da Nudez, congela o sorriso em nosso rosto com uma sequência muito bem encenada e verdadeiramente chocante que, ao fazer uma conexão direta entre sexo e violência, é, de fato, uma das representações mais ardorosas da batalha dos sexos jamais filmada. SuperAngel (Shari Eubank), a incrivelmente voluptuosa, insaciável e mimada esposa de um pacato frentista (Charlie Pitts), começa a provocar um xerife corrupto com pinta de machão (o vigoroso prognata Charles Napier) por causa da impotência dele. Quanto mais ela o provoca, mais desperta nele um traço sádico — e nela própria, um traço masoquista —, de modo que a tensão que vai crescendo entre os dois precisa, inevitavelmente, ser resolvida ou numa orgia de sexo ou de violência. Em meio ao crescente suspense, enquanto as duas alternativas parecem igualmente possíveis, e antes que SuperAngel enfim ultrapasse todos os limites, conseguimos enxergar muito bem quanto ambos estão tragicamente presos a seus estereótipos sexuais: da gostosona SuperAngel espera-se que ela exija nada menos do que a perfeição de seus amantes; do xerife machão, que ele seja o epítome da virilidade. De todo modo, ela o deixa tão furioso que acaba sendo pisoteada e depois eletrocutada na própria banheira. Muito embora aconteça de forma tão frenética quanto a famosa cena do chuveiro em *Psicose*, a sequência é macabra demais para não cobrar um preço. Tão chocante e visceral em seu impacto que é impossível — a menos que você seja muito desumano ou insensível — rir sinceramente das subsequentes aventuras vividas por Pitts, então convertido em fugitivo e principal suspeito pelo assassinato brutal da esposa. Ao mesmo tempo, Meyer se revela aqui mais sério do que nunca. Em *Supervixens*, o pioneiro e velho mestre na arte de traduzir as fantasias sexuais dos homens norte-americanos para as telas do cinema reflete sobre as reverberações da liberação sexual das mulheres. Diante de nossos olhos, os sonhos com deusas do sexo se transformam em pesadelos. De fato, SuperAngel é tão poderosa que reencarna como Supervixen, tão boa agora quanto era má no passado. Com ela, Pitts encontra a verdadeira felicidade idílica — até que o xerife reaparece para uma derradeira batalha com o casal.

"Um operário do surrealismo, Meyer usa a câmera de maneira tão expressiva e rigorosa quanto Hitchcock ou Antonioni. Em suas talentosas mãos, um vasto deserto — praticamente todo o cenário de *Supervixens* — se converte numa paisagem moral. Nesse filme, é como se ele explorasse, como nunca antes, e de forma muito profunda, o lado sombrio de seus mitos eróticos. Trata-se de *Supervixens*, e não de *O dia do gafanhoto*, que é genuinamente apocalíptico."

Depois de ler a descrição da cena do assassinato na banheira, pensei: *Preciso ver isso!* E, de fato, a cena entre Charles Napier e Shari Eubank é uma das melhores sequências de violência no cinema dos anos 1970 — seguida de perto pelo clímax de *Sob o domínio do medo* e pelo estupro em *Amargo pesadelo* — e a única que rivaliza à altura com a cena do chuveiro de Hitchcock em *Psicose*.*

Se a potência dessa cena "congelou o sorriso em meu rosto", como aconteceu com Kevin? Não. Pelo menos não pelo mesmo motivo descrito por ele. Na verdade, a cena *de fato* representa uma guinada brusca, isso porque não há nenhuma outra coisa capaz de competir com a força dela no filme. Além disso, assim como em vários dos filmes de Meyer dos anos 1970, o ato final se dissolve numa aura meio paspalhona da qual não sou muito fã. Mas e daí? A cena entre Napier e Eubank é *muito foda*, tão sensacional que, se você saísse do cinema exatamente depois de vê-la, ainda assim teria recebido *mais* pelo que pagou em termos de entretenimento. Pensei em escrever sobre *Supervixens* neste livro, mas sabia que jamais conseguiria alcançar a mesma verve e superar os insights que Thomas teve ao escrever sobre o filme.

Além disso, incluí a resenha dele praticamente na íntegra não só por ser um dos textos de Kevin que mais me agradam, mas também por ser um *clássico* de Kevin. *Supervixens* é um filme bem bom, mas não *tão bom assim*.

Aquela cena é incrível, mas o resto do filme... nem tanto.

---

* Gary Goetzman me disse que foi a performance de Charles Napier nessa cena incrível que levou Jonathan Demme a escalá-lo para seu primeiro papel num filme de primeira linha, *Nas ondas do rádio*.

Com grande frequência, os filmes pelos quais Kevin ficava louco não faziam jus às palavras que ele escrevia. *Celas em chamas* é um bom filme, mas não tão bom quanto ele disse que era.

Adoro *No limiar do ódio*, mas ele não é tão potente quanto Kevin sugere ser (e a performance de Max Baer Jr. não é, nem de longe, tão boa quanto ele diz ser).

Será que Thomas estava escrevendo sobre o que ele *gostaria* que os filmes fossem? Talvez. Bem, eu fiz isso durante os terríveis anos 1980, do contrário nunca teria gostado de absolutamente nada. Mas, vez por outra, quando líamos uma resenha de Kevin antes de assistir a um filme, as qualidades que ele atribuía à obra geralmente acabavam aparecendo, graças ao poder da sugestão. Existe uma certa profundidade em *Celas em chamas* que só conseguimos detectar caso assistamos ao filme depois de ter lido a resenha de Kevin — pois, de outro modo, ela simplesmente não está lá. E, embora *Supervixens* seja mais espetacular e não precise tanto assim da ajuda de Thomas, isso também vale para ele (permitam-me ficar um pouco empolgado com uma época em que o *Los Angeles Times* era capaz de aplaudir "o rei das fantasias sexuais masculinas" por "explorar o lado sombrio de seus mitos eróticos").

Cito a seguir alguns trechos das resenhas de Kevin Thomas que mais me agradaram sobre alguns de meus filmes preferidos do cinema exploitation dos anos 1970:

Corrida da morte: Ano 2000

Um ótimo filme do gênero exploitation que não apenas superou o similar *Rollerball: Os gladiadores do futuro* nas bilheterias, como também acabou se provando a mais coerente e pertinente entre as duas obras, embora feita com muito menos dinheiro e em muito menos tempo.

The Pom Pom Girls

Não surpreende que *The Pom Pom Girls* esteja estabelecendo recordes de bilheteria para a Crown International em várias cidades. [...] Trata-se de uma história sensual, animada e repleta de ação sobre a vida de alunos do ensino médio que mostra perfeitamente como a maioria dos adolescentes adoraria que fosse a vida de cada um deles. [...]

Joseph Ruben, o talentoso e jovem diretor, produtor e roteirista, respeita todas as regras ao projetar essa fantasia pós-adolescente. Em seu filme, os jovens promovem o caos, mas não são maldosos, desumanos ou destrutivos. Ainda que sejam veementemente anti-intelectuais, trata-se de um grupo bastante agradável, com uma certa profundidade — e, mais importante que isso, uma certa vulnerabilidade. Por esse motivo — e por ter um farto senso de humor —, *The Pom Pom Girls* funciona como uma evocação do tipo de liberdade que é simbolizado pela juventude, mas da qual praticamente ninguém, hoje ou no passado, realmente consegue usufruir.

Os lordes de Flatbush

Com uma percepção pungente, *Os lordes de Flatbush* sugere que crescer nos anos 1950 era praticamente a mesma coisa no Brooklyn, em San Rafael ou em Modesto (*Loucuras de verão*), ou até mesmo numa cidadezinha decadente no Texas (*A última sessão de cinema*).

Em cada um desses exemplos, o que vemos são alunos do ensino médio lutando contra o tédio e o conflito entre as frustrações sexuais e um código moral hipócrita e arbitrário. [...]

O fato de *Os lordes de Flatbush* ter sido filmado em 16 mm (por 380 mil dólares) e depois ampliado para 35 mm serve apenas para salientar a crueza do conceito de realismo que ele tem. Mais próximo em espírito de *Caminhos perigosos* — ainda que não tão pessimista — que de *Loucuras de verão*, trata-se de um filme tremendamente nova-iorquino, com uma ênfase maior na caracterização e nos diálogos do que no estilo visual. [...] Seus criadores claramente conhecem muito bem os personagens e se importam profundamente com eles, para nos convidarem a compartilhar seus sentimentos. Um filme de observações agudas e nuances reveladoras, *Os lordes de Flatbush* está repleto de cenas devastadoras.

Hollywood Boulevard
Desde pelo menos *Cinemaníaco* (1924), Hollywood vem apontando as câmeras para si mesma, geralmente com intenções satíricas e, com frequência, selvagens.

Nunca houve, no entanto, nada sequer parecido com *Hollywood Boulevard*, uma escandalosa e hilária paródia do mundo bizarro dos bastidores dos filmes de exploitation de baixo orçamento. E que produtora seria melhor para rodar um filme como este do que a New World Pictures de Roger Corman?

Não há dúvida de que a New World conhece bem demais seu público para tentar fazer algo que se pareça com um vislumbre real da existência caótica — e não raro desumana e desesperada — dos jovens talentos que procuram um lugar ao sol. Em vez disso, o filme pinta um cenário bastante vago, assegurando-se de que haja muita ação frenética e nudez da cintura para cima a fim de satisfazer precisamente os fãs dos filmes dos quais tira um sarro. Ao mesmo tempo, ele é suficientemente criativo e inteligente para agradar até mesmo aos mais rigorosos fãs de cinema.

Malibu High
O título *Malibu High* sugere uma comédia romântica de verão repleta de areia, surfe e biquínis.

No entanto, na verdade, o filme é tudo menos isso. Ele conta a história de uma garota de 18 anos (Jill Lansing, uma jovem atriz com pouca experiência, mas muita intensidade) que odeia não só a escola (que está prestes a abandonar), mas também a mãe reclamona, a quem culpa pelo suicídio do pai. Quando o namorado (Stuart Taylor) a troca por uma garota rica, é a última gota. Por vingança, ela decide seduzir os professores para que lhe deem notas boas, vira prostituta para conseguir bancar os luxos que deseja e descobre um grande prazer em matar pessoas.

Tudo isso é tão sórdido quanto parece, mas, seja acidental, seja intencionalmente, o diretor Irv Berwick e os roteiristas John Buckley e Tom Singer se identificam tanto com a heroína, que o filme acaba se tornando um estudo surpreendentemente empático sobre obsessão.

Eles nunca tiram sarro do absurdo da determinação dela em se formar no colégio, por uma questão de puro orgulho, nem satirizam a completa ingenuidade que ela mostra ao se tornar um joguete na mão de um cafetão do submundo (Garth Howard), que a faz matar por ele, embora a trate com inabaláveis — e aparentemente genuínos — carinho e respeito.

A garota nos faz lembrar da enfermeira frustrada do clássico (dos filmes B) *Lua de mel de assassinos*, que jamais teria sido morta se não tivesse se apaixonado por um gigolô asqueroso, e a reação extrema ao ser rejeitada por Taylor nos remete à igualmente obsessiva Adèle H., de Truffaut.

Produzido por Lawrence D. Foldes, que, aos 18 anos, alega ser o mais jovem produtor de Hollywood — e provavelmente é mesmo —, *Malibu High* tem muitos momentos estranhos e crus, mas, ao mesmo tempo, é tão estranhamente cativante que não pode ser desprezado como o lixo que à primeira vista parece ser. A história dessa garota pode parecer tremendamente improvável, mas sua derrocada moral é persuasiva; nesse sentido, ela não é tão diferente da Lulu de Louise Brooks em *A caixa de Pandora*. *Malibu High* é uma joia sórdida e imoral que será mais bem apreciada pelos verdadeiros cinéfilos.

Quando li essa resenha de *Malibu High*, saí correndo para ver o filme, naquela noite mesmo. E Thomas estava mais do que certo. Por mais vagabundo e vulgar que fosse, aquele filminho tinha uma potência inquestionável. E a atriz principal, Jill Lansing (que nunca mais apareceu em filme algum), ia ficando cada vez melhor à medida que o filme avançava, até que, na parte final, quando ela está de pé, nua, diante do corpo de uma de suas vítimas, põe tudo a perder com uma atuação lamentável, comparável à de Georgina Spelvin em *O diabo na carne de Miss Jones*.

Uma resenha escrita por Kevin Thomas em 1980, que li quando tinha 18 anos, acabaria tendo um impacto significativo na minha obra cinematográfica dezessete anos depois. Era a resenha de *Alligator: O jacaré gigante*, uma imitação de *Tubarão* dirigida por Lewis Teague e roteirizada por John Sayles.

Na época, Sayles tinha acabado de estrear na direção com um filme independente e de baixo orçamento chamado *O retorno dos sete amigos*, que, ao contrário dos que ele era pago para fazer, não se tratava de um filme de gênero. Na verdade, era a história da reunião de um grupo de radicais dos anos 1960, ex-colegas de colégio, que antecipava *O reencontro*, de Lawrence Kasdan. Na resenha do filme sobre o jacaré gigante, ao qual se refere como "bem-feito e muito divertido", Kevin focou nas atuações de Robert Forster e Robin Riker, que, segundo ele, "estão muito agradáveis e descontraídas sob a direção de Teague". Apesar disso, em seguida, ele escreveu a frase que ficaria na minha mente por todos esses anos.

"Existe uma naturalidade e uma leveza em Forster e Riker que os fazem parecer um dos casais de *O retorno dos sete amigos*."

Agora que as pessoas mal se lembram da existência de *O retorno dos sete amigos*, essa frase talvez nem pareça grande coisa, mas, no ano em que foi escrita, *O retorno dos sete amigos* era um queridinho da crítica. E insinuar que os personagens genéricos de uma imitação de *Tubarão* sobre um jacaré gigante tinham a mesma verossimilhança encontrada no sucesso do cinema independente da temporada era, no mínimo, bastante ousado.

Vi *Alligator* três vezes naquele ano (uma delas numa sessão tripla, com *A outra face da violência* e um filme canadense de caminhoneiro chamado *A estrada do medo*, com Peter Fonda e Jerry Reed), e concordei totalmente com Kevin Thomas a respeito do magnetismo de Forster e Riker. Tanto que, no fim daquele ano, quando fiz minha lista dos dez melhores filmes da temporada e distribuí meus prêmios individuais (de melhor atriz, ator e diretor), Robert Forster foi o meu escolhido no quesito atuação masculina (Robert De Niro, em *Touro indomável*, ficou em segundo lugar).

Quinze anos depois, eu estava escrevendo minha adaptação para *Rum Punch*, de Elmore Leonard (que rebatizei de *Jackie Brown*), e precisava escolher o intérprete do carismático protagonista masculino, o agente de fiança Max Cherry. Eu tinha algumas opções. Gene Hackman seria a escolha mais óbvia, assim como Paul Newman. Também cheguei a cogitar o nome de John Saxon, mas Forster, em *Alligator*, tinha alguma coisa que havia ficado na minha cabeça. Vi o filme de novo e senti que aquele personagem de *Alligator* poderia *ser* Max Cherry, só que quinze anos antes. Então, comecei a escrever o roteiro como se fosse ele mesmo, desde a discussão com Jackie sobre o cabelo dela, que estava caindo. Eu teria feito isso se Kevin Thomas não tivesse falado tão bem de Forster na resenha?

Não.

No fim das contas, o que fez de Kevin Thomas tão especial no mundo da crítica de cinema dos anos 1970 e 1980 foi o fato de ele parecer um dos poucos no ramo que realmente gostavam daquele trabalho — e, consequentemente, da própria vida. Adorei crescer lendo as críticas dele, e o via quase como um amigo.

Em 1994, ganhei um prêmio por *Pulp Fiction* da Associação de Críticos de Cinema de Los Angeles. Quando subi ao palco e olhei para a plateia de críticos da cidade, a primeira coisa que eu disse foi: "Poxa, obrigado. Agora eu finalmente sei como é a cara do Kevin Thomas."

A nova Hollywood nos anos 1970

Cineastas antissistema pós-anos 1960 *versus movie brats*

Na análise histórica que fez da Nova Hollywood nos anos 1970, *Easy Riders, Raging Bulls*, Peter Biskind conta uma história sobre um jantar de Dennis Hopper — logo após o grande sucesso em *Sem destino* — com Peter Bogdanovich, a esposa dele, Polly Platt, e o lendário diretor da Velha Hollywood George Cukor.

Durante o jantar, Hopper, ao que parece, fez uma brincadeira com a geração do veterano, quando disse: "Nós vamos enterrar vocês" — *nós* queria dizer Dennis e seus colegas antissistema e *vocês*, Cukor e o restante dos velhotes rabugentos que ainda faziam filmes no fim da década de 1960. Bogdanovich e Platt ficaram horrorizados ao verem aquele grande mestre do passado, cuja obra reverenciavam, ser tratado com tão escandalosa falta de respeito. "Odiei Dennis por ter feito aquilo", diria Peter para mim décadas depois. E, se a história realmente aconteceu como foi contada, Hopper merecia ter levado um soco na fuça.

De qualquer modo, ela ilustra bem a maneira como a Hollywood Hippie de Dennis tratava a Velha Hollywood, que começava a abrir passagem para uma Nova Hollywood, cheia de cineastas com uma perspectiva antissistema. Para eles, John Ford, John Wayne e Howard Hawks eram o sistema. Charlton Heston era o sistema. Julie Andrews, Blake Edwards e Rock Hudson eram o sistema. E, como *Minha bela dama* definitivamente era o sistema, George Cukor também era.

Esses novos cineastas tinham acabado de operar uma revolução bem-sucedida. A era dos filmes baseados em antigos musicais da Broadway (*A noviça rebelde, Minha bela dama, Alô, Dolly!*) havia finalmente acabado (muitos cineastas contemporâneos mal podem esperar pelo dia em que será possível dizer o mesmo dos filmes de super-heróis). O Código Hays estava morto e, em seu lugar, havia surgido o sistema de classificações indicativas.

Agora era possível fazer filmes sobre (praticamente) qualquer tema sem precisar adequar o material a nada. Os joguinhos que Hitchcock havia sido obrigado a utilizar para tratar de questões ligadas à sexualidade estavam se tornando coisa do passado. E, se você tivesse sucesso na empreitada — graças à classificação indicativa —, o distribuidor poderia lançar seu filme no país inteiro sem que um xerife caipira de algum cafundó alegasse alguma infração às leis locais de obscenidade.

Esses novos cineastas estavam tão tristes em ver o antigo sistema dos estúdios ruindo quanto os revolucionários franceses ao verem Maria Antonieta deixando Versalhes.

Para deixar bem claro, os cineastas antissistema pós-anos 1960 eram: Robert Altman, Bob Rafelson, Hal Ashby, Paul Mazursky, Arthur Penn, Sam Peckinpah, Frank Perry, Michael Ritchie, William Friedkin, Richard Rush, John Cassavetes e Jerry Schatzberg.

Outros nomes fortes desse grupo, embora menos prolíficos, eram Floyd Mutrux, Alan Arkin, Ossie Davis, Paul Williams (não o diminuto compositor), James Frawley, Francis Ford Coppola (na época), Stuart Hagmann, Melvin Van Peebles, James Bridges, Brian De Palma (na época), Monte Hellman e Harvey Hart, além, é claro, do trio de *Sem destino*, Dennis Hopper, Peter Fonda e Jack Nicholson. Eles eram os hippies de Hollywood Hills. Os beatniks da praia de Malibu. E foram os diretores estrangeiros dos anos 1950 e 1960 (além de Orson Welles) que os fizeram querer ser cineastas. Assim como foi a contracultura que os fez querer ser artistas.

Após a devastação da Europa e da Ásia durante a Segunda Guerra Mundial, e depois que os países voltaram a fazer filmes, eles descobriram que a plateia passara a ser composta de pessoas muito mais adultas do que antes da guerra. E o cinema internacional foi se tornando cada vez mais adulto conforme os anos 1960 se aproximavam.

Nos Estados Unidos, entretanto, apesar dos esforços de homens como Stanley Kramer e Otto Preminger, os filmes de Hollywood permaneciam teimosamente imaturos e comprometidos com uma ideia de *diversão para toda a família*. No entanto, com a ascensão da contracultura nos anos 1960, a explosão de um movimento de cultura jovem, a nova maturidade introduzida na música popular e a comoção gerada por filmes como *Bonnie & Clyde*, *A primeira noite de um homem* e, acima de tudo, *Sem destino*, uma Nova Hollywood estava sendo gestada. Uma Hollywood voltada para os adultos. Uma Hollywood com uma sensibilidade dos anos 1960 e uma agenda antissistema.

Em 1970, essa Nova Hollywood já *era* Hollywood. E os filmes que não se alinhavam a essa nova sensibilidade — como *A vida íntima de Sherlock Holmes*, de Billy Wilder; *Lili, minha adorável espiã*, de Blake Edwards; *Num dia claro de verão*, de Vincente Minnelli; *Caminhando sob a chuva da primavera*, de Guy Green; *Jogo de paixões*, de George Stevens; *A libertação de L. B. Jones*, de William Wyler; *Topázio*, de Alfred Hitchcock; e *Rio Lobo*, de Howard Hawks — estavam fadados ao fracasso. E, exceto pelos filmes de Edwards e Wilder, eles *realmente* fracassaram (embora eu até consiga defender o *L. B. Jones* de Wyler). Todavia, o comportamento tanto dos críticos mais descolados quanto das plateias da época não era assim tão diferente do comportamento de Dennis Hopper naquele fatídico jantar.

Foda-se George Cukor! Foda-se George Stevens! Foda-se William Wyler! Foda-se Howard Hawks!

Assim como a geração dos *movie brats* que veio depois deles, esses novos cineastas também assistiram a filmes antigos enquanto cresciam. Contudo, ao contrário de Bogdanovich, Spielberg, Scorsese e do grande John Milius, não gostaram muito do que viram. Quando *eles* assistiram aos faroestes de John Ford, ficaram perplexos com a supremacia branca jingoísta que aparecia na tela. Quando assistiram a *Rastros de ódio*, não viram um homem em conflito tentando encontrar um lugar numa sociedade que havia se transformado; o que eles viram foi um filme sobre um filho da puta racista que odiava indígenas e, em última análise, acabou absolvido por uma agradecida comunidade (branca). E um diretor que não apenas aprovava essa absolvição, como também esperava que a plateia fizesse o mesmo.

Eles rejeitaram o final moralista de *Sangue de heróis*, de John Ford, no qual o oficial de cavalaria genocida de Henry Fonda é exaltado em sua morte pelo bem maior que havia feito pelo Exército, pela camaradagem junto aos colegas de armas e pelos brancos dos Estados Unidos como um todo.

Os cineastas antissistema queriam refazer os filmes de John Ford, mas não da maneira que Scorsese e Schrader fizeram em *Taxi Driver* e *Hardcore: No submundo do sexo*. Eles queriam refazer *Sangue de heróis* do ponto de vista dos apaches. E nos casos de Arthur Penn, com *Pequeno grande homem*, de Ralph Nelson, com *Quando é preciso ser homem*, e de Robert Aldrich (que não era pós-anos 1960 nem hippie, mas sem dúvida era antissistema), com *A vingança de Ulzana*, foi exatamente isso que aconteceu.

O motivo para se fazer um filme histórico nesse novo clima era *finalmente* esmiuçar e expor a tradição norte-americana de fascismo, racismo e hipocrisia. Todos os elementos que a Velha Hollywood havia passado cinquenta anos embranquecendo nos filmes históricos de seu tempo.

Jesse James *não era* o intrépido Tyrone Power do filme de Henry King, ele *era* o religioso fanático e homicida de Robert Duvall em *Sem lei e sem esperança*.

Billy the Kid *não era* o sorridente e sedutor Johnny Mack Brown nem o taciturno Paul Newman de *Um de nós morrerá*, mas, sim, o vagabundo abjeto de *O pequeno Billy*, de Stan Dragoti, ou o Kris Kristofferson de *Pat Garrett e Billy the Kid*, de Sam Peckinpah. Um Billy que mata com a mesma indiferença de um serial killer dos dias de hoje.

O general George Armstrong *não era* o cabeludo brigão e beberrão de Elroy Flynn, ele *era* o Richard Mulligan de *Pequeno grande homem*, de Arthur Penn, um imbecil que desejava promover uma limpeza étnica.

Wyatt Earp *não era* o honestíssimo homem da lei interpretado por Burt Lancaster, ele *era* o policial fascista vivido por Harris Yulin em *O massacre dos pistoleiros*, de Frank Perry. Na versão dos acontecimentos contada por Perry (e pelo roteirista Pete Hamill), não houve exatamente um tiroteio no O.K. Corral, mas apenas Wyatt e seus irmãos executando os Clanton a sangue-frio. E o motivo para isso estava bastante claro: poder e dinheiro.

Durante períodos de grande turbulência política, as grandes questões da política moderna sempre acabam sendo detectadas, de forma muito conveniente, no passado dos Estados Unidos. Quando Arthur Penn, Robert Aldrich e Ralph Nelson falaram sobre as guerras travadas contra os nativos norte-americanos, todos os paralelos possíveis com a Guerra do Vietnã foram incentivados. A ponto de Penn ter escalado uma atriz asiática para o papel da esposa indígena de Hoffman, brutalmente assassinada pela cavalaria vestindo casacos azuis em *Pequeno grande homem* (só para o caso de não ter ficado óbvio para todo mundo).

Em *Willie Boy*, de Abraham Polonsky, o indígena interpretado por Robert Blake, que foge da justiça após cometer um assassinato em legítima defesa, é a representação do fugitivo político da época, o Pantera Negra. E o marechal de cabelos louros que lidera o bando de Robert Redford representa o arquétipo do homem branco, ocidental e mais velho. E, só para o caso de ainda não ter ficado claro, o nome dele no filme é Coop, em alusão a Gary Cooper.

Ao contrário dos *movie brats* que os sucederam, esses cineastas não queriam fazer as próprias versões de *Psicose* (*Vestida para matar*), *Rastros de ódio* (*Taxi Driver* e *Hardcore*), *Alma no lodo* (*O Poderoso Chefão*), *Flash Gordon* (*Guerra nas estrelas*) ou *Levada da breca* (*Essa pequena é uma parada*).

Quando eles faziam algum remake, eram filmes no espírito de Fellini, Truffaut e Renoir. Ao se deparar com a tarefa de superar seu estrondoso e inesperado sucesso com *Bob, Carol, Ted e Alice,* Paul

Mazursky colocou a influência de Fellini em primeiro lugar e baseou sua paráfrase cinematográfica no *8 ½* do italiano, num filme que batizou de *Um doido genial*. Forçado a encarar a própria mortalidade após uma cirurgia de peito aberto, o diretor Bob Fosse olhou para dentro de si e... adivinhem só? Também encontrou *8 ½*.

Bonnie & Clyde foi escrito originalmente pelos roteiristas Robert Benton e David Newman como um filme de Hollywood para ser dirigido por François Truffaut. E, quando Truffaut recusou (felizmente, ele ficou apavorado com a ideia!), quem eles chamaram? Arthur Penn. Ele foi o único diretor de Hollywood a serviço dos grandes estúdios que se arriscou, em 1965, a fazer um filme *à la nouvelle vague* nos Estados Unidos — no caso, *Mickey One*, estrelado por Warren Beatty.

Quase todos os filmes de Frank Perry parecem filmes franceses feitos nos Estados Unidos. E ele não estava sozinho: *Caminhos mal traçados*, de Coppola; *Puzzle of a Downfall Child*, de Schatzberg; *Imagens* e *Três mulheres*, de Altman; e *O amor é tudo* e *Além das fronteiras do lar*, de Kershner, todos se parecem com versões norte-americanas de filmes europeus.

Na primeira metade da década de 1970, a Nova Hollywood parecia querer testar os limites tanto de sua recém-conquistada liberdade quanto do tipo de material ousado que lhe seria permitido produzir. E é por isso que os amantes do cinema ainda gostam, até hoje, de descobrir esses filmes.

Para o frequentador eventual de cinema, porém, que não sabia a diferença entre a Nova e a Velha Hollywood e morava em algum outro lugar que não fosse Nova York, Los Angeles, São Francisco ou um campus universitário, a única coisa que importava, ao assistir a um filme, era entender minimamente esse filme.

Eles entenderam *2001: Uma odisseia no espaço*?

E quanto a *Ardil-22*?

E quanto a *Voar é com os pássaros*?

E quanto a *Pequenos assassinatos*?

Sem um crítico para lhes dizer o que pensar, eles teriam entendido *Cada um vive como quer*?

Eles entenderam errado *Joe: Das drogas à morte*?
Quando assistimos a um filme, queremos gostar do herói.
Você gostou de Jeff Bridges e de Sam Waterson em *Amigos e aventureiros*?
É claro que não, eles são uns babacas.
Você gostou do Hawkeye de Donald Sutherland em *M.A.S.H.*
Mas gostou do Alex de Sutherland em *Um doido genial*?
Será que era para a gente gostar dele?
Talvez você parta do princípio de que todo filme tem que ter um herói.
McCabe é um herói?
Travis Bickle?
O major Charles Rane?
O Philip Marlowe de Elliott Gould?
E quanto a Freebie e Bean?
O George Roundy de Warren Beatty em *Shampoo* é um herói?
Quero deixar claro que não estou tirando onda apenas com as pessoas que não *entenderam* esses filmes *na época*. Estou tirando onda com as pessoas que não os entendem *hoje em dia*.

Mostrei *Shampoo* para uma roteirista vencedora do Oscar que nunca tinha visto o filme, e, ao fim, ela me disse: "Então é a história de um cara que deseja abrir um salão de cabeleireiro?"

Sim, estou tirando um pouco de sarro com Callie Khouri aqui, mas ela não foi a única a dizer isso.

Os frequentadores eventuais de cinema sabiam que a linguagem dos filmes estava mais agressiva agora, mas isso não queria dizer que estivessem prontos para *A última missão*. Eles sabiam que os filmes tinham se tornado mais violentos. Gostaram do fato de *Valente até a morte* ser mais violento do que o filme original, o faroeste *Bravura indômita*, com John Wayne; gostaram do realismo urbano de *Operação França*; gostaram da transformação de Dustin Hoffman em *Sob o domínio do medo*; gostaram de ver Harry Callahan comendo um cachorro-quente e atirando nos Panteras Negras em *Perseguidor implacável*; mas isso não quer dizer que estivessem preparados para a cena da garganta cortada em *Meu ódio será sua herança*, ou para a sequência "dançando na chuva" de *Laranja mecânica*, ou para a sodomia masculina em *Amargo pesadelo*, ou para o clímax de *Joe: Das drogas à morte*.

O público recebeu de bom grado os novos elementos picantes em filmes como *Bob, Carol, Ted e Alice*, *O corujão e a gatinha* e *Shampoo*. Eles gostaram das discussões engraçadas sobre sexo em *Houve uma vez um verão*. Acharam engraçado quando Lábios Quentes aparece pelada no chuveiro em *M.A.S.H.* Isso, porém, não quer dizer que estivessem preparados para a cena em *Como livrar-me de mamãe* em que Ruth Gordon morde a bunda de George Segal.

Talvez eles tenham gostado da cena em que Julie Christie e Donald Sutherland fazem amor em *Inverno de sangue em Veneza*, de Nicolas Roeg. Talvez (assim como minha mãe) tenham achado sexy a cena de Ron O'Neal e Sheila Frazier na banheira em *Super Fly*, de Gordon Parks Jr. Mas será que estavam prontos para ver Oliver Reed e Alan Bates lutando nus em *Mulheres apaixonadas*, de Ken Russell? Será que ficaram perturbados, excitados ou ambos com o estupro de Susan George em *Sob o domínio do medo*, de Sam Peckinpah? E, *se* ficaram perturbados, isso aconteceu *de imediato* ou só no final? E *que* parte do filme os perturbou?

Sequências como as listadas foram construindo uma sensação crescente de receio com o que *poderíamos* nos deparar caso resolvêssemos nos sentar numa sala de cinema escura cheia de estranhos. Quer dizer, quando você comprava um ingresso para ver *De volta ao Vale das Bonecas*, de Russ Meyer, provavelmente tinha uma boa ideia de onde estava se metendo. A maioria dos espectadores que comprou ingresso para ver *Amargo pesadelo*, no entanto, não fazia ideia de que tinha gastado dinheiro para ver um cara comendo o cu de Ned Beatty.

Espectadores que não viviam em Nova York ou Los Angeles, ou não liam o *The New York Times*, a *The New Yorker* ou o *The Village Voice*, começaram a ter medo dos filmes modernos. Depois de uma sequência ininterrupta de longas como *Os viciados*, *Joe: Das drogas à morte*, *Lenny*, *O destino que Deus me deu*, *The Sporting Club*, *Caçada sádica*, *O último verão* e *Dusty and Sweets McGee*, os frequentadores regulares de cinema começaram a ficar cansados dos filmes contemporâneos norte-americanos. Dos temas sombrios, do consumo de drogas, do uso das emoções — da violência, do sexo e da violência sexual. Mais que tudo isso: começaram a ficar cansados do clima de *cinismo contra tudo*. Como disse Pauline Kael no começo da década, os melhores filmes estavam insinuando que a única saída sensata para os norte-americanos era ficar chapado?

Tudo era tão decepcionante assim?

Tudo era tão tedioso?

Todo filme tinha que ser sempre sobre algum cara com problemas?

Para as plateias mais descoladas, o herói morrer de maneira banal no fim do filme era algo muito *bem-vindo*. Isso reafirmava a atitude de que *não dá para vencer*. Quando Robert Blake e Stacy Keach morrem no final de *A polícia da estrada* e *Os novos centuriões*, ou Fonda e Hopper se dão mal em *Sem destino*, isso não faz nenhum sentido e é *tragicamente irônico*. Contudo, ao mesmo tempo é bom, porque reafirma a ironia trágica e sem sentido da vida norte-americana. A falta de sentido nas mortes era o que os *transformava* em heróis. Na primeira metade dos anos 1970, você não era um herói se lutasse numa guerra num país estrangeiro e matasse um monte de soldados inimigos. Você era um herói se lutasse numa guerra, voltasse para casa e levasse um tiro durante um assalto a uma loja de bebidas. Mas esse era o público de Jack Nicholson, Elliott Gould e Dustin Hoffman. O público de Burt Reynolds e Charles Bronson não pensava do mesmo jeito.

Quando o pesadíssimo *Crime e paixão*, que Reynolds e Robert Aldrich fizeram logo depois de *Golpe baixo*, chegou aos cinemas, foi um lançamento tremendamente badalado... *até* que as plateias começaram a descobrir que Burt morria no final. As pessoas que iam ao cinema para ver Burt não eram nada cínicas e gostavam bastante dos Estados Unidos. Assim, preferiam vê-lo contando piadas sobre os filmes antigos em que trabalhara e admirar as roupas que ele usava no programa de Johnny Carson a pagar para ver um filme com o qual ficariam decepcionadas.

Se você quisesse assistir a um faroeste de verdade, geralmente ele seria um filme dirigido por Andrew MacLaglen ou por seu amigo Burt Kennedy, estrelado por algum veterano como John Wayne, Kirk Douglas, Robert Mitchum, James Stewart, Henry Fonda ou Dean Martin. Os caras mais jovens que ainda faziam faroestes eram James Garner e George Peppard. Agora, se fosse um filme dos anos 1970 de verdade, e não algo nostálgico feito apenas para agradar à plateia de algum astro envelhecido, aí seria um *antifaroeste*. Durante um tempo, quase todos os filmes de gênero eram, na verdade, filmes de *antigênero*, que pretendiam expor o absurdo e as repugnantes políticas que se escondiam por trás de tais gêneros desde os primórdios de Hollywood.

E então, de repente, surgiu uma leva de filmes — entre os quais *A última sessão de cinema, Essa pequena é uma parada, O Poderoso Chefão, Loucuras de verão, Lua de papel, Tubarão, Carrie, a estranha, Guerra nas estrelas* e *Contatos imediatos do terceiro grau* — de fácil compreensão, feitos para agradar ao público ao máximo, em vez de atender a alguma extravagância artística. Eles propunham novas visões para gêneros antigos e conhecidos — e, no fim das contas, eram os filmes pelos quais o público estava esperando.

Os *movie brats* — expressão cunhada por Michael Pye no ensaio crítico que escreveu sobre eles — foram a primeira geração de cineastas homens, jovens e brancos criados assistindo à televisão e formados em faculdades de cinema, e surgiram para definir o tom daquela década com filmes populares e estilosos. O movimento teve entre seus membros Francis Ford Coppola, Peter Bogdanovich, Brian De Palma, Martin Scorsese, George Lucas, John Milius, Steven Spielberg e Paul Schrader.

Coppola, o primeiro diretor formado em uma faculdade de cinema a atuar no mercado, primeiro com Roger Corman e depois com a Warner Bros., se antecipou em uma década a outros estudantes que se tornariam cineastas profissionais — e, posteriormente, cineastas autorais. Por conta disso, ele se tornou uma espécie de líder espiritual e artístico do grupo (um Poderoso Chefão?), posto que dividiu, de muito bom grado, com John Cassavetes e Roger Corman, cada um deles em um dos lados da balança. John Milius me disse, certa vez: "Nós todos queríamos fazer de Hollywood um lugar melhor quando chegamos. Mas esse era o sonho do Francis! Ele foi o único que tentou fazer algo a respeito. E, de certa forma, podemos dizer que o sonho dele não se realizou. Hollywood não virou um lugar melhor porque *E.T.* faturou 300 milhões de dólares. Foi Spielberg quem conquistou um lugar melhor por causa disso."

Todo mundo sabe muito bem o apoio que Coppola deu às carreiras de Lucas e Milius (ele produziu os dois primeiros filmes de Lucas, *THX 1138* e *Loucuras de verão*, e dirigiu o roteiro que Milius escreveu para *Apocalypse Now*, que, inicialmente, seria dirigido por Lucas). Já a propaganda que ele fazia de Scorsese nos bastidores é menos conhecida. Segundo Milius, "ninguém divulgava mais o nome do jovem Scorsese do que Francis". Coppola chegou a sugerir que Scorsese dirigisse a continuação de *O Poderoso Chefão*, e sugeriu o nome dele a Ellen Burstyn quando ela procurava por um jovem diretor para filmar *Alice não mora mais aqui*. Também indicou o nome de Scorsese para Al Pacino e o produtor Martin Bregman quando eles estavam atrás de um novo diretor, depois que John Avildsen pulou fora do projeto de *Serpico*. E, de acordo com Scorsese, Coppola chegou até mesmo a entregar uma cópia do roteiro de *Caminhos perigosos* para Al Pacino.

Coppola e Bogdanovich tiveram uma empresa, juntamente com William Friedkin, chamada The Directors Company. Ela produziu um trabalho de Coppola, *A conversação* (um de seus melhores), dois de Bogdanovich, *Lua de papel* (um de seus melhores) e *Daisy Miller* (um de seus projetos mais subestimados), e absolutamente nenhum de Friedkin (muito embora ele tenha recebido uma fatia bem gorda dos lucros de *Lua de papel*).

Schrader escreveu *Taxi Driver*, *Touro indomável* e *A última tentação de Cristo* para Scorsese, *Trágica obsessão* para De Palma e uma primeira versão abortada de *Contatos imediatos do terceiro grau* para Spielberg. John Milius acabaria produzindo um segundo filme como diretor, *Hardcore*.

Milius ditou por telefone para o amigo Spielberg o discurso de Quint sobre o USS *Indianapolis* em *Tubarão*, e, posteriormente, acabaria escrevendo o roteiro da comédia épica *1941: Uma guerra muito louca*, além de produzir o filme.

E De Palma e Lucas conduziram juntos os testes de elenco para *Carrie, a estranha* e *Guerra nas estrelas*. Como Lucas era mais quietinho e De Palma falava sem parar, os jovens atores pensavam que George era assistente de Brian.

Todos esses cineastas eram — e pareciam — jovens. Mas também pareciam talentosos e arrojados. Basta olhar para eles nessa época.

Spielberg, no set de *Tubarão*, com um boné de beisebol, um par de tênis imundos e uma calça Levi's branca cortada no formato de calção, sentado em cima de Bruce, a cabeça mecânica de tubarão usada no filme.

Scorsese com uma camisa branca impecável abotoada até em cima no set de *Taxi Driver*, coçando a barba escura ao lado de Robert De Niro, investido da persona do destrambelhado Travis Bickle.

Bogdanovich com uma descoladíssima jaqueta preta de couro no set de *Lua de papel*, agachado para poder olhar nos olhos a pequena Tatum O'Neal, de 8 anos de idade, vestindo um macacão no papel de Addie Loggins.

Lucas parecendo quase bonito num casaco de lã no set de *Guerra nas estrelas*, sentado na cadeira de direção ao lado de Alec Guinness, todo caracterizado como Obi-Wan Kenobi.

Milius com um lenço na cabeça para se proteger do sol marroquino no set de *O vento e o leão*, sentado ao lado de John Huston, com um ar mitológico, trajado num uniforme de embaixador.

De Palma, magro e jovem, com um visor pendurado no pescoço, conversando e rindo com Tom Smothers e Orson Welles no set do primeiro filme que fez para um grande estúdio, *O homem de duas vidas*.

Coppola, nas páginas da revista *Life*, vestido com uma colorida camisa havaiana (e arrumado como jamais esteve), perambulando pelos enormes sets construídos nas Filipinas para *Apocalypse Now*.

Schrader, bombado como um professor de luta de colégio, posando diante de um pôster de *Mortalmente perigoso*, de Joseph H. Lewis, nas páginas da *Esquire*.

Essa matéria da *Esquire*, publicada em fevereiro de 1975 e intitulada "Ninth Era", foi escrita por L. M. Kit Carson (David Holzman em pessoa). O artigo de Kit foi o primeiro a identificar o grupo de cineastas em ascensão que começava a tomar as rédeas da indústria, e o texto também profetizava uma série de nomes inteiramente novos que ocupariam todo o topo da linha. Diretores. Produtores. Roteiristas. Atores.

Entre os atores, ele citava Robert De Niro, Pam Grier e Joe Don Baker.

Entre os produtores, Mike Medavoy, Gerald Ayres, Julia e Michael Phillips, Tony Bill e Lawrence Gordon.

Entre os roteiristas, Schrader, Robert Towne, David Ward, Joan Tewkesbury, Willard Huyck e Gloria Katz.

Entre os diretores, Spielberg, Scorsese, Lucas, De Palma, Hal Ashby, Terrence Malick e Ralph Bakshi.

Em um estudo seminal do cinema dos anos 1970 publicado em 1979 sob o título *American Film Now*, James Monaco batizou esse grupo de The Wiz Kids e incluiu Bogdanovich, Lucas, De Palma, Spielberg e Scorsese, além de William Friedkin. A Coppola, todavia, ele conferiu um lugar no panteão, ao lado de Cassavetes, Altman, Ritchie e Mazursky.

Já em *Hollywood Renaissance*, de 1977, Diane Jacobs incluiu em *seu* panteão John Cassavetes, Robert Altman, Francis Ford Coppola, Martin Scorsese, Paul Mazursky, Michael Ritchie e Hal Ashby.

E o estudo de Michael Pye com o nome que colou, *The Movie Brats*, levou ao pé da letra o caráter acadêmico da lista e incluiu apenas Coppola, Lucas, De Palma, Milius, Scorsese e o prodígio Spielberg.

O que diferencia os *movie brats* da geração de diretores que veio logo antes deles, mais do que a juventude e a formação em faculdades de cinema, é o fato de que eles eram (em sua *maioria*) fanáticos por cinema.

É até divertido pensar numa época em que os cineastas adotavam uma atitude de quase indiferença ao falar sobre o cinema como uma forma de arte. Entretanto, antes de Scorsese, Bogdanovich e Spielberg, era assim que as coisas funcionavam. Mesmo a geração que os havia precedido, a dos cineastas antissistema, não falava sobre filmes do mesmo jeito que eles. Bogdanovich comenta sobre a era de ouro de Hollywood com mais propriedade do que qualquer outro diretor desde François Truffaut. Sem dúvida, naquela época, ele assistia a mais filmes em um ano do que Altman assistira em toda a vida (alguém realmente acha que Altman assistia aos filmes de *outros diretores*?). A maioria dos cineastas de períodos anteriores não seria capaz nem de ler *Transcendental Style in Film*, quanto mais escrevê-lo.

Os *movie brats* foram a primeira geração de cineastas a crescer vendo filmes não apenas no cinema, mas também na televisão. O que significa que eles viram muito mais filmes. Eles também foram a primeira geração de cineastas a crescer vendo televisão na televisão. Os diretores que vieram antes deles (Peckinpah, Altman, Ritchie, Mark Rydell, Sydney Pollack, John Frankenheimer, Ralph Nelson, George Roy Hill, Don Siegel) estavam ocupados demais *fazendo* televisão para assistir à televisão.

Quando jovens, os *movie brats* curtiam os filmes que os cineastas antissistema não queriam ver nem mortos, que dirá fazer. Filmes como *Viagem ao centro da Terra*, de Henry Levin, *20.000 léguas submarinas*, de Richard Fleischer, *A máquina do tempo*, de George Pal, *A cidadela dos Robinsons*, de Ken Annakin, e *Os canhões de Navarone*, de J. Lee Thompson (Spielberg é capaz de citar de cabeça a narração do prólogo feita por James Robertson Justice).

Para a geração de cineastas que precedeu os *movie brats*, Roger Corman era um colega de baixo escalão. Quando Warren Beatty cogitou trabalhar com Corman num roteiro de Robert Towne chamado *The Long Ride Home* (que acabou sendo filmado como *A grande cilada*, sem o nome de Towne), Corman mostrou a Beatty o filme mais recente que fizera, *Túmulo sinistro*, também escrito por Towne. O comentário que Beatty fez a Towne sobre o filme foi o seguinte:

"Quando eu for me casar, não espero que minha noiva seja virgem. Mas prefiro que ela não seja a maior puta da cidade."

No entanto, Scorsese gostou tanto do filme que exibiu um trecho dele em *Caminhos perigosos*. Para os *movie brats*, Roger Corman — mesmo antes de se tornar um mentor — era um herói. Eles amavam filmes, sonhavam com filmes e até se formaram em faculdades de cinema numa época em que essa especialização era bastante questionável. Quando os cineastas antissistema faziam filmes de gênero, eles se dedicavam a desconstruir esses gêneros. Já os *movie brats* utilizavam os gêneros para os próprios fins. Eles não queriam (na maioria das vezes) fazer filmes de arte que refletissem sobre os filmes de gênero; queriam fazer os melhores filmes de gênero da história. Quando foi lançado, em 1975, talvez *Tubarão* não fosse o melhor *filme* já feito. Certamente, porém, era o melhor *filme comercial* já feito. Nada que tivesse sido produzido antes nem sequer chegava perto. Porque, pela primeira vez, o homem no comando da produção não era um Richard Fleischer, um Jack Smight ou um Michael Anderson executando um projeto do estúdio, mas um gênio do cinema que gostava exatamente desse tipo de filme, e daria a alma para reproduzir exatamente a visão que tinha na cabeça.

O domínio exibido por Spielberg em *Tubarão* mostrou o quanto a maioria dos filmes de gênero realizada pelos estúdios era tosca e mal planejada (*Fuga do século 23*, *Aeroporto 75*, *Inferno na torre*, todos os filmes de James Bond dos anos 1970).

Essa nova geração não sonhava, como a anterior, em adaptar as grandes obras da literatura da época. *Ardil-22*, *Matadouro-Cinco*, *O dia do gafanhoto*, *Pequeno grande homem*. Os livros que os atraíam eram obras mais populares, que eles achavam que dariam bons filmes. *Tubarão*, *Carrie, a estranha*, *O Poderoso Chefão*, *A última sessão de cinema*, *Addie Pray* (*Lua de papel*).

Além disso, em sua maioria, os *movie brats* entraram na indústria através do cinema exploitation.

Já os cineastas antissistema, majoritariamente, se levavam a sério demais para fazer filmes exploitation (televisão, tudo bem; enlatados para drive-ins, nem pensar).

Na opinião deles, o logotipo da American-International Pictures (AIP) não era um crédito de apresentação de um estúdio de cinema, mas um estigma. A AIP era a casa dos filmes de terror e de motoqueiros, dos astros decadentes (Ray Milland e Boris Karloff), de segunda linha (Bette Davis) e de qualidade duvidosa (Vincent Price e Fabian), e o lugar ao qual produções internacionais fracassadas estreladas por Elizabeth Taylor e Peter O'Toole iam para morrer.

Os *movie brats*, contudo, eram jovens o suficiente para ser exatamente o público que a American-International Pictures estava tentando atingir. Eram jovens o suficiente para assistir a esses filmes em drive-ins. E foram a primeira geração de cineastas de ponta em Hollywood a assistir ao clássico de ficção científica de Gordon Douglas, *O mundo em perigo*, porque ele tratava de formigas gigantes.

De certa maneira, esse foi o principal motivo pelo qual os *movie brats* lutaram contra o Zeitgeist e procuraram se distanciar dos cineastas antissistema pós-anos 1960 que haviam dado início a essa Nova Hollywood na qual, agora, os mais jovens estavam se dando bem; esses diretores hippies não conseguiram entender, ou simplesmente não quiseram, que havia pessoas capazes de assistir a filmes sobre formigas gigantes e levá-los a sério.

Irmãs diabólicas

(1973)

Ao contrário da maioria dos *movie brats* (Scorsese, Bogdanovich, Spielberg) e das adições tardias ao grupo (Joe Dante, Allan Arkush e John Landis), o jovem Brian De Palma não cresceu assistindo devotadamente a filmes antigos na televisão. Nem enchia cadernos com anotações ou mantinha arquivos detalhados sobre todos os filmes aos quais assistia (como eu e Peter Bogdanovich). A questão é que o jovem Brian não era *fanático por cinema*, ele era *fanático por ciência*. O adolescente Peter Miller, de Keith Gordon, em *Vestida para matar*, e, na versão adulta, o perturbado técnico de cinema Jack Terry, de John Travolta, em *Um tiro na noite*, representam muito bem o jovem De Palma.

Em *Um tiro na noite*, Jack Terry parece descrever o próprio De Palma quando jovem tanto para a Sally de Nancy Allen, com sua vozinha de Betty Boop, quanto para a plateia: "Tudo começou no colégio. Eu era o moleque que consertava rádios, e inclusive construí um. Além disso, ganhei todos os prêmios nas feiras de ciência."

O jovem Brian só foi realmente se interessar por cinema na faculdade, e, mesmo assim, apenas sob a influência da lenda do teatro nova-iorquino, Wilford Leach. O interesse por cinema só veio depois de ter explorado a fundo o teatro (ao que parece, existem uma ou duas peças escritas por ele nesse período).

Ao contrário de Scorsese, Bogdanovich e Spielberg, De Palma não rezava para o altar do cinema.

Para ele, o cinema era apenas um veículo artístico para suas ideias. De forma similar, a atração por Hitchcock não deve ser lida como se De Palma fosse um aficionado do cinema de mistério, de suspense ou de horror. Muito embora ele tenha sido chamado de "o mestre do macabro moderno" (como se lê no texto de divulgação de *Vestida para matar*), fica bem evidente que não era o maior entusiasta do gênero.

Embora o jovem Brian não tenha sido um grande estudioso do cinema de horror, ainda assim o gênero o atraía, por conta das possibilidades que oferecia para manipular os espectadores.

Quando o jovem Brian descobriu Hitchcock na faculdade e começou a prestar atenção na obra desse cineasta, não foram, a princípio, os temas que o atraíram (exceto pelo voyeurismo). Foi a técnica cinematográfica de Hitchcock — e a aplicação prática dessa técnica nos cenários — que o empolgou.

Hitchcock gostava de montar suas narrativas em torno do suspense, que ele geralmente conseguia produzir ou com seu virtuosismo cinematográfico, ou utilizando surpresas arrojadas na trama. E Hitchcock ou acertava em cheio (a sequência do carrossel em *Pacto sinistro*, o assassinato de Marion Crane em *Psicose*, o penoso assassinato do agente da KGB por Paul Newman e a esposa do fazendeiro em *Cortina rasgada*, a cena do playground em *Os pássaros*), ou errava feio (a cena final no monte Rushmore em *Intriga internacional*, o clímax atabalhoado no topo do prédio em *Ladrão de casaca*, o tratamento degradante do cadáver de Anna Massey na "cena do saco de batatas" em *Frenesi*).

Para Brian — um garoto que desmontara o rádio transistorizado dele próprio só para ver como funcionava —, desmontar as narrativas de suspense de Hitchcock, a fim de separar os componentes individuais, era sem dúvida algo muito atrativo. Havia outro aspecto da técnica de Hitchcock, no entanto, que não era a regra para a maioria dos cineastas da Velha Hollywood, mas que provavelmente interessava ao jovem De Palma: o estilo de filmar, que trazia a câmera para o centro das atenções. Um filme clássico *normal* de Hollywood se esforçava para que a plateia ignorasse a câmera. Era mais fácil se comprometer com aquele exercício de sonhar acordado se você se *esquecesse* de que estava assistindo a um filme. De modo que enfatizar ou ressaltar a câmera, ou os movimentos dela, significava chamar a atenção do espectador para o fato de que ele estava vendo um filme.

Mas por que diabos alguém ia querer fazer isso?

De qualquer forma, inspirado por Murnau, Alfred Hitchcock, junto com Max Ophüls, se esforçou para dar asas às gigantescas câmeras de 35 mm.

Apesar de todos os extraordinários astros do cinema com quem Hitchcock trabalhou, as câmeras de 35 mm sempre foram a verdadeira estrela em seu show. O fato é que essa maneira de abordar a gramática do cinema agradou ao jovem aprendiz. Brian De Palma não queria se tornar cineasta apenas para filmar pessoas conversando. Tenho certeza de que Brian também viu *Onde começa o inferno* quando estava na faculdade. Entretanto, ao contrário de Bogdanovich, Scorsese e de mim, provavelmente não gostou do filme. Talvez tenha achado alguns diálogos engraçados, mas, na maior parte do tempo, tenho certeza de que deve ter pensado que aquilo era apenas Howard Hawks filmando John Wayne conversando com um monte de gente diferente naquela porra de cenário prisional.*

A mesma coisa com *Rastros de ódio*. Tenho certeza de que, para Brian, a maior parte do filme se resume a John Ford filmando John Wayne andando a cavalo e conversando com Jeffrey Hunter.

---

* Quando participei do meu primeiro festival de cinema — a edição de 1992 do Sundance Film Festival — com meu primeiro filme, *Cães de aluguel,* fui apresentado por Larry Estes (o homem que deu o sinal verde para *Sexo, mentiras e videotape*) a Gale Anne Hurd, que, graças a *Exterminador do futuro 2*, era a maior produtora de cinema do mundo na época, além de esposa de Brian De Palma. Assim que fomos apresentados, eu disse:

— Seu marido é meu herói, mas ele não vai gostar do meu filme.

— Por que você acha isso? — perguntou ela.

— Porque é só um monte de gente conversando — respondi. — E ele não gosta de filmes em que as pessoas só conversam.

Então, com uma expressão de surpresa, ela disse:

— Uau, você realmente o conhece! E tem toda a razão, ele não gosta de filmes nos quais as pessoas só conversam. Ele estava justamente falando sobre isso outro dia.

E, se ele realmente acha isso, está certo.

O "Hitch", entretanto, era diferente.

Ele sempre colocava a câmera no centro das atenções.

Ele não fazia cinema para filmar atores recitando texto.

Ele não fazia cinema com imagens bonitas.

Ele fazia um cinema agressivo, que manipulava os espectadores tanto com uma fluente gramática visual quanto com uma brutal perspicácia (de vez em quando). A atração de De Palma por Hitchcock sempre foi muito menos pessoal do que a admiração que Bogdanovich tinha por Ford ou Hawks, ou que John Carpenter tinha por Hawks, ou que Paul Mazursky tinha por Fellini, ou que John Woo tinha por Jean-Pierre Melville, ou que Scorsese tinha por Michael Powell, ou que eu mesmo tenho por Sergio Leone, ou que o australiano Richard Franklin — o segundo melhor diretor a fazer *thrillers à la* Hitchcock nos anos 1980 — tinha por "Hitch" (assim como Bogdanovich, Franklin, quando jovem, entrou em contato com o veterano cineasta).

Foi com a *fluência cinematográfica* de Hitchcock — e não tanto com o homem — que o jovem De Palma se encantou, e era dessa fluência que queria se apropriar como se fosse sua. Além disso, graças ao sucesso comercial dos filmes de Hitchcock, Brian percebeu que as plateias aceitavam com muito mais naturalidade as sequências em que a câmera era colocada em primeiro plano quando elas estavam inseridas em *thrillers* ou filmes de horror. Uma abordagem no estilo cinema puro é sempre uma opção para um *thriller* ou um filme de horror, mas não para os demais gêneros.

Ao lado de Martin Scorsese (*Quem bate à minha porta?*), Jim McBride (*David Holzman's Diary*), Shirley Clarke (*The Cool World*), Paul (não o diminuto cantor e compositor) Williams (*Out of It*) e Paul Morrissey (*Trash*), De Palma foi um dos principais nomes da nova onda de cineastas de Nova York. Ele já havia dirigido três longas-metragens comerciais de orçamento apertado na cidade quando experimentou o primeiro sucesso de bilheteria, a comédia underground *Saudações*, sobre a contracultura hippie.

Ambientado nos anos 1960, *Saudações* conta a história de três rapazes do Greenwich Village — Jon (Robert De Niro), Lloyd (Gerrit Graham) e Paul (Jonathan Warden) — que tentam escapar do alistamento militar (o título é *Saudações* porque esta é a primeira palavra que aparece no telegrama que o Exército envia a eles para informá--los sobre a convocação). E o filme se divide em três linhas distintas, cada uma delas seguindo um dos três protagonistas: a carreira incipiente de Jon na pornografia, tentando registrar em filme seu fetiche voyeurístico, que ele chama de "*peep art*";* a obsessão de Lloyd com o assassinato de Kennedy; e Paul indo a uma série de encontros marcados pelo computador.

De Palma fez o filme em parceria com o roteirista e produtor Charles Hirsch. Da mesma maneira que *Slacker*, de Richard Linklater, capturou de forma autêntica a essência do "Keep Austin Weird", muito antes de a expressão estampar camisetas vendidas no aeroporto da cidade, *Saudações* foi um filme dos anos 1960 que traduziu muito bem o clima do submundo hippie. Como vários críticos da época observaram, ele exalava autenticidade por ter sido feito não apenas *para* uma subcultura, mas também *por* ela. De várias maneiras, ao filmarem *Saudações*, De Palma e Hirsch fizeram pelo cinema o mesmo que Ragni e Rado fizeram pela Broadway ao montarem *Hair*. Se uma versão de *Hair* para o cinema tivesse sido cogitada na época, De Palma teria sido o principal candidato a dirigi-la. Esse era o tamanho do crédito que ele tinha com a comunidade hippie (na verdade, *Dionysus*, sua filmagem em tela dividida do espetáculo do Performance Group, poderia muito bem ter servido como um aquecimento para *Hair*).

Enquanto *Quem bate à minha porta?*, de Martin Scorsese, mal foi exibido no circuito das salas de cinema, *Saudações*, considerando que era um filme independente e underground, foi basicamente um fe-

---

* Recentemente perguntei a De Niro se toda aquela onda de *peep art* de Jon era uma expressão artística genuína ou apenas uma desculpa para filmar mulheres sem roupa. Ele deu uma risadinha e disse: "Acho que era só uma desculpa para filmar mulheres tirando a roupa."

nômeno, sobretudo em Nova York. Foi o primeiro filme estrelado por Robert De Niro, e estabeleceria tanto Gerrit Graham quanto Allen Garfield como presenças constantes em vários filmes de De Palma. O filme teve ainda uma sequência, *Olá, mamãe!*, que trouxe de volta De Niro, Graham e Garfield, e acrescentou Jennifer Salt à mistura.* No entanto, uma das coisas que mais agradavam aos cinéfilos do fim dos anos 1960 era a maneira irreverente como o jovem De Palma pegava os experimentos em gramática do cinema conduzidos por Godard (com uma pitadinha de Richard Lester) e os apresentava na forma de alívio cômico. De Palma chegou a fazer uma paródia escancarada do ícone cultural *Blow-up: Depois daquele beijo* só para ridicularizar uma teoria da conspiração sobre o assassinato de Kennedy.

Uma das coisas que diferenciaram a nova onda de diretores nova-iorquinos de seus equivalentes franceses foi o fato de os cineastas de guerrilha de Nova York geralmente ficarem segregados em seus bairros. Os personagens nos filmes da *nouvelle vague* francesa circulam a pé e de carro pelas ruas de uma mesma Paris. O Charlie (Charles Aznavour) de *Atirem no pianista* poderia muito bem ter cruzado o caminho de Arthur ou Franz (Claude Brasseur e Sami Frey), de *Bando à parte*, num dos cafés do Boulevard St.-Germain.

Os hippies do Greenwich Village tentando driblar o serviço militar em *Saudações*, os ítalo-americanos durões de Canal Street em seus ternos cinza em *Quem bate à minha porta?*, os viciados de Alphabet City na fissura em *The Connection*, as estranhas criaturas da Fabric em *Flesh*, *Trash* e *Heat*, os alunos do ensino médio de Long Island em *Out of It* e o solitário David Holzman dentro de seu apartamento parecem, todos, habitar versões muito diferentes de Nova York. Certa vez, falei com Scorsese sobre isso e ele concordou: "Eram todos de países diferentes."

---

* Jennifer Salt foi a precursora de Nancy Allen na obra de De Palma, aparecendo em seu primeiro filme, *Festa de casamento*, roubando a cena em *Murder à la Mod* e emplacando papéis de destaque tanto em *Olá, mamãe!* quanto em *Irmãs diabólicas*. Ao que parece, ela e De Palma moraram juntos durante algum tempo nos anos de Greenwich Village, e ela é o centro da história em *Jennifer*, o dinâmico curta-metragem que ele rodou em 1964.

Dito isso, os hippies de *Saudações* conseguem romper os limites do próprio bairro de um jeito que seria impensável para os personagens nos filmes de Scorsese ou Morrissey. Muito antes de Ken Shapiro filmar a si mesmo cantando e dançando pela Madison Avenue em *The Groove Tube*, para deleite e assombro dos transeuntes, De Palma rodava sequências enormes de perseguição e tiroteio em lugares públicos muito movimentados sem pedir autorização: a famosa cena de quatro minutos, gravada em apenas um take, com De Niro e Allen Garfield na frente do Whitney Museum (é a sequência mais intensa de *Saudações* — quando falamos dos grandes parceiros de cena de Robert De Niro, convém lembrar que antes de Harvey Keitel houve um Allen Garfield); a cena do assassinato de Gerrit Graham na frente do Met captada por uma lente de longo alcance. Nos primeiros filmes de De Palma, podemos ter um bom vislumbre de como era a cena do teatro nova-iorquino na época. Quase todos os atores que ele empregou eram jovens que frequentavam aulas de teatro e participavam de pequenas montagens na cena do West Village. De Niro, Garfield, Graham, Finley, Salt, Jill Clayburgh, Charles Durning, Jared Martin, Margo Norton, Rutanya Alda, Peter Maloney, Roz Kelly e muitos outros quase não faziam cinema, concentrando-se mais no teatro. E isso inclui os atores negros do Living Theatre, que deixaram os brancos da equipe completamente apavorados durante as filmagens da peça *Be Black Baby* em *Olá, mamãe!* ("Aqueles caras eram assustadores", confirmaria De Palma para a revista *Cinefantastique*).

Encarados como um coletivo, estavam todos legitimamente alinhados ao Zeitgeist do fim dos anos 1960.

Depois do sucesso de *Saudações*, De Palma e Charles Hirsch escreveram uma continuação, *Olá, mamãe!* (que chegou a ser chamado, a certa altura, de *Son of Greetings*). O filme acompanha as aventuras do personagem de De Niro, Jon, depois que ele retorna do Vietnã. Primeiro ele tenta transformar sua *peep art* num empreendimento comercial, com o apoio do produtor de cinema Joe Banner (o retorno de Allen Garfield). Depois, ele se junta a um grupo de teatro negro radical chamado The Living Theatre, que está montando uma peça bem distante do circuito da Broadway chamada *Be Black Baby*. Por fim, acaba se envolvendo em atos de terrorismo urbano.

Enquanto *Saudações* é uma explosão do Zeitgeist do seu tempo capturado em filme, *Olá, mamãe!* é um dos cinco melhores filmes do cânone do cineasta (os outros quatro são *Carrie, a estranha, Vestida para matar, Um tiro na noite* e *Scarface*). Ao que parece, De Palma planejava originalmente estruturá-lo no mesmo formato do primeiro filme, dividindo a história em três linhas que (mais ou menos) competem entre si: a tentativa de Jon de transformar sua *peep art* num filme de verdade; o envolvimento de Gerrit Graham (um personagem diferente de Lloyd) com os radicais negros; e o filme em 8 mm *Housewife Diary*, que a dona de casa interpretada por Lara Parker faz e que parece uma paródia de *David Holzman's Diary*. Contudo, depois de perder grande parte da história de Parker na ilha de edição, o filme acabou se transformando, de forma muito clara e singular, num filme sobre a personagem de De Niro.

Para mim, tudo funciona nos mínimos detalhes.

Era como se *Saudações* fosse uma espécie de banquete de todos os efeitos que De Palma e Hirsch eram capazes de imaginar e realizar. Então, depois do sucesso obtido, De Palma se debruçou sobre ele e analisou quais haviam sido os elementos mais bem-sucedidos do filme para expandi-los na continuação. *Saudações* tinha três protagonistas. *Olá, mamãe!* foca em De Niro, o mais cativante dos três, mantém Graham (o mais engraçado) e elimina o menos interessante, Jonathan Warden. Constatando que a cena com Allen Garfield havia sido a que mais provocara risos na plateia, De Palma o traz de volta (interpretando uma versão mais bem-sucedida do mesmo personagem) e constrói a primeira metade do filme em torno dele. Acho que existe aí, também, um reconhecimento da parte de De Palma do incrível talento de Garfield para o improviso, que ele utiliza em favor do segundo filme. Tanto em *Saudações* quanto em *Olá, mamãe!*, foi Garfield quem *escreveu* o texto das cenas com os hilários improvisos.

Como um caubói montando um touro bravo num rodeio, a tarefa de De Niro durante essas cenas era se segurar firme para não cair.

Entretanto, é a sequência da peça *Be Black Baby* que torna o filme inesquecível. Basta dizer que nenhuma outra cena em nenhum outro filme chegaria aos pés dela durante os trinta anos seguintes, até o terceiro ato de *Audition*, de Takashi Miiki.

Como foi que um hippie que tirava sarro da contracultura se transformou no "mestre do macabro moderno"?

Eu diria que a necessidade comercial foi a mãe da invenção hitchcockiana.

Saudações foi um sucesso tão grande que a Warner Bros. levou De Palma para Hollywood com a finalidade de que ele fizesse a sátira da contracultura *O homem de duas vidas*, estrelado por Tom Smothers (um dos grandes astros de comédia da época). Mas, depois de terminar o filme (que é muito engraçado), o estúdio o colocou na geladeira por três anos. Após essa má experiência, De Palma se deu conta, em 1970, de que a estética hippie dos anos 1960 estava morta e enterrada. No entanto, toda a identidade dele estava ligada a essa estética. Seria necessário que ele tanto se reinventasse quanto encontrasse um gênero de cinema comercial no qual pudesse sobreviver e, com alguma sorte, prosperar.

E que gênero poderia ser?

Para um cineasta conhecido pela iconoclastia, De Palma tinha perfeita consciência das preocupações comerciais do mercado. Na opinião de alguns, até demais. A essa altura, ele já estava fazendo cinema havia quase uma década, tendo rodado cinco filmes. Francis Ford Coppola pode ter sido um mentor para Lucas, Scorsese e Milius, mas, para De Palma, era um colega. De Palma tinha visto diretores aparecerem e desaparecerem. Ele sabia que, na indústria cinematográfica, não havia nada mais importante do que continuar sendo contratado para fazer filmes. Além disso, apesar da turbulenta relação com a Warner Bros., ele não queria voltar ao mundo dos orçamentos apertados e das estruturas improvisadas do cinema independente. Ele *gostava* de ter autorização para filmar. *Gostava* de fechar uma rua com a ajuda da polícia. *Gostava* de ter dinheiro para alugar uma grua. E a única maneira de se manter no negócio — ao contrário de Jim McBride e Shirley Clarke — era fazendo filmes comerciais que as pessoas quisessem assistir.

O próprio Brian me alertou, depois de ter visto e ficado (surpreendentemente) impressionado com *Cães de aluguel*: "Quentin, não seja muito esotérico com seus temas. Se quiser continuar fazendo filmes, você precisa entregar uma *Carrie* a eles de vez em quando."

Ele argumenta que foi por isso, em última análise, que não quis filmar o roteiro de Schrader para *Taxi Driver* quando teve a oportunidade. Ele não achava que fosse comercial o bastante. Posteriormente, ele mudou a versão, e disse que achava que Marty faria um trabalho melhor com aquele material. Mas acho que ele disse a verdade da primeira vez.

Então, se De Palma queria dar uma guinada e começar a fazer filmes menos esotéricos e mais viáveis do ponto de vista comercial, em que direção deveria seguir?

Filmes de ação?

Bom, no fim das contas, foi exatamente nessa direção que ele se movimentou nos anos 1980 e 1990. Na década de 1970, porém, fazer um filme de ação significava fazer um filme com Charles Bronson, Clint Eastwood, Steve McQueen ou Burt Reynolds.

Não consigo imaginar De Palma feliz fazendo uma coisa dessas. Além disso, duvido que aqueles velhos lobos do mar teriam paciência para ficar esperando enquanto ele executava suas manobras rococó com a câmera. Contudo, consigo imaginar um mundo em que Brian De Palma dirigiria *Conspiração infernal*, ou *Duas ovelhas negras*, ou *O mafioso rebelde*, ou o roteiro original de Schrader para *A outra face da violência*, ou *Três dias do Condor*. Consigo ver De Palma fazendo uma excelente versão de *Desejo de matar*, mas, provavelmente, com alguém como Peter Falk ou George C. Scott no papel principal (e que filme do caralho teria sido!).

De Palma acabou, entretanto, encontrando um gênero/nicho comercial que poderia chamar de dele, e não era o dos filmes de ação —

e embora tivesse relação com os filmes de horror, não era exatamente a mesma coisa.

O fato de Brian ter estudado as técnicas de suspense utilizadas por Hitchcock é tão conhecido quanto a decepção e o desdém dele por todos os filmes que Hitchcock lançou depois de *Psicose* (até mesmo *Os pássaros*).

Acredito que foi o surgimento de Roman Polanski, com *Repulsa ao sexo*, que fez de De Palma começar a acalentar a ideia de produzir um tipo moderno de *thriller*.

O filme de Polanski *funcionava*.

Contudo, ao contrário de um filme de Hitchcock, que funcionava para *entreter*, o de Polanski funcionava para *perturbar*. Hitchcock também sabia perturbar, mas, no fim das contas, só até certo ponto. Com Polanski, a perturbação *era* o ponto.

De modo que essa nova possibilidade cinematográfica, o *thriller* hitchcockiano de Polanski — com toques de Buñuel —, impactou profundamente o público, a crítica e, sem dúvida, o jovem Brian.

E quando Polanski lançou, na sequência, *O bebê de Rosemary*, De Palma deve ter pensado: "Bom, então é isso. Hitchcock está morto e o mundo tem um novo mestre do terror e do suspense, e o nome dele é Roman Polanski."

Na época, Polanski, Peckinpah e Ken Russell eram o trio oficial de provocadores do cinema, sendo Polanski o mais popular dos três e (de longe) o de maior sucesso comercial.

E então, quando o cineasta polonês estava no auge do sucesso, algo terrível aconteceu à esposa dele e ao bebê que ela trazia no ventre: a "Família" Manson. Então, de repente, pelos anos seguintes, por conta da tragédia, ele acabou saindo de cena.

A ausência de Polanski abriu uma tremenda lacuna — uma lacuna que um outro elegante realizador de filmes de horror poderia preencher.

Acredito também que o lançamento, a resposta e o relativo sucesso nos Estados Unidos do filme do gênero *giallo* do italiano Dario Argento, *O pássaro das plumas de cristal*, foi uma inspiração para De

Palma. Assim como *Repulsa ao sexo*, ele também usava a frase "você não vê nada assim desde *Psicose*" no material de divulgação e nos anúncios de jornal. Não que eu ache que o esnobe De Palma tivesse uma admiração profunda pelo *thriller* de Argento. No entanto, acho possível que o filme tenha servido para mostrar que era possível fazer um filme de horror utilizando técnicas de suspense de Hitchcock de forma moderna. Na minha opinião, só o fato de Argento ter se esforçado para reencenar as técnicas de Hitchcock já deve ter sido o suficiente para deixar De Palma com a pulga atrás da orelha. E a maneira como a campanha de divulgação sugeria uma semelhança com *Psicose*, porém com implicações mais violentas, deve ter soado como uma boa ideia comercial para o jovem diretor. Agora, embora eu esteja certo de que De Palma não admirava Argento do mesmo modo que admirava Polanski, havia, ainda assim, algo muito impressionante em *O pássaro das plumas de cristal* que não podia ser ignorado. Também consigo imaginar que parte da inspiração de De Palma para forjar uma carreira por meio da execução de truques hitchcockianos venha de uma frustração em ver o quanto as homenagens que a *nouvelle vague* francesa prestava ao mestre do suspense eram incensadas. Em particular as feitas por Truffaut e Chabrol. Não consigo imaginar De Palma gostando de um filme de Chabrol, mesmo de um dos relativamente decentes, como *O açougueiro* (que ele provavelmente consideraria morno demais para ser um *thriller*), mas consigo imaginá-lo estarrecido com o amadorismo desengonçado de Truffaut em *A noiva estava de preto* e consternado com a aclamação que o filme conseguiu arrancar dos críticos de Nova York (talvez a única coisa em que De Palma e Bogdanovich concordaram na vida). Duvido muito que um mestre do cinema como De Palma tenha se encantado com a falta de destreza *à la* Ed Wood demonstrada por Truffaut, mesmo filmando em condições mais adequadas. Estar a serviço de um *thriller* à maneira hitchcockiana, com trilha sonora de Bernard Herrmann? O jovem De Palma deve ter sentido vontade de vomitar. Posso imaginá-lo resmungando para Jennifer Salt: "Como é que você faz um filme hitchcockiano sem nenhuma cena impactante? Como é que faz um filme hitchcockiano sem dar nenhuma importância à câmera?"

Então, com Polanski abdicando do trono, Argento indicando o caminho e Truffaut e Chabrol demonstrando que havia tanto um mercado quanto um público para homenagens a Hitchcock, o jovem Brian deu início à carreira de cineasta no gênero dos filmes de horror. Com o intuito de ser, algum dia, chamado de o mestre do macabro moderno — o que ele acabou conseguindo. Entretanto, ao contrário de outros mestres do cinema de gênero, e muito embora De Palma apreciasse os *thrillers* de Hitchcock e demonstrasse um talento inegável nessa área, não creio que ele tenha feito esses filmes por amor. Creio que tenha feito esses filmes para monopolizar um mercado dentro de um nicho comercial que pudesse chamar de dele. Se ele pudesse ganhar fama como o herdeiro de Hitchcock, então, assim como Hitchcock, poderia fazer um filme atrás do outro.

Leone e Corbucci faziam faroestes porque *amavam* faroestes.

Hitchcock, Bava e Argento faziam *thrillers* porque amavam *thrillers*. Ainda que De Palma gostasse de fazer *thrillers* (pelo menos durante algum tempo), duvido que amasse assistir a esses filmes.

Os *thrillers* hitchcockianos eram, para ele, um veículo para suas ideias. Foi por isso que, quando revisitou o gênero em meados dos anos 1980, os filmes resultaram tão fracos. No fundo, ele se ressentia de ter que fazer esse tipo de filme, e estava de saco cheio do formato.

Frenesi, de Hitchcock, pode ser uma merda, mas duvido que ele tenha ficado de saco cheio rodando o filme.

De todo modo, no começo dos anos 1970, quando estava arrancando os colares de contas de hippie, De Palma vislumbrou não apenas um gênero de cinema que atrairia o público e no qual poderia desenvolver seu talento cinematográfico. O jovem cineasta também enxergou uma lacuna em um gênero que julgou ter todas as condições de preencher sozinho.

Munido de um bom roteiro comercial (escrito em parceria com Louisa Rose) que atendia a todos os quesitos de um *thriller* hitchcockiano, agora era hora de descobrir como ele filmaria *Irmãs diabóli-*

cas. Depois da má experiência com *O homem de duas vidas*, De Palma estava cansado de lidar com os grandes estúdios. O novo filme não poderia sofrer nenhuma interferência sem pé nem cabeça de um executivo. Se ele queria que *Irmãs diabólicas* desse certo, teria que ser, inequivocamente, um *filme de Brian De Palma*.

Primeiro, ele recorreu a Martin Ransohoff, que comandava a Filmways, produzindo programas de TV como *A família Buscapé* e *Green Acres* ("Este foi um programa da Filmways, meus queridos") e filmes como *Não podes comprar meu amor* e *A dança dos vampiros*. Por que De Palma, com objeções às interferências do estúdio, iria até Ransohoff, o homem que havia tirado Peckinpah da direção de *A mesa do diabo* e tomado *A dança dos vampiros* de Polanski para assumir o controle do filme?

Bem, alguns anos antes disso (1967), Ransohoff começara a se aventurar no mercado do cinema independente ao adquirir a exótica distribuidora Sigma 111 Corporation. A Sigma 111 costumava lançar filmes estrangeiros como *Trens estreitamente vigiados* e *Armadilha do destino*. Ransohoff, contudo, também havia lançado três filmes de De Palma feitos em Nova York: *Saudações, Dionysus* e *Olá, mamãe!*. E a maneira como a Sigma 111 havia transformado *Saudações* num sucesso de bilheteria em Nova York foi o que permitiu que De Palma tivesse uma carreira como diretor de cinema. Assim, num primeiro momento, baseado nessa relação tanto de amizade quanto de trabalho, ele vendeu para Ransohoff os roteiros de *Irmãs diabólicas* e *O fantasma do paraíso*.

O plano original era que a Filmways atuasse de forma independente, usando a distribuidora dela, a Sigma 111, para colocar os dois filmes no cinema. Mas esse plano jamais foi executado. Em vez disso, Ransohoff, na prática, encerrou as atividades da Sigma 111, concentrando-se em produzir filmes para os grandes estúdios (*Ardil-22, Aliados contra o crime, Terror cego*).

Na sequência, o que De Palma mais temia em relação à interferência do estúdio se concretizou, quando os roteiros dele saíram das mãos de Ransohoff e foram parar nas de Ray Stark, um rival na

Filmways (eles se odiavam profundamente). Stark era um dos principais produtores da cidade, mas também um dos maiores tiranos, responsável por mutilar mais filmes do que um projetor de drive-in em El Paso. Stark começou a trabalhar imediatamente, colocando as mãos imundas no projeto de *Irmãs diabólicas* e exigindo que Raquel Welch interpretasse o papel de Danielle e Dominique, que acabou ficando com Margot Kidder (apesar disso, talvez Stark tivesse conseguido emplacar a escolha original de De Palma para o papel da vítima *à la* Janet Leigh que surpreendentemente sai do filme logo após o primeiro ato: Sidney Poitier).

Mais ou menos nessa época, quando De Palma estava saindo com Margot Kidder e morando com Jennifer Salt (!), o diretor de *Out of It*, Paul Williams (não o diminuto compositor), começou a frequentar a casa dele. Williams havia fundado uma empresa com seu parceiro de produção, Ed Pressman, chamada Pressman-Williams Enterprises, e tinha acabado de fazer um filme que foi parar na lista de Roger Ebert dos dez melhores do ano, *O revolucionário*, estrelado por Jon Voight — que, depois de *Perdidos na noite*, tinha se transformado num legítimo astro do cinema. Então, por meio de Paul, Brian se tornou amigo de Ed Pressman e o convenceu a comprar os roteiros dele para tirá-los das garras de Ray Stark, tendo até mesmo colocado dinheiro do próprio bolso, obtido com *O homem de duas vidas*, para facilitar o processo. No fim, Pressman acabou financiando *Irmãs diabólicas* por inteiro, e depois vendeu o filme para a American-International Pictures como um título independente (Ed Pressman é o dono de *Irmãs diabólicas* atualmente).

*I*rmãs diabólicas foi a primeira tentativa de De Palma de homenagear Hitchcock, ao mesmo tempo que, de maneira indireta, revisitava *Psicose*. As frases dos críticos nos pôsteres e anúncios nos jornais citavam *Psicose* estrategicamente, mas tudo mais buscava atrair o mesmo público que havia se interessado por *O pássaro das plumas de cristal*. *Irmãs diabólicas* acabou cumprindo exatamente o objetivo: serviu para que Brian De Palma entrasse no circuito do cinema comercial de Hollywood e faturou bem o bastante para justificar futuros filmes do diretor. Contudo, ele também atraiu a atenção de gente importante do meio, ressaltando sua legitimidade cinematográfica e apontando o jovem De Palma como um talento a ser acompanhado de perto.

Irmãs diabólicas entrega tudo que em teoria se espera de um cartão de visita. Muito embora, sobretudo quando comparado aos melhores *thrillers* de De Palma (*Carrie, a estranha*, *Vestida para matar* e *Um tiro na noite*), não tenha envelhecido tão bem (ao contrário de *Repulsa ao sexo* e *O pássaro das plumas de cristal*, que décadas depois continuam sendo satisfatórios), o filme causou um grande impacto quando foi lançado, em 1973. Comparado a outros longas de horror de baixo orçamento daquele ano, *Irmãs diabólicas* é uma obra bem decente.

No filme, um homem e uma mulher — Phillip (Lisle Wilson) e Danielle (Margot Kidder) — que se conhecem num game show televisivo saem para jantar ao fim do programa. Eles se dão bem e acabam no apartamento dela, onde fazem amor. Na manhã seguinte, ela revela que mora com a irmã gêmea (Dominique, que entreouvimos — mas não vemos — discutindo com Danielle do outro lado de uma porta), e que é o dia do aniversário delas. O casal (Phillip e Danielle) planeja passar o dia junto, e ela o envia até a farmácia com uma receita para buscar um remédio. No meio do caminho, Phillip para numa confeitaria e compra um bolo de aniversário com os dizeres FELIZ ANIVERSÁRIO, DANIELLE E DOMINIQUE.

Tudo isso é uma preparação *à la Psicose* para uma sequência espetacular de assassinato, na qual Dominique mata o pobre Phillip (apesar do status de clássico de *Psicose*, alguém realmente sente falta de Marion Crane depois que ela deixa o filme? Comparada a isso, a morte de Phillip é de partir o coração).

Em seguida, a narrativa passa a acompanhar uma repórter, Grace Collier (Jennifer Salt), que mora num apartamento do outro lado da rua, de frente para o prédio das irmãs, e testemunha, de sua sala de jantar, o assassinato, *à la Janela indiscreta*. O filme traz um monte de elementos diferentes: o ator de confiança de De Palma, William Finley, interpretando outro personagem sinistro que, na trama, funciona como uma pista falsa; Charles Durning, oficialmente entrando para o rol de atores de confiança do diretor ao entregar a melhor performance do filme no papel do detetive que Grace contrata para ajudá-la a investigar o assassinato; e Dolph Sweet, vivendo o primeiro detetive de polícia sarcástico de De Palma, que suspeita mais da personagem principal, Danielle, do que da irmã gêmea, a verdadeira assassina. Assim como em *Olá, mamãe!*, há momentos em que outros formatos de audiovisual aparecem no filme (game shows, documentários), e também gêmeas siamesas, hospícios, muita música boa de Bernard Herrmann, sequências com a tela dividida e o primeiro assassino de De Palma com dupla personalidade. O ponto mais fraco da película, além de uma das duas protagonistas femininas, é o roteiro, que é mais estrutura que história.

Irmãs diabólicas inaugura o modelo de homenagem a Hitchcock pelo qual o diretor viria a ser conhecido tempos depois, que consiste em pegar emprestado pontos da história ou elementos estruturais dos *thrillers* mais famosos do diretor e — de maneira mais explícita que Polanski ou Argento — rodar sequências inteiras evocando o mestre — *exceto* pelo fato de que essas cenas de suspense geralmente levavam a desfechos mais violentos e sangrentos do que nos filmes de Hitchcock dos anos 1950.*

Em *Irmãs diabólicas*, De Palma usa a estrutura de *Psicose*: os protagonistas, Phillip e Danielle, são apresentados no primeiro ato do filme como pessoas agradáveis, num crescendo que vai até a grande cena do homicídio, quando descobrimos que eles na verdade são o assassino e a vítima. No começo dos anos 1960, o público costumava acreditar que era a mãe de Norman — e não o próprio Norman — o algoz da personagem interpretada por Janet Leigh.

---

* Vale lembrar que alguns desses clássicos de Hitchcock, como *Janela indiscreta*, *Um corpo que cai* e *Festim diabólico*, estavam fora de circulação no circuito de filmes de arte e não eram exibidos na televisão havia muitos anos.

Em 1973, no entanto, após uma enxurrada de filmes transformar as imitações de *Psicose* num gênero cinematográfico à parte, os espectadores provavelmente já previam o truque de De Palma quando ele finalmente revelava que Dominique, na verdade, era Danielle. No entanto, na visão subversiva de De Palma dos anos 1960, o assassino era uma mulher branca e a vítima era um homem negro. Após revelar esse elemento à plateia, o filme continua seguindo a estrutura de *Psicose* ao introduzir um novo protagonista (uma testemunha do assassinato), que começa, então, a investigar o crime. E a maneira como essa nova personagem — Grace Collier, repórter de um jornal de Staten Island — testemunha o assassinato é tirada tanto de *Janela indiscreta*, de Hitch, quanto de *Olá, mamãe!*, do próprio De Palma.

Outra coisa que De Palma inaugurou em *Irmãs diabólicas* e que voltaria a usar em outros *thrillers* é a metodologia do assassino com dupla personalidade. Margot Kidder é Danielle, e também a irmã falecida, Dominique. Contudo, assim como Norman Bates, ela não está ciente de ter dupla personalidade. E, assim como Norman Bates com a mãe, é capaz de se envolver numa conversa entre as duas personas sem se dar conta.

Por mais que De Palma não gostasse de *A noiva estava de preto*, de Truffaut, ainda assim ele foi beber nessa fonte ao chamar Bernard Herrmann, o compositor mais identificado com Hitch, para fazer a trilha sonora de *Irmãs diabólicas*. E essa é, sem dúvida, a melhor trilha que Herrmann fez nos anos 1970 (a única que chega perto foi a que ele compôs para *A morte tem cara de anjo*, de Roy Boulting), incluído um trecho marcante das cordas que remete a *Psicose* durante o sangrento assassinato de Phillip. No entanto, foi a magistral demonstração de pirotecnia com a câmera e o uso inteligente da tela dividida ao meio e de outros produtos audiovisuais no filme que fizeram com que De Palma varresse para baixo do tapete todas as técnicas empregadas pelas demais imitações de *Psicose* lançadas naquele ano. E foram muitas, a maioria delas britânicas, produzidas pela Hammer Studios.

No entanto, por mais que estivesse adotando a gramática cinematográfica de Alfred Hitchcock e os truques de roteiro de outros grandes mestres do suspense (assassinos com dupla personalidade, pessoas que testemunham um crime pela janela do apartamento), De Palma ainda aplicava algumas das técnicas presentes em suas sátiras da contracultura, *Saudações* e *Olá, mamãe!*. Nos primeiros filmes, ele estabeleceu uma visão particular da cidade de Nova York (geralmente centrada no Greenwich Village e em Manhattan). A ação de *Irmãs diabólicas* acontece nessa mesma Nova York dos primeiros filmes.

Além disso, em *Irmãs diabólicas*, assim como em *Saudações* e *Olá, mamãe!*, De Palma satiriza os meios de comunicação, como no game show maluco *Peeping Tom*, que dá início ao filme. Como disse o crítico Vincent Canby, do *The New York Times*, o que é engraçado na maioria das sátiras que De Palma faz dos meios de comunicação é o fato de elas parecerem muito autênticas. A sátira racial que ele faz em *Olá, mamãe!* é levada para dentro do *thriller* hitchcockiano (o que, por si só, já o diferencia de toda a obra de Hitchcock).

A escalação de um homem negro (Lisle Wilson) para o papel de vítima da grande sequência de assassinato não é uma sátira, mas, sim, uma pincelada progressista. A sátira se apresenta quando a detetive amadora Grace Collier especula que os policiais estão se recusando a investigar o assassinato porque a vítima é negra. "Aqueles porcos racistas não vão fazer nada quanto a isso." O filme, no entanto, deixa muito claro que não é esse o caso, e que a personagem de Salt, a intrépida repórter investigativa de um jornal local de Staten Island que escreve artigos de opinião com títulos como "Por que os chamamos de porcos?" não passa de uma grande idiota.

Entretanto, a piada racial mais engraçada do filme é quando os participantes do game show *Peeping Tom*, Wilson e sua assassina, Kidder, ganham dois jantares no restaurante Africa Room, de Manhattan, onde homens negros vestidos com um paletó na parte de cima e uma saia de folhas na parte de baixo atendem às mesas, equiparando-se ao restaurante de temática canadense de Joe Dante em *Gremlins 2* (no qual um garçom vestido como um policial de cavalaria pergunta a Zach Galligan: "Posso lhe trazer mais uma cerveja?").*

Mas o que realmente tornou *Irmãs diabólicas* famoso, além de estabelecer uma base para os *thrillers* hitchcockianos que De Palma fez em seguida, é o crescendo do filme até a sequência do assassinato envolvendo um bolo de aniversário e uma faca de açougueiro, até hoje uma das façanhas mais bem-sucedidas na filmografia do diretor. O problema de *Irmãs diabólicas* enquanto *thriller* é que, depois que termina a grande cena de assassinato e a sequência de acobertamento do crime, terminam também todas as emoções. De Palma e a corroteirista, Louise Rose, escreveram apenas o pedaço de um filme, sobre Wilson e Kidder. Toda a parte com Jennifer Salt resume-se ao cineasta tentando terminar o filme o mais rápido possível antes que a boa vontade do público, construída pela vigorosa primeira metade, se esgote. O melhor momento da segunda metade envolve um produto midiático falso. A repórter Grace Collier está assistindo a um documentário de TV sobre as irmãs siamesas Blanchion (Danielle e Dominique) que poderia ter sido feito para a série documental de *Olá, mamãe!* para a ITTV.

A segunda metade do filme, na verdade, tem dois problemas. O primeiro é que De Palma não cria mais nenhuma outra sequência real de suspense. E o segundo é a atuação de Jennifer Salt como Grace Collier. De Palma tenta apresentar sua protagonista, uma repórter feminista, como uma babaca moralista e cabeça-dura. E tenta fazer graça com esse aspecto da personalidade dela. Na primeira cena com o detetive interpretado por Charles Durning, percebemos que ela é meio boba, de uma maneira irritante. E, se prestarmos bastante atenção, talvez até consigamos perceber que algumas das frases ditas por ela foram escritas para serem supostamente engraçadas. Entretanto, a maneira como Salt as interpreta passa uma retroescavadeira

---

* Junto com Duane Jones tanto em *A noite dos mortos-vivos* quanto em *Ganja & Hess*; a respeitável atuação de William Marshall em *Blacula: O vampiro negro*; a vulgaridade cômica da baixinha Carol Speed em *Abby*; e o vigoroso líder de equipe da SWAT interpretado por Ken Foree em *Despertar dos mortos*, Lisle Wilson é um dos poucos personagens negros significativos num filme de horror dos anos 1970.

por cima de qualquer tentativa de comédia. Assim, em vez de ser comicamente boba, a Grace Collier de Salt passa a impressão de ser apenas uma imbecil. Antes de começar a defender os *thrillers* de De Palma, Pauline Kael espinafrou *Irmãs diabólicas*, sobretudo por conta da performance de Salt. E, só para constar, sou um grande fã das performances de Salt nos filmes anteriores de Brian.

Todavia, em 1973, quando assisti a *Irmãs diabólicas* no South Clinton Drive-In, no Tennessee, numa sessão dupla com outro filme bizarro da American-International, *Little Cigars* (sobre uma gangue de anões ladrões de banco liderada por uma loira gostosa e curvilínea interpretada por Angel Tompkins), achei o filme sensacional e a direção, muito empolgante. Eu nunca tinha visto uma sequência com a tela dividida até então. Por muitos anos, sempre que eu pensava nos vários filmes que gostaria de fazer, eles sempre incluíam alguma sequência muito elaborada em tela dividida inspirada no uso que De Palma fez desse recurso. Contudo, no fim das contas, acabei filmando apenas duas, uma delas bem decente, em *Jackie Brown*, que se tornaria um ponto de revelação na trama e não uma mera algazarra cinematográfica. Mas quando Daryl Hannah vem andando pelo corredor do hospital em *Kill Bill vol. 1*, assobiando uma melodia de Bernard Herrmann, e a tela se divide ao meio, é quase como se Brian De Palma tivesse assumido o controle por um momento.

Após o sucesso de *Irmãs diabólicas*, De Palma e Pressman fariam, juntos, *O fantasma do paraíso*, estrelado pelo colega de quarto de Brian na faculdade, William Finley, no papel do Fantasma, e Paul Williams (agora, sim, o diminuto compositor) como Swan, o maligno produtor musical *à la* Phil Spector. Originalmente, a dupla faria o filme com a American-International Pictures, que estava muito satisfeita com De Palma e Pressman após o sucesso de *Irmãs diabólicas*. No entanto, quando o estúdio rejeitou o orçamento apresentado por De Palma, o diretor e o produtor novamente se lançaram na empreitada sozinhos, usando o dinheiro que haviam ganhado com *Irmãs diabólicas* para financiar a pré-produção do filme. No fim das contas, eles acabaram conseguindo convencer um empresário do ramo imobiliário chamado Gustave Berne, que havia investido em três filmes de horror da época (*As 7 máscaras da morte*, *O asilo do terror* e *Os gritos que aterrorizam*), a investir os 750 mil dólares de que precisavam para fazer o filme (ao que parece, eles precisavam de mais, porque, no começo, os cheques usados para pagar a equipe voltavam toda semana, e a produção estava sempre correndo o risco de ser interrompida).

Apesar disso, a parte engraçada sobre a parceria entre De Palma e Pressman é que tanto *Irmãs diabólicas* quanto *O fantasma do paraíso* foram produções da Pressman-Williams Enterprises. O que significa dizer que os dois Paul Williams estiveram envolvidos na realização de *O fantasma do paraíso*.*

---

* O cineasta Paul Williams foi um talento realmente empolgante dessa época de filmes independentes. *Out of It*, filme feito por ele sobre uma escola de Long Island estrelado por Barry Gordon e um Jon Voight antes da fama, é uma besteirinha cativante que joga um final espetacular no colo das desavisadas plateias. Voight, depois de fazer *Perdidos na noite*, voltou a se juntar a ele para estrelar o interessante *O revolucionário* (que também conta com Jennifer Salt). A certa altura, no comecinho da produção de *Caminhos perigosos* (que Ed Pressman *quase* produziu), Martin Scorsese tentou colocar Voight no filme, no papel que acabaria ficando com Harvey Keitel. Em suas tentativas de convencê-lo, Scorsese chegou a escalar David Proval e Richard Romanus, dois atores que havia conhecido nas aulas de interpretação que Voight ministrava em Los Angeles.

Perguntei a Martin por que Voight acabou não fazendo o filme. Ele me disse: "Jon Voight era um ator maravilhoso, e conversamos sobre a possibilidade durante um bom tempo. E ele estava começando a considerar de verdade. Contudo, depois de *Perdidos na noite*, ele havia se tornado um grande astro, e aparecer num filme para o qual [o produtor Jonathan] Taplin tinha conseguido arrecadar apenas 650 mil dólares não parecia adequado. Além do mais, naquela época ele estava trabalhando com um cara chamado Paul Williams. Ele era o cara de confiança do Paul. Se ele fosse fazer um filme independente de baixo orçamento, seria com Paul."

Daisy Miller

(1974)

Vários cineastas norte-americanos antissistema pós-anos 1960 tentaram adaptar grandes nomes da literatura e do teatro. Mike Nichols com Edward Albee, Joseph Heller e Jules Feiffer. Frank Perry adaptou *Play It as It Lays*, de Joan Didion. Arthur Penn fez *Pequeno grande homem*, de Thomas Berger. Paul Mazursky produziu uma adaptação moderna de *A tempestade*, de Shakespeare, e *Inimigos, uma história de amor*, de Isaac Bashevis Singer. Hal Ashby fez *Muito além do jardim*. A obra-prima de Richard Rush foi *O substituto*, uma adaptação do romance cômico, sombrio e paranoico *The Stunt Man*, de Paul Brodeur. E a obra-prima de Richard Lester seria sua reinvenção de *Os três mosqueteiros*, de Alexandre Dumas, na forma de uma brilhante comédia-pastelão (que considero um dos maiores filmes de época de todos os tempos).

Os equivalentes europeus foram ainda mais longe. John Schlesinger adaptou Thomas Hardy e Nathanael West. Roman Polanski adaptou Shakespeare e Thomas Hardy. Franco Zeffirelli construiu toda uma carreira adaptando Shakespeare. Milos Forman adaptou Ken Kesey, E. L. Doctorow e fez uma versão genuinamente terrível de *Hair*, de Ragni e Rado. Ken Russell deu seu toque inconfundível às obras de D. H. Lawrence e Aldous Huxley (sem falar em todas aquelas pseudobiografias de grandes compositores).

Em contrapartida, quando adaptavam romances, os *movie brats* tendiam a escolher livros populares (*O Poderoso Chefão*, *A última ses-*

são de cinema, *Carrie, a estranha*, *Addie Pray*, *A fúria*). Isso mudaria nos anos 1980 e 1990, quando todos eles deram uma guinada para a alta literatura. Scorsese adaptou Edith Wharton, Spielberg adaptou J. G. Ballard e Alice Walker, Coppola se debruçou sobre a criação mais famosa de Bram Stoker, Paul Schrader adaptou Mishima e dirigiu Harold Pinter e De Palma caiu de cara no chão e nunca mais se levantou depois de arruinar a obra de Tom Wolfe.*

Nos anos 1970, porém, o único deles a encarar — de peito aberto — uma adaptação de um clássico da literatura foi Peter Bogdanovich, com *Daisy Miller*, de Henry James (sim, estou ciente de que Michael Pye não inclui Bogdanovich na sua lista de *movie brats*, mas eu incluo).

O que diferencia a adaptação de *Daisy Miller* de *Longe deste insensato mundo*, de *Tess d'Urbervilles*, de *Os europeus*, de *A época da inocência* ou da atmosfera do programa de TV *Masterpiece Theatre* que permeia a maioria das adaptações de literatura clássica para o cinema é a abordagem de Bogdanovich. Ele se esforça para transformar a primeira metade do filme numa comédia. *Daisy Miller* tenta (com sucesso) aplicar um ritmo humorístico ao texto à maneira de Hawks, com diálogos sobrepostos e acelerados. Isso quer dizer que ele simplesmente botou as personagens para falar bem rápido?

Sim.

Peter tinha uma desenvoltura para esse tipo de diálogo humorístico e sobreposto (sem improvisos) de que os pares dele careciam (talento similar só foi aparecer em Bob Clark, na série de filmes *Porky's*). Mas é preciso reconhecer que o filme começa de um jeito meio bizarro. O tom da cena de abertura entre o Winterbourne de Barry Brown e o irmão de Daisy, Randolph (James McMurtry), de 9 anos de idade,

---

* Em sua fase da nova onda de cineastas de Nova York, De Palma filmou inteiramente em tela dividida, o que era estranhíssimo para a época, uma montagem de *As bacantes*, de Eurípedes, feita pelo Living Theatre e batizada de *Dionysus*, que, sem dúvida, influenciou uma das maiores façanhas cinematográficas desse cineasta, a sequência de *Be Black Baby* em *Olá, mamãe!*. E, tecnicamente, *Apocalypse Now* é uma adaptação de *Coração das trevas*, o romance de Joseph Conrad. Mesmo assim, o roteirista John Milius ficou perplexo quando o filme foi indicado na categoria de Melhor Roteiro Adaptado para o Oscar de 1980, alegando, furiosamente, que se tratava de um roteiro original.

é um tanto desconcertante. Conseguimos entender o que Peter está tentando fazer, mas não temos lá muita certeza de que vai funcionar.

O filme, no entanto, vai ganhando força conforme avança, e termina com um soco no estômago do espectador. *Daisy Miller* não é só *muito* engraçado, como também nos deixa profundamente tristes enquanto vemos os créditos subindo.

Bogdanovich fez um filme no estilo das adaptações literárias suaves e divertidas produzidas por Hollywood nas décadas de 1930 e 1940, como *Anna Karenina* e *A Dama das Camélias*, com Garbo, *O corcunda de Notre-Dame*, com Charles Laughton, *A queda da Bastilha*, com Ronald Colman, e *O morro dos ventos uivantes*, com Laurence Olivier. Peter abordou o material da mesma forma que o herói dele, Howard Hawks, teria feito nos anos 1940 (embora haja toda uma dimensão de beleza fotográfica que teria passado batida numa obra de Hawks). Ele inclusive fez o filme pelo mesmo motivo que Hawks provavelmente teria feito: não porque fosse um grande devoto da obra de Henry James, mas porque ela seria um veículo perfeito para Cybill Shepherd (dá para imaginar Hawks fazendo o mesmo com Frances Farmer).

Tudo bem que Bogdanovich superestimava os talentos de Shepherd. Mas ela de fato tinha uma facilidade para os diálogos humorísticos em alta velocidade *à la* Hawks — algo que demonstra de forma muito efetiva tanto em *Daisy Miller* quanto em *Amor, eterno amor*, bem como nas cenas com Albert Brooks em *Taxi Driver* e em *O banco dos trapaceiros*, de Ivan Passer, o que levou ao espetacular retorno nos anos 1980 com o seriado de TV *A gata e o rato*, que fez enorme sucesso.

Shepherd está totalmente convincente no papel de Daisy Miller, mas não da mesma forma que uma atriz clássica interpretando o papel estaria, algo a que estamos acostumados a ver quando assistimos a uma versão dramatizada de um clássico da literatura (Olivia de Havilland em *Tarde demais*, por exemplo). Ao transformar a história numa intensa troca de diálogos cômicos, Bogdanovich colocou o material em sintonia com os pontos fortes de Shepherd.

Ao mesmo tempo, Bogdanovich parecia estar ciente de um paralelo entre a personagem e a intérprete. Assim como a inocente Daisy parece totalmente deslocada no papel de uma expatriada vivendo em meio à alta sociedade de Roma, Cybill parece totalmente deslocada naquela suntuosa produção épica.

Mas Shepherd, assim como Miller, mostra-se à altura do desafio.

Ela compartilha com Miller o prazer de ser ligeiramente inadequada, o senso de humor sarcástico e a habilidade em manipular os homens para lhe satisfazer os caprichos. Além disso, demonstra o mesmo traço de rebeldia norte-americana de Daisy, de "ligar o foda-se". É essa qualidade que a faz rejeitar a exigência da sra. Walker (Eileen Brennan) para que se conforme e aceite as orientações dela sobre como se portar em sociedade. Trata-se de uma decisão que efetivamente encerra a vida de Daisy nas rodas de expatriados ingleses da alta sociedade em Roma e, *em última análise*, acaba levando-a à morte.

Shepherd demonstra esse mesmo espírito de "ligar o foda-se" ao usar a heroína de Henry James como um luxuoso veículo para o estrelato, enquanto era dirigida pelo próprio namorado. Tanto Miller quanto Shepherd têm essa mesma atitude de "não estar nem aí para as consequências". Mas, enquanto no caso de Daisy essa atitude leva à tragédia, no caso de Shepherd, após os quinze minutos iniciais do filme, apenas a leva a crescer no papel (até mesmo Pauline Kael se viu obrigada a admitir isso, algo que jamais a imaginaríamos fazendo por outras atrizes da mesma cepa, como Ali MacGraw ou Candice Bergen).

Na história de Bogdanovich, o destino de Daisy chega de forma repentina e insensível, o que nos provoca uma forte reação emocional.

E essa reação é obtida pela afinidade que Cybill Shepherd tem com Daisy Miller. O final nos deixa perplexos e tristes pelo que acontece, pelo destino de uma personagem de que não temos sequer a certeza de que realmente gostávamos.

Essa conclusão também reverbera a vida real. E ela tem a ver com o triste destino do protagonista masculino do filme, Barry Brown, que interpreta o norte-americano Frederick Winterbourne, o qual tenta seduzir Daisy e nos conta a história dele.

Barry Brown foi um jovem ator que surgiu no fim dos anos 1960 e começo da década de 1970, aparecendo em programas de TV como *The Mod Squad* e *Ironside* e interpretando pequenos papéis em filmes como *Sem lei e sem esperança*, de Phillip Kaufman. Ele também é um dos garotos brancos apavorados, ao lado de Jeff Bridges e Rob Reiner, que vão parar numa escola cheia de garotos negros assustadores em *Muralhas de ódio*.

Ele era um protagonista no estilo de Andrew Prine.

Magrelo, bonito, sensível e suave.

Um homem ingênuo.

Surpreendentemente, Brown também era um especialista em cinema de gênero, e escrevia com frequência para revistas dedicadas aos filmes de terror, como *Castle of Frankenstein* (a *Fangoria* do fim dos anos 1960 e começo dos anos 1970) e *Magick Theatre*. Na edição de número 10 de *Castle of Frankenstein*, inclusive, ele publicou um texto fantástico sobre o vício em morfina de Béla Lugosi.

Em 1972, o roteirista de *Bonnie & Clyde*, Robert Benton, fez a estreia na direção com *Má companhia* e escalou Barry Brown como protagonista do filme, juntamente com Jeff Bridges.

Brown e Bridges acabaram se revelando uma grande dupla: Bridges com a masculinidade de rapaz norte-americano do interior e Brown contrastando com a sensibilidade intelectual.

Em seguida, Bogdanovich o escalou para interpretar Winterbourne em *Daisy Miller*, o verdadeiro protagonista do filme e *nossa* testemunha das aventuras e desventuras de Daisy (o fato de Brown se parecer com Bogdanovich provavelmente também não o atrapalhou em nada). Peter teve alguns problemas com Brown (a maior parte deles por conta do álcool), mas essa ainda é uma das maiores atuações em toda a filmografia do diretor.

O maior obstáculo enfrentado por Cybill Shepherd em *Daisy Miller* foi a modernidade natural que lhe era característica, com a qual teve que lutar para atuar num filme de época. Para essa história em especial, porém, isso não chegava a ser tão ruim, uma vez que, no mundo em que tenta se inserir, Daisy é de fato considerada excessivamente moderna. Já Barry Brown, assim como Eileen Brennan, era bastante apropriado para a época que estava sendo retratada. Ele entra no filme como se tivesse acabado de sair de um quadro de Chagall. Um quadro para o qual retornará assim que ela chegar ao fim.

Nós assistimos enquanto Daisy puxa a coleira de Winterbourne e o faz saltitar.

Nós o vemos tentando acompanhá-la, incansável, sem jamais obter sucesso.

Nós o vemos se encantando com o espírito libertário dela... até que esse encanto se perde.

Por fim, nós o vemos traí-la.

E é só nessa última cena que nós e Winterbourne sentimos a perda e o preço dessa traição, e ficamos devastados.

O que tudo isso significou?

O que Daisy significava para ele e o que significará dali em diante?

Será que se transformará apenas no personagem de uma história dele?

Como se encaixará nessa história?

Qual será o papel de Winterbourne?

Além da mãe e do irmãozinho, será que Winterbourne é a única pessoa a se importar com Daisy o suficiente para contar a história dela?

O questionamento que a atuação de Barry Brown propõe aos espectadores é o seguinte: Winterbourne será assombrado para sempre pelo encontro com Daisy Miller ou a lembrança se tornará insignificante ao longo do tempo?

Depois de *Daisy Miller*, Brown nunca mais voltou a ser escalado para o papel de protagonista num filme de estúdio (embora tenha protagonizado um *thriller* de esqui muito divertido, dirigido pelo subestimadíssimo Robert Butler, intitulado *O último desafio*).

Assim, no fim dos anos 1970, Brown retornaria à televisão, fazendo participações especiais em programas como *Police Woman* e *Barnaby Jones*. Apesar disso, ele tem um papel de destaque em *Piranha*, a seminal imitação de *Tubarão* dirigida por Joe Dante.

Então, no ano do lançamento desse filme, aos 27 anos de idade, Barry Brown tirou a própria vida, transformando todos nós, que havíamos gostado de Barry Brown no final de *Daisy Miller*, em Winterbourne.

Quem foi Barry Brown?
O que tudo isso significou?
Será que sou a única pessoa que se lembra dele?
Será que isso é o suficiente?

THE

by **Barry Brown**

One of the last pictures ever taken of Bela Lugosi.

Bela Lugosi's death from a heart attack ten years ago, on August 16, 1956, did not come as an overwhelming surprise, but, rather, as an inevitable eclaircissement of a tragic twenty-year siege of narcotics.

In 1957, a film titled **HATFUL OF RAIN** was released. In its early stages it had been an Actors Studio improvisation project which was developed and expanded by playwright Michael Gazzo. Johnny Pope (Don Murray) is a GI who was treated with morphine to relieve intense pain gained from battle wounds. After discharge, he discovered that, due to his dependence on morphine, he has become an addict. The remainder of the film deals with the struggle to combat this addition and closes with Pope's entrance into a hospital. This dramatization was not unlike the calamitous non-fictionization of Bela Lugosi. Lugosi's struggle lasted a third of his lifetime and climaxed with a moderately triumphant return to prominence.

In 1935, while working at MGM on **MARK OF THE VAMPIRE**, Lugosi began receiving doses of morphine under legal medical attention to relieve what he later described as "shooting pains in my legs." When he was refused additional treatments of the drug, Lugosi established underworld sources for obtaining the narcotic. He developed a strong habit during the following three years. "I knew after a time it was getting out of control," recalled Lugosi during a 1955 interview with a **Los Angeles Times** reporter.

In 1938, Lugosi took a trip to England where he "heard of a drug less harmful than morphine." The new drug Lugosi found was metha-

TRUE FACTS BEHIND LUGOSI'S TRAGIC DRUG ADDICTION*

done (short for methadone hydrochloride), a white powder stimulant very similar to morphine in its effect. Today, methadone is widely used in withdrawal cures by such treatment clinics as the Lexington Addiction Research Center. Administered in small doses exclusively, it can ease the painful symptoms of withdrawal.

"I smuggled a big box of it back," stated Lugosi. "I guess I brought a pound." From then until the early Fifties, Lugosi's nervous system was made to adapt to methadone and Demerol, a potent morphine-like synthetic which he first used in the late Forties. Demerol (short for meperidine hydrochloride) is a colorless liquid that can be dissolved and taken in a glass of water. Even with the switch to these substitutes, prolonged usage took its toll on Lugosi, who said later, "I didn't eat. I got sicker and sicker."

During this time, his fourth wife, Lillian, did her best to aid her husband in an unpublicized recovery. She persistently reduced his methadone doses to smaller quantities, and this period was undoubtedly an ordeal for her as well. Feeling, perhaps, that she had accomplished a great deal, Lillian Lugosi then left Bela, who had seemingly relinquished his dependence on drugs. Her cure was almost identical to the treatment Lugosi would have received in an addiction center.

But, psychologically, Bela was still unprepared to throw himself back into his career. He later described the experience this way: "She gave me the shots. And she weaned me. Finally, I got only the bare needle. A fake shot, that's all. I was done with it. Then she left me. She took our son. He was my flesh. I went back on the drugs. My

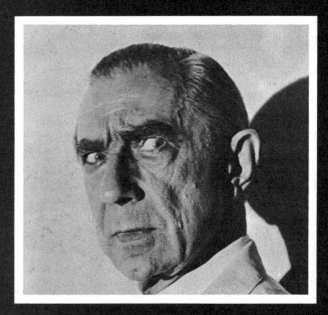

heart was broken."

After his divorce from Lillian in 1953, and the subsequent court decision that awarded Bela Jr. to her, Lugosi lived in an apartment at 5714 Carlton Way. On April 21, 1955, accompanied by writer Manley Hall, who had aided in Lugosi's support since the divorce, Bela entered Los Angeles General Hospital's mental health and hygiene department and requested that he be committed for treatment. At this time, Lugosi's weight was an appalling 125 pounds, a sharp contrast to his former husky and towering frame.

Fast legal provisions were arranged. Lugosi spent the night at General Hospital and, on the next day, April 22, he attended a 45-minute court hearing in which he pleaded for treatment at a medical center. Superior Judge Wallace Ward granted that Lugosi be committed to Metropolitan State Hospital in Norwalk, California, for a minimum of three months or a maximum of two years.

The news media was comparatively uncompromising in Lugosi's case, plastering front pages with headlines such as **"Bela Lugosi Ad-**
Continued

The former Lillian Lugosi and Brian Donlevy shortly after their wedding last year. Lugosi's wife aided in his recovery.

The Hollywood apartment house where Lugosi died.

mits He's Used Narcotics For Twenty Years" and "Bela Commits Himself As Dope Addict." Psychiatrists at General Hospital at first refused to answer any questions about Lugosi's condition or the nature of the drugs, but within a month after the first public word was released, all known details of his unfortunate experience had been exploited.

Lugosi's professionalism and strong will prevailed throughout his tragedy, however, and on August 2, 1955, he passed a staff health examination. On Friday, August 5, 1955, after spending 105 days in the hospital, he was released. In an interview with **Newsweek**, Lugosi stated that his rehabilitation was "the greatest thing that ever happened to me."

Fifteen days later, he began work on United Artists' **BLACK SLEEP** along with Basil Rathbone, Lon Chaney Jr., Akim Tamiroff, John Carradine and Tor Johnson. (Johnson appeared with Lugosi in all the films of his post-narcotics career.) Seven days after beginning **BLACK SLEEP**, on April 24, 1955, Lugosi married his fifth wife —Hope Linninger, a clerk in a film studio editing department who had been a fan-correspondent of Lugosi since the Thirties. They moved to an apartment at 5620 Harold Way, which lies between Hollywood Boulevard and Sunset Boulevard in Hollywood. The 73-year old actor was completely recovered though old age was now seriously hampering him. He was deaf in one ear and suffered from arthritis. Nevertheless, he starred in Banner Productions' low-budget **BRIDE OF THE MONSTER**. Released in February of 1956, it also featured a gorilla and Tor Johnson.

Not much later, Lugosi accepted a supporting role in what was to become his last film—**PLAN 9 FROM OUTER SPACE**. The stars were Tom Keene (1896-1963), Gregory Walcott, Vampira and, of course, Tor Johnson. Lugosi played a scientist in contact with outer space invaders who entered the bodies of deceased Earth citizens. The film was not released until July of 1959.

On a quiet evening on August 16, 1956, Hope Lugosi left the apartment on Harold Way to buy groceries at a store only a few blocks away. Bela was in bed resting. She headed home around seven o'clock, little realizing that an hour or two later she would be saying, "He didn't answer me when I spoke so I went to him. I could feel no pulse! Apparently he must have died a very short time before I arrived. He was just terrified of death. Toward the end he was very weary, but he was still afraid of death. Three nights before he died he was sitting on the edge of the bed. I asked him if he were still afraid to die. He told me that he was. I did my best to comfort him, but you might as well save your breath with people like that. They're still going to be afraid of death."

Bela Lugosi, filmdom's disdained but beloved Dracula, had died of a heart attack at approximately 6:45 PM. He was buried two days later at Lot 120 in the Grotto section of Holy Cross Cemetery.

Lugosi's career was filled with ephemeral film plots which all sprang from his one ethereal characterization . . . a cinema milestone . . . **DRACULA**. He died without achieving his greatest wish: to be acknowledged and revered for his dramatic talent. Like the fatalistic suicide of Marilyn Monroe, Lugosi's tragic pilgrimage through the dreary drug world once again proved Hollywood's misuse of true talent.

—Barry Brown

* OS FATOS REAIS POR TRÁS DO TRÁGICO VÍCIO EM DROGAS DE BÉLA LUGOSI

por Barry Brown

A morte de Béla Lugosi, por ataque cardíaco, dez anos atrás, no dia 16 de agosto de 1956, não foi uma surpresa devastadora, mas um desfecho inevitável de uma história trágica de vinte anos de vício em narcóticos.

Em 1957, um filme intitulado *Cárcere sem grades* foi lançado. Em seus primeiros estágios, ele havia sido um projeto de improvisação do Actors Studio, desenvolvido e ampliado pelo dramaturgo Michael Gazzo. Johnny Pope (Don Murray) é um soldado tratado com morfina para aliviar as dores intensas causadas por ferimentos de batalha. Após sua dispensa, ele descobre que, devido ao uso contínuo da substância, tornou-se dependente. O restante do filme fala de sua luta contra o vício, e termina com a internação de Pope num hospital. Essa dramatização não difere muito da calamitosa existência não ficcional de Béla Lugosi. A luta de Lugosi durou um terço de sua vida, e chegou ao clímax com um retorno moderadamente triunfante à proeminência.

Em 1935, enquanto trabalhava em *A marca do vampiro*, para a MGM, Lugosi começou a receber doses de morfina sob orientação médica para aliviar o que, mais tarde, ele descreveria como "dores lancinantes nas pernas". Quando lhe foram negadas doses adicionais da droga, Lugosi recorreu a fontes do submundo para obter o narcótico. Ele desenvolveu um forte hábito de consumo ao longo dos três anos seguintes. "Eu sabia, depois de um tempo, que estava perdendo o controle", lembrou Lugosi durante uma entrevista a um repórter do *Los Angeles Times* em 1955.

Em 1938, Lugosi fez uma viagem à Inglaterra, onde ouviu falar de "uma droga menos danosa que a morfina". A nova droga que ele havia descoberto era a metadona (abreviatura de cloridrato de metadona), um pó branco estimulante muito similar à morfina em seus efeitos. Hoje em dia, a metadona é amplamente utilizada para auxiliar no tratamento da síndrome de abstinência em clínicas como o Lexington Addiction Research Center. Administrada exclusivamente em doses pequenas, ela pode ajudar a aliviar os dolorosos sintomas da abstinência.

"Contrabandeei uma enorme caixa para cá", declarou Lugosi. "Acho que cerca de meio quilo." Daí em diante, até o começo dos anos 1950, o sistema nervoso de Lugosi foi se adaptando à metadona e à meperidina, uma potente substância sintética semelhante à morfina que começou a ser usada nos anos 1940. A meperidina (abreviatura de cloridrato de meperidina) é um líquido incolor que pode ser diluído e tomado com água. Mesmo com a mudança da morfina para esses substitutos, o uso prolongado cobrou um preço de Lugosi, que, mais tarde, disse: "Eu não comia, e fui ficando cada vez mais doente."

Durante essa época, sua quarta esposa, Lillian, fez o melhor que pôde para ajudar o marido em um processo de recuperação que passou longe das manchetes dos jornais. Ela reduzia persistentemente suas doses de metadona para quantidades cada vez menores, num período que, sem sombra de dúvida, foi uma provação para ela também. Acreditando, talvez, ter cumprido sua grande tarefa, Lillian acabou deixando Béla, que, aparentemente, havia se livrado da dependência. Seu método foi praticamente idêntico ao tratamento que Lugosi teria recebido num centro de reabilitação.

Do ponto de vista psicológico, entretanto, Béla ainda não estava preparado para retornar à sua carreira de ator. Mais tarde, ele assim descreveria a experiência: "Era ela quem me dava as injeções. E ela foi me desmamando aos poucos. No final, tudo que eu recebia era uma seringa vazia. Uma dose falsa, e ponto. Parei de usar. Então, ela me deixou, e levou nosso filho com ela. Ele era sangue do meu sangue. Acabei voltando para as drogas. Meu coração estava partido."

Depois de seu divórcio de Lillian, em 1953, e da decisão judicial que daria a ela a guarda de Béla Jr., Lugosi se mudou para um apartamento no número 5741 da Carlton Way. No dia 21 de abril de 1955, acompanhado do escritor Manley Hall, que vinha prestando assistência a Lugosi desde o divórcio, Béla deu entrada na ala psiquiátrica do Los Angeles General Hospital, em busca de tratamento. Pesava então impressionantes 56 quilos, um contraste brusco com sua figura robusta e imponente.

Os procedimentos legais foram agilizados rapidamente. Lugosi passou a noite no hospital e, no dia seguinte, 22 de abril, compareceu a uma audiência na justiça onde pediu para ser internado numa clínica. O juiz Wallace Ward determinou que Lugosi fosse internado no Metropolitan State Hospital de Norwalk, na Califórnia, por um período mínimo de três meses e máximo de dois anos.

Os meios de comunicação foram relativamente duros com o caso, estampando suas capas com manchetes como "Béla Lugosi admite que usou narcóticos por vinte anos" e "Béla reconhece ser viciado em drogas". A princípio, os psiquiatras do Los Angeles General Hospital recusaram-se a responder a qualquer pergunta sobre a condição de Lugosi ou sobre a natureza das drogas, mas, cerca de um mês depois de o assunto se tornar público, todos os detalhes dessa infeliz experiência já haviam sido profundamente explorados.

O profissionalismo e a determinação de Lugosi prevaleceram durante toda a sua tragédia pessoal, e, no dia 2 de agosto de 1955, ele passou por um exame médico. Na sexta-feira, 5 de agosto de 1955, após uma temporada de 105 dias no hospital, ele recebeu alta. Em entrevista para a *Newsweek*, Lugosi declarou que sua reabilitação havia sido "a melhor coisa que já me aconteceu".

Quinze dias depois ele começou a trabalhar em *A torre dos monstros*, da United Artists, ao lado de Basil Rathbone, Lon Chaney Jr., Akim Tamiroff, John Carradine e Tor Johnson (Johnson atuaria com Lugosi em todos os filmes de sua carreira pós-narcóticos). Sete dias após o começo das filmagens, em 24 de abril de 1955, Lugosi casou-se com sua quinta esposa — Hope Linninger, recepcionista do departamento de edição de um estúdio com quem ele vinha se correspondendo desde os anos 1930. Eles foram morar juntos num apartamento no número 5620 da Harold Way, entre o Hollywood Boulevard e o Sunset Boulevard, em Hollywood. Aos 73 anos, o ator estava plenamente recuperado, muito embora a idade avançada o limitasse severamente. Ele estava surdo de um dos ouvidos e sofria de artrite. Apesar disso, estrelou um filme de baixo orçamento da Banner Productions, *A noiva do monstro*. Lançado em fevereiro de 1956, o filme também trazia no elenco um gorila e Tor Johnson.

Não muito tempo depois, Lugosi aceitou um papel de coadjuvante naquele que seria seu último filme — *Plano 9 do espaço sideral*. Os astros do filme eram Tom Keene (1896-1963), Gregory Walcott, Vampira e, claro, Tor Johnson. Lugosi interpretava um cientista em contato com invasores do espaço sideral que ocupavam os corpos de terráqueos mortos. O filme só foi lançado em julho de 1959.

Num fim de tarde tranquilo, em 16 de agosto de 1956, Hope Lugosi deixou seu apartamento na Harold Way para fazer compras num mercado a poucos quarteirões de distância. Béla estava na cama, descansando. Ela voltou para casa por volta das sete da noite, sem imaginar que, uma ou duas horas mais tarde, estaria dizendo: "Ele não respondeu quando eu o chamei, então fui ver como ele estava. E não senti seu pulso! Ao que parece, ele morreu muito pouco tempo depois que eu cheguei. Ele tinha muito medo da morte. No fim da vida, estava muito cansado, mas ainda tinha medo de morrer. Três noites antes, ele estava sentado na beira da cama e perguntei se ainda tinha medo da morte. Ele me disse que sim. Fiz o melhor que pude para confortá-lo, mas, com pessoas assim, o melhor que podemos fazer é poupar o fôlego. Elas vão continuar com medo da morte de qualquer jeito."

Béla Lugosi, desprezado pela indústria do cinema, mas amado por seu Drácula, morreu de um ataque cardíaco aproximadamente às 18h45. Ele foi enterrado dois dias depois, no Lote 120, perto da gruta do cemitério Holy Cross.

A carreira de Lugosi foi permeada de filmes de tramas efêmeras, todas baseadas em sua caracterização mais etérea... um marco do cinema... *Drácula*. Ele morreu sem realizar seu maior desejo: ser reconhecido e reverenciado por seu talento dramático. Assim como o melancólico suicídio de Marilyn Monroe, a trágica peregrinação de Lugosi pelo terrível mundo das drogas é mais uma prova do quanto Hollywood desperdiça seus maiores talentos.

Legenda da figura 1: Um dos últimos registros fotográficos de Béla Lugosi.

Legenda da figura 4: Lillian Lugosi e Brian Donlevy pouco tempo após seu casamento no ano passado. A ex-mulher de Lugosi o ajudou durante sua recuperação.

Legenda da figura 5: O prédio de apartamentos em Hollywood onde Lugosi faleceu.

Taxi Driver

(1976)

No filme de estreia de Martin Scorsese, *Quem bate à minha porta?*, o protagonista J. R. (Harvey Keitel) inicia uma relação com a Garota (Zina Bethune) quando a vê na balsa de Staten Island lendo uma revista de moda francesa que traz uma foto do filme *Rastros de ódio*. Harvey, então, começa a descrever, longa e detalhadamente, o "épico de Wayne" para Zina.

Quando os marginais italianos de *Caminhos perigosos* vão ao cinema após roubar o dinheiro que os moleques de Scarsdale usariam para comprar fogos de artifício, é a *Rastros de ódio* que eles assistem (muito embora eu duvide que, na vida real, Scorsese seria tão tolerante com o mau comportamento de Tony no cinema como Charlie parece ser).

Assim como Kenneth Anger usou discos de rock de sua coleção particular na trilha sonora de *Scorpio Rising*, Scorsese fez o mesmo em *Quem bate à minha porta?*, focando, sobretudo, em vinis de *doo-wop* e *rhythm and blues* e ignorando, de maneira provocativa, a música que fazia sucesso na época (isto é, as bandas britânicas), exceto por um grupo: naturalmente, The Searchers (o título original de *Rastros de ódio* em inglês).

Além de todos os acenos a *Rastros de ódio*, existem outras referências a John Ford na estreia de Scorsese, entre elas, uma cena em que J. R. monopoliza as atenções da Garota falando sobre o personagem Liberty Valance, interpretado por Lee Marvin.

Em seu épico de baixo orçamento produzido por Roger Corman, *Sexy e marginal*, toda a concepção cinematográfica dos anos 1930 é derivada de *Vinhas da ira*, de Ford. Além disso, assim como Bogdanovich (em *A última sessão de cinema*), Spielberg (em *Louca escapada*) e Milius (em *Dillinger: O gângster dos gângsteres*) usam Ben Johnson, ator recorrente nos filmes de Ford, como personificação do ideal mítico deste cineasta, o jovem Martin faz o mesmo com outro ator recorrente dele, John Carradine, em *Sexy e marginal*.

Isso sem mencionar os dois roteiros em que Paul Schrader reescreveu *Rastros de ódio*: primeiro *Taxi Driver*, dirigido por Scorsese, e depois *Hardcore: No submundo do sexo*, dirigido pelo próprio Schrader. *Taxi Driver* não é um "remake parafraseado" de *Rastros de ódio* da mesma maneira que *Essa pequena é uma parada*, de Bogdanovich, é um remake parafraseado de *Levada da breca*, de Hawks, ou como *Vestida para matar*, de De Palma, é um remake parafraseado de *Psicose*, de Hitchcock. É, no entanto, o mais próximo que podemos chegar de um remake parafraseado que não é, efetivamente, um remake parafraseado. O protagonista, o taxista Travis Bickle, interpretado por Robert De Niro, *é* o Ethan Edwards de John Wayne.

Em *Scorsese on Scorsese*, o diretor explica: "Eu estava pensando no personagem de John Wayne em *Rastros de ódio*. Ele não fala muito. [...] Não pertence a lugar algum, já que acabou de lutar e perder uma guerra na qual acreditava, mas ele tem muito amor dentro de si, um amor que foi arrancado dele. Ele passa um pouco do ponto e, durante a longa busca pela garotinha, mata mais búfalos do que o necessário, porque isso significa menos comida para os comanches. O tempo todo, porém, permanece confiante de que vão encontrá-la."

A Betsy de Cybill Shepherd é Martha (a mulher que Ethan ama, mas não pode ter). A prostituta infantil Iris Steensma, interpretada por Jodie Foster, é a Debbie de Natalie Wood (uma criança inocente que ele pode salvar das mãos dos selvagens). E o cafetão Sport, de Harvey Keitel, é o guerreiro comanche Scar, de Henry Brandon. Em *Quem bate à minha porta?*, Harvey conversa longamente com Zina sobre o Scar de Brandon. "Ele era muito mais cruel do que Wayne jamais poderia ter sido [há controvérsias], mas era o vilão. Tem um monte de comanches muito cruéis nesse filme."

No filme de Ford, não é apenas a garotinha que precisa ser *salva*, é a pele branca e a herança anglo-saxã que precisam ser *vingadas*, depois de terem sido maculadas por Scar, o selvagem de pele escura.

Entretanto, para entender verdadeiramente a dualidade entre os dois filmes, é preciso analisar o roteiro de Paul Schrader e as intenções originais.

Taxi Driver conta a história de um homem solitário chamado Travis Bickle (Robert De Niro). Ele é um dos incontáveis anônimos que povoam as grandes cidades norte-americanas: homens solitários, vivendo vidas solitárias, sem família, amigos ou amores.

A única maneira que ele encontra para se expressar é por meio de um diário, o qual é preenchido interminavelmente e que ninguém jamais lerá.

No começo do filme, Travis quase parece um inocente insatisfeito. Contudo, parte do apelo do filme vem de vermos o personagem gradualmente *perdendo* essa inocência. E o que se torna ao mesmo tempo aterrador e emocionante é descobrir o que substitui essa inocência perdida.

Paul Schrader e Martin Scorsese pintam um retrato desse homem desiludido por meio de uma crônica da existência dele dia após dia, semana após semana, mês após mês. Conforme o filme vai nos conduzindo pela rotina de Travis, começamos a ver como é fácil para ele se entregar a fantasias de violência, detectando todo tipo de injustiça e desenvolvendo uma necessidade de ação que só pode ser saciada com o derramamento de sangue. Vemos como é fácil para Travis — por conta da solidão — se tornar, primeiro, um maluco, depois um perturbado e, por fim, um sociopata.

Uma das grandes aflições de *Taxi Driver* é o fato de ter sido filmado a partir da perspectiva de Travis Bickle. E essa perspectiva é a de um homem racista.

Não um racista falastrão como o Joe de Peter Boyle em *Joe: Das drogas à morte* nem o tipo de caipira racista pelo qual Don Stroud ficou conhecido na época.

Travis nunca diz nada abertamente racista sobre as pessoas negras de Nova York com quem divide as ruas.

Nunca os chama de "crioulos".

Os personagens de *Caminhos perigosos* usam essa palavra. Assim como o próprio Scorsese, ao interpretar um passageiro traído levado por Travis, que fica o tempo todo fantasiando sobre o estrago que uma Magnum .44 poderia fazer na boceta da esposa.

O Wizard de Peter Boyle se refere aos negros como "mau-mau".

A única vez que Travis se refere aos negros durante todo o filme, ele usa a palavra "assombrações", e num contexto em que fala sobre a atividade profissional dele como taxista: "Alguns não levam assombrações. Para mim, não faz a menor diferença."

Ainda assim, o filme deixa bem claro que Bickle vê os negros como figuras malignas e criminosas e rechaça qualquer contato com eles. São pessoas que devem ser temidas, ou, no mínimo, evitadas. E, como assistimos ao filme do ponto de vista dele, fazemos o mesmo (aquela cena maravilhosa em que a câmera mostra, de baixo para cima, o cafetão negro na lanchonete 24 horas batendo com o dedo na mesa). Parte do incômodo que o espectador sente enquanto assiste ao filme vem da pergunta que ele o obriga a fazer a si mesmo.

Taxi Driver é um filme sobre um racista ou um filme racista?

A resposta, claro, é a primeira opção. E o que o torna uma audaciosa obra-prima é o fato de ousar fazer essa pergunta à plateia e ainda permitir que cada um chegue à própria resposta. Anos depois de escrever o roteiro, Paul Schrader chegou à conclusão de que o racismo de Travis brota do fato de que as pessoas pobres e frustradas tendem a direcionar o ressentimento não para os poderosos das classes superiores, mas para os ainda mais pobres, nas classes inferiores. E, embora num contexto mais amplo e mais político isso seja verdadeiro, não foi por isso que Schrader fez de Travis um racista. O motivo real para o antagonismo de Travis em relação aos negros foi o desejo de Schrader de fazer uma equivalência ao ódio que Ethan Edwards sente pelos comanches em *Rastros de ódio*. De qualquer forma, por mais pesado que seja, o filme de Scorsese ainda é uma versão suavizada do texto original (e niilista) de Schrader. Isso porque, no roteiro original, todos os personagens mortos por Travis no final são negros. O cafetão Sport, interpretado por Harvey Keitel, *era* negro, assim como o gerente de motel interpretado por Murray Moston.

De acordo com Schrader, os produtores da Columbia Pictures pediram que Sport fosse branco em vez de negro, por conta dos conflitos raciais que haviam ocorrido alguns anos antes — e ainda ecoavam na época. Além disso, havia o temor de que o filme fosse banido, por questões de segurança, se qualquer tipo de violência explodisse dentro de uma sala de cinema — o que aconteceu alguns anos depois, como observou Schrader, com *Warriors: Os selvagens da noite*, de Walter Hill.

Bem, é possível que a Columbia estivesse receosa com um filme provocativo como *Taxi Driver*?

Sem dúvida: mais de trinta anos depois, o estúdio estava com medo pra caralho da recepção que *Django livre* teria.

A pergunta a ser feita é: com o que, exatamente, a Columbia Pictures estava preocupada?

Com uma reação violenta por parte dos espectadores negros?

Por quê? Porque o filme incitava a violência ou porque os espectadores negros ficariam tão injuriados com o fato de o cafetão ser interpretado por um ator negro a ponto de promover um quebra-quebra no cinema?

Se a questão era mesmo essa, por que não havia acontecido nada em nenhuma parte do país durante a exibição de *Desejo de matar*, filme no qual Charles Bronson atira em mais atores negros do que em brancos?

A analogia com *Warriors* também não funciona muito bem. Os violentos incidentes que ocorreram em meia dúzia de salas que exibiram o filme não foram provocados pelo caos exibido na tela nem por Michael

Beck. Como se tratava de um filme sobre *gangues, membros de gangues* apareceram e se enfrentaram ao longo da semana de estreia.

Taxi Driver talvez pudesse estimular a publicação de artigos raivosos em alguns jornais, mas... violência propriamente dita?

Considerando que havia um monte de homens negros sendo retratados como criminosos nas telas da TV e do cinema nos anos 1970, o medo dos produtores e do estúdio quanto a essa possível reação não apenas soa antiquado, como também parece ecoar diretamente o raciocínio destrambelhado de Travis Bickle.

Bem, vamos ver se entendi: a Columbia Pictures não via nenhum problema em todos aqueles marginais caribenhos tramando, conspirando e matando em *O fundo do mar*, mas *Taxi Driver* tinha ido longe demais?

Por qualquer ângulo que analisemos, o fato de Scorsese, os produtores Michael e Julia Phillips e a Columbia Pictures terem transformado o cafetão Sport de um homem negro em um homem branco foi uma *concessão social*.

E, para ser sincero, o filme só sobreviveu a uma concessão dessa magnitude por conta da magnética atuação de Harvey Keitel.

Quer dizer, vamos falar sério: você já imaginou *Taxi Driver* sem Harvey Keitel?

Que filme teria sido esse?

Keitel acabou ficando tão associado à película que, *sem* ele, *Taxi Driver* é tão impensável quanto seria *sem* Robert De Niro.

Em todo caso, quando Michael e Julia Phillips ofereceram o filme à Columbia Pictures — quando Robert Mulligan ainda era o diretor —, não era Robert De Niro quem havia sido cogitado para o papel de Travis Bickle, e sim Jeff Bridges, que acabara de ser indicado ao Oscar por *O último golpe* e de ter a performance em *Do Oeste para a fama* tardiamente aclamada pela crítica.

Agora, para ser justo, até onde sei, Scorsese, ao contrário de mim, nunca considerou a mudança racial de Sport algo tão importante.

E creio que sei o que ele pensou — se havia, por mínima que fosse, uma *possibilidade* de que tumultos levassem o filme a ser banido das salas de cinema, esse era um risco que não valia a pena correr. Além disso, Marty queria Harvey Keitel no filme, e estava frustrado por não conseguir encaixá-lo (a princípio, ele ofereceu a Harvey o papel do colega de trabalho que fica flertando com Cybill Shepherd, mas o ator recusou).

Assim, se um cafetão branco se mostraria um bom papel para Harvey, que ótimo! Problema resolvido.

Keitel, no entanto, testaria os limites do aspecto fraudulento dessa solução, pois queria conhecer um equivalente na vida real ao personagem que representaria.

Sim, ele queria conhecer um verdadeiro cafetão *branco* em Nova York, sem se dar conta de que essa era uma criação mitológica do cinema. Ainda assim, Schrader saiu pelas ruas de Nova York à procura de um cafetão branco no qual Harvey pudesse se inspirar para representar o personagem. Nem preciso dizer que não havia nenhum cafetão branco em Nova York, e que Schrader não conseguiu encontrar ninguém. De vez em quando, alguém lhe dizia: "Sim, ouvi falar de um cara que fica a uns seis quarteirões daqui, mas não o conheço." Se havia um cafetão branco na cidade, disse Schrader, ele nunca o encontrou. De modo que Keitel foi obrigado a fazer toda a pesquisa para o personagem com um cavalheiro negro que atuava no ramo.

Agora, partindo da ideia de que um *Taxi Driver* sem Robert De Niro ou Harvey Keitel é inimaginável, imaginemos o inimaginável.

Primeiro, vamos recordar a famosa cena em que Travis e Sport se encontram pela primeira vez e o taxista fala com o cafetão sobre Iris ("Essa puta vai chupar seu pau até ele explodir!").

Imaginemos essa mesma cena, só que com Jeff Bridges interpretando uma versão menos urbana e mais caipira de Travis e Max "The Mack" Julien no papel de um Sport negro e incrivelmente descolado. Não tenho a menor dúvida de que, ao imaginar o cafetão, era num ator como Max Julien que Schrader pensava (Julien é *tão* perfeito que Schrader poderia ter escrito o personagem inteiramente baseado nele).

Um Sport vestindo roupas multicoloridas, equilibrando um mini-chapéu roxo e felpudo sobre um black power baixinho, falando sobre Jodie Foster "chupar seu pau até ele explodir!".

Será que, nesse caso, o subtexto racista de *Taxi Driver* teria se convertido em texto?

Ou será que o quadro todo ficaria simplesmente mais autêntico e convincente?

E *quem* não seria capaz de suportar uma coisa dessas?

O público negro?

Ou será que foram os financiadores brancos do filme que ficaram desconfortáveis com as imagens evocadas pelo roteiro original de Schrader? Tão desconfortáveis a ponto de o receio de que homens negros pudessem promover atos de violência nas salas de cinema ter sido convenientemente apresentado como desculpa para que o cafetão de Schrader passasse de negro a branco?

Com todo esse nervosismo, fica difícil não se perguntar: afinal, por que a Columbia Pictures se dispôs a comprar o roteiro de *Taxi Driver*?

Bem, um dos principais motivos era o fato de Schrader ser um dos roteiristas mais badalados da cidade, graças ao valor exorbitante que havia conseguido arrancar da Warner Bros. pelo roteiro de *Operação Yakuza*.

E o fato de os três produtores do arrasa-quarteirão *Golpe de mestre*, Michael e Julia Phillips e (o superastro dos produtores) Tony Bill terem levado o material até a Columbia também ajudou. Apesar disso, o que realmente incentivou o estúdio a dar o sinal verde para o roteiro de Schrader (originalmente com Robert Mulligan na direção) não foram as alusões literárias a *Memórias do subsolo*, de Dostoiévski, ou a semelhança com o diário de Arthur Bremer, mas o paralelo um tanto quanto distorcido com *Desejo de matar*, um estrondoso sucesso dirigido por Michael Winner e estrelado por Charles Bronson (além de outros filmes dramáticos com temática de vingança, um estilo muito popular na época).

Quando se trata de clássicos seminais como *Taxi Driver*, é muito fácil imaginar um mundo no qual eles sempre existiram e sempre estiveram destinados a existir.

Entretanto, não é assim que um roteiro controverso como o de *Taxi Driver* acaba sendo produzido por um grande estúdio de Hollywood. A verdade é que, se você reverencia o filme de Martin Scorsese como eu, é preciso agradecer ao *Desejo de matar* de Michael Winner por ter lhe possibilitado a existência.*

Desejo de matar, a história do justiceiro nova-iorquino interpretado por Charles Bronson, estreou em 1974. No trailer do filme, o narrador declarava, de forma bombástica: "Esta é a história de um homem que decidiu limpar as ruas da cidade mais violenta do mundo!" Em 1975, um ano após o lançamento de *Desejo de matar* e um ano antes da estreia de *Taxi Driver*, histórias sobre vinganças violentas começaram a invadir as salas de cinema de todo o mundo. William Margold, crítico titular do tabloide *Hollywood Press*, batizou o gênero (de forma muito engraçada) de "revengeamatics".

Da mesma forma que Bronson foi atrás de bandidos em Nova York a fim de vingar a morte da esposa e o estupro da filha em *Desejo de matar*, George Kennedy foi atrás dos terroristas inspirados no grupo Baader-Meinhof para vingar a morte da família *dele* em *Destinados a morrer*.

James Caan, no papel de um matador da CIA, busca vingança pela morte do velho parceiro e melhor amigo Robert Duvall em *Assassinos de elite*, de Sam Peckinpah (que não é um dos melhores filmes dele, mas tem uma última grande sequência de ação em câmera lenta).

Em *Sentença de morte* (que vi no Old Town Mall com minha mãe, numa sessão dupla com um violentíssimo filme sul-africano sobre um roubo de diamantes chamado *Mercenários do diamante*, estrelado por Peter Fonda e Telly Savalas), o pistoleiro fodão interpretado por Alain Delon elimina todos os chefões da máfia responsáveis pela morte da mulher e do filho dele (na explosão de um carro que deveria atingi-lo).

---

* O mesmo vale para *Meu ódio será sua herança*. Eu amo Peckinpah, mas não gosto de Richard Brooks. Ainda assim, se não fosse pelo sucesso do faroeste *Os profissionais*, de Brooks, *Meu ódio será sua herança* jamais teria existido.

Enlatados de quinta categoria nos quais o protagonista perdia a cabeça, como *Johnny Firecloud* e *The No Mercy Man*, arrastavam centenas de carros até os drive-ins.

O Carrol Jo Hummer de Jan-Michael Vincent joga o vilão sensual interpretado por L. Q. Jones dentro de uma lixeira e arrebenta um enorme painel de vidro com um caminhão — o "Blue Mule", dele próprio — em *Inferno no asfalto*.

O clássico seminal do cinema de ação de Phil Karlson, *Fibra de valente*, de 1973, teria duas continuações em 1975. A sequência oficial, *Fibra de valente 2*, feita pela Bing Crosby Productions, incluía um novo ator no papel de Buford Pusser, um xerife fascista da vida real — o excelente Bo Svenson, que substituiria o astro Joe Don Baker e roubaria a cena com sua atuação. Hoje em dia, até que *Fibra de valente 2* não parece tão ruim; mas, na época, o clima mais ameno, sobretudo quando comparado com a altíssima temperatura do filme original, agradou a poucos.

O verdadeiro Buford Pusser, Joe Don Baker, e o maestro que conduziu o *Fibra de valente* original, Phil Karlson, se reuniram para uma continuação feita pela Paramount, o brutal e excelente *Madrugada de vingança*, que acabaria sendo o último filme de Karlson e um dos melhores filmes de despedida feitos por um dos adeptos do gênero cinematográfico que Andrew Sarris definiu como "esotérico expressionista". Os dois colegas mais próximos de Karlson nos anos 1970 que seguiam em atividade — Robert Aldrich e Don Siegel — *adorariam* sair de cena com um filme tão potente quanto *Madrugada de vingança*.

Esses filmes foram lançados um ano antes de *Taxi Driver*.

O filme de Martin Scorsese estrearia no começo de 1976.

Ainda nesse ano, Peter Fonda estrelaria *Pelos meus direitos* e Bo Svenson estaria em *Explosão da violência*.

Kris Kristofferson protagonizaria *Força vigilante* e, nesse mesmo filme, Jan-Michael Vincent se lançaria numa guerra de um homem só contra essa força.

Já Timothy Bottoms e Stephen McHattie lutariam contra xerifes corruptos no sul do país em *Uma pequena cidade do Texas* e *Perseguidores sanguinários*.

E Margaux Hemingway, com um rifle de alta potência, iria atrás do homem que a estuprara em *Lipstick: A violentada* (também seria assim que Stephen McHattie resolveria o conflito dele no final de *Perseguidores sanguinários*).

E se o narrador do trailer de *Desejo de matar* estivesse correto, e Charles Bronson realmente "limpasse as ruas da cidade mais violenta do mundo", o que restaria a Franco Nero seria limpar as ruas da segunda cidade mais violenta do mundo — Roma — em *O vingador anônimo*. No trailer deste último, o narrador declarava: "Franco Nero empunha sua arma assassina em *O vingador anônimo*! Se você for capaz de sobreviver nestas ruas... será capaz de sobreviver em qualquer lugar!"

Em fevereiro de 1976, Travis Bickle seria compelido a resgatar Iris Steensma, uma prostituta infantil de Nova York, da escravidão sexual imposta pelo cafetão dela em *Taxi Driver*. Dois meses depois, em abril de 1976, Jim Mitchum, o filho de Robert, viajaria até Los Angeles no papel de Big Jim Calhoun para resgatar a irmã (a lindíssima Karen Lamm) das garras da prostituição em *Sua honra será vingada* (como o Jake Van Dorn de Schrader faria depois em seu *Hardcore*). O narrador do trailer de *Sua honra será vingada* perguntava aos espectadores: "O que você faria se fosse a sua irmã?"

Quando foi lançado, *Taxi Driver* conquistou uma reputação no mundo das artes nitidamente superior à de qualquer um dos outros filmes que acabei de citar. Venceu a Palma de Ouro no Festival de Cinema de Cannes, recebeu quatro indicações ao Oscar e teve ótimas resenhas dos melhores críticos do país. A Columbia Pictures, entretanto, só revelaria o verdadeiro motivo que a levara a produzir o filme no ano seguinte, em 1977, quando o lançou como primeira atração numa sessão dupla capitaneada por um filme independente chamado *The Farmer* (slogan: "O fazendeiro nunca perde a cabeça... é você quem perde!"). A campanha de divulgação insinuava que a história e o cerne de *The Farmer* e de *Taxi Driver* eram iguais. Duas histórias sobre dois heróis que haviam sido levados ao limite e decidido fazer alguma coisa a respeito.

Foi assim que assisti a *Taxi Driver* pela primeira vez, como segunda atração numa sessão dupla com *The Farmer*, no meu cinema vagabundo [Grindhouse] favorito, o Carson Twin Cinema. Embora tivesse ficado fascinado com o comercial de TV de *Taxi Driver*, que era veiculado sem parar no ano em que o filme foi lançado, eu ainda precisava que um adulto me levasse para vê-lo, uma vez que era proibido para menores de 17 anos. E, naquele ano, isso não aconteceu. Contudo, em 1977 (quando eu tinha 15 anos), eu tinha idade o suficiente para conseguir entrar sozinho num monte de sessões proibidas para menores (sobretudo quando eles estavam sendo exibidos no Carson Twin Cinema). E foi só em 1977, com o lançamento de *The Farmer*, que *Taxi Driver* finalmente começou a fazer aquilo que os produtores e o estúdio tanto temiam que ele fizesse: ser exibido num grande número de salas de cinema, em bairros negros, para plateias negras. No ano anterior, durante o lançamento oficial, o filme não havia chegado aos mercados secundários — salas de cinema nos bairros negros, sessões com desconto, cinemas vagabundos e drive-ins.

Assim, em 1977, junto com *The Farmer* e em meio a uma plateia inteiramente negra (exceto por mim), assisti pela primeira vez a *Taxi Driver* no Carson Twin Cinema.

Qual foi a nossa reação?

Eu curti, *eles* curtiram e, como plateia, *nós* curtimos.

Apesar disso, posso dizer, com segurança, que o filme não pareceu subverter o formato de drama de ação de justiceiro, que era a pretensão de Schrader ao escrever o roteiro. *Naquela* sala de cinema, com *aquela* plateia, numa sessão dupla com *aquele* outro filme, *Taxi Driver* pareceu uma simples imitação de *Desejo de matar*.

Sim, o protagonista era mais perturbado do que o cara em *Desejo de matar*, mas o cara em *Desejo de matar* já era perturbado o suficiente. E, em ambos os filmes — quando o protagonista investe contra bandidos armados até os dentes —, torcemos por eles.

A primeira parte do filme era um pouco arrastada demais para a maioria dos fãs de exploitation. Mas, embora o filme fosse lento, não era chato. E o motivo pelo qual não ficava chato em nenhum momento devia-se aos momentos aleatórios da vida nas ruas captados por Scorsese.

Nenhum outro filme registrou o caos da vida urbana nas ruas de Nova York nos anos 1970 como Scorsese fez em *Taxi Driver*, e o público gargalhava em reconhecimento a isso. A violência, o desespero, o grotesco e a comédia de absurdos nunca haviam sido retratados com tanta verve e precisão numa película de Hollywood até então. O filme tinha um clima realista com o qual era fácil se identificar porque dava para perceber que era autêntico.

A única outra vez que senti *este mesmo* nível de autenticidade num filme foi quando assisti a *The Mack*, no mesmo Carson Twin Cinema.

Antes do tiroteio no final, *Taxi Driver* teve alguns momentos que provocaram fortes reações na plateia.

Desde o começo, as pessoas acharam Travis completamente pirado, até mesmo ridículo. E, conforme o filme ia avançando, mais ridículo ele parecia e mais engraçado a plateia o achava. Ele, contudo, não parecia apenas maluco, mas também um bobalhão.

As coisas insípidas que ele escrevia num diário propiciavam tremendas gargalhadas.

Quando Betsy sai do cinema pornô e deixa Travis falando sozinho na calçada, a plateia caía na gargalhada — *Que porra você achou que ia acontecer, seu imbecil de merda?.*

Quando ele tropeça no aparelho de TV e o aparelho praticamente explode — *Mas que idiota!.*

Quando Travis vai até a loja de discos e compra um álbum de Kris Kristofferson para Betsy — *Você vai comprar isso para ela? Ela provavelmente já tem esse disco.*

E quando ele invade a sede da campanha de Palantine e começa a agir como um lunático, nós também começávamos a rir. Especialmente quando ele encena movimentos de combate corpo a corpo que fazem Albert Brooks dar um pulo de um quilômetro.

A primeira metade do filme — para nós, a plateia do Carson Twin Cinema — parecia uma comédia sobre um idiota que vai enlouquecendo cada vez mais à medida que a história progride.

Duvido que, durante a exibição no Grand Palais, no Festival de Cinema de Cannes, *Taxi Driver* tenha provocado tantas risadas quanto provocou naquela tarde de sábado. De certa maneira, porém, a plateia negra rindo das bizarrices de Travis Bickle em *Taxi Driver* não era assim tão diferente daquela plateia (majoritariamente) branca e descolada da Sunset Strip no Tiffany, rindo do Joe de Peter Boyle.

Então, veio o momento que fez a sala inteira cair numa gargalhada histérica. Aquele cara andando pela rua sozinho, resmungando e berrando que ia matar a esposa ("Eu vou matá-la! Vou matar aquela vagabunda!"). Nós rimos tanto que ficamos até um pouco desconectados do filme pelos vinte minutos seguintes, porque continuamos tirando sarro dele por um bom tempo depois de terminada a cena. Bickle era tão engraçado que a gente não conseguia parar de rir dele.

No entanto, o que havia naquele cara falando que ia *matar aquela vagabunda* que fez a plateia rir tanto? Simples: todo mundo naquela sala de cinema já tinha visto *aquele cara* antes. Eu já tinha visto *aquele cara*. E, quando saíssemos do cinema e andássemos pelos corredores do shopping de Scottsdale, onde ficava o Carson Twin Cinema, talvez o víssemos mais uma vez. Mas o que realmente nos fez rir é que nunca tínhamos visto *aquele cara* num filme de Hollywood.

A maior gargalhada do filme, entretanto, aconteceu na cena do comício de Palantine. Scorsese nos mostra que Travis está lá ao focar na imagem dos sapatos dele em meio à multidão. Então a câmera vai subindo, até revelar que ele tem um sorriso maníaco no rosto e um moicano na cabeça! Ao ver que Travis havia cortado o cabelo daquele jeito, a sala de cinema veio abaixo. As pessoas riam aos berros, rolavam pelos corredores de tanto rir. *Dá só uma olhada nesse maluco imbecil!* Aquilo foi um bom lembrete de que, muito embora o filme estivesse ficando mais sério, ainda estávamos assistindo ao retrato de um idiota insano. E rimos ao longo de toda a desastrada tentativa de assassinato que ele procura cometer. Especialmente durante a cena filmada do alto que mostra Travis fugindo dos agentes do serviço secreto, trombando nas pessoas na multidão. Só Deus sabe quantas vezes assisti a *Taxi Driver* — e toda vez que o moicano de Travis aparece, ainda posso ouvir a reação hilária da plateia do Carson Twin Cinema.

Durante a primeira metade do filme, *Taxi Driver* parece a história de um idiota enlouquecendo em meio às paisagens extremamente autênticas da vida urbana noturna. No entanto, deixa de ser uma comédia sobre um bobalhão no momento em que a prostituta infantil Iris Steensma se senta no banco traseiro do táxi de Travis.

Sem dizer nada, Travis fica olhando pelo espelho retrovisor enquanto Sport a puxa para fora do táxi ("Fica quietinha, vadia!") e joga uma nota amassada de 20 dólares no banco da frente ("Deixa isso para lá, motorista, você não viu nada").

Aquela nota amassada de 20 dólares teve um impacto visual tão forte que fez a plateia inteira, até então acostumada a rir, ficar séria na mesma hora.

Daquele ponto em diante, não apenas a plateia começou a levar o filme a sério, como começou a levar Travis a sério também. O que coincide com o momento em que Travis começa a levar a sério o treinamento físico, o manuseio de armas e a preparação para só Deus sabe o quê.

Uma porra de uma nota amassada de 20 dólares.

No momento em que vimos o efeito que isso provocou em Travis, e em que entendemos o que representava (o dinheiro que mantém a garota nas ruas, a miséria que ela recebe para que saiba qual é o lugar dela, a oportunidade única e efêmera que Travis *teve* de salvá-la), soubemos na mesma hora que, em algum momento, ele *iria* salvá-la. De repente, um filme que estava se definindo por meia dúzia de incidentes aleatórios ganhava um novo foco. Os incidentes aleatórios não parecem mais tão aleatórios assim. Os realizadores queriam que nós soubéssemos quem era esse cara antes que ele começasse uma jornada moral, movido por um imperativo de nobreza.

E é aí que o filme começa a se parecer com um filme de verdade. E, para ser franco, um filme *bem mais de verdade* do que estávamos acostumados a ver.

Os personagens não eram os mocinhos e bandidos habituais do cinema.

Travis era a porra de um lunático.

Naquela situação, porém, talvez fosse o homem certo para a tarefa.

Quando De Niro contracena pela primeira vez com o Sport de Keitel, as coisas não ocorrem exatamente como imaginávamos. Primeiro, como observou Pauline Kael, o cafetão de Keitel é surpreendentemente sociável. Quando ele faz piadas à custa de Travis, nós as entendemos, ainda que Travis não as compreenda, e acabamos rindo (as pessoas na plateia *amaram* o Sport de Keitel e também o vendedor de armas de Steven Prince — "Magnum? Os caras usam isso na África para matar elefantes!").

Um pequeno detalhe que faz toda a diferença é o fato de Sport se preocupar com a satisfação de Travis enquanto cliente ("Vá em frente, cara, divirta-se"). Sport não é um monstro num filme de monstros, como as gárgulas em *Eles a chamam de caolha*. Ele é um homem de negócios.

A Iris de Jodie Foster também não é uma personagem típica de um exploitation. Para começar, ela parece muito mais jovem durante o almoço com Travis do que quando está vestida para trabalhar nas ruas. Ela fala como uma pessoa real (Niki, a personagem que seria equivalente à dela em *Hardcore*, de Schrader, é divertida e agradável, mas parece, o tempo todo, uma personagem em um filme). Apesar da vida que leva, a Iris de Foster passa uma terrível impressão de ingenuidade. Ela ainda não se perdeu para sempre, ainda existe uma esperança de salvá-la.

Uma diferença interessante da parte de Schrader no que diz respeito à equivalência de *Taxi Driver* a *Rastros de ódio* é a motivação de Travis em sua jornada moral para salvar Iris em relação à motivação de Ethan para salvar Debbie.

Debbie nunca pediu que Ethan ou Martin (Jeffrey Hunter) empreendessem uma longa jornada atrás dela. Ao contrário de Iris, que faz isso num instante de clareza momentânea. Foi um lance de *sorte*, de todos os táxis de Nova York, ela ter entrado justamente no de Travis? Certa vez, durante uma entrevista a Dan Rather, comentei que havia tido sorte no início da carreira. Ele zombou do meu uso da palavra "sorte": "Há quem diga que o que você chama de 'sorte' é o momento em que a oportunidade se encontra com a preparação."

Até concordo com essa definição (muito embora também acredite na definição de Sidney Poitier para serendipidade: "o momento em que a Providência desce dos céus e beija suas faces"). Travis vinha se preparando para algum tipo de enfrentamento apocalíptico. Algum evento cataclísmico. Um momento de acerto de contas, ou, como o grande John Milius diria, um *Amargo Reencontro* — um momento em que ele poderia se distinguir dos demais.

E quando Iris entra no táxi, com a esperança de fugir, a preparação de Travis encontra-se com a oportunidade. Ele fica assombrado por aquele encontro, assim como a plateia. Até mais do que Travis, *nós*, na plateia, sabemos que aquele foi um momento fugidio. Sabemos que, quando ele finalmente for atrás dela, ela vai rir da cara dele (como de fato acontece). Iris provavelmente não vai nem se lembrar do encontro (como de fato acontece). E vai insistir que está tudo bem e não há nada com o que se preocupar.

Contudo, naquele momento em que Iris entra no banco de trás do táxi de Travis, ela está, de maneira clara e inequívoca, pedindo que alguém a salve daquelas pessoas.

Depois disso, era só uma questão de tempo até que Travis pegasse todas as armas de que dispunha e salvasse a "doce Iris".

E é nesse instante que *Taxi Driver* começa a funcionar como *Desejo de matar*, como *Sua honra será vingada* (que eu já tinha visto) e como *The Farmer*.

Para Paul Schrader, está claro como a luz do dia que ele está subvertendo o modelo de filme de *Desejo de matar*. Na verdade, na cena do confronto final com os cafetões, ele tinha ido muito mais além no roteiro do que Scorsese acabou indo no filme. Se o tivesse dirigido, Schrader, num toque surrealista, teria pintado as paredes dos corredores daquele motel com sangue vermelho vivo, como num filme de Kenji Misumi. Schrader sempre viu o último ato de Travis como uma "morte honrosa de samurai", e é por isso que ele tenta cometer suicídio (mas não tem mais munição). Schrader sempre imaginou o tiroteio no clímax do filme num estilo japonês surrealista, a tinta vermelha espirrando nas paredes e produzindo uma abstração da própria violência. Embora entendesse o conceito de Paul, Martin não concordava. Quando lhe perguntei por quê, ele respondeu, num tom bem-humorado: "Porque eu não sou o Kon Ichikawa. Só posso montar uma cena dentro de um mundo que eu domino."*

De qualquer forma, Scorsese também disse a David Thompson: "Fiquei chocado com a maneira como as plateias reagiram à violên-

---

* O efeito que Schrader pretendia reproduzir provavelmente estava mais próximo dos magníficos e chocantes chafarizes de sangue vermelho e vibrante em *Lobo Solitário II: O andarilho do rio Sanzu*, de Kenji Misumi, do que de *Fogo na planície*, de Kon Ichikawa.

cia [em *Taxi Driver*]. No passado, eu já tinha ficado surpreso com a reação a *Meu ódio será sua herança*, ao qual assisti numa sala de projeção da Warner Bros. com um amigo e amei. Entretanto, uma semana depois, levei uns amigos para ver o filme num cinema e era como se a violência tivesse se transformado numa extensão da plateia e vice-versa."

"Chocado"?

É sério?

Você ficou "chocado"?

Vamos ver se entendi bem: Martin Scorsese, diretor de *Sexy e marginal*, discípulo de Roger Corman, um cara que esteve a um milímetro de dirigir *Fuga da ilha do Diabo*, produz um dos desfechos mais violentos e dinâmicos da história do cinema... e fica *"chocado"* com a empolgação das plateias?*

Não, é claro que não.

Esse é só o tipo de baboseira que os diretores costumam falar para um David Thompson da vida, ou um Stephen Farber, ou um Charles Champlin, ou um Rex Redd, ou uma Rona Barrett — e todos eles deixam por isso mesmo.

O "choque" de Scorsese diante da reação da plateia ao clímax de *Taxi Driver* é o tipo de baboseira que um diretor de cinema diz, sem muita convicção, depois de filmar uma cena tremendamente violenta e polêmica, quando se vê encurralado por um entrevistador e precisa responder alguma coisa.

Eles nunca dizem que a violência cinematográfica é divertida.

Eles nunca dizem "Eu queria terminar o filme com uma cena de grande impacto".

Eles nunca dizem "Eu queria chocar a plateia, arrancá-la da complacência cinematográfica". (*Talvez* Ken Russell pudesse dizer algo assim, mas pouquíssimos diretores na história tiveram tanto colhão quanto Ken Russell.)

---

* Isso para não falar do sacrilégio que é insinuar que Scorsese gostou mais de assistir a *Meu ódio será sua herança* numa sala de projeção da Warner Bros. do que em meio a uma plateia excitada e entusiasmada.

Não. Assim como Peckinpah fizera, Scorsese tinha que fazer todo o malabarismo que fosse necessário para descrever — de maneira mentirosa — como *horríveis* todas aquelas cenas violentas e magnificamente excitantes que ele havia criado.

Já expliquei por que *Taxi Driver* era diferente de todos os outros filmes de vingança exibidos naquele ano e no ano seguinte. Os personagens, a ambientação, os objetivos, a voz autoral, as aspirações literárias.

No entanto, *Taxi Driver* se alinhava a *Coffy: Em busca da vingança*, *Pelos meus direitos*, *Johnny Firecloud*, *Sua honra será vingada*, *Destinados a morrer* e aos demais filmes de vingança exibidos no Carson Twin Cinema no que dizia respeito à maneira como ia crescendo até eclodir numa explosão orgástica de violência. Uma explosão cinematográfica que, nas mãos de Scorsese, é tão brilhante e dinâmica quanto qualquer outra dramatização de um tiroteio capturada em filme.

Então, qual foi *exatamente* a parte "chocante" na reação da plateia a *Taxi Driver* detectada por Scorsese durante o lançamento?

Scorsese explicou a Thompson: "Vi *Taxi Driver* uma vez no cinema, na noite de estreia, e todo mundo começou a gritar na hora do tiroteio. Quando filmei aquilo, eu não tinha intenção de fazer com que a plateia reagisse daquele jeito. É ISSO MESMO! VAMOS SAIR MATANDO POR AÍ!"

Bom, talvez as pessoas estivessem gritando porque haviam sido preparadas para aquele final e para aquela explosão de violência ao longo de todo o filme. E agora, *no clímax*, elas estavam reagindo como uma plateia norte-americana reage: gritando, assobiando e vibrando.

E, na noite de estreia de *Taxi Driver*, boa parte desses gritos, assobios e até mesmo risos tinha a ver com as reações da plateia aos efeitos explícitos e sangrentos de Scorsese no tiroteio final.

É lógico que as pessoas estavam torcendo por Travis. Ele estava salvando uma garotinha de 12 anos sendo obrigada a andar pelas ruas de Nova York vendendo a boceta púbere a qualquer um que passasse por ela com 25 dólares — 25 dólares que nem sequer ficavam com ela.

É claro que torcemos para que Travis vença seu confronto solitário contra os cafetões desprezíveis, mesmo que ele tenha começado aquela briga.

Se a intenção não era que torcêssemos (mesmo que só um pouquinho) pelo sucesso de Travis em sua missão, então por que Iris era uma criança?

Se Iris tivesse 19 ou 20 anos, nada na história mudaria. Ela *ainda* poderia estar perdida e ter passado por uma lavagem cerebral. Ela *ainda* poderia ter tido aquele mesmo momento de clareza. Ela *ainda* poderia ter entrado no táxi de Travis na esperança de ser resgatada. A única coisa em todo o cenário que o fato de ela não ser criança teria mudado seria o imperativo moral de Travis em sua jornada, bem como a percepção da plateia em relação a isso.

A estrutura da maior parte dos filmes de vingança consiste em deixar a plateia furiosa vendo o protagonista sendo fodido na primeira metade da história e, em seguida, promover o êxtase quando, no fim, ele aniquila todos os filhos da puta que lhe fizeram mal.

Embora Scorsese brinque com essa estrutura na primeira metade de *Taxi Driver*, os últimos quarenta minutos do filme — estruturalmente falando — têm muito mais semelhanças com *Sua honra será vingada*.

Scorsese nos masturba com tanta intensidade ao longo do filme que, quando nos aproximamos do clímax, chegando ao lugar aonde o filme ameaçou nos levar desde o começo, mal podemos esperar para gozar. E quando Travis estoura os miolos de Murray Moston, fazendo-os sair pela parte de trás da cabeça — e se espalhar pela parede do quarto de Iris no motel —, é isso que fazemos.

O que me leva à seguinte pergunta retórica ao maestro Scorsese.

Quando se dirige uma das mais dinâmicas e escandalosamente violentas cenas de ação na história do cinema produzidas por um grande estúdio, não há dúvida de que produzir uma *catarse violenta* é um dos objetivos dos realizadores, certo?

Travis Bickle é um cara perturbado e desagradável?

Sem dúvida.

Em todo caso, por mais que o filme o apresente como maluco, nem Schrader, nem Scorsese, nem De Niro chegam a ponto de condená-lo, o que o aproxima muito mais do Paul Kersey de Charles Bronson em *Duro de matar* do que do Joe Curran de Peter Boyle em *Joe*.

Diferentemente do clímax de *Taxi Driver* — quando Travis mata os cafetões —, o clímax de *Joe* — quando Joe massacra a comunidade hippie com armas automáticas — não entusiasmou as plateias.

Não era uma grande cena de ação.

Não tinha a intenção de ser dinâmica.

E não havia sido feita para que a percebêssemos como catártica.

A intenção era a de ser horrorosa e ironicamente trágica.

E foi assim que as plateias reagiram a ela.

Além disso, Joe não se engaja em nenhum tipo de concessão social ou bajulação dos espectadores. O excelente roteirista de *Joe*, Norman Wexler, *poderia* ter dado ao personagem alguma história de fundo meia-boca numa tentativa de fazer com que os espectadores entendessem melhor as motivações. Wexler, no entanto, não só não tenta explicá-las, como tampouco deixa que Joe se explique.

Joe simplesmente é quem ele é.

Paul Schrader, no que diz respeito a Travis Bickle, meio que tenta fazer algo parecido ao insinuar que Travis é um veterano da Guerra do Vietnã e lutou no conflito.

Papo furado.

Não existe a menor chance de Travis ter estado no Vietnã.

A extensão da paranoia que ele demonstra em relação aos homens negros só seria crível se eles representassem um *estranho* com o qual ele tivesse um contato muito superficial.

E como seria possível lutar na Guerra do Vietnã tendo apenas um contato superficial com os negros? Não há como.

Tudo bem, digamos que ele tenha servido com caras negros no Vietnã. Isso quer dizer que ele precisa gostar deles?

Não necessariamente.

Mas o *medo* que Travis tem deles não seria convincente.

No filme, ele os teme como se fossem *estranhos*. E, se você lutou numa guerra ao lado de seis ou sete caras negros (entre oficiais e soldados), eles não seriam mais *estranhos* (a menos, é claro, que Travis fosse da Polícia do Exército).

Essa alegação fraudulenta de Travis no filme não me incomoda.

As únicas provas que *Taxi Driver* oferece do serviço militar prestado por Bickle (sem flashbacks do Vietnã) são o relato que ele faz a Joe Spinell e seu casaco.

Travis, porém, passa o filme inteiro mostrando à plateia o quanto é um narrador pouco confiável e completamente alucinado, e apresenta-se o tempo todo aos outros personagens de maneira fraudulenta (em geral, para conseguir alguma coisa que deseja no momento).

Ele comprou aquele casaco numa loja de roupas usadas do Exército.

Scorsese explicou melhor as intenções que tinha em relação ao público em entrevista a Thompson: "A ideia era produzir uma catarse violenta, para que as pessoas se pegassem dizendo 'ISSO MESMO, MATA', e logo em seguida pensassem 'AH, MEU DEUS, NÃO'."

Beleza, isso parece um pouco menos baboseira.

Contudo... se o objetivo era fazer com que as pessoas pensassem *ah, meu Deus, não*, então ele deveria ter feito um filme sobre um homem que passa o tempo todo falando sobre limpar a sujeira das ruas da cidade e mostrado, de alguma forma, que são os homens negros que ele considera essa sujeira. E aí, no clímax, ele mata um monte de homens negros porque eles macularam uma garota branca e é elevado à categoria de herói pela cidade (ou seja, pela sociedade branca).

Isso teria feito as plateias dizerem: "AH, MEU DEUS, NÃO."

Isso, porém, seria *Rastros de ódio*.

Especulando sobre cinema

E se Brian De Palma tivesse dirigido *Taxi Driver* no lugar de Martin Scorsese?

> *Brian De Palma me apresentou a Paul Schrader. Nós tinhamos feito uma peregrinação para encontrar o crítico de cinema Manny Farber em San Diego. Eu queria que Paul escrevesse para mim um roteiro baseado em* O jogador, *de Dostoiévski. Mas Brian levou Paul para jantar, e fez isso sem que eu soubesse, para que eu não pudesse encontrá-los. Quando finalmente descobri onde estavam, três horas depois, eles tinham bolado toda a trama de* Trágica obsessão. *Contudo, Brian me disse que Paul tinha um roteiro chamado* Taxi Driver, *que ele não queria, ou não podia, fazer naquele momento, e me perguntou se eu teria interesse em ler. Então eu li, e minha amiga [Sandy Weintraub] também, e achou fantástico: chegamos à conclusão de que era aquele tipo de filme que deveríamos estar fazendo.*
>
> Martin Scorsese, *Scorsese on Scorsese*

Sim, é isso mesmo: Brian De Palma foi o primeiro dos *movie brats* a ler o roteiro de Paul Schrader e cogitar dirigi-lo.

Reza a lenda que Brian De Palma e Paul Schrader se tornaram amigos quando Schrader, que era crítico do *Times*, escreveu, na época, uma resenha positiva do filme mais recente de De Palma, *Irmãs diabólicas*. Isso acabou por levá-lo a entrevistar o jovem cineasta para o jornal. Durante a entrevista, os dois descobriram afinidades quando Schrader revelou a De Palma que jogava xadrez. Como De Palma também jogava, os dois disputaram uma partida. E, como ambos sempre foram estrategistas, o fato de terem iniciado uma relação diante de um tabuleiro de xadrez é uma metáfora tão perfeita que não há como não suspeitar da veracidade dessa lenda.

Enquanto tentava capturar o bispo do adversário, Schrader teria mencionado que havia escrito um roteiro. "Ah, não!", resmungou De Palma.

Schrader o tranquilizou: "Já que estamos conversando, só estou comentando que escrevi um roteiro."

O roteiro ao qual ele se referia era a primeira versão de *Taxi Driver*.

E, muito embora tenha revirado os olhos diante da simples menção de um roteiro escrito por um crítico de cinema, De Palma acabou lendo. E, ao reconhecer no material uma obra verdadeiramente genuína, ficou tentado a filmá-lo.

Anos depois, ele desdenharia da história, dizendo que "achei que funcionaria melhor com Marty". Em algumas ocasiões, porém, ele admitiu o verdadeiro motivo pelo qual não quis fazer o filme: não o achou tão comercial.

Vamos combinar que esse é um motivo muito deprimente.

Não era comercial o bastante?

E para a Columbia Pictures?

E para o diretor original, Robert Mulligan?

E para o protagonista da versão de Mulligan, Jeff Bridges?

E para Martin Scorsese, cujo filme anterior havia rendido um Oscar de Melhor Atriz para Ellen Burstyn?

E para Robert De Niro, que também já tinha um Oscar de Melhor Ator Coadjuvante?

O filme era comercial o bastante para todos eles, mas *não* para De Palma?

Para ser justo com o jovem Brian, o que ele estava buscando naquela época era um filme que mantivesse as pessoas na cadeira, atentas. O extravagante musical rock'n'roll dirigido por ele para a Twentieth Century Fox, *O fantasma do paraíso*, estava sendo exibido em Nova York para salas praticamente vazias.

E ele não queria passar de novo pela experiência de ter um filme sendo projetado indiferentemente numa tela, numa sala de cinema às moscas.

De modo que o filme seguinte precisava ser um sucesso.

Embora ele evidentemente tenha considerado dirigir *Taxi Driver*, no fim das contas acabou decidindo convidar Schrader para escrever junto com ele uma releitura de *Um corpo que cai* chamada *Trágica obsessão*, que aprofundaria ainda mais a impressão de que ele era o "novo Hitchcock". Assim, em 1976, a escolha de De Palma não era entre *Taxi Driver* e *Carrie, a estranha*. Era entre *Taxi Driver* e *Trágica obsessão*. Brian poderia ter feito *Taxi Driver* em 1976, em vez de *Trágica obsessão*, e depois, no mesmo ano, *Carrie, a estranha*. Ou poderia ter feito *Trágica obsessão* e *Carrie, a estranha*, mas ficado com o roteiro de *Taxi Driver* para filmar após *Carrie*, em 1977, em vez de *A fúria*.

Entretanto, só porque tinha uma preferência pelo cinema comercial, isso não quer dizer que De Palma fosse um adivinho. Foi com *Taxi Driver* que as plateias se identificaram, enquanto decidiram ignorar o moroso e exuberante *Trágica obsessão*.

Trágica obsessão não é um filme ruim, só é meio lúgubre. E a interpretação do protagonista, Cliff Robertson, é extremamente desagradável, sobretudo para uma obra sobre uma história de amor fadada ao fracasso. Robertson é tão sensual quanto o dedão do pé de um idoso. Mas, para ser justo, o monumental desempenho de Geneviève Bujold é muito mais memorável do que a estranheza de Cliff Robertson. E ela está no centro daquela que era, até então, e sem contar *Be Black Baby*, a melhor sequência da filmografia de De Palma.

Estou falando da cena em que Bujold, em *close*, volta a ser uma garotinha de 17 anos e se lembra de tudo que aconteceu na noite do sequestro.

Apesar de todas as minhas ressalvas em relação a *Trágica obsessão* (a ausência de humor, a performance de Robertson), a história de amor fadada ao fracasso no centro da trama *meio que* funciona, bem como o impacto da câmera onírica flutuante de Vilmos Zsigmond e da opulenta e cadenciada trilha sonora de Bernard Herrmann. De modo que, quando o filme chega ao clímax, no aeroporto — com a trilha de Herrmann parecendo empurrar as personagens principais (Robertson e Bujold) uma para cima da outra —, talvez estejamos, sinceramente, sentados na ponta da cadeira.

Além disso, a melodramática história de amor fadada ao fracasso de Schrader, apesar da ausência de bom senso, acaba meio que funcionando como uma versão caricata de *Magnífica obsessão*.

Trata-se, sem sombra de dúvida, de *um filme de Brian De Palma*.

Entretanto, devido à completa ausência de humor, é meio que um filme *ruim* de Brian De Palma.

No fim das contas, eu preferia que o próprio De Palma tivesse escrito o filme. Para um cineasta que não começou como roteirista, ele era um excelente escritor. Ou pelo menos sabia escrever *um filme de Brian De Palma* melhor do que Paul Schrader.

É meio engraçado e peculiar que De Palma tenha achado, num primeiro momento, o roteiro de Schrader para *Taxi Driver* pouco comercial. Porque o nicho de mercado que a Columbia Pictures exploraria depois, e sem o menor pudor, seria o de filmes na mesma linha de *Desejo de matar*. O trailer de *Taxi Driver* sugeria que o filme era uma versão de *Desejo de matar* com um sujeito ainda mais perturbado no centro da ação. Mas sem dúvida não anunciava o filme como "a história de um sujeito com a cabeça fodida". Em vez disso, pintava a imagem de um homem solitário em meio à multidão, que não aguenta mais e levanta-se para ser ouvido.

Como Billy Jack.

Como Joe Don Baker.

Como o sr. Majestyk.

Uma vez que a Columbia Pictures foi tão bem-sucedida ao vender *Taxi Driver* como um filme de justiceiro no estilo de *Desejo de matar*, é curioso que esse detalhe não tenha ocorrido a De Palma após a primeira leitura que fizera do roteiro. Sobretudo porque consigo imaginá-lo, logo após *Irmãs diabólicas*, fazendo um trabalho estupendo num filme como *Desejo de matar*.

Era desse tipo de filme comercial que ele estava atrás (e o qual encontrou ao ler o roteiro de *Carrie, a estranha*).

No entanto, depois que Marty leu o roteiro de Schrader, já era para De Palma. Certa vez, Marty disse a Paul: "Quando Brian De Palma me deu uma cópia de *Taxi Driver* e nos apresentou, fiquei com a sensação de que poderia ter escrito aquilo. Não que eu fosse escrevê-lo daquele jeito, mas tudo fazia sentido para mim. Fiquei imensamente empolgado, e eu tinha que filmar aquilo."

É interessante, porém, imaginar o quanto chegamos perto de ter um *Taxi Driver* dirigido por De Palma e o quanto o filme teria sido diferente. Quer dizer: considerando que teria sido baseado no mesmo roteiro, será que poderia mesmo ter sido tão diferente assim?

Suspeito que teria sido *profundamente* diferente.

Na verdade, se o diretor original do filme, Richard Mulligan, de *Houve uma vez um verão*, tivesse filmado o roteiro de Schrader com Jeff Bridges no papel de Travis, acredito que *esta* versão estaria mais próxima da versão de Scorsese do que uma versão rodada por De Palma (em 1978, Richard Mulligan efetivamente faria *sua* versão de um filme de Scorsese, ao adaptar o segundo romance de Richard Price, *Clockers*).

A principal diferença que vejo entre uma versão do roteiro de Schrader dirigida por Scorsese e uma dirigida por De Palma seria a questão do ponto de vista.

Duvido muito que De Palma tivesse enfatizado Travis Bickle da maneira que o roteiro de Schrader faz, e como também fizeram Scorsese e De Niro. Quando assistimos ao filme de Scorsese, nos *transformamos* em Travis Bickle. Quer tenhamos, quer não empatia ou simpatia pelos rituais da existência de Travis, nós os observamos. E, nesse processo, passamos a entendê-los. E, quando entendemos esse homem solitário, ele deixa de ser um monstro — se é que havia sido algum dia.

Scorsese, Schrader e De Niro nos fazem testemunhar um homem do ponto de vista desse homem.

Imagino que, ao ler o roteiro de Schrader na primeira vez, De Palma não o tenha visto como um diário onírico em primeira pessoa da maneira que o autor pretendia. Aposto que a primeira reação de Brian deve ter sido alguma coisa na linha de: "Ah, beleza, esse pode ser o meu *Repulsa ao sexo*."

Eu realmente acredito que De Palma teria observado Travis da mesma forma que Polanski observa Catherine Deneuve em *Repulsa ao sexo*. Um *Taxi Driver* dirigido por De Palma não teria nenhuma ligação com *Desejo de matar* nem seria um estudo de personagem em primeira pessoa disfarçado de *thriller* de justiceiro. Ninguém interpretaria equivocadamente o Travis de De Palma como um herói. Um *Taxi Driver* dirigido por De Palma não seria apenas um *thriller*, seria um *thriller político* (mais ou menos o que acabaria sendo *Um tiro na noite*). De Palma teria se concentrado nesse aspecto da trama: a história de Travis Bickle seria a história de um lunático aleatório se transformando num assassino político, desde o fato de se sentir deslocado na sociedade até a grande ideia de matar Palantine, passando por cada coisinha que ele faz durante a trajetória que o conduz até a tentativa de assassinato (com toda a glória do moicano que ostentava) no comício a céu aberto.

Ao contrário da sequência de Scorsese, imagino Brian filmando a cena no estilo de seus grandes balés em câmera lenta — como a sequência do baile de formatura em *Carrie*. Uma cena de ação com trilha sonora de Bernard Herrmann, mas sem dúvida completamente diferente da trilha minimalista envolvendo barulhos de trânsito e um idiota tocando sax que Herrmann conseguiu emplacar no filme de Scorsese.*

E como *Taxi Driver* seria o filme que ele teria feito logo antes de *Carrie*, não precisamos fazer nada além de assistir a toda a sequência do baile de formatura para imaginar como ele teria orquestrado a cena da tentativa de assassinato.

---

* Pauline Kael, que assistiu a um corte preliminar de *Taxi Driver*, sem a trilha, sempre disse que preferia o filme sem a música de Herrmann.

O que é a cena do balde de sangue de porco senão uma cena de assassinato?

Carrie White e Tommy Ross venceram uma eleição (para rei e rainha do baile).

Os candidatos vitoriosos são levados até o palco, onde são aplaudidos pelos respectivos eleitorados.

Todavia, em meio a toda essa celebração, há uma pessoa com uma rusga imaginária contra a candidata feminina.

É a loira de batom vermelho Chris Hargenson, interpretada por Nancy Allen, que nutre o desejo de assassinar a candidata na frente de todos, bem no momento do maior triunfo.

Aquele balde de sangue de porco cheio até a boca caindo com todo o peso sobre o rosto de Carrie White é a mesma coisa que o rosto de Jackie sujo com o cérebro de JFK espirrado nela.

A assassina Chris convoca um exército de voluntárias para executar o plano que bolara (com destaque especial para a segunda no comando, a malvada Norma, interpretada por uma P. J. Soles de boné de beisebol e rabo de cavalo), bem como um grupo de rapazes (o Billy Nolan de John Travolta e Freddy, o namorado de Norma, interpretado por Michael Talbott), enganados e manipulados pelas assassinas para ajudá-las — o que inclui alterar os resultados de toda a eleição, de modo a garantir que Carrie e Tommy vençam.*

Até mesmo a sorridente Sue Snell (Amy Irving), a gerente oculta da campanha de Carrie, em meio à multidão — ainda que separada dela —, parece muito satisfeita com sua criação midiática.

No *Taxi Driver* de De Palma, consigo imaginar a Betsy de Cybill Shepherd (se fosse filmado depois de *Carrie*, poderia ser um grande papel ou para Nancy Allen ou Amy Irving) sendo elevada a um status quase de coprotagonista. Eu não ficaria surpreso se a regra de Schrader e Scorsese — de não ter nenhuma cena no filme que não seja

---

* Uma das muitas coisas incômodas em *Carrie* é que, por causa da manipulação de Chris Hargenson, nós nunca sabemos quem teria de fato sido eleito rei e rainha do baile de formatura. A julgar pela reação sincera dos colegas, é totalmente plausível acreditar que Carrie e Tommy poderiam ter ganhado mesmo sem a manipulação dos votos.

vista pela perspectiva de Travis — fosse distorcida por De Palma só para incluir algumas cenas do ponto de vista de Betsy. Talvez ela até descobrisse os planos de Travis antes da execução, o que frustraria a tentativa de assassinato. Não estou sugerindo que essas ideias clichê envolvendo Betsy poderiam melhorar o filme de Scorsese. Agora, esse mesmo filme, feito de maneira mais hitchcockiana? Essas mudanças eu consigo ver no cenário.

Outra diferença entre uma versão de De Palma e de Scorsese seria a relação do filme com *Rastros de ódio*. Quando escreveu o remake temático, e teve a sorte de ter Scorsese a dirigi-lo, Paul Schrader não ganhou apenas um intérprete para a obra dele, mas também um cúmplice. Pelo amor de Deus, Marty chegou a colocar a porra de um trecho de *Rastros de ódio* em *Caminhos perigosos*. Se Schrader lhe falasse sobre a dualidade entre Ethan Edwards e Travis Bickle, Scorsese não precisaria de legenda: poderia mencionar para Paul a história dos comanches e dos búfalos.

Acho que dá para afirmar com segurança que De Palma não era tão apaixonado por John Ford ou *Rastros de ódio* quanto Scorsese. E duvido que ele teria se debruçado tanto sobre as semelhanças entre os filmes quanto Marty. Consigo até ouvi-lo dizer a Schrader, depois de ouvi-lo fazendo alguma referência ao épico de Ford pela milésima vez: "Escuta, Paul, talvez o roteiro escrito por você seja baseado em *Rastros de ódio*, mas o filme que vou fazer será *Repulsa ao sexo*."

A próxima grande pergunta seria: *caso* Brian De Palma tivesse filmado *Taxi Driver*, quem teria interpretado Travis Bickle?

E se você pensou em Robert De Niro por conta das parcerias entre os dois no passado... vamos com calma aí.

Muito embora Brian e Robert tenham iniciado as respectivas carreiras ao mesmo tempo, eles só trabalhariam lado a lado novamente em *Os intocáveis*, nos anos 1980.

Sempre pensei que os dois tinham brigado.

Entretanto, perguntei recentemente a De Niro sobre como foi trabalhar com De Palma na época de *Saudações* e *Olá, mamãe!*, e ele falou do diretor com muito carinho. "Sempre foi muito bom trabalhar com Brian, ele era um espectador excelente e sempre sabia o que queria." Então, perguntei se tinha havido algum tipo de desentendimento entre os dois. De Niro negou categoricamente qualquer desavença. "Não", explicou ele. "Quando nós morávamos na mesma cidade [nos anos 1970], sempre nos encontrávamos para tomar um café e botar a conversa em dia."

Perguntei por que eles não fizeram mais coisas juntos, e De Niro me disse: "Bom, o Brian acabou se tornando um diretor muito famoso. E ele foi fazer as coisas dele e eu, as minhas." E é verdade: se pensarmos nos filmes que De Palma fez nos anos 1970, nenhum deles se ressente da ausência de De Niro. Só com Jack Terry, em *Um tiro na noite*, é que apareceu um papel perfeito para Robert.

E quanto a *Taxi Driver*?

Bom, precisamos lembrar que De Niro não estava intrinsecamente ligado a *Taxi Driver*. O filme já tinha começado a ser produzido pela Columbia Pictures com Jeff Bridges no papel principal e os Phillips e Tony Bill como produtores. Scorsese queria De Niro no papel, mas o estúdio, na época, não o considerava um astro de grande magnitude. Entretanto, ele interpretaria o jovem Vito Corleone na sequência de Francis Ford Coppola para *O Poderoso Chefão*. Então, segundo Schrader, eles decidiram abrir mão de Bridges (o que significou dizer adeus ao badalado produtor Tony Bill) e esperar que *O Poderoso Chefão: Parte II* fosse lançado e, com sorte, fizesse de De Niro um nome de maior vulto. Bom, isso deu muito certo: Robert De Niro ganhou o Oscar de Melhor Ator Coadjuvante naquele ano pelo papel como Vito Corleone. Agora, porém, Scorsese tinha outro problema: De Niro havia assinado contrato para interpretar um dos dois protagonistas do épico italiano de Bernardo Bertolucci, *1900*. E Marty teria que ficar sentado quietinho esperando, aparentemente para sempre, até que Bertolucci terminasse sua obra-prima.

Era esse o grau de convencimento que Marty e Paul tinham de que Robert era o ator certo para o papel de Travis.

Em contrapartida, consigo imaginar Brian De Palma muito satisfeito com um sinal verde da Columbia Pictures para rodar um filme dos três produtores de *Golpe de mestre*, estrelado por Jeff Bridges. Não consigo imaginá-lo um ano à espera de Bobby. E, mesmo que Bridges tivesse abandonado o projeto, ainda consigo ver Jan-Michael Vincent se mostrando um excelente Travis Bickle para De Palma.

E agora vem a pergunta de 64 milhões de dólares: e quanto a mudar a cor de Sport de preto para branco?

Sei que estou dando muita atenção a esse detalhe, mas é porque, para mim, ele é essencial. Todo o debate sobre responsabilidade social, concessão social e integridade pode ser resumido a essa única decisão.

Como já afirmei, não acredito que Scorsese considerasse a mudança de raça do personagem tão importante assim. E, de fato, parece que os produtores e o estúdio conseguiram intimidá-lo com as visões pessimistas deles sobre possíveis tumultos provocados por espectadores negros. E, como eu também já disse, Scorsese estava, de todo modo, atrás de um bom papel para Harvey Keitel.

Brian De Palma, por sua vez, jamais quebraria a cabeça para colocar Keitel no filme dele.

Será que ele teria enfrentado as mesmas pressões que Martin Scorsese?

Não tenho a menor dúvida.

Ainda assim, com um Travis Bickle menos simpático e mais próximo da atmosfera de *Repulsa ao sexo*, talvez as coisas tivessem acontecido de outra maneira. O cara é uma porra de um lunático. E um lunático é capaz de matar qualquer um. Além disso, vale dizer que, se o diretor de *Be Black Baby* achasse que o filme deveria ser fiel ao roteiro tal como havia sido escrito, tenho certeza de que teria sido mais bem-sucedido na tarefa.

A outra face da violência

(1977)

A outra face da violência, de John Flynn, conta a história do major Charles Rane (William Devane), da Força Aérea, que, durante a Guerra do Vietnã, teve o avião abatido enquanto sobrevoava Hanói. Ele foi mantido preso por sete anos no que um personagem descreve como "um buraco do inferno". O filme começa em 1973, quando os prisioneiros de guerra estão, finalmente, sendo soltos. Quando desembarca do avião em San Antonio, no Texas, juntamente com os colegas de cárcere, entre os quais o sargento Johnny Vohden (Tommy Lee Jones), amigo dele, o major Rane se depara com uma recepção de herói, que conta com uma multidão que o ovaciona, uma banda militar toda uniformizada e até uma marcha da banda da escola local (uma das primeiras imagens do filme). Além disso, em meio à multidão que o ovaciona está a esposa que ele deixou para trás sete anos antes, Janet (Lisa Richards), e o filho Mark (Jordan Gerler), de 9 anos.

Charlie Rane entra na história de um jeito não muito diferente da descrição que Martin Scorsese faz do Ethan Edwards de John Wayne em *Rastros de ódio*. Ele volta para casa após lutar numa guerra e perdê-la, cheio de feridas na humanidade que jamais cicatrizarão. Como descreveu Scorsese, "ele tem muito amor dentro de si, um amor que foi arrancado dele".

A maneira como Ethan Edwards, em pensamentos, romantizava a esposa do irmão, Martha, durante as batalhas sangrentas, é sem dúvida muito semelhante à maneira como Charlie Rane romantizava a própria esposa durante a prisão.

Comparar os dois personagens é um tanto cômico, porque, em *Rastros de ódio*, Ethan Edwards está muito mais autoconsciente do que Charlie. Ethan pode até cobiçar a esposa do irmão (quando ele chega ao cenário do massacre é o nome dela, e não o do irmão, que ele grita, em pânico aterrador: "Martha!"), mas nunca tentaria tê-la. É muito pouco provável que ele fizesse isso com qualquer outro homem, *especialmente* o irmão (ou talvez seja melhor dizer outro homem *branco*, porque, ao que parece, Debbie passou vários anos como esposa de Scar). Muito mais importante do que a disciplina de Ethan, porém, é o fato de ele saber que não presta para ela. Ethan tem plena ciência de que é incapaz do amor e da força que seriam necessários para ser um bom marido e um bom pai.

Em contrapartida, quando Charlie Rane volta para casa a fim de continuar de onde parou, ele não está autoconsciente o bastante para saber que isso é impossível. Depois de sete anos preso, ele não é mais o mesmo homem de quem a esposa e o filho de 2 anos se despediram num aeroporto militar.

Charlie é frio, indiferente e estoico, a ponto de nem sequer parecer estar entre os vivos. Não consegue dormir no quarto com a esposa, e acaba se mudando para um pequeno galpão de ferramentas no quintal de casa, que lembra a cela em que ele esteve preso. O filho não se lembra dele, e, ainda que Charlie faça um esforço, o garoto acha tudo muito estranho e rejeita a aproximação do pai.

Assim que a família chega em casa na noite da volta de Charlie, ele e a esposa acomodam-se na sala para passar o primeiro momento em sete anos juntos.

Janet confessa: "Estive com outro homem."

Charlie reage sem julgamentos, e diz calmamente: "Todo mundo [referindo-se aos colegas de prisão] sabia. Não tinha como ser diferente."

Contudo, as revelações devastadoras de Janet não param por aí. Ela conta que se apaixonou por um policial rodoviário local chamado

Cliff (Lawrason Driscoll), que a pediu em casamento — pedido este que ela aceitou.

Charlie permanece impassível: "Acho que não estou a fim de ouvir mais nada", diz, enterrando-a mentalmente muito antes da morte real.

Contudo, se fosse capaz de enxergar além dos devaneios sobre a volta para casa — devaneios que povoam os pensamentos dele por sete anos —, Charlie teria visto claramente, como Ethan Edwards, que, do ponto de vista físico e emocional, é incapaz de ser o bom pai e marido que Cliff pode ser.

Outra comparação entre os filmes de John Flynn e John Ford está nos rituais de comunidade que ambos retratam. Charlie pode ser um estranho para a família, mas, para a população de San Antonio, é um herói. Os moradores da cidade não parecem ter qualquer sentimento conflitante em relação à Guerra do Vietnã. E nem se esqueceram dele enquanto ele esteve fora. Durante sete anos, uma placa no parque local pedia: "Envie uma carta a Hanói pedindo a libertação do major Charles Rane." Como gesto simbólico de solidariedade, uma beldade local do Texas, a garçonete Linda Forchet (interpretada pela deslumbrante Linda Haynes), usou o bracelete de identificação de Rane durante todo o período em que ele esteve preso. Em homenagem ao serviço que Charlie prestou ao país e à comunidade, um vendedor de carros local o presenteia com um Cadillac conversível novinho em folha, vermelho como uma maçã do amor. E, num ato de reembolso simbólico pelo sacrifício oferecido, uma loja de departamentos local lhe oferece um prêmio de 2.555 dólares em moedas, uma para cada dia em que ele esteve preso (e mais uma, para lhe dar boa sorte).

Para os moradores de San Antonio, Charlie não é apenas um herói, mas também uma celebridade local. Ele não consegue entrar em nenhum bar sem que o garçom lhe ofereça uma bebida de graça. Linda Forchet se descreve como uma "groupie" de Charlie Rane, um termo que precisa explicar a ele.

A triste ironia é que, enquanto a comunidade o aceita e até o reverencia, a própria família o rejeita. Em casa, ele não é capaz de arrancar um sorriso do filho e a esposa sente-se tão culpada que não consegue olhar para o marido sem se esvair em lágrimas.

Os trinta minutos iniciais do filme são um minucioso estudo de personagem, em que o público não apenas simpatiza com Charlie Rane, mas também o entende de verdade. Ao que parece, melhor do que qualquer outra pessoa no filme. Trata-se de um retrato muito mais profundo das mazelas da guerra do que o apresentado no contrito *Amargo regresso*, com o personagem paraplégico meio hippie, meio Jesus contando as coisas como realmente são.

Então, num fim de tarde, Charlie estaciona o enorme Cadillac na entrada de casa. E, assim que atravessa a soleira da porta, o cano de uma arma é encostado na lateral da cabeça dele e ele é puxado para dentro.

Conheçamos os Acuna Boys.

Os Acuna Boys são quatro vagabundos texanos (dois brancos e dois mexicanos, embora apenas os brancos tenham falas significativas) que invadiram a casa de Rane para roubar as 2.556 moedas de dólar dele. Incapazes de encontrá-las sozinhos, eles esperam pela chegada do major para obrigá-lo a lhes entregar o dinheiro. O líder do bando é um caubói gordo, suado, nojento e sem nome interpretado — como uma espécie de despedida — por James Best, o Rosco Coltrane em pessoa.

Best exige as moedas e diz a Charlie que eles estão preparados para torturá-lo até conseguirem o que querem. O que eles não esperavam era que, após sete anos de prática, Charlie houvesse adquirido a habilidade de *suportar* a tortura.

Os vietnamitas sabiam que, se fossem capazes de fazer o major Rane renegar o próprio país, seria apenas uma questão de tempo até que os demais prisioneiros fizessem o mesmo. Entretanto, apesar de todos os esforços, eles jamais conseguiram fazer isso. Então, depois de sete anos sendo torturado pelos captores comunistas, quando esses texanos desprezíveis aparecem de repente exigindo informações, Charlie simplesmente se recusa a dá-las.

A única diferença é que, embora talvez fossem mais versados nas práticas de tortura do que os vagabundos locais, os vietcongues não queriam matar Charlie Rane: queriam subjugá-lo.

Se eles o matassem, Charlie, de certa maneira, teria vencido.

Se eles matassem um comandante do Exército norte-americano, nenhum outro soldado cederia. O que interessava ao inimigo era propagandear a vitória. Os Acuna Boys, porém, não só não se importavam se Charlie morresse, como estava bem evidente que matá-lo depois que eles conseguissem pôr as mãos nas moedas era o plano desde o começo. Assim, frustrados com a resistência estoica oferecida por Charlie à violência amadora dos membros do bando, eles enfiam a mão do militar no triturador da pia da cozinha.

Logo depois, a esposa e o filho de Charlie chegam em casa, e, numa tentativa de salvar o pai (um momento muito significativo tanto para Charlie quanto para nós), Mark conta aos desgraçados onde está o dinheiro.

Então, num gesto simbólico de gratidão toda própria, os Acuna Boys atiram — na verdade executam — tanto em Janet quanto em Mark, e em seguida matam Charlie... ou é o que eles pensam.

Desse momento até o final do filme, o que vemos é o major Charles Rane, então equipado com um gancho afiado e pontudo no lugar da mão, em seu enorme Cadillac vermelho conversível, acompanhado pela loira oxigenada Linda Forchet, dirigindo pelo México atrás dos Acuna Boys, a fim de empreender o que minha personagem, A Noiva, chamaria de "uma vingança espalhafatosa e violenta".

A primeira vez que assisti a *A outra face da violência*, com minha mãe e o namorado, Marco, em 1977, na noite de estreia do filme em Los Angeles, numa sessão dupla com *Operação Dragão*, eu fiquei louco!

Mas o que tem no filme que me fez gostar tanto dele?

Bom, na idade que eu tinha, os filmes de vingança — com os finais repletos de dinamismo e sangue espirrando nas paredes — eram o meu ideal de diversão no cinema.

Gostei tanto de *A outra face da violência* que, anos antes de o filme entrar para o catálogo da Vestron Home Video — por um período de dez anos —, eu o seguia por toda Los Angeles, onde e quando estivesse passando (antes do videocassete, esse era o tipo de coisa que os cinéfilos costumavam fazer), uma tarefa que se tornou muito mais fácil quando consegui um carro e aprendi a dirigir. Entretanto, antes de aprender a dirigir, ou de ter um carro, eu pegava um ônibus e viajava por horas, para bem longe de casa, me enfiando nuns bairros muito sinistros, só para ver *A outra face da violência* em alguma sala de cinema bastante peculiar. Uma de minhas sessões mais memoráveis foi no belo mas dilapidado Orpheum Theatre, no centro de Los Angeles, numa cópia de 35 mm, com legendas em espanhol, como segunda atração de uma sessão dupla com *Hooper: O homem das mil façanhas*, de Burt Reynolds. Outra foi em Long Beach, no Palace Theatre (que era qualquer coisa menos um "palácio"), numa sessão tripla com *Grito de horror*, de John Dante, e *Os bons se vestem de negro*, com Chuck Norris.

No começo, quando perseguia Charlie Rane e sua mão de gancho por toda Los Angeles, eu mirava nos cinemas vagabundos e de segunda linha. Tempos depois, porém, nos anos 1980, *A outra face da violência* começou a aparecer na programação de sessões temáticas do Vietnã em diferentes salas dedicadas aos clássicos do cinema. O que me levou a assistir a exibições do filme de John Flynn no Nuart (em West Los Angeles), no New Beverly (na esquina do Beverly Boulevard com a La Brea Avenue), no Vista (onde o Sunset Boulevard se encontra com o Hollywood Boulevard) e no Rialto (em Pasadena), em sessões duplas juntamente com filmes como *Inferno sem saída*, *Jogo cego* e até mesmo *Apocalypse Now* (uma noite bem longa no cinema).

Teria sido o poderoso espetáculo produzido pela violência explícita que me fez amar tanto a película de Flynn?

Bom... talvez, naquela primeira sessão.

Contudo, depois de ver o filme algumas vezes, comecei a ter um entendimento mais profundo dele. Na verdade, um entendimento mais profundo do que qualquer entendimento que eu havia tido de um filme até então.

Quando eu estava promovendo meu primeiro livro, a versão literária de *Era uma vez... em Hollywood*, participei de um podcast muito divertido chamado *3 Books with Neil Pasricha*. A ideia do programa era que Neil debatesse com um autor sobre três livros que tivessem tido grande influência em sua formação. Não necessariamente os três livros favoritos, mas três livros que o tivessem influenciado no começo da vida. Um dos livros que escolhi foi *Semi-Tough*, de Dan Jenkins (que, até hoje, é o livro mais engraçado que já li).

Contei a Neil que uma das coisas que realmente me pegaram (li o romance quando tinha uns 15 ou 16 anos) foi o fato de Jenkins ter escrito o livro inteiro como se o protagonista, Billy Clyde Puckett, estivesse falando com um gravador. Eu já tinha lido narrativas em primeira pessoa, mas nada tão casual, atual, naturalista ou engraçado.

Eu me lembro de pensar: "Espera, é mesmo possível escrever um livro desse jeito? Se é possível escrever um livro desse jeito, será então que eu posso escrever um livro?"

E foi então que Neil (abençoado seja) disse: "Ahhh, então esse foi o livro que lhe deu permissão para ser um escritor."

E ele tem razão, foi mesmo.

Bom, *A outra face da violência* foi o filme que me deu permissão para ser um crítico. Foi a primeira vez que analisei um filme.

Com o filme de John Flynn e a interpretação de William Devane, mergulhei pela primeira vez num personagem que aparecia na tela para além da superfície. Havia profundidade em Charlie Rane, e uma tridimensionalidade que ia se revelando cada vez mais para mim quanto mais vezes eu assistia ao filme. Charlie Rane foi o primeiro personagem de um filme que eu analisei depois de terminado o filme.

Uma coisa que eu costumava dizer sobre *A outra face da violência* era que se tratava da melhor combinação já feita entre estudo de personagem e filme de ação.

E ainda é.

O filme também me transformou num defensor de seu diretor, John Flynn. Pelo menos dos três filmes de ação que ele fez, em sequência, nos anos 1970: *A quadrilha*, *A outra face da violência* e

Defiance. Aparentemente, todos os críticos mais legais tinham um cineasta preferido para defender e incensar, e John Flynn era o meu.

Eu era tão fã do cara que, aos 19 anos, fui atrás dele para entrevistá-lo.

E como eu consegui?

Simples — e fácil também. Procurei todos os John Flynn na lista telefônica, liguei para cada um deles e perguntei: "É o John Flynn?" Se eles diziam que sim, então eu perguntava: "O John Flynn de *A outra face da violência*"?

Até que um deles finalmente disse: "Sou eu, quem está falando?"

Uau! É ele, porra, é ele!

Eu nunca tinha falado com um diretor de cinema antes. Muito menos com o diretor de um dos meus filmes prediletos. Então eu me apresentei, disse a ele que estava escrevendo um livro a respeito de diretores de cinema e perguntei se poderíamos nos encontrar para que eu o entrevistasse sobre a carreira dele. Flynn concordou, então marcamos um dia e ele me convidou para ir à casa dele.

Puta que pariu, vou ver como é a casa de um diretor de cinema!

Nós nos sentamos na sala de estar para começar a entrevista, ele me serviu uma taça de vinho tinto e colocou para tocar na vitrola a trilha sonora de Morricone para *Os sicilianos*, enquanto eu começava a fazer perguntas e a testar minhas teorias sobre *A outra face da violência*.*

Flynn me contou toda a história do projeto. Paul Schrader havia escrito *A outra face da violência* depois do primeiro roteiro dele, *Taxi Driver*, e antes de *Operação Yakuza*. Juntos, os três formam uma trilogia muito interessante para o jovem autor.

Além do fato de serem bons filmes, todos trazem o complexo protagonista masculino característico de Schrader no centro da narra-

---

* Eu era tão inexperiente que levei meu gravador para a entrevista, mas apenas uma fita. Nunca imaginei que ele fosse passar mais de uma hora conversando comigo. Então, depois que os dois lados tinham sido gravados, eu não quis parecer um idiota e fiquei virando a fita e gravando por cima do que tinha acabado de gravar. De modo que tudo que Flynn me contou sobre o começo da carreira dele e *A quadrilha* perdeu-se para sempre.

tiva e uma catarse violenta com sangue espirrando nas paredes *à la* Peckinpah (em cenas filmadas de modo espetacular).

O roteiro de *Operação Yakuza* era praticamente idêntico ao dos filmes da Daiei sobre a máfia japonesa, apenas adaptado para o consumo das plateias ocidentais.

Entretanto, tanto *Taxi Driver* quanto *A outra face da violência* faziam parte de subgêneros populares na época (filmes de justiceiro e de vingança), e, embora parecessem estar apenas incluindo mais um item a uma lista, na verdade faziam críticas muito severas a esses subgêneros.

A outra face da violência foi vendido a Lawrence Gordon, então diretor de produção da American-International Pictures, depois de a Warner Bros. ter comprado a preço de ouro o roteiro de *Operação Yakuza*.

Schrader o escreveu com a intenção de que fosse o primeiro filme dele como diretor. E podemos acreditar nessa teoria porque, sobretudo na primeira metade do roteiro, a história está praticamente sendo dirigida em suas próprias páginas — e muito bem dirigida, é bom ressaltar. Se eu o tivesse filmado, teria feito a primeira metade exatamente do jeito que Schrader a escreveu. Ninguém na AIP, no entanto, estava disposto a bancar a compra daquele roteiro caríssimo tendo Paul na direção. John Milius me disse que Paul o escreveu para ele, mas acho que Paul estava pensando em si mesmo — uma vez, porém, que isso estava fora de cogitação, e como Milius tinha acabado de dirigir seu primeiro longa, *Dillinger: O gângster dos gângsteres*, para Lawrence Gordon, na AIP, consigo imaginá-lo pensando que o Grande John seria um ótimo candidato para transformar aquele roteiro vibrante num filmaço de primeira linha.

E, pelo jeito, ele tinha razão: Milius teria sido perfeito.

No mínimo, teria filmado o roteiro de Schrader, porque o adorou, segundo ele próprio me disse. "Rapaz, aquele roteiro era bom mesmo — tinha um monte de coisas maravilhosas."

Ainda assim, John não quis fazê-lo.

Eu perguntei: "Por que não?"

E Milius me disse: "Não sei. Acho que na época eu não quis fazer uma coisa tão sombria."

Depois disso, a AIP quase o produziu de uma maneira muito interessante. Numa entrevista, George Romero revelou que, por volta de 1974, recebeu um convite para dirigir o filme, como parte de um pacote. Romero explicou: "O nome de Schrader estava muito badalado na cidade, por causa da venda do roteiro de *Operação Yakuza*, assim como o de Joe Don Baker também, por causa de *Fibra de valente*. E o meu também, por conta de *A noite dos mortos-vivos*. Então, a AIP elaborou um pacote com esses três nomes. Mas aí *Operação Yakuza* foi lançado, e foi um fracasso. Em seguida, *As agulhas de ouro* [um filme com Joe Don Baker e Jim Kelly] também foi um fracasso, e então a proposta foi desfeita."

O filme ficou sendo jogado de mão em mão na AIP, como uma batata quente, até que Lawrence Gordon deixou a empresa para se estabelecer como produtor independente e levou o roteiro com ele. Porque, como disse Flynn, "aquele era o roteiro favorito de Larry quando ele estava na AIP. Ele estava determinado a realizá-lo como um de seus primeiros projetos como produtor independente".

Gordon levou o roteiro para a Twentieth Century Fox.

Como havia feito *Lutador de rua* com Walter Hill, Gordon ofereceu o filme a um amigo do realizador, o diretor de *A quadrilha*, John Flynn.

Flynn aceitou e eles começaram a procurar um ator para o papel do major Charles Rane. Lendo o roteiro original de Schrader, fica óbvio pra caralho que o papel de Rane havia sido escrito para Joe Don Baker. E Baker, é claro, havia atuado no filme anterior de Flynn, de modo que esta parecia uma conexão natural.

Flynn me disse que eles enviaram o roteiro a Baker. "Joe nunca dormia à noite. Então nós mandamos o texto para ele, e ele o leu durante a madrugada." Entretanto, por algum motivo do qual ninguém conseguiu se lembrar, Baker recusou na manhã seguinte.

Em seguida ele foi oferecido a David Carradine, que também recusou, muito embora tenha dito posteriormente: "Na época, eu sabia que deveria ter feito o filme. Mas eu estava tentando fazer outro filme com temática de vingança. E meio que sabia que este roteiro [o de *A outra face da violência*] era melhor. Só que eu tinha investido tempo demais nesse outro filme e não podia simplesmente desistir. No fim das contas, acabou que nunca conseguimos rodar esse outro filme."

Durante as sessões de um dos meus QT Film Festivals em Austin, no Texas, em 2001, Carradine viu *A outra face da violência* pela primeira vez, ao meu lado, e adorou. Ele me disse: "Rapaz, fui um idiota e recusei muita coisa legal na minha carreira. Mas ter recusado esse filme acho que fica no topo da lista." E, considerando o momento em que isso aconteceu, fica nítido que o roteiro que ele leu foi o original. Saindo do Alamo Drafthouse naquele dia, David comentou que "o roteiro que eu li não era tão bom quanto o filme a que acabamos de assistir".

Depois de fazer o que muitos consideram ser a melhor representação de John F. Kennedy, no especial em duas partes para a televisão *Mísseis de outubro*, William Devane se tornou uma estrela em ascensão em Hollywood. Ele era visto como um novo grande astro em potencial. Um sujeito tão feio que chegava a ser bonito, com uma boca gigantesca, que também poderia vir a ser um protagonista (como George C. Scott ou Roy Scheider).

Depois de interpretar Kennedy, Devane emplacou dois papéis principais em dois filmes de grande destaque para a TV: *Difamação* (com George C. Scott) e *Alerta vermelho*. Depois disso, quando ingressou no mundo do cinema, já chegou como um nome promissor. Ele ganhou um bom papel, com o nome aparecendo acima do título no cartaz de divulgação, no *thriller* de sucesso *Maratona da morte*. Esse acabaria sendo o primeiro de três filmes que faria com o diretor John Schlesinger (os outros dois foram *Os ianques estão voltando* e o subestimado *Uma estrada muito doida*). Em seguida, Devane foi um dos quatro protagonistas do último filme de Alfred Hitchcock, *Trama macabra* (em substituição a Roy Thinnes, demitido por Hitchcock).

E, no mesmo ano em que *A outra face da violência* foi lançado, ele também estrelou uma das minhas continuações preferidas de todos os tempos: *A garotada manda brasa*.

O roteiro de Schrader foi oferecido a ele pela Twentieth Century Fox, que, de acordo com Flynn, "estava apaixonada por Devane".

Tanto Flynn quanto Devane consideraram a ideia e a estrutura do roteiro de Schrader muito sólidas, mas acharam o material em si, nas palavras exatas de John Flynn, "infilmável".

Bom, deixem-me dizer uma coisa: que besteira! É um roteiro lindamente escrito. É Paul Schrader fazendo o que sabe fazer de melhor. E não era que ele fosse "infilmável" — a questão é que era preciso ter coragem para filmá-lo.

O motivo pelo qual Flynn e Devane o consideraram "infilmável" é bastante óbvio, mas falarei sobre isso mais adiante. De qualquer forma, por sugestão de Devane, um amigo roteirista, Heywood Gould, foi convocado para reescrever o filme. Gould tinha certa fama em Hollywood por ter escrito o roteiro de *Inferno no Bronx*, o qual trocou de mãos diversas vezes no mercado e todo mundo adorava, mas ninguém quis produzir (no fim das contas, acabou se transformando num filme realmente medíocre em 1981, estrelado por Paul Newman).

Gould, Flynn e Devane se reuniram por várias semanas para criar um roteiro possível de ser filmado, transformando-o no filme que *eles* queriam fazer.

Gould relembra:

"Eu trabalhava como garçom num bar no Soho, morava num apart-hotel e me divertia pra caramba. Bill Devane tinha lido um roteiro que escrevi, *Inferno no Bronx*, e também meu romance, *One Dead Debutante*. Não faço ideia do que estava acontecendo nos bastidores, mas sei que eles já estavam em pré-produção quando acharam que seria preciso reescrever o roteiro e Bill sugeriu meu nome.

"Então eles me levaram até L.A. e me encontrei com Larry Gordon, o produtor, e com o diretor, John Flynn. Li o roteiro naquela noite, e, pelo que me lembro, era um banho de sangue implacável, que, até onde entendi, não era o desejo deles.

"Na reunião no dia seguinte, eu disse que poderia manter a estrutura da história, mas que precisaria de mais cenas para explicar Rane, de mais emoção na vida familiar dele, de vilões mais realistas e, definitivamente, de uma personagem feminina mais empática e plausível [e quem não precisa?].

"Escrevi algumas cenas fora do roteiro porque eles precisavam disso para os testes de elenco. Escrevi a cena no bar em que Rane conhece Linda Haynes e, depois, a cena no galpão de ferramentas onde ele revive com Cliff as sessões de tortura [a frase 'A gente acaba aprendendo a gostar da corda' se tornou uma espécie de slogan que usávamos quando a temperatura nos sets de filmagem ultrapassava os quarenta graus]. Também escrevi a cena em que Rane volta para casa, com toda aquela parte com a esposa e o filho dele.

"Eu praticamente escrevi todo o filme em L.A., e depois voltei para casa. Então, na semana seguinte, eles ligaram para mim e me levaram até San Antonio para fazer alguns ajustes de acordo com as locações que haviam escolhido. Passei cerca de um mês lá, e acabei escrevendo novas cenas para Rane e Linda e reescrevendo as sequências de luta e o grande tiroteio no bordel no final do filme.

"Eu queria incluir algumas cenas para mostrar os sentimentos não ditos e a comunicação implícita entre os dois homens [Devane e Jones], porque não gostava da maneira profundamente esnobe como o roteiro original lidava com os trabalhadores comuns. Mas o filme muda muito quando a realidade do elenco, das locações e do cronograma se impõe. John queria que eu desse uma levantada nas cenas e criasse novas. Escrevi a cena do treino de tiro com Rane e Linda depois que ele deu uma olhada no material bruto das filmagens e achou que a relação entre os dois estava indo muito bem e seria bom desenvolvê-la."

O que é fascinante quando os roteiros de Gould e Schrader são comparados é o fato de ambos contarem a mesma história, pois os dois têm, basicamente, a mesma estrutura e compartilham diversas cenas. No entanto, fora isso, Gould praticamente reescreveu tudo do zero. Os diálogos de Schrader no roteiro original estão entre os melhores que ele já escreveu. Ainda assim, apenas duas falas meio soltas chegaram a ser filmadas, porém o próprio Gould escreveu alguns excelentes diálogos. Paul Schrader renega o filme há décadas, tendo declarado, recentemente — quando o assunto foi levantado durante uma entrevista: "Arruinaram o filme quando reescreveram o roteiro." Embora eu entenda como ele se sente (é como eu me sinto em relação a *Assassinos por natureza*), não concordo que o filme tenha sido "arruinado", ainda que, como em *Taxi Driver*, a concepção temática original tenha sido deixada de lado.

A outra face da violência é um filme bem pesado. Quando estreou, em 1977, era proibido para menores de 17 anos.

Contudo, o roteiro de Schrader era bem mais pesado, violento e cínico, com uma virada tão brilhante e chocante no clímax que, sinceramente, eu adoraria que algum dia alguém o filmasse.

Entretanto, como praticamente nada do roteiro de Schrader chegou às telas, se você ama esse filme como eu, o que você ama é o roteiro reescrito por Heywood Gould e a direção radical para onde William Devane leva o personagem de Rane.

Há muita coisa no roteiro de Schrader que é melhor do que na versão de Gould, mas também há muita coisa no roteiro de Gould que melhora o original (todas as cenas clássicas do filme são de Gould).

No roteiro original de Schrader, os Acuna Boys querem roubar o dinheiro que Rane recebe do Exército quando volta da guerra. Foi Gould quem criou as moedas simbólicas de dólar. No roteiro de Schrader, Linda Forchet é apenas uma texana promíscua que dá seu telefone a um homem casado; na versão de Gould, ela usa o bracelete de identificação de Charlie durante o período na prisão. E, no roteiro de Gould, a escopeta com a qual, mais tarde, Charlie fará um tremendo estrago durante a cena final do filme é um presente de boas-vindas dado pelo filho, Mark.

Num toque de delicadeza, ficamos sabendo que Cliff ajudou o garoto a escolhê-la.

Charlie diz: "Poxa, isso foi muito legal da parte do Cliff."

E a *pior* cena do roteiro de Schrader — o jantar na casa do colega que ficou preso com Charlie, Johnny Vohden, com a família irritante do amigo — é a *melhor* cena no roteiro de Gould e no filme de Flynn. Além de ser a cena mais catártica de todo o gênero dos filmes de vingança. Essa descrição, entretanto, não faz jus à magnitude da sequência. De todas as cenas de todos os filmes que vi em meio a uma plateia, nenhuma outra fez uma sala cheia de gente sentir mais sede de sangue do que aquela em *A outra face da violência* na qual William Devane conversa a sós com Tommy Lee Jones.

                    RANE
    Encontrei os homens que mataram meu filho.

                    JOHNNY
    Vou pegar meu equipamento.

Essa cena e estas falas nunca decepcionam, e sempre deixam as plateias em polvorosa, qualquer que seja a hora e o local em que sejam exibidas. E acreditem em mim: já vi *A outra face da violência* em meio a todo tipo de plateia que se possa imaginar.

Apesar da música-tema açucarada do filme,

San Antone, é muito bom te ver
Já faz um tempo que penso em você
Estive em muitos lugares, mas acho que sempre soube
Que um dia eu voltaria para San Antone,

quando Linda, então no México com Charlie, pergunta ao major se eles voltarão a San Antone, Charlie diz: "Eu não me incomodaria se nunca mais voltasse a ver aquela cidade." Uma das maiores diferenças na concepção do personagem entre os dois roteiros é o fato de o Rane de Gould nem sequer parecer ser texano — ele só está lotado em San Antonio por conta da base aérea. Ao passo que o Rane de Schrader é um texano da gema, que nem sequer nasceu em San Antonio, mas em Corpus Christi. Ele também é um caipira do tipo que odeia mexicanos, fala mal de Jane Fonda e ama música country.

Mas o Charlie Rane que Heywood Gould imaginou em seu roteiro também é radicalmente diferente do Charlie Rane que chegou às telas.

O Rane de William Devane é praticamente monossilábico. E ainda que o Rane de Gould seja tão atormentado quanto o original, ele é muito mais loquaz. E a primeira metade do filme é toda construída a partir de cenas nas quais Rane fala de forma muito eloquente sobre si mesmo e seu estado mental.

A única cena de Schrader que sobreviveu no filme é a excelente sequência no galpão de ferramentas de Charlie na qual Cliff — o homem que está noivo da esposa do major — tenta ter uma conversa de homem para homem sobre o dilema deles ("A gente acaba aprendendo a gostar da corda").

Contudo, Gould também escreveu uma cena anterior a essa, na qual Charlie conversa com a esposa na noite em que chega e tenta lhe explicar por que vai dormir no pequeno galpão de ferramentas e não no quarto.

Gould deu, literalmente, um monólogo para Rane.

RANE
Mas, enfim, sobre o galpão de
ferramentas. Você precisa pensar nele
como uma... câmara de descompressão. Os
mergulhadores, você sabe, precisam
voltar muito lentamente para o mundo
real. Lá embaixo, eles trabalham sob
uma pressão muito intensa, que comprime
todos os gases dentro do corpo. Se eles
sobem muito rápido, esses gases, em vez
de serem reabsorvidos, se transformam
num monte de bolhas. E essas
bolhas podem matá-los ou deixá-los
muito doentes. Você me entende? É
desse jeito que tem sido para mim e
para os outros rapazes. Nós estávamos
sob uma pressão muito intensa por lá.
Uma pressão inacreditável. Estávamos

> no fundo do mar da humanidade. Só que agora temos que voltar ao mundo real. Mas precisamos dessa descompressão. O galpão de ferramentas é a minha câmara de descompressão. Isso faz algum sentido para você?

Se você viu *A outra face da violência* tantas vezes quanto eu, ler isso é o mesmo que dizer em voz alta: "Porra, quem é esse cara? Quer dizer, pelo amor de Deus, tem mais texto aí do que o Charlie diz na porra do filme inteiro."

Bem, no fim das contas, o verdadeiro autor do personagem de Charlie Rane não é nenhum dos roteiristas, mas o ator que interpreta o papel.

John Flynn me disse: "A Twentieth Century Fox estava apaixonada por Devane, e ele tinha muita liberdade para moldar o personagem como achasse melhor." E mesmo que Heywood Gould tenha sido chamado a pedido do ator, Devane "achou melhor" cortar metade das falas dele, o que fez com que o personagem parecesse muito mais introvertido e atormentado. Ele não chega a ser um zumbi, como o Johnny Vohden de Tommy Lee Jones, mas também não está mais exatamente vivo. E inclusive se refere a si próprio dessa maneira ("Eu me lembro dessa música da época em que estava vivo").

Os outros personagens com quem o Charlie de Devane interage — a esposa, o namorado dela, Cliff, Linda Forchet e até mesmo os Acuna Boys — estão repletos de emoções conflitantes, e chegam a vibrar de tão vivos quando comparados a ele.

O impassível major passa três quartos do filme escondido atrás de uns óculos escuros do tipo aviador. Por mais estranho que isso pareça, tirando o amigo Vohden, o único outro personagem no filme que se comporta de maneira tão estoica quanto o major Rane é o filho dele de 9 anos, Mark. Isso está lindamente articulado numa cena que o mostra chegando a um jogo de beisebol do qual o filho participa. Do outro lado de uma cerca de arame, ele observa o garoto e tenta, desesperadamente, estabelecer uma conexão silenciosa com ele. Mark percebe a presença de Rane, e, sem dizer uma palavra sequer, a rejeição à tentativa de contato do homem fica brutalmente evidente.

Ainda assim, o filme mostra que a relação de Mark com o namorado da mãe, Cliff, é calorosa e afetuosa — emoções que o major Rane é incapaz de demonstrar, ainda que não por culpa dele próprio.

Este é o Charlie Rane com o qual cresci, e ele foi, inteiramente, uma concepção de William Devane.

Ela se estende até mesmo à vingança do personagem. O Rane do filme deixa muito claro que está se vingando pelo filho, e apenas pelo filho. Depois que a esposa lhe diz que aceitou o pedido de casamento de Cliff, o oficial da Força Aérea fecha as portas para ela. Nem mesmo o fato de ela ter sido executada de maneira brutal lhe amolece o coração. Perguntei sobre isso a Flynn, e ele confirmou: "O lance do Devane era não dar muita bola para a esposa."

Toda essa concepção do personagem é absolutamente essencial para a caracterização de Devane e o subtexto do filme.

Isso, porém, não faz parte do roteiro de Schrader.

O Charlie de Schrader parece compreender o dilema da esposa de uma maneira que seria inimaginável para a caracterização de Devane. No roteiro de Paul, Cliff chega a jantar com a família — e tudo bem, é meio esquisito, mas todo mundo parece se dar bem. E, ainda que o esteja deixando, Janet se mostra disponível para Charlie tanto em termos emocionais quanto físicos. A Janet de Schrader não passa o filme inteiro chorando e com uma expressão de culpa no rosto. Ela se preocupa genuinamente com Charlie e *tenta* ajudá-lo. Ela se oferece a ele não por pena, mas porque o ama. Charlie, contudo, não consegue lidar com isso.

Schrader incluiu no roteiro original uma cena na qual Janet tenta fazer sexo com Charlie. Ele se recusa por um sem-número de motivos e sai de casa. Entra no enorme Cadillac vermelho e dirige até um drive-in em alguma parte do Texas que está exibindo *Garganta profunda*. Enquanto assiste à performance de Linda Lovelace no clássico da pornografia, ele olha para o homem no carro ao lado e vê Travis Bickle! Os dois anti-heróis de Schrader se encaram por um instante. Como o roteirista escreveu, "dois pavios queimando lentamente".

Agora, se você gosta de *A outra face da violência* tanto quanto eu, uma das coisas que mais aprecia no filme é a performance de William Devane, porque ela é sensacional.

No entanto, a julgar pela minha conversa com Flynn, a posição de destaque de Devane durante a produção incomodou o diretor. Ele nunca falou mal do ator, mas há, sem dúvida, uma certa ausência de afeto quando se refere a ele (sempre o chamando de "Devane", nunca de "Bill"). Ele chegou a me dizer que tentou convencer a Twentieth Century Fox a tirar Devane do filme e colocar Tommy Lee Jones no lugar ("Se vocês estão atrás do próximo Burt Lancaster, com certeza ele não é o Devane, mas o Tommy"). Um dos motivos para a frustração de Flynn era o fato de Devane ter acabado de dirigir uma peça de teatro e, por conta disso, ficar tentando colocar os atores da peça no filme — "o que foi um problema", segundo Flynn me contou. E, num filme que simplesmente transborda de atuações magníficas, as duas grandes decepções são justamente os atores da peça de Devane: Lisa Richards, como Janet, a esposa de Charlie, toda puritana e sem graça; e Lawrason Driscoll, como o namorado dela, Cliff. Driscoll passa o filme inteiro indicando suas frustrações, em vez de senti-las, e, na grande cena com Charlie, no galpão de ferramentas, na qual Charlie recria as torturas sofridas em Hanói, com Cliff na posição do torturador, Devane simplesmente o engole. Flynn ficou sobretudo chateado com a escolha de Lisa Richards para o papel da esposa, porque, em dado momento, Barbara Hershey demonstrou interesse em interpretá-lo.

Quando sai à caça dos Acuna Boys, Rane leva (inexplicavelmente) com ele a garçonete texana Linda, interpretada com perfeição por Linda Haynes — que também pode ser vista em *Coffy: Em busca de vingança*, *Jogos de azar* e *Brubaker*. No entanto, foi a performance dela em *A outra face da violência* que deu origem a um pequeno, mas devotado, culto em torno da atriz naturalista. E, no que diz respeito ao fã-clube de Linda Haynes, posso dizer que faço parte dele há 45 anos. A srta. Haynes [que faleceu em julho de 2023] parou de atuar nos anos 1980; tanto Vincent Gallo quanto eu tentamos persuadi-la a voltar à cena, infelizmente sem sucesso.

É uma caracterização estupenda, e uma das minhas atuações favoritas de uma atriz no cinema dos anos 1970. Como Vincent Canby observou numa resenha para o *The New York Times* publicada quando o filme foi lançado: "[Haynes] consegue parecer, ao mesmo tempo, bonita e devastada (algo que Ava Gardner levou anos para conseguir)."

No filme de John Flynn (diferentemente do roteiro de Schrader), Linda cumpre uma função similar à do comparsa Martin Pawley de Jeffrey Hunter em *Rastros de ódio* e à da profissional do sexo loira e fanática por astrologia Niki, interpretada por Season Hubley no filme que Schrader escreveu e dirigiu, *Hardcore*. Assim como o Martin de Hunter e a Niki de Hubley, a Forchet de Haynes é, obviamente, uma pessoa boa e honesta ligada a uma máquina de matar sem sentimentos (exceto o de vingança). O Pawley de Hunter, no entanto, é descendente de nativos norte-americanos, o que lhe dá uma ancestralidade compartilhada com o objeto da ira de Ethan. Entretanto, ainda que seja um indígena, Martin Pawley não é um selvagem. E embora Linda Forchet não seja uma assassina degenerada, sua texana esquentadora de banco de bar compartilha uma linhagem branca e caipira com o objeto da ira de Charlie.

Amar *O outro lado da violência* é amar a Linda Forchet de Linda Haynes. Ela é realmente notável, e a dinâmica com Devane é um dos principais motivos para o sucesso do filme. Da mesma forma que Charlie não consegue esquecer os devaneios de voltar do inferno para casa e ser recebido de braços abertos por uma família amorosa, Linda não consegue esquecer os devaneios de fugir para o Alasca junto com Charlie.

Só que Charlie jamais irá para a porra do Alasca.

Ele não sairá do México vivo. E sabe disso. O público sabe disso. Porra, até mesmo Linda sabe disso. Ela, contudo, mantém a chama do sonho acesa pelo máximo de tempo que consegue. Contei a Flynn que uma de minhas cenas de encerramento favoritas na história do cinema é a sequência em que Devane sai do bordel lavado de sangue, ajudando um Tommy Lee ferido a caminhar, com o chão repleto de cadáveres dos inimigos, enquanto os créditos vão rolando pela tela e a suave música-tema do filme começa a ser tocada.

Ele me contou que, originalmente, havia um epílogo após essa cena, mostrando Linda Forchet sentada num banco à espera de um ônibus para levá-la de volta a San Antone (a letra da música-tema do filme). E Charlie, sentado no enorme Cadillac vermelho conversível, a uns cinquenta metros de distância, a observa em silêncio. Ele está considerando pegá-la e levá-la com ele, para garantir que ela voltará para casa em segurança ou apenas dando uma última olhada na única mulher no mundo que poderia amá-lo?

Isso quem decide é o espectador.

Então, o ônibus chega, ela embarca e o veículo parte em direção a El Paso, enquanto Charlie manobra o Cadillac e mergulha ainda mais fundo no México... sozinho. Acredito que ele fica pensando em pegá-la e que *gostaria* de poder fazer isso. Não acho que Charlie a ame, porque ele não é mais capaz de amar ninguém — como é mesmo a frase de Scorsese sobre Ethan Edwards? "Ele tem muito amor dentro de si, um amor que foi arrancado dele."

Ao mesmo tempo que *gostaria* de poder amá-la, Charlie respeita, admira e aprecia a sinceridade de Linda. E sabe que levá-la com ele seria impossível, porque ele tem certeza de que vai morrer. Em algum momento os *federales* vão encontrá-lo — e, depois de passar sete anos num campo de prisioneiros no Vietnã, a última coisa que ele deseja é passar o resto da vida numa prisão no México (ou em outro lugar qualquer). De modo que o dia em que o encontrarem será o dia da morte dele, porque Charlie vai começar a atirar nos policiais mexicanos até que o matem. A única coisa que ele pode oferecer a Linda é tirá-la da linha de fogo. A Linda que embarca naquele ônibus e volta para San Antone com o rabo entre as pernas pode até ser uma Linda triste — mas pelo menos está viva. Flynn gostava desse final, mas teve que deixá-lo de lado por conta de questões no cronograma de filmagens.

Ao longo dos anos, fiquei tão fascinado com a personagem de Linda, com a performance dela, e com a química entre Haynes e Devane, que *raramente* me dei conta de quanto era forçado Charlie tê-la levado com ele na jornada sanguinária.

No filme que foi feito, pelo menos, não faz o menor sentido que ele leve uma garota que mal conhece numa aventura tão perigosa. *Se* ele tivesse dito a ela o que estava tramando e eles estivessem conspirando juntos... *talvez*. Mas levar uma garota branca e loira (ou, como ela é descrita no filme, "uma tremenda gostosa") até uma série de bares barra-pesada no México para fazer um monte de perguntas suspeitas a um bando de marginais não faz o menor sentido. Entretanto, como costuma acontecer nos roteiros de Schrader para filmes de gênero, ele gosta de pegar atalhos, e os personagens clichê, que servem apenas de escada, sempre fornecem as informações necessárias para que os protagonistas cheguem ao próximo acontecimento relevante da trama.

Ao contrário da versão da história que foi filmada — na qual Charlie e Linda não têm, de fato, nada em comum —, no roteiro de Schrader os dois são farinha do mesmo saco: dois caipiras texanos brancos que odeiam mexicanos. Eles têm muito mais coisas em comum, muito mais coisas para conversar, e Charlie parece genuinamente precisar dela — e não apenas para chegar ao próximo acontecimento relevante da trama, mas também pela companhia de Linda.

Quando o Charlie do filme a deixa dormindo no quarto de hotel pela manhã para encontrar Johnny Vohden e matar os Acuna Boys, ele sai do quarto antes que ela acorde (e, num toque de delicadeza, a cobre com uma manta). Em vez de dizer adeus, ele simplesmente deixa um bolo de dinheiro na mesinha de cabeceira (como me disse John Flynn, "da mesma maneira que você faria com uma prostituta"). Sabemos, no entanto, que ele não está sendo insensível: aquilo é, literalmente, tudo que ele tem a oferecer. O Charlie Rane de Schrader, porém, não é o farrapo humano interpretado por William Devane. No roteiro de Schrader, depois que a família de Charlie é massacrada e ele começa a perseguir os assassinos, a personalidade dele desabrocha.

Ele parece aliviado por ter se livrado das pressões para se adequar à sociedade. E, durante o tempo que passa com Linda na estrada, parece se dar melhor com ela do que com qualquer outra pessoa desde que voltou para casa. Eles têm até uma cena muito bonita em que falam sobre seus artistas favoritos de música country (Loretta Lynn, Kitty Wells, Connie Smith, Conny Van Dyke, Jeanne Pruett e Miss Tammy), algo que seria impensável no Charlie de Devane (em *Taxi Driver*, Betsy tenta falar sobre Kris Kristofferson com Travis, mas ele não consegue entrar na conversa. *Eu me pergunto se Travis teria uma lista de atrizes de pornô favoritas*).

O verdadeiro motivo pelo qual Schrader acha que o filme foi "arruinado" ao ter o roteiro reescrito é que, como em *Taxi Driver*, a concepção temática foi deixada de lado. Assim como Travis, em *Taxi Driver*, é paranoico em relação aos negros, Rane não gosta nem um pouco dos mexicanos. No roteiro de Schrader, quando eles estão no quarto do hotel e Linda pergunta "Você nunca limpa nada?", ele responde: "Foi para isso que Deus fez os mexicanos." (Obviamente, uma frase que Schrader ouviu alguém dizendo em algum lugar.) E, assim como em *Taxi Driver*, em que Travis é paranoico em relação aos negros e depois se lança numa missão com um imperativo moral que lhe permite apontar a arma para eles, todos os Acuna Boys que matam a família de Charlie são mexicanos (acredito que era a isso que Flynn estava se referindo ao dizer que o roteiro de Schrader era "infilmável"). Os produtores e o estúdio obrigaram Heywood Gould a mudar esse aspecto do texto, fazendo com que metade do quarteto de bandidos fosse mexicana e dando aos dois marginais brancos (James Best e Luke Askew) todas as falas boas, ou seja, mais uma vez, Paul Schrader foi obrigado a fazer uma concessão social num de seus roteiros. E, assim como em *Taxi Driver*, esse detalhe passa batido graças aos excelentes atores que foram escalados para o filme. *A outra face da violência* sem o Automatic Slim de Luke Askew ou o líder dos Acuna Boys levemente cômico e sem nome interpretado por James Best seria tão inimaginável quanto um *Taxi Driver* sem Harvey Keitel.

Da mesma forma, não há como imaginar o filme sem a fala clássica de Jimmy Best, quando Janet pergunta a Charlie por que ele deixou que triturassem a mão dele na pia da cozinha em vez de dizer aos Acuna Boys onde estavam as moedas. Best, então, faz a melhor interpretação de uma frase em toda a sua longa carreira: "Eu vou te dizer o porquê, dona. Porque esse filho da puta é macho pra caralho." E isso sempre fez as plateias virem abaixo em todas as sessões do filme a que assisti.

Então, assim como Travis Bickle, Charlie Rane não passa de um filho da puta racista que encontra uma desculpa para sair à caça do objeto de seu ódio. De qualquer forma, diante das circunstâncias, os Acuna Boys merecem morrer. E torcemos para que Charlie e Johnny os cacem e (bem à moda de Schrader) pintem as paredes com o sangue deles.

No entanto, é justamente no final sangrento, quando Charlie e Johnny os encontram num bordel mexicano e começam a matança, que Schrader dá uma sacudida no roteiro.

Porque Schrader faz com que Charlie e Johnny matem todo mundo!

No filme de Flynn, Charlie e Johnny acabam matando muito mais gente do que os quatro que foram até a casa, a maioria porque apontam armas para eles. Mas nem todos. Quando Johnny arromba a porta de um quarto no qual um grupo de mexicanos joga pôquer e diz "*Adiós*, rapazes!", disparando em seguida uma saraivada de balas, é óbvio que, naquele momento, ele está promovendo uma carnificina, ou, como Kevin Thomas escreveu: "Charlie está apenas colhendo o que os Estados Unidos plantaram no Vietnã." A ideia parece ser a seguinte: se eles forem mexicanos, não corra nenhum risco — atire.

Ainda assim, essa é uma concessão social feita por Flynn (diretor), Gordon (produtor), Devane (astro), Gould (roteirista) e pela Twentieth Century Fox (estúdio).

Porque, no roteiro de Schrader, Charlie e Johnny acabam com todo mundo — da mesma forma que fizeram ao lançar bombas de napalm sobre aldeias no Vietnã.

Acuna Boys, prostitutas, clientes: todos que atravessam seu caminho são eliminados. E, num toque maravilhoso — que eu não acredito que eles não incluíram no filme —, Charlie e Johnny falam um com o outro em vietnamita durante o tiroteio final.

Quando chegamos à última página do roteiro, Schrader conseguiu deixar o argumento bem claro.

Um argumento que ninguém na Fox quis bancar (todo mundo que fala sobre a liberdade do cinema nos anos 1970 deveria conversar com Paul Schrader).

A crítica absolutamente brutal que Schrader tinha feito aos filmes fascistas de vingança foi transformada pelos realizadores num filme fascista de vingança absolutamente brutal.

Ainda assim, trata-se do melhor filme fascista de vingança absolutamente brutal jamais feito.

O que deixa Schrader frustrado até hoje.

A taberna do inferno

(1978)

A primeira vez que o público do cinema teve um vislumbre da voz de Sylvester Stallone como artista (roteirista/ator) não foi em *Rocky: Um lutador*, de 1976, mas em *Os lordes de Flatbush*, de 1974. Trata-se de um filme nova-iorquino independente de baixo orçamento dirigido por Martin Davidson, que, depois disso, teria uma carreira bem interessante, que inclui filmes similares como *Eddie, o ídolo pop*, *Procura-se um herói* (depois de *Os lordes de Flatbush*, meu favorito) e *Verão: Tempo de loucura* (que goza de um número minúsculo de devotos entre os cinéfilos que o viram quando foi lançado), além da comédia romântica dos anos 1990 com William Petersen e Sissy Spacek, *Minha mulher vai casar* (da qual, ao que parece, sou o único que gosta), codirigida por Stephen Verona — que, logo depois, dirigiria o infeliz *Pipe Dreams*, que foi feito para alavancar a carreira de Gladys Knight, mas trazia o ex-marido vigarista dela como coestrela.

Em *Os lordes de Flatbush*, os lordes do título são um grupo de quatro caras durões das ruas do Brooklyn, pequeno demais para ser considerado uma gangue — eles se assemelham mais a quatro amigos que mandaram fazer jaquetas iguais e as vestem o tempo todo —, formado pelo Stanley de Stallone (disparado o maior e mais cruel), pelo Chico de Perry King (o mais bonito), pelo Butchey de Henry Winkler (o espertalhão do grupo e o único judeu em meio a três italianos) e pelo Wimpy de Paul Mace (o membro mais baixinho e nova-

-iorquino do grupo — conseguimos até imaginá-lo perambulando em meio aos drogados em *Os viciados*, de Jerry Schatzberg). O filme acompanha a vida e os amores desses quatro sujeitos (na verdade, apenas os de Chico e Stanley) na era do *doo-wop*, na Nova York dos anos 1950. Esse filme independente de baixo orçamento foi feito com praticamente nada e filmado de maneira muito simplista. Ou ele foi rodado em 16 mm e depois puxado para 35 mm, ou *parece* ter sido puxado de 16 mm para 35 mm (a iluminação dos interiores resume com perfeição a máxima cinematográfica de Roger Corman: "Consiga a imagem"). Ainda assim, como que por um milagre, um grande estúdio (a Columbia Pictures) resolveu distribuí-lo e exibi--lo junto com *Let the Good Times Roll*, uma maravilhosa cápsula do tempo dos anos 1950 (um tremendo musical que, ao que parece, a Columbia chegou até mesmo a projetar em 70 mm em alguns lugares!). E a Columbia escolheu esse filme independente meio tosco e colocou seu majestoso logotipo no começo porque... bem, porque é um filme muito bom.

Além disso, o sucesso da Universal com *Loucuras de verão* havia desencadeado — bem no meio dos anos 1970 — uma enorme onda de nostalgia por uma versão romantizada dos anos 1950, que, em determinado ponto, ameaçou engolir a década inteira. Uma nostalgia a que eu, então um garotinho, era extremamente suscetível (na época, eu adorava tudo que tinha a ver com os anos 1950, e me orgulhava de saber um monte de coisas sobre esse período).

Durante esse verdadeiro tsunami de revival dos anos 1950, surgiram as rádios especializadas em músicas da época e coletâneas de sucessos vendidos na TV (a maioria das pessoas da minha idade ficou sabendo quem era Chubby Checker graças a esses comerciais). Depois de ser escanteado pela cultura hippie dos anos 1960, James Dean foi reintroduzido ao Zeitgeist da cultura popular (agora era possível encontrar pôsteres dele à venda, ao lado de pôsteres do Frank-N-Furter de Tim Curry), e *O selvagem* substituiu tanto *Sindicato de ladrões* quanto *Uma rua chamada pecado* como o filme seminal de Marlon Brando (mais uma vez, eram esses os pôsteres que se encontravam à venda nas lojas). E a TV exibia a sitcom *Dias felizes*, inspirada em *Loucuras de verão* (não esqueçamos que Ron Howard estrelou ambos), e, algum tempo depois, a versão feminina, *Laverne & Shirley*. Por último, mas não menos importante, houve ainda a ascensão do Fonzie de Henry Winkler à estratosfera da cultura pop (faz pouco tempo, revi *A garota do adeus* e fiquei feliz de ver um pôster de Fonzie pendurado em destaque na parede do quarto de Quinn Cummings). Pois bem, alguma raposa matreira na Columbia percebeu que não apenas *Os lordes de Flatbush* se passava nos anos 1950, assim como *Loucuras de verão*, mas também que Fonzie fazia parte do elenco. Agora, exceto pela mente perspicaz na Columbia que se deu conta disso, o restante da indústria não percebeu o quanto aquilo era importante. Entretanto, para nós, que estávamos no colégio na época, era *muito importante*! Assim, ainda que Henry Winkler não tivesse muito tempo de tela,* a Columbia preparou um comercial espetacular para a TV, com cenas de Henry Winkler (o poder de atração de Fonzie entre os escolares não era brincadeira), trazendo *o melhor e mais chiclete* jingle já composto para o anúncio de um filme, que consigo cantar perfeitamente até hoje. Tudo isso fez do filme tanto um sucesso moderado quanto uma relíquia da época lembrada com muito carinho.

E, assim como *Loucuras de verão* antes dele e *Jovens, loucos e rebeldes* depois, *Os lordes de Flatbush* trazia um elenco de jovens atores que se destacariam no futuro. Obviamente, Stallone e Winkler, mas também a graciosa e talentosa Susan Blakely, que era incrivelmente bonita, e estrelou, com Nick Nolte e Peter Strauss, a primeira minissérie televisiva oficial (que eles chamavam de "um romance para a TV") *Homem rico, homem pobre*, e também o filme sobre Frances Farmer — que, na minha opinião, é muito melhor. Em *Os lordes de Flatbush*, ela interpreta Jane, uma gatinha branca, anglo-saxã e protestante (relativamente) rica que mora na parte boa da cidade e por quem Chico

---

* Curiosamente, *Os lordes de Flatbush* ganhou na Itália o título de *Happy Days: La banda dei fiori di pesco* e foi dublado de modo a transformar Butchey, o personagem de Winkler, em Fonzie e o filme inteiro numa espécie de história das origens do personagem.

se apaixona (a canção "You and Me", que embala os encontros de ambos, é um dos pontos altos da excelente trilha sonora composta por Joe Brooks, que acabou caindo em desgraça posteriormente por conta de um caso de abuso sexual). Já Perry King, o intérprete de Chico, que emplacou uma série de protagonistas em filmes muito interessantes como *Mandingo: O fruto da vingança*, *Possuídos pelo mal*, *Os rapazes do coro*, *Foster & Laurie* e *Uma história diferente*, acabou, nos anos 1980, usando camisas havaianas e bebendo água de coco no seriado de TV *Riptide*.

Reza a lenda que King entrou no elenco de última hora. Originalmente, Chico seria interpretado por um jovem Richard Gere, três anos antes do estouro em *À procura de Mr. Goodbar* e *Cinzas no paraíso*. Mas, ao que parece, Stallone e Gere se odiaram tanto, que Stallone acabou dando uma surra no colega, obrigando-o ou a pedir demissão ou a ser demitido. Outra história engraçada relacionada ao "legado dos lordes" que acompanhou Stallone foi o fato de, após lerem o roteiro de *Rocky* e ficarem com vontade de fazer o filme, os superprodutores Robert Chartoff e Irwin Winkler terem ouvido que seria necessário filmá-lo com o autor do roteiro no papel principal.

"Bom, mas o que ele já fez?", perguntaram eles, incrédulos.

Então, o agente de Stallone teria dito: "Ele é o protagonista de *Os lordes de Flatbush*."

Em seguida, claro, eles assistiram ao filme e ficaram completamente encantados com o ator e o potencial que ele tinha para interpretar um grande Rocky... mas acreditando que Stallone era Perry King.

Embora eu sempre tenha achado que *Os lordes de Flatbush* investe tempo demais na relação entre Chico e Jane, a cena do rompimento, ao som de uma *versão de rompimento* da música-tema dos dois, "You and Me", sempre estraçalha meu coração. É depois dessa cena que percebemos como esse filminho de araque, na verdade, é bom pra caralho.

Em retrospecto, ter visto *Os lordes de Flatbush* quando foi lançado foi uma experiência muito interessante para mim, que, na época, estava na quarta série. Porque essa foi a primeira vez que fui apresentado à estética dos filmes independentes de baixo orçamento de Nova York. Antes de *Caminhos perigosos*, de *Girlfriends*, de Claudia Weil, dos filmes de Jim Jarmusch, de *Smithereens*, vi *Os lordes de Flatbush*. E gostei do filme, assim como todos os meus amigos — embora tenhamos nos sentido um pouco ludibriados pelo fato de Fonzie não aparecer tanto assim. O elenco do filme, porém, era excelente. Além dos atores que já citei aqui, ele ainda contava com o bobo da corte da disco music, Paul Jabara, a beleza irritante de Renee Paris, no papel de Annie, a parceira sexual descartável de Chico (e mesmo essa descrição do papel dela é muito romântica), e, a melhor de todas, a *maravilhosa* Maria Smith, no papel de Frannie, a sofrida — porém triunfante — namorada de longa data de Stanley. Até hoje Smith ocupa o lugar de melhor parceira de tela de Stallone. E eu não ficaria nada surpreso se descobrisse que ele escreveu o papel de Adrian em *Rocky* para ela. Por mais que todos sejam tão bons, Stallone e Smith roubam a cena. Stallone não apenas toma conta da tela no papel de Stanley, como também escreve ou reescreve muitas das cenas em que atua — o que lhe valeu um crédito que a Associação dos Roteiristas aboliu há muitos anos, o de *diálogos adicionais*. E, na verdade, qualquer um que conheça bem os diálogos urbanos característicos de Stallone conseguiria se dar conta disso. Sobretudo em duas das melhores cenas do filme: a primeira, um monólogo bem à moda de Brando, quando Stallone conversa com King ao lado de um viveiro de pombos no terraço; e a segunda, que não apenas é a melhor cena do filme, como também uma das melhores em todo o cinema independente dos anos 1970, aquela em que Frannie, a namorada de Stanley, o faz entrar numa joalheria para comprar um anel de noivado pelo qual está claro que o pobretão não pode pagar. A cena que se desenrola a partir daí é muito engraçada, muito real e até mesmo um pouco triste. Ao longo de todo o filme, o Stanley de Stallone é uma fera. Em qualquer outro filme, ele seria o vilão da história. A única coisa que o mantém remotamente simpático são os comentários sarcásticos e espirituosos que ele profere pelo canto da boca (ainda que *simpático* talvez seja um adjetivo muito forte). No entanto, no auge da histeria criada por Frannie e sua melhor amiga, Annie, dentro da joalheria, conseguimos perceber o quanto aquele gorila está transtornado. A cena termina com uma vitória gigantesca de Frannie. Mas, ao mesmo tempo, apesar do comportamento brutal exibido por Stanley ao longo do filme, percebemos a intensidade dos sentimentos dele em relação a ela. E, depois disso, nunca mais conseguimos olhar para ele do mesmo jeito. É uma cena muito bonita, e as digitais de Stallone como roteirista estão fortemente estampadas nela.

Depois do sucesso obtido em *Rocky* (tanto como roteirista quanto como ator), toda vez que Stallone dava uma entrevista, os jornalistas perguntavam como ele tinha começado a escrever.

Ficou famosa a declaração de Stallone de que ele havia começado a escrever roteiros depois de ver *Sem destino*. O comentário foi: "Eu achava que poderia, no mínimo, escrever algo tão bom quanto aquilo."

Então, depois de *Os lordes de Flatbush*, e um pouco antes de *Rocky*, Stallone escreveu sua obra-prima, o miniépico urbano *Hell's Kitchen*. O roteiro é uma mistura de todos os filmes urbanos da Warner Bros., todas as peças de Clifford Odets e todos os textos de Damon Runyon que Stallone leu ou dos quais ouviu falar. No entanto, embora essas sejam as referências que Stallone e os críticos citaram na época, a verdadeira inspiração para o roteiro foi a série de filmes dos East Side Kids feitos nos anos 1940 pela Monogram Studios (é por isso que, muito embora o filme deixe uma sensação de que *deveria* se passar na época da Depressão, a história acontece, na verdade, depois da Segunda Guerra Mundial). Quando Stallone, depois de *Rocky*, finalmente fez o filme, rebatizado de *A taberna do inferno*, com ele próprio na direção, as películas dos East Side Kids gozavam de uma nova onda de popularidade em emissoras locais de TV por todo o país (principalmente devido ao fato de terem caído em domínio público). Em Los Angeles, no canal 9, a KHJ-TV, esses filmes eram exibidos todos os sábados, às dez da manhã, logo depois da sessão matinal de desenhos animados e duas horas antes de *Soul Train*.

Os filmes dos East Side Kids traziam Leo Gorcey, Huntz Hall, Bobby Jordan e (eventualmente) Gabriel Dell. Com muita frequência, quando se referem aos East Side Kids, as pessoas costumam confundi-los com os Bowery Boys, como se os dois grupos e as duas séries de filmes fossem intercambiáveis — o que até é compreensível, uma vez que Gorcey e Hall estão nos dois grupos e interpretam personagens semelhantes. Quer dizer, é compreensível se você nunca viu as duas séries, pois, do contrário, sabe que elas são tremendamente diferentes, tanto em estilo quanto em qualidade. Quase todos os filmes dos East Side Kids são bons pra caralho, enquanto quase todos os filmes dos Bowery Boys são uma merda.

Para os não iniciados, talvez seja necessário oferecer um pouco de contexto. A história é um pouco complicada, então preste atenção. Um dos espetáculos de maior sucesso na Broadway nos anos 1930 foi *Dead End*, um drama de conscientização social de Sidney Kingsley sobre a vida nos bairros pobres de Nova York. Quase todas as histórias desse tipo — seja *Sementes de violência*, *Alamedas da noite* ou *Os donos da rua* — descendem de *Dead End*.

A grande sensação do espetáculo eram os garotos de rua que interpretavam os delinquentes juvenis: Billy Halop, Huntz Hall, Leo Gorcey, Bobby Jordan e Gabe Dell. Eles se tornaram tão populares que passaram a ser conhecidos como os Dead End Kids. E, durante um tempo, foram uma das mais bem-sucedidas trupes de atores da história de Hollywood. Jack Warner assinou contrato com eles e começou a colocá-los nos filmes de crime da Warner Bros. juntamente com os maiores astros dos filmes de gângster, como James Cagney, Humphrey Bogart, John Garfield e Pat O'Brien (mas não Bette Davis nem Errol Flynn). Eles fizeram sete filmes para a Warner como os Dead End Kids. E alguns deles foram os melhores filmes da Warner na época — e incluo aqui o maior filme de gângster de todos os tempos feito pelo estúdio, *Anjos de cara suja*. Por mais que os filmes do grupo na Warner fossem bons, sempre tive um pé atrás com os Dead End Kids.

Em *Dead End*, o garoto com o papel de maior destaque era Billy Halop. Então, consequentemente, nos filmes da Warner em que os Dead End Kids atuavam, ele era sempre o mais proeminente. Apesar disso, sempre achei Billy Halop o ator menos interessante e mais sem graça do grupo. Se o estúdio tivesse dado uma variada, teria sido melhor — mas eles nunca fizeram isso. Na prática, era sempre Billy Halop e os Dead End Kids. Então, certo dia, o contrato de Billy com a Warner chegou ao fim, o que aconteceu, basicamente, ao mesmo tempo que o estúdio parou de fazer filmes de gângster. A partir de então, os garotos estavam livres para fazer o que quisessem. Assim, eles se separaram em dois grupos: o Little Tough Guys, liderado por Billy Halop, que assinou com a Universal, e o East Side Kids, comandado por Leo Gorcey, que assinou com a Monogram Pictures. Huntz Hall, Bobby Jordan e Gabe Dell, contudo, apareciam nos dois grupos. E, considerando o número de filmes que fizeram, não consigo entender muito bem como foi que eles conseguiram isso. Sobretudo se levarmos em conta que a Universal não apenas colocou os Little Tough Guys em filmes comuns, como também os fez estrelar quatro séries de filmes. Nos tempos de Warner Bros., eles estrelaram alguns dos maiores filmes do estúdio, ao lado das maiores estrelas. Mas esse, definitivamente, não foi o caso na Monogram e na Universal. Os filmes que eles fizeram nesses estúdios foram filmes B, de uma hora de duração — mas isso na época em que os estúdios sabiam fazer filmes B de curta duração. Então, sim, tratava-se de filmes mais baratos, mas ainda assim muito bons. E os rapazes não precisavam mais dividir a tela com ninguém. Os filmes eram sobre *eles*. E foram feitos por alguns dos melhores diretores de filmes B na cidade, como Wallace Fox, William Nigh, Ray Taylor e Ford Beebe. E, no caso dos East Side Kids, vários foram feitos pelo incrível Joseph H. Lewis. Já os Little Tough Guys tiveram dois filmes dirigidos por ninguém menos que o expatriado alemão Joe May (que dirigiu o clássico alemão *Asfalto* e foi mentor de Fritz Lang). E eu comecei a gostar muito mais de Halop quando ele passou a estrelar os filmes dos Little Tough Guys (principalmente *You're Not So Tough*, de John May, que é espetacular).

Para mim, no entanto, tudo se resume a Leo Gorcey e os East Side Kids. Gorcey era um sujeito baixinho e irritadiço com cara de buldogue que assassinava a língua inglesa durante as falas. Além disso, apesar de baixinho, ele era capaz de quebrar a cara de qualquer um. E era um espertinho e um sabichão (como os títulos de dois dos seus filmes, *Smart Alec* e *Wise Guy*, deixam bem claro). Quando Robert Blake virou um superastro nos anos 1970 com o seriado policial *Baretta*, ele era uma espécie de reencarnação de Gorcey. No cinema, Gorcey interpretava Ethelbert "Muggs" McGinnis, o líder dos East Side Kids, um grupo que consistia no fofinho Bobby Jordan no papel de Danny (que usa a mesma camiseta listrada em praticamente todos os filmes e lembrava um jovem Keanu Reeves), no Glimpy de Huntz Hall, que promovia um alívio cômico genuinamente engraçado para a seriedade de Gorcey, no ex-batutinha Sunshine Sammy Morrison como Scruno, o único integrante negro da turma, e, com frequência, em Gabe Dell, no papel do membro da gangue mais suscetível a ser corrompido (se os gângsteres locais resolvessem subornar algum dos garotos, era sempre Gabe Dell) — além de outra meia dúzia de caras que passavam o filme inteiro em volta deles, mas não tinham nem nomes nem falas, exceto, talvez, por algum "Mostra para eles, Muggs!".

Leo Gorcey é o ancestral comum de todos os sujeitos durões das ruas de Nova York (Robert De Niro, Sylvester Stallone, John Travolta, Robert Blake, Richard Gere) que serviram de exemplo para mim, um jovem adulto no fim dos anos 1970. Ele tinha o tamanho e a insolência de um Cagney e era meio parecido com John Garfield — caso alguém tivesse jogado uma bigorna na cabeça dele do alto do Empire State Building. E, sem sombra de dúvida, ele poderia dar uma surra em Bogart. Além disso, em se tratando de séries de filmes, pouquíssimas outras duraram tanto tempo, tiveram tantos episódios e mantiveram um nível tão consistente de qualidade quanto os filmes dos East Side Kids para a Monogram. A série, definitivamente, tem alguns episódios que se destacam, mas tenho dois favoritos. O primeiro é *That Gang of Mine*, de Joseph H. Lewis, que tem uma trama baseada em corridas de cavalo, uma história esquisita, um Gorcey fora do papel habitual e uma elegantíssima performance do ator negro Clarence Muse.* Muse e Morrison aparecem contracenando num *travelling*

---

* O uso do elegante Clarence Muse era uma marca registrada da obra e da sensibilidade de Joseph H. Lewis. Essa é uma qualidade que também permeia o estiloso *O fantasma invisível*, média-metragem de horror com Béla Lugosi.

que não apenas era diferente de qualquer outra cena em toda a série de filmes, mas também de qualquer outra cena num *filme branco de Hollywood* na época. Um ator negro só voltaria a aparecer como foco principal de um *travelling* nos anos 1960.

Meu outro filme favorito, *Bowery Blitzkrieg*, de Wallace Fox, é também um dos meus filmes favoritos de boxe, e traz minhas duas atuações favoritas de Gorcey e Jordan. Esse também é o filme que mais lembra *A taberna do inferno*, de Stallone, ou, no mínimo, o tipo de filme que *A taberna do inferno* tenta ser. Como está em domínio público há décadas, *Bowery Blitzkrieg* pode ser encontrado, já faz um bom tempo, em fitas de vídeo de péssima qualidade. Entretanto, nenhuma das fitas a que assisti (e acredite: procurei muito) inclui a cena que me fez me apaixonar pelo filme quando o vi quando era criança, no canal 9. Exatamente antes de subir ao ringue para lutar, no grande clímax do filme, o Muggs de Gorcey doa meio litro de sangue para salvar o Danny de Jordan, que está numa cama de hospital lutando para sobreviver. Essa cena que está sempre faltando nas fitas VHS é um monólogo/uma oração a Deus em que Muggs implora para o cara lá de cima salvar o camarada dele. É brega e sentimental, e estou chorando só de digitar isso.

E poderia ter sido escrita por Stallone.

Foi só mais para o final da série de filmes, quando picaretas como William Beaudine começaram a pilotar o megafone, que os garotos deixaram de ser durões e começaram a ser meio palhaços (*A casa assombrada*, com Béla Lugosi e uma jovem Ava Gardner, é o pior de todos).

Então Leo Gorcey ficou de saco cheio de trabalhar com o produtor Sam Katzman, largou os East Side Kids, abriu uma produtora (na qual detinha 40% das ações) e deu início aos Bowery Boys, grupo originalmente chamado de Leo Gorcey and His Bowery Boys.

Logo em seguida, os filmes começaram a ficar horríveis — mas não de imediato.

O primeiro deles, dirigido por Phil Karlson, não é de todo mau. Rapidamente, porém, os rapazes passaram de um grupo de caras durões para um bando de imitações de segunda linha dos Três Patetas.

Os filmes dos East Side Kids pareciam versões de uma hora de duração dos mesmos tipos de filme que eles costumavam fazer para a Warner Bros. Filmes de boxe (*Muggs vira boxeador*), filmes de corridas de cavalo (*Muggs vira jóquei*), *Muggs e sua turma desbaratam um grupo de contrabandistas*... etc. etc.

No entanto, qualquer pingo de realismo que os filmes dos East Side Kids tinham se perdeu quando eles começaram a fazer os filmes idiotas dos Bowery Boys. E quem se deu pior nisso tudo foi Billy Halop. Depois dos Little Tough Guys, ele foi para a PRC Releasing Company com Carl "Alfafa" Switzer e criou os Gas House Kids, que estavam para os Bowery Boys assim como os irmãos Ritz estavam para *Os Três Patetas*. (Pauline Kael, inexplicavelmente, sempre teceu loas a Harry Ritz e aos irmãos Ritz. Bem, se algum dos filmes deles que sobreviveram é bom, eu nunca assisti.)

Stallone nunca reconheceu os East Side Kids como inspiração para *A taberna do inferno*. Contudo, ao ver o filme quando ele foi lançado, em 1978, época em que os filmes dos East Side Kids eram exibidos na televisão todo sábado de manhã, essa relação ficou bem evidente para mim.

O filme de Stallone conta a história dos Carboni, três irmãos italianos (pós-Segunda Guerra Mundial) que moram numa reprodução luxuosamente bem-feita por Hollywood de Hell's Kitchen, o bairro de Nova York (metade garrafas vazias, metade pó de anjo): o trambiqueiro Cosmo (Stallone, no papel de Gorcey), o entregador de gelo Vic, musculoso porém simplório e gentil (o extremamente competente Lee Canalito, no papel de Bobby Jordan, se Jordan tivesse o tamanho do Steve Reeves), e o esgotado agente funerário Lenny (Armand Assante, no papel de Gabe Dell, suscetível a corrupção), que voltou da guerra com um ferimento na perna.

O primeiro ato da história acompanha os planos idiotas de Cosmo para ganhar dinheiro rápido nas ruas imundas de Hell's Kitchen, cheias de letreiros de neon. Cosmo tem milhões de ideias para ganhar 1 milhão de dólares, mas não sabe a diferença entre falar muito e ser inteligente. Então, ele tem a ideia de convencer Vic, o gigante gentil, a participar de um evento de luta livre que paga 100 dólares ao vencedor num lugar chamado Paradise Alley — um misto de bar com ringue de luta.*

Vic acaba vencendo o grande campeão do Paradise Alley, um cara chamado Big Glory (Frank Rae, que John Milius sempre escalava em seus filmes). Depois disso, o oportunista Cosmo e o irmão mais velho e sensível, Lenny, começam a gerenciar a carreira de lutador de Vic. E o doce Vic, que passara a ser conhecido como Kid Salami, se transforma no ganha-pão dos irmãos Carboni, à medida que vai vencendo lutas e subindo no ranking. Entretanto, enquanto a carreira de lutador de Vic vai de vento em popa, uma mudança de personalidade acontece entre os dois irmãos. Cosmo começa a se preocupar cada vez mais com a segurança de Vic e Lenny se transforma num produtor de lutas frio e insensível, como um personagem saído diretamente de *Corpo e alma*.

Quando Stallone escreveu o roteiro — assim como em *Rocky* —, a ideia era que ele fosse um veículo para exibir seus talentos num filme de verdade. Então, no cenário dos sonhos de Stallone, Robert De Niro interpretaria Cosmo, Al Pacino seria Lenny e ele próprio daria vida ao musculoso Vic. Mas essa foi uma ideia que ele não conseguiu concretizar. A certa altura, porém, o filme quase foi produzido pela ABC para a TV. Stallone, a linda esposa dele, Sasha, e a fera pré-histórica que ele chamava de cachorro, Butkus (o mesmo que aparece em *Rocky*), tinham acabado de chegar a Los Angeles, vindos de Nova York. O carro de Sly enguiçou no Sunset Boulevard e ele ligou para a única pessoa que conhecia na cidade, o parceiro de cena em *Os lordes de Flatbush*, Henry Winkler. Winkler, então, foi buscá-los e os levou até um hotel — ele recordou que Butkus babou litros no banco traseiro do automóvel. Winkler, na época, gozava do sucesso do seriado de TV *Dias felizes*, com o personagem Fonzie começando a

---

* O Paradise Alley lembra muito o Glory Alley, um misto de bar, casa de jazz e ringue de boxe que aparece no centro da narrativa em *Escravo de um segredo*, de Raoul Walsh.

decolar. Henry pergunta a Sly: quais são seus planos? Stallone, então, mostra a ele o roteiro de *Hell's Kitchen*, como o filme se chamava até então, e diz que gostaria de produzi-lo. Winkler lê e se identifica muito com o material. Dispondo de alguma influência na ABC por conta de Fonzie, Winkler pede permissão a Stallone para tentar vendê-lo como um filme para a TV. Empolgado com a possibilidade, Sly concorda. Winkler mostra o roteiro para a emissora e eles concordam em fazê-lo, com Winkler produzindo e estrelando no papel de Cosmo e Stallone interpretando o musculoso e simplório irmão lutador, Vic.

Todos ficam muito empolgados, até que a ABC decide que o roteiro precisa ser reescrito por uma outra pessoa que não Stallone. Desesperado e inconsolável, Sly telefona para o amigo e implora que ele desfaça o acordo, de modo a garantir que nenhum picareta de Hollywood desfigure o bebê dele. Decepcionado, Winkler cancela o filme a pedido do camarada.

Para falar a verdade, na época, eu teria adorado ver Henry Winkler (só mais uma vez) encarnando o típico personagem de jaqueta preta de couro que ele costumava interpretar. Todas as vezes que ele escolheu um papel que não se parecia em nada com Fonzie, deu tudo loucamente errado. E interpretar Cosmo Carboni teria lhe dado uma última oportunidade de fazer isso. No entanto, apesar dos esforços, Stallone simplesmente não conseguia emplacar o filme. Então, decidiu deixá-lo de lado e começou a trabalhar em um novo roteiro.

Dessa vez, em vez de um lutador de luta livre, ele interpretaria um boxeador.

E o resto é história.

Num caso flagrante de roubo descarado, dois produtores que haviam comprado o roteiro de *A taberna do inferno* a preço de banana — porque Stallone na época estava morrendo de fome —, John F. Roach e Ronald A. Suppa, da Force Ten Productions, processaram a United Artists, Chartoff, Winkler e Stallone, alegando que o roteiro de *Rocky* era igual ao de *A taberna do inferno*. Bem, qualquer crítico de cinema poderia atestar que isso não procedia. Entretanto, como tinha uma relação muito mais profunda com *A taberna do inferno* do que com *Rocky*, Stallone disse a Roach e Suppa: "Sem problemas, estou louco para fazer *A taberna do inferno*." Só que, agora, ele estaria sentado, pela primeira vez, na cadeira do diretor e interpretaria Cosmo, o papel que sempre desejara interpretar.

Quando *Rocky* foi lançado, ele se tornou praticamente o meu filme preferido de todos os tempos. Sei que já disse isso milhares de vezes. Mas estávamos nos anos 1970. Eu era um jovem e empolgado cinéfilo numa época em que os filmes eram simplesmente bons pra caralho. Contudo, a menos que você estivesse lá, em 1976, é muito difícil entender o impacto que *Rocky* causou no público.

Tudo no filme pegou os espectadores de surpresa. O cara desconhecido no papel principal, o fato de a história acabar se revelando tremendamente emocionante, a trilha sonora incrivelmente empolgante de Bill Conti e uma das sequências de encerramento mais poderosas que qualquer um de nós já havia experimentado numa sala de cinema.

Eu já tinha visto filmes em que alguma coisa acontecia na tela e a plateia vibrava, mas *nunca* — e vou repetir: *nunca* — como as pessoas vibravam quando Rocky acertava aquele golpe no último round, derrubando Apollo Creed. O cinema inteiro vinha assistindo à luta com o coração na boca, esperando pelo pior. A cada soco que Rocky levava parecia que era você quem estava apanhando. A arrogante superioridade de Creed diante daquele vagabundo soava como uma negação da própria humanidade de Rocky. Uma humanidade pela qual tanto Stallone quanto o filme haviam passado os noventa minutos anteriores fazendo com que ficássemos apaixonados. Então, de repente, com um soco poderoso, Apollo Creed estava caído de costas no chão. Vi o filme umas sete vezes no cinema, e em todas elas, nesse momento, as pessoas praticamente saltavam das cadeiras. A primeira vez, entretanto, é sempre mais impactante. Em 1976, ninguém precisava me dizer quanto um filme *podia* ser envolvente. Eu *sabia*. Na verdade, não sabia muito mais do que isso. Só que até então eu nunca havia me sentido tão envolvido emocionalmente com um protagonista quanto fiquei com Rocky Balboa — e, por extensão, com seu criador, Sylvester Stallone. Para alguém que descobrisse o filme apenas hoje, seria praticamente impossível replicar esse tipo de inocência, sobretudo porque seria impossível ignorar a subsequente carreira e o status de celebridade de Stallone — e não estou fazendo aqui um comentário maldoso. Acontece que o Stallone da cadeia de restaurantes Planet Hollywood não é o mesmo Stallone que se sentava no sofá de Dinah Shore contando histórias engraçadas sobre seus anos de pobreza.

Não é possível fingir que não vivemos num mundo no qual existem oito filmes sobre Rocky e cinco sobre outro personagem clássico de Stallone, Rambo, enfileirados nas prateleiras de locadoras fechadas muito tempo atrás ao lado de fitas como *Stallone: Cobra* e *Falcão: O campeão dos campeões*. Mas o verdadeiro motivo pelo qual *Rocky* nunca terá o mesmo impacto que teve em 1976 é que, para isso, seria preciso ter passado por todos os filmes pessimistas, arrastados, selvagens e sérios do começo dos anos 1970 para ser então soterrado pela catarse de bons sentimentos trazida por *Rocky*. Você precisaria ter vivido num mundo em que um filme como *Papillon* foi um sucesso de bilheteria de Hollywood.

Naquela época, até mesmo comédias que agradavam a todos os públicos, como *Golpe baixo*, incluíam a morte brutal dos personagens.

Estamos falando de uma Hollywood que havia abandonado o final feliz dos filmes da Velha Hollywood por considerar que isso não passava de uma propaganda enganosa "do sistema".

Uma Hollywood na qual a morte sem sentido do protagonista, no clímax do filme, era a ordem do dia (*Sem destino*, *Os novos centuriões*, *A polícia da estrada*, *Crime e paixão*). Uma época em que até mesmo filmes populares como *Três dias do Condor* contavam com uma certa dose de cinismo e paranoia por parte dos comedores de pipoca.

No começo dos anos 1970, o que chegava mais perto de um filme feito para as pessoas se sentirem bem eram os filmes de vingança.

O mais perto que eu cheguei de ver uma plateia vibrando como vi em *Rocky* foi quando George Kennedy e William Devane aniquilaram os assassinos das respectivas famílias em *Destinados a morrer* e *A outra face da violência*. Antes de ter assistido ao filme de Stallone, lembro-me de estar na casa de algum moleque da vizinhança e de o comercial de *Rocky* aparecer na TV. O moleque se perguntou em voz alta "O que é isso?", e a mãe olhou para a tela com desdém e disse: "Ah, é só mais um filme sobre um cara e seus problemas." Hoje em dia é muito fácil romantizar o cinismo dos anos 1970, sobretudo porque ele já ficou há muito tempo no passado, e, ao que parece, para nunca mais voltar. No entanto, de 1970 até pelo menos 1977, quase metade dos filmes que eram lançados *de fato* pareciam ser sobre "um cara e seus problemas". Parte da euforia ligada à reação do público à luta emocionante no final de *Rocky* tem a ver com o fato de que, depois de cinco anos de cinema dos anos 1970, já não esperávamos que as coisas dessem certo para Balboa. E nem estou falando que não esperávamos que ele ganhasse o título mundial de boxe dos pesos-pesados: não esperávamos que ele fosse ganhar *qualquer luta*! Nossa única esperança era a de que ele não ficasse parecendo uma piada no final. E é por isso que o final do filme é tão surpreendentemente comovente e catártico. É por isso que, quando Rocky nocauteia Apollo Creed, saltamos empolgados da cadeira. Porque, daí em diante, não importava o que acontecesse, Rocky tinha provado que não era uma piada. Quando a luta chegava no último round, e Balboa colocava Apollo Creed nas cordas, acertando-o com a esquerda e a direita uma e outra vez, os espectadores começavam a gritar: "Rocky! Rocky!" *Puta que pariu!*

Simplesmente nunca tínhamos visto nada como aquilo.

E então, no Oscar, o filme ainda por cima repetia a vitória milagrosa na vida real? Daquele momento em diante, o cinismo no cinema dos anos 1970 estava morto e enterrado.

Nem preciso dizer que, na época, sendo eu um garoto, ADORAVA SYLVESTER STALLONE. Eu adorava tudo a respeito dele. Adorava *Rocky*, adorava a atuação de Stallone em *Rocky*, adorava a história sobre como ele *havia escrito Rocky* (sem dúvida a história mais inspiradora sobre Hollywood que já ouvi). Adorava a aparência, a voz dele. Adorava as entrevistas diretas e espirituosas nas revistas.

Ele foi a todos os talk shows da época, várias vezes, e era sempre incrivelmente cativante.

Mike Douglas gravou um episódio inteiro do programa dele no set de *F.I.S.T.*

Em *Dinah!*, Stallone cantou a música-tema de *A taberna do inferno*!

Então, dizer que eu estava apenas torcendo para que ele provasse ter mais do que "sorte de principiante" (como afirmou à *Los Angeles Magazine*) não chega nem perto da realidade.

O filme que Sly fez depois de *Rocky* foi um épico meio sem graça sobre caminhoneiros, no qual ele interpretava uma versão ficcional de Jimmy Hoffa, intitulado *F.I.S.T.* e dirigido por um peso-pesado de Hollywood, Norman Jewison (nas palavras de Roger Avary, "o maior cineasta canadense que já viveu!"). O filme tinha a pretensão de ser para o sindicato dos caminhoneiros o mesmo que *O Poderoso Chefão* havia sido para a máfia. Entretanto, ele mais parece uma minissérie de TV toda truncada dos anos 1970. Na verdade, realmente houve uma minissérie de TV feita na onda de *F.I.S.T.* chamada *Power*, que trazia Joe Don Baker no papel de outra versão ficcional de Jimmy Hoffa. Embora não passe vergonha em *F.I.S.T.*, Stallone também não se sai muito bem no desafio de encabeçar um épico de Hollywood. Não que eu consiga imaginar algum outro ator que, necessariamente, teria feito um trabalho melhor com aquele filme — ou aquele roteiro.

As cenas no começo, quando ele flerta com Melinda Dillon — que, no fim, acaba se tornando esposa dele —, cenas que ele próprio escreveu (é óbvio pra caralho), são os únicos momentos nos quais aquela fagulha do Stallone espirituoso dos talk shows se acende (até mesmo Pauline Kael, que gostou dele em *Rocky*, mas se dedicou a falar mal de todos os filmes que ele fez pelo resto da vida, mencionou esse detalhe sobre *F.I.S.T.* ao escrever uma resenha brutal de *A taberna do inferno*).

Passados todos esses anos, a única coisa memorável sobre *F.I.S.T.* é quanto Stallone, ao interpretar a versão mais idosa de Hoffa (isto é, Johnny Kovac), se parece com o Rock Hudson supostamente mais velho em *Assim caminha a humanidade*.

★ ★ ★

Stallone tinha três escolhas para o filme que faria depois de *Rocky*: o épico dirigido por Norman Jewison, o papel que rendeu um Oscar a Jon Voight em *Amargo regresso* (mas não peguem muito pesado com Sly por tê-lo recusado: segundo todos os relatos, o roteiro do filme era tenebroso) e o papel principal na obra-prima das perseguições de carro *à la* Melville, *Caçador de morte*, de Walter Hill — que sem dúvida é um filme melhor do que *F.I.S.T.*, mas não necessariamente seria um papel melhor para Stallone. Se foi a personalidade de Sly que o transformou num astro, o ponto central de *Caçador de morte* é o fato de o protagonista da trama não ter nenhuma personalidade — uma exigência que o ator que protagonizou o filme, Ryan O'Neal, cumpriu com maestria. Sendo assim, o filme que realmente daria continuidade à carreira de Stallone depois de *Rocky* seria o da estreia dele na direção, no projeto pelo qual ele era verdadeiramente apaixonado: *A taberna do inferno*.

Imagino que você já tenha adivinhado, a julgar pelo meu entusiasmo por tudo que envolvia Stallone na época, que adorei *A taberna do inferno*. Só Deus sabe quantas vezes fui ao cinema para assisti-lo quando foi lançado. Também li a versão em livro, muito divertida, escrita pelo próprio Stallone, e, tempos depois, comprei o filme em VHS, quando as fitas da MCA eram absurdamente caras. Cheguei até mesmo a ter o pôster de *A taberna do inferno* pendurado na parede do meu quarto por um tempo. Isso sem falar que eu tinha também a trilha sonora (que era muito boa e me apresentou a Tom Waits). Gostei tanto do filme que uma de minhas primeiras tentativas de escrever um roteiro era um plágio descarado do épico de Stallone intitulado *Brooklyn B.R.* (não me pergunte o que significa o B.R. nem o que significa *Cães de aluguel*: não significa nada, só achei que soava bem).

Meu roteiro acompanhava as aventuras dos irmãos De Vito (sem relação com Danny), três italianos no Brooklyn dos anos 1930: Dominick, Scotty e Dario (assim como Stallone, escrevi o roteiro pensando em interpretar Dominick: minha própria versão de Cosmo).

Não cheguei a terminá-lo, mas, como estava copiando a história de Sly do início ao fim, fui mais longe nele do que em qualquer outro que havia tentado escrever até então — antes de abandoná-lo.

Se você era fã de *A taberna do inferno*, o mais importante não era gostar do filme, mas defendê-lo de todas as críticas. E, no que dizia respeito a defender *A taberna do inferno*, ouso dizer que fiz um trabalho muito melhor do que o próprio Stallone. Meu principal argumento era: "*A taberna do inferno* foi uma das maiores estreias na direção dos anos 1970! E a maior estreia autoral de todos os tempos de um ator e diretor [ao lado de Orson Welles]!" Foda-se o John Cassavetes, foda-se o Charles Laughton, foda-se o Charlie Chaplin, *A taberna do inferno* é muito do caralho!

Beleza, mas o que eu acho sobre isso agora?

Bom, talvez não tenha sido "uma das maiores estreias na direção de todos os tempos", mas foi uma estreia muito boa de um cineasta que não só tinha muito talento, como também bastante visão (ouso dizer que Stallone foi o melhor diretor com quem Sylvester trabalhou). E, de certa maneira, o filme é a mais pura expressão de uma visão particular que o ator tinha na época. De certo modo, a realidade relativa de *Rocky* está, de alguma forma, atrelada à visão que Stallone tinha do que seria um filme de sucesso. O que ele coloca no lugar em *Rocky* é uma equivalência pessoal entre a vida dele próprio e o roteiro que estava escrevendo. A maneira como Rocky Balboa era um lutador "básico" (no jargão do filme) era a maneira como Stallone via a si mesmo como ator (muito embora ele já fosse muito mais bem-sucedido como ator antes de *Rocky* do que costumava dizer). E a tentativa de Rocky de ganhar o título dos pesos-pesados é uma representação perfeita da tentativa de Stallone de capitanear um longa-metragem da United Artists produzido pela badalada dupla Chartoff e Winkler. Essa expressão pessoal, filtrada pela vida de Rocky, viria a se tornar a marca registrada da série e o melhor trabalho do autor.

O melhor filme de Stallone como ator, diretor e roteirista foi *Rocky II* (eu inclusive gosto mais dele do que do primeiro). Na continuação, o triunfo de Rocky contra Apollo Creed é festejado no começo, mas acaba sendo desconsiderado e tratado como um acidente. A conquista começa a ser desprezada pelos jornalistas esportivos, pelos fãs do esporte e pelo público em geral, sendo vista não como fruto do talento ou da habilidade, mas como um lance de sorte. Lá pela metade do filme, ele está basicamente sendo interpretado como um ponto fora da curva ("sorte de principiante"). Até a revanche contra Apollo Creed é considerada pela comunidade esportiva uma tentativa desesperada dos dois de ganhar dinheiro e manter a relevância, exatamente como se falava no mercado sobre o fato de Stallone estar fazendo *Rocky II*. Uma das coisas que tornam o filme extremamente potente é a preocupação do protagonista com o dinheiro. No fim das contas, ele aceita lutar de novo justamente porque precisa da grana.

E, mais uma vez, a vida imita a arte. Da mesma forma que a revanche de Rocky contra Apollo Creed redime o lutador perante o mundo, a continuação do filme de Stallone, após os fracassos de *F.I.S.T.* e *A taberna do inferno*, redime Sylvester.

Como ator, os detratores ainda podiam especular se Stallone seria ou não capaz de interpretar algum outro papel que não o de um boxeador com limitações intelectuais. Ainda assim ele provou, sem a menor sombra de dúvida, que o afeto que os frequentadores de cinema tinham pelo personagem de Rocky Balboa não era um acidente. As pessoas amaram o personagem no segundo filme ainda mais do que tinham amado no primeiro (a humilhação que ele sofre na metade da história é realmente difícil de assistir). E Stallone provou ser capaz de dirigir um bom filme. Se você *gostou* de *Rocky*, provavelmente acha que o primeiro é melhor. Mas, se você *amou* o personagem Rocky, definitivamente gosta mais do segundo.

No entanto, para além da efetividade, o que me faz acreditar que *Rocky II* é superior ao primeiro filme é a camada extra de profundidade e perspectiva que o autor acrescenta ao conto de fadas dele. Dessa vez, Stallone não está se identificando apenas com Rocky Balboa. Dessa vez, ele também é Apollo Creed.

Rocky fez de Sylvester Stallone uma das maiores celebridades do mundo. E Sylvester Stallone, como muitos antes dele, logo se deu conta de que nem tudo que reluz é ouro.

Rocky está ferido por todos os paus e pedras que a imprensa arremessou contra ele.

Apollo Creed, por sua vez, está furioso.

Carl Weathers passa o filme inteiro absolutamente enfurecido com a forma como é retratado na imprensa. Creed caminhando pela mansão dele — lendo, irritadíssimo, comentários negativos nos jornais — provavelmente é uma representação de Stallone caminhando pela própria mansão enquanto lia a resenha de Pauline Kael sobre *A taberna do inferno*.

Na imprensa, Stallone, até então um cara legal, que dava de ombros e suspirava diante de uma resenha negativa, passou a chamar seus críticos para a briga ("Eu queria vê-lo dizendo isso na minha cara!"). Ele tinha o dinheiro, a fama, a mansão, o guarda-roupa, os carros. Ao colocar a caneta no papel para escrever *Rocky II*, porém, ele percebeu algo que não poderia ter percebido ao escrever o primeiro filme. Quando se tem todas essas coisas, existe um preço a ser pago. E é claro que as pessoas podem simplesmente dizer "foda-se, grande coisa". Tenho certeza de que é isso que Stallone teria dito antes de *Rocky*. Contudo, pessoas assim nunca *pagaram* e jamais *pagarão* esse preço.

E Stallone não lidou bem com isso.

Nem Apollo Creed.

Na verdade, uma das coisas mais impressionantes sobre *Rocky II* é que, apesar do monte de merda que Apollo Creed faz no filme, nós nunca o odiamos de verdade. Porque entendemos que ele está sofrendo, que aquele não é ele mesmo. Ele é um gigante uivando para a lua só porque ela está brilhando.

Nós não o odiamos.

Nós sentimos pena dele e torcemos para que se recupere.

Bom, *A taberna do inferno* não é tão bom quanto *Rocky* ou *Rocky II*, mas é pouco provável que *Rocky II* fosse tão bom quanto é se, antes dele, Stallone não tivesse feito *A taberna do inferno* — que, aliás, é muito melhor que *Rocky III* ou *IV*. *Rocky* e *Rocky II* são filmes de verdade. *Rocky III* e *Rocky IV* são como graphic novels em que Rocky luta contra supervilões, e mais se parecem com trailers do que com filmes de fato — como, por exemplo, *Superman vs. Muhammad Ali*.

Sei que muitos garotos que cresceram nos anos 1980 adoram esses filmes. E não estou dizendo que eles não funcionam para o que se propõem. E é justamente isso que me incomoda. Para mim, *Rocky* não é uma graphic novel. E os oponentes de Balboa não são vilões que poderiam ter sido criados por Jack Kirby.

Sempre levei *Rocky* a sério demais para aceitar totalmente a direção surreal para a qual Stallone levou a série. Por mais que seja uma confusão, *A taberna do inferno* pelo menos é um filme de verdade.

Fica muito claro que Stallone tinha algo em mente para o filme, e que se matou para fazer com que ela saísse da cabeça dele e chegasse às telas. Também fica muito nítido que o filme é obra de um jovem e talentoso roteirista, apaixonado pelas próprias palavras e pelo ambiente que criou à custa de todo o resto. Na verdade, o roteiro de *A taberna do inferno* é um atestado de quanto Stallone aprendeu sobre a escrita de roteiros desde *Rocky*. O roteiro de *Rocky* se desenvolve de maneira lenta e precisa, avançando de forma consistente em direção ao clímax que derruba as plateias. Contudo, a estrutura que funciona tão bem em *Rocky* simplesmente inexiste em *A taberna do inferno*. Ao contrário do desenvolvimento do filme de boxe, que cresce lenta e gradualmente, o roteiro para o filme de luta é uma baita confusão. Ele investe tempo demais em subtramas estranhas que não vão a lugar algum. O primeiro ato concentra-se nos esforços hercúleos de Cosmo para pôr as mãos num macaco de realejo ("Eu poderia fazer uma fortuna com esse macaco"). O que leva, reconhecidamente, à melhor sequência do filme, uma queda de braço entre Vic e o campeão local, Frankie the Thumper (Terry Funk), que parece uma criação de Chester Gould que ganhou vida (ele tem um aspecto ainda mais monstruoso do que o de Robert Tessier em *Lutador de rua*, de Walter Hill).

É a melhor cena do filme e a que prova, sem sombra de dúvida, que Stallone é um diretor de verdade. Cosmo consegue o macaco, mas os planos dele de ficar rico vão por água abaixo. Só que, depois disso, nunca mais ouvimos falar do animal. Que porra aconteceu com ele? Os Carboni o comeram?

Outras subtramas intrigantes são trazidas à baila, mas, para frustração do espectador, jamais são desenvolvidas. Um exemplo é a doce relação de Vic com Susan, uma garota chinesa do bairro interpretada pela sempre adorável Aimée Eccles (de *Garotas lindas aos montes*). E a grande virada dramática do filme, quando o grosseirão Cosmo e o sensível Lenny trocam de personalidade, não é algo que se desenvolve na atuação. Eles simplesmente trocam de personalidade do nada, como se tivessem sido acometidos por alguma maldição, *à la Sexta-feira muito louca*. E ainda que a luta final entre Vic e Frankie the Thumper seja cinematográfica até os últimos detalhes — uma tempestade desaba na noite da luta e a água que pinga das goteiras na pocilga em que eles se enfrentam forma uma grande poça bem no meio do ringue —, ela não chega a ser dramática, porque o triunfo de Vic parece predestinado. Tanto Canalito quanto Funk têm boas atuações, e a luta é muito bem coreografada (assim como as intensas cenas de luta que aparecem mais cedo no filme, ao som da excelente música de Bill Conti), mas, por conta do estilo do filme, está claro desde sempre que Vic vai vencer. Para ser justo, o resultado de 85% dos filmes de esporte é predestinado. Mesmo assim, ainda costuma haver *algum* suspense. A luta final em *A taberna do inferno* é divertida de se assistir com toda aquela água espirrando, mas não tem suspense algum. A luta final em *Rocky IV*, por exemplo, tem muito mais suspense, e o material de divulgação do filme mostrava Balboa em cima do ringue, depois da luta, enrolado numa bandeira dos Estados Unidos, erguendo as mãos e as luvas no ar, numa pose vitoriosa. Hoje em dia pode ser difícil lembrar, mas, no primeiro filme, a vitória de Rocky *não era* uma conclusão esperada. E, com certeza, ele não venceu. Ainda assim, foi uma luta extraordinária e cheia de suspense, de acabar com nossos nervos. E ela afetou tão intensamente as plateias porque o filme, pouco a pouco, vai fazendo

Rocky ser levado a sério — apesar do jeitão meio atrapalhado. Nós acabamos por levá-lo mais a sério do que qualquer outro personagem, inclusive Adrian. Rocky não é apenas subestimado, ele é uma piada. E qualquer ambição séria da parte dele é o arremate dessa piada. No primeiro filme, Rocky Balboa nem sequer deseja vencer Apollo Creed e conquistar o título dos pesos-pesados derrotando; ele quer apenas provar, para começo de conversa, que merece calçar aquelas luvas.

Não acontece nada de profundo em *A taberna do inferno*. Tudo fica na superfície. No entanto, é uma superfície e tanto, com o diretor de fotografia László Kovács providenciando elementos visuais de encher os olhos (vi o filme na TV, com as cores desativadas para ficar em preto e branco, e pareceu ainda melhor).

A taberna do inferno representa a visão e a estética de Stallone, sem filtros ou diluições, esfregadas na nossa cara. O bom ouvido de Sly para diálogos engraçados, a coleção de personagens grandiosos *à la* Damon Runyon (sobretudo a galeria de vilões), o sentimentalismo meio irlandês de balcão de bar, a atmosfera do filme, com ruas perigosas e os toques poéticos estilizados contrastando com as saídas de incêndio e as latas de lixo, tudo isso vai se somando até criar a visão apaixonada de um artista que, ainda que não tivesse nada a dizer, sem dúvida tinha alguma coisa a expressar. Sem a estrutura limitadora e exigente à qual *Rocky* o obrigou a se ajustar, Stallone pôde fazer tudo que sempre quis.

Corridas pelos telhados dos cortiços (ao lado do camarada "lorde" Paul Mace), uma cena comovente para a morte do lutador negro veterano Big Glory (Frank McRae, que deveria ter sido indicado a um Oscar), o grandalhão Vic, que, como um Steve Reeves de Hell's Kitchen, carrega enormes blocos de gelo pelas escadas dos prédios, Stallone atuando em grande parte do filme vestido numa fantasia de Papai Noel, a luta final com os gigantes suados rolando na água.

E o elenco é fenomenal. Dá para ver que todo mundo gostou de vestir o figurino e declamar as falas espirituosas escritas por Sly. E Stallone, Canalito e Assante estão fantásticos como os três irmãos Carboni.

Sobretudo Canalito, que interpreta seu papel clichê com uma profundidade pungente que os outros dois não conseguem alcançar.*

Assante foi escalado, mais ou menos, como um Al Pacino de segunda linha, e desse filme em diante gozou de uma carreira de 25 anos sendo escalado como... bem, como um Al Pacino de segunda linha.

E Stallone, que nunca esteve tão bonito em um filme quanto em *A taberna do inferno*, interpreta Cosmo como um brutamontes desagradável e arrogante.

Contudo, trata-se de um brutamontes desagradável e arrogante que diz umas coisas bem engraçadas. Stallone despejou em Cosmo todos os riquíssimos e espirituosos diálogos que, infelizmente, não pôde colocar na boca do simplório Rocky. E, antes de ficar todo sentimental e mela-cueca no final, ele é engraçado pra caralho. Mas, de modo geral, acho todo o filme engraçado pra caralho. É uma confusão? Sim, com certeza, mas, acima de tudo, é engraçado.

Por conta do gênero, da ambientação, do elenco, da visão e da estrutura de ator/diretor, como apontou Myron Meisel no *LA Reader*, ele lembra um outro épico do egocentrismo: *Taverna maldita*.

E, na minha opinião, também lembra a fantasia gângster *Os donos da noite*, de Eddie Murphy, muito vilipendiado pela imprensa branca, mas adorado pelo gueto.

Stallone, Webb e Murphy compartilham visões semelhantes e de paixões semelhantes por trás dessas visões. Bem como de alvos semelhantes nas respectivas testas.

Seria incrível ver Stallone dirigindo outro filme com a mesma paixão com que dirigiu *A taberna do inferno*. Seria incrível vê-lo *amando* qualquer coisa do mesmo jeito que amou *A taberna do inferno*.**

---

* Infelizmente, Lee Canalito nunca mais fez um filme. Ele *quase* fez. Originalmente, havia sido escalado por John Derek para interpretar Tarzan em seu *Tarzan, o filho das selvas*, todo centrado na figura de Jane, interpretada pela esposa do diretor, Bo Derek. No entanto, acabou sendo dispensado porque, ao que parece, comia tanto que começou a não entrar mais na tanga.

** Quem sabe uma biografia cinematográfica de Edgar Allan Poe, da qual se fala há tanto tempo?

Alcatraz: Fuga impossível

(1979)

Alcatraz: Fuga impossível, um filme do qual não gostei quando foi lançado — decerto era insípido demais para um garoto de 17 anos como eu —, acabou se revelando uma bela surpresa quando voltei a vê-lo, alguns anos depois. De um ponto de vista cinematográfico, trata-se do filme mais expressivo de Don Siegel. Durante a época na Nova Hollywood, Siegel rodou algumas cenas de ação espetaculares: o tiroteio final e fatal em *Os impiedosos*; a briga em meio às mesas de sinuca (algo que as plateias realmente amaram) em *Meu nome é Coogan*; a cena em que Harry come um cachorro-quente enquanto atira nos Panteras Negras, além da sequência inteira do ônibus escolar em *Perseguidor implacável*; o tiroteio com a metralhadora em *O moinho negro* (a arma soltando faísca, as cápsulas caindo, a madeira se estilhaçando); o assalto a banco em *O homem que burlou a máfia*; o ataque de Harry Bascom (John Mitchum, figurinha fácil nos filmes de Siegel), da Bascom Auto Repair, o primeiro agente adormecido ativado por Donald Pleasence em *O telefone*.

Ainda assim, ao contrário de Leone, Peckinpah, (Peter) Hyams e De Palma, Siegel nunca havia realizado uma cena de grande complexidade técnica até a belíssima e praticamente silenciosa sequência de abertura de *Alcatraz: Fuga impossível*.

Trata-se de uma sequência que não apenas se prolonga, como também parece voltar no tempo. Por um lado, lembra os filmes sérios que Siegel fazia nos anos 1950, como *Assassino público número um* e *Dinheiro maldito* — ainda que não se pareça em nada com o estilo documental de *Rebelião no presídio*. Por outro, porém, Siegel nunca havia realizado uma proeza cinematográfica desse tipo, nem voltaria a realizar.

Na primeira vez que aparece no papel de Frank Morris, Eastwood está sendo conduzido numa balsa até aquela ilha isolada, debaixo de uma chuva forte e usando uma capa. Em seguida, ele aparece de perto, um homem mais velho, mas ainda viril (é como se ele também tivesse sido esculpido em granito, como a própria penitenciária), sendo levado até a inspeção de saúde, com o traje cinza dos velhos tempos (uma época em que as pessoas usavam uniformes na prisão sem que isso significasse nada), onde é obrigado a tirar a roupa enquanto o médico lhe examina os dentes como se tratasse de um animal. Depois ele anda pelado pelo pavilhão (brilhante), com o som dos pés descalços golpeando o chão de concreto e criando um ritmo que ecoa nas paredes de pedra da prisão. Até o momento final, quando Morris é colocado na cela, que é fechada com uma batida forte, e o guarda diz a primeira fala real do filme, "Bem-vindo a Alcatraz", enquanto vemos um relâmpago e ouvimos um trovão dignos de um Mario Bava. "Bravo!"

O filme que Siegel faria após o sucesso de crítica e bilheteria de *Alcatraz* seria a comédia escrachada *Ladrão por excelência*, com Burt Reynolds. Durante as gravações do filme, ele acabaria sendo demitido pelos produtores e substituído, pelo menos por alguns dias, pelo diretor dos filmes de James Bond, Peter Hunt, bem como pelo roteirista Larry Gelbart (de *M*A*S*H*, o programa de TV) acabaria tendo o nome retirado dos créditos.*

Em sua autobiografia, Burt Reynolds fala sobre um Siegel já idoso passando a metade do tempo das filmagens dormindo na cadeira.

---

* Se ao menos tivesse se aposentado depois de *Alcatraz*, Siegel teria encerrado a carreira em alto estilo, assim como Phil Karson, com seu *Madrugada de vingança*.

E, quando assistimos a *Ladrão por excelência*, dá para acreditar nisso (esse talvez tenha sido o motivo pelo qual ele foi demitido).

Como prova a sequência de abertura do filme de Eastwood, não apenas o velho estava muito acordado em *Alcatraz*, como também completamente determinado e inspirado a atestar sua técnica e talento.

Suspeito que o motivo para o envolvimento total de Siegel com o filme de Clint Eastwood — ao contrário do que aconteceu antes, com o filme de espionagem com Charles Bronson, *O telefone*, e depois, com a comédia escrachada *Ladrão por excelência*, com Burt Reynolds — tenha a ver com o fato de que, em *Alcatraz*, o diretor tinha algo a perder.

O que quero dizer com isso? Já voltarei ao assunto. Antes, deixando de lado *Alcatraz* por um minuto, falemos sobre o filme de espionagem com Charles Bronson que Siegel rodou antes do drama prisional com Eastwood.

Durante a maior parte dos anos 1970, os dois astros dos filmes de ação que mandavam no mundo eram Clint Eastwood e Charles Bronson. (Depois de *Inferno na torre*, Steve McQueen abdicou do trono para ficar bebendo cerveja e engordando em Malibu com Ali MacGraw.) Nos Estados Unidos, o terceiro era Burt Reynolds, que, por um tempo, chegou a ofuscar não só Clint, mas também Charlie. Tanto que ambos tentaram fazer sua própria versão de uma comédia romântica de Burt Reynolds: (o bom) *Fuga audaciosa*, no caso de Bronson, e (o péssimo mas bem-sucedido) *Doido para brigar... louco para amar*, no caso de Clint. Entretanto, os filmes de Burt, embora tenham ido muito bem nos Estados Unidos, e matado a pau no Sul do país, nunca venderam tão bem nos mercados da Europa, da Ásia, da América Latina e da África quanto os filmes de Eastwood e Bronson.

Na Europa, o terceiro grande astro dos filmes de ação ou era Franco Nero ou Alain Delon, dependendo do ano.

No Japão, seria de Takakura Ken.

Até mesmo Christopher Mitchum fez bastante barulho na Espanha graças ao filme de vingança bem decentezinho *Summertime Killer*, dirigido pelo maestro espanhol dos filmes de ação, Antonio Isasi-Isasmendi.

A única ameaça séria ao domínio mundial de Bronson e Eastwood vinha diretamente de Hong Kong: Bruce Lee. No fim das contas, porém, a morte do ator pôs um fim à competição antes mesmo que ela começasse.

No fim dos anos 1970, todavia, Charles Bronson estava começando a parecer meio velho — mal sabíamos que, na época, Bronson ainda tinha mais de uma década de filmes de ação pela frente. De modo que, ao fazer seu melhor filme durante uma passagem pela Cannon Pictures, o saborosamente sinistro *Kinjite: Desejos proibidos* (o filme em que ele enfia um vibrador no cu de um cara já na primeira cena), de J. Lee Thompson, Bronson parecia um Boris Karloff estrelando um filme de ação.

Durante o mesmo período em que Burt Reynolds estava arrebentando com *Gator, o Implacável*, *Agarra-me se puderes* e *Hooper: O homem das mil façanhas* e Eastwood botando tudo abaixo com *Josey Wales: O fora da lei*, *Sem medo da morte* e *Rota suicida*, Bronson estava ficando para trás com tentativas medíocres como *Cinco dias de conspiração*, *O trem do inferno* e *O grande búfalo branco*.

Num esforço da parte do estúdio para evitar que Bronson acabasse escanteado de vez, eles perceberam, inteligentemente, que não era a idade de Bronson que estava lhe sugando as energias — considerando o quanto era velho, ele estava muito bem —, mas o costume de trabalhar com picaretas da velha guarda como J. Lee Thompson (adoro os filmes que Thompson e Bronson fizeram para a Cannon Pictures nos anos 1980, mas os filmes dos anos 1970 são chatíssimos) e Tom Gries (como foi que Ted Post não atendeu a essa ligação?).

Os últimos filmes de Bronson que fizeram algum barulho foram sua excelente participação em *Lutador de rua*, o primeiro de Walter Hill, um futuro mestre dos filmes de ação, e a ótima e bizarra comédia de Frank D. Gilroy, *O proscrito e a dama*, que rendeu a Jill Ireland, esposa de Bronson, o melhor papel na carreira. Na maioria dos filmes do marido, Jill ficou marcada por ser sempre escalada para os papéis errados. Contudo, para fugir à regra, dessa vez ela havia sido escalada para o papel perfeito. Na verdade, ela está melhor no papel do que o próprio Bronson, muito embora ele esteja muito engraçado e, no final, bastante pungente. A empreitada toda tem ares românticos porque fica óbvio que o único motivo pelo qual Bronson fez o filme foi para proporcionar aquele papel a Jill.

A certa altura, fazer Bronson se sentir confortável no set era mais importante do que o próprio filme — uma consequência direta de anos de trabalho com diretores como J. Lee e Griers. De modo que, numa tentativa de ressuscitar a decadente carreira de Bronson no cinema comercial de Hollywood, Don Siegel, um mestre do cinema de ação e mentor de Eastwood, foi convocado para injetar um pouco de vida no "feioso" (um dos apelidos de Charlie na Itália).

Azar dos azares, o que acabou acontecendo foi exatamente o contrário.

Em sua autobiografia, Siegel lembra que a experiência com Bronson em *O telefone* foi espinhosa e que o roteiro era idiota — o que revela tudo que você precisa saber sobre o aspecto caça-níquel do filme. A trama atrapalhada, no estilo de *Sob o domínio do mal*, se passa nos anos 1950, durante a Guerra Fria, e sustenta que a Rússia teria infiltrado uma série de agentes adormecidos nos Estados Unidos, perto de importantes instalações militares. Esses agentes não sabem quem são de verdade, pois sofreram lavagem cerebral para acreditar que são de fato norte-americanos. Contudo, quando ouvem um certo poema de Robert Frost, isso aciona o gatilho da missão, e eles partem de imediato para sabotar alvos militares em missões suicidas. O plano acaba sendo descontinuado pelos russos, e os agentes adormecidos são deixados onde estão, para viver o resto da vida como norte-americanos.

Trinta anos depois, um gênio do mal russo chamado Dalchimski (interpretado por Donald Pleasence), absolutamente obcecado por dominar o mundo, consegue uma lista de nomes e começa a telefonar para os agentes (daí o título do filme) e acioná-los. Bronson interpreta o agente Grigori Borzov, da KGB, e Lee Remick dá vida a uma agente da CIA que se junta a ele para ajudá-lo a matar Dalchimski (o único motivo pelo qual Pleasence não liga para todos os agentes e os ativa no espaço de uma hora é que se ele fizesse isso não haveria filme).

Como eu disse, é uma ideia meio atrapalhada.

Na verdade, os irmãos Zucker chegaram a usar trechos de *O telefone* num dos filmes da franquia *Corra que a polícia vem aí* sem precisar acrescentar sequer uma piada.

Só porque a premissa é meio bizarra, isso não quer dizer que o filme seja ruim.

Na verdade, ele é tão bizarro que, se tivesse caído nas mãos certas, poderia ter sido um filmaço. Mas essas mãos certas definitivamente não eram as do velho Siegel, que acabou com qualquer chance de sucesso ao tirar a ênfase dos elementos mais malucos do filme e enfatizar os mais enfadonhos.

Siegel não apenas desperdiçou o tempo dele próprio, como também o roteiro de Stirling Silliphant e Peter Hyams (que deveria ter dirigido a película).

As cenas em que os agentes adormecidos são ativados são sensacionais (quase todos são atores recorrentes nos filmes de Siegel: Mitchum, Sheree North e Roy Jenson).

E Donald Pleasence, como em todos os filmes que fez com Siegel, é um monstro da atuação. Isso sem falar de quando lê o poema de Frost que desperta os agentes — que, uma vez que ouvimos, nunca mais esquecemos.

```
              DALCHIMSKI
    The woods are lovely, dark and deep,
    but I have promises to keep,
    and miles to go before I sleep.
    Remember Nikolai, miles to go before you
    sleep.
```

Em sua autobiografia, porém, Siegel admite que achou essa parte meio boba, de modo que, naturalmente, decidiu não dar muito destaque a ela. Sempre me perguntei por que o filme começa tão divertido e se transforma em algo tão modorrento depois que Bronson e Remick entram em cena. O resultado foi que a ideia da MGM de contratar um diretor de peso para tentar manter a relevância de Bronson acabou sendo um fracasso.

Depois desse filme, Bronson estaria para sempre relegado à prateleira dos atores de segunda linha.

Assim, muito embora Siegel tenha embolsado a grana e dado no pé tanto em *O telefone* quanto em *Ladrão por excelência*, *Alcatraz* lhe proporcionou uma última ereção artística. Para ele, a diferença entre o filme de Eastwood e os outros dois, com Bronson e Reynolds, era que no drama prisional ele tinha algo a perder: a reputação.

Com o roteiro tenso e minimalista de Richard Tuggle, Siegel tinha, após muito tempo, o melhor material possível para fazer um bom filme. Ele também estava de volta ao território de dois dos maiores triunfos do passado: os filmes de prisão e os filmes com Clint Eastwood.

O velho leão sempre deixou muito claro que considerava *Rebelião no presídio*, filme-denúncia com pegada documental dos anos 1950, seu primeiro (bom) filme. E quando falamos de um filme cuja técnica e intensidade o fazem se destacar no gênero — seja o de filmes de prisão, filmes policiais da década de 1950, sejam filmes antigos exibidos na TV de madrugada —, é mesmo difícil superá-lo. Com *Rebelião no presídio*, não apenas teve início a reputação de Don Siegel como "o mestre dos filmes B", como também a inclinação pela violência e pela brutalidade, bem como o talento para escalar elencos excelentes (quando tinha liberdade para isso).

O assustador Neville Brand e o mais assustador ainda Leo Gordon são tão responsáveis pelo sucesso de *Rebelião no presídio* quanto Eastwood pelo sucesso de *Alcatraz: Fuga impossível*.

Em última análise, no entanto, o que faz com que *Rebelião no presídio* tenha a reputação que tem é muito simples: trata-se do melhor filme de prisão de todos os tempos.

Em sua autobiografia, Siegel conta que o roteirista de *Alcatraz*, Richard Tuggle, disse a ele que *Rebelião no presídio* era o seu filme de prisão favorito.

Alcatraz também foi a primeira colaboração de Siegel com Eastwood desde o sucesso estrondoso de *Perseguidor implacável* (e também seria a última).

Magnum 44 foi escrito para Siegel (mas Ted Post acabou dirigindo), e Eastwood o convidou para dirigir *Doido para brigar... louco para amar*, mas Siegel recusou, achando que Clint não seria capaz de dar conta do papel (no fim das contas, acabou sendo o maior sucesso de Eastwood até então... *putz*).

Entretanto, depois de alguns filmes dirigindo outras estrelas, como Walter Matthau, Michael Caine, Charles Bronson e John Wayne, aquele era o retorno do velhote ao tipo de filme que ele fazia melhor, e acompanhado do ator com quem havia feito o melhor trabalho em todos aqueles anos.

Em *Alcatraz*, Siegel não dormiria na cadeira.

Um filme ruim feito a partir desse roteiro não apenas significaria que o veterano estava ultrapassado, como também mancharia a imagem que ele havia construído com *Rebelião no presídio* e *Perseguidor implacável* e tiraria dele o título privilegiado de "o homem que entendia Eastwood". Isso sem mencionar que, àquela altura, por mais respeito que Clint tivesse por Don, se ele caísse no sono na cadeira durante as filmagens, provavelmente acordaria e se depararia com Eastwood dirigindo o filme.

Eastwood, desde o começo, sempre teve um entendimento muito claro acerca de sua persona emblemática, assim como Siegel. Nenhum outro diretor, nem mesmo Leone — a julgar pelos comentários ásperos e ofensivos que ele fez sobre o ator durante a divulgação de *Era uma vez na América* —, o entendia tão bem. E Eastwood não confiava em ninguém para trabalhar sua persona cuidadosamente elaborada do modo como confiava em Don Siegel.

Ele e o cineasta sempre formaram uma dupla muito perspicaz quando se tratava de explorar a imagem emblemática de Clint.

Primeiro, como um jovem garanhão em *Meu nome é Coogan* e *O estranho que nós amamos*, e, depois, se afastando dos faroestes em direção aos dramas criminais urbanos, com *Perseguidor implacável*.

Com Harry Callahan, Eastwood foi atualizado. O único herdeiro legítimo do legado de John Wayne foi transformado no policial típico dos anos 1970, uma década em que os policiais tomaram o lugar dos caubóis como heróis por excelência dos filmes de ação.

E com *Alcatraz*, mais uma vez, Siegel e Eastwood tinham um novo caminho a trilhar.

Dessa vez, com um Eastwood mais velho, de meia-idade.

E, como sempre haviam feito, eles exploraram isso ao máximo.

A caminhada de Eastwood pelos corredores de Alcatraz, completamente nu, é uma preciosidade cinematográfica. Contudo, é altamente improvável que Eastwood fosse confiar no uso desse tipo de imagem com os outros diretores com quem trabalhava na época, como James Fargo e Buddy Van Horn.

E, embora eu não possa ter certeza disso, meu palpite é que Eastwood ficaria autoconsciente demais (isto é, envergonhado) para dirigir a si mesmo numa cena como essa.

Àquela altura da parceria entre os dois, muitas das decisões criativas eram tomadas de forma conjunta, porque ambos pensavam de um jeito muito parecido. Consigo imaginar Eastwood e Siegel numa reunião sobre o roteiro debatendo por quanto tempo conseguiriam sustentar o filme até que Frank Morris dissesse sua primeira fala. Em seguida, qual seria o mínimo de falas que ele poderia ter depois disso. Qual o mínimo de falas que todos os personagens poderiam ter, exceto pelo sádico e loquaz diretor da prisão interpretado por Patrick McGoohan. E, já que estamos falando da manipulação de personalidades emblemáticas, McGoohan também tinha seus próprios truques. Ele, que era conhecido pelo seriado de TV britânico *The Prisoner*, no qual interpretava um detento preso numa ilha, estava então no controle da prisão de uma das ilhas penitenciárias mais famosas do mundo.

E o discurso de apresentação feito para o prisioneiro de Eastwood — "Nós não formamos bons cidadãos em Alcatraz, mas formamos bons prisioneiros" — ecoa o discurso que o diretor da prisão interpretado por Patrick Cargill em *The Prisoner* faz para McGoohan num dos episódios da série.

O que é mais intrigante na maneira como Siegel abre o filme é o fato de que toda essa bravura é dotada, também, de uma certa rigidez (eu a descreveria como uma *fervura a frio*) que parece bastante apropriada para a época em que o filme se passa.

Um filme de prisão fiel à estética do gênero, e que seria um precursor de *Alcatraz*, é o primeiro dos catorze filmes da série de ação japonesa *Abashiri Bangaichi* (1965), estrelado pelo equivalente japonês de Eastwood, Takakura Ken, e dirigido pela própria versão de Siegel, Teruo Ishii. Essa aventura de fuga altamente estilizada, em preto como breu e branco como a neve, é o correspondente perfeito para a empreitada de Siegel e Eastwood (é muito improvável que Siegel tenha visto *Abashiri Bangaichi*, mas, pelo potencial de remake, não é totalmente impensável que Eastwood tenha assistido ao filme).

Alcatraz: Fuga impossível conta a história *supostamente* real da chegada do ladrão à mão armada e especialista em fugas Frank Morris à ilha de Alcatraz, no começo dos anos 1960. Quase todos os elementos do filme parecem uma viagem no tempo, inclusive na maneira como Eastwood não se parece com ele próprio, mas com um ator durão dos anos 1950 — até tentei, ainda que sem sucesso, imaginar quem seria um equivalente adequado. Os atores mais durões dos tempos de Eisenhower, como Ralph Meeker e Charles Bronson, e mesmo sujeitos mais lacônicos, como Robert Mitchum, Brian Keith e John Garfield, todos falavam sem parar.

Entre todos esses caras durões dos anos 1950, somente Alan Ladd sabia manter a boca fechada. Entretanto, o diminuto Ladd jamais poderia se comparar, diante de uma câmera, a um colosso como Eastwood, que parecia esculpido em pedra por Rodin.

É quando falamos do próprio gênero dos filmes de prisão que essa sensação de retorno ao passado se torna mais evidente. Desde a adaptação bastante cinematográfica de Harvey Hart (um diretor tremendamente subestimado) para a peça de John Herbert, *Sob o teto do demônio*, estrelada por Wendell Burton (*Os anos verdes*) e Zooey Hall (*I Dismember Mama*), em 1971, o tema da dominação masculina por meio do estupro cometido contra outros homens foi introduzido oficialmente no gênero.

O tema voltou a ser abordado, de maneira tímida, no filme para a TV *O sistema*. Entretanto, a realidade nua e crua das implicações raciais do estupro dentro de prisões motivado pela raiva contra o sistema só veio a ser abordada de forma honesta em *Short Eyes*, uma peça escrita pelo ex-detento Miguel Piñero e mais tarde adaptada para o cinema: ela mudaria, para sempre, o gênero dos filmes de prisão. O filme dirigido por Robert Young foi mais tarde relançado como um filme de exploitation e rebatizado de *Slammer* (tive a oportunidade de vê-lo no Carson Twin Cinema, numa sessão dupla com *O que vai ser agora?*, com Richard Pryor).

E essa realidade, na época, também foi reforçada pelo histórico documentário *Scared Straight!*, feito para a TV.

Depois de *Scared Straight!*, não só toda e qualquer história de prisão precisava lidar com a ameaça do estupro, como também qualquer pensamento que pudéssemos ter sobre o assunto.

O único motivo pelo qual o tenebroso *Penitenciária 1*, de Jamaa Fanaka, feito no mesmo ano que o filme de Siegel, acabou tendo um sucesso inesperado foi a briga dentro da cela depois que os detentos tentaram estuprar a "carne nova no pedaço", um acréscimo empolgante, interessante e supostamente realista para o gênero.

Tendo em vista tudo isso, *Alcatraz* foi a última vez que foi possível contar uma história de prisão verossímil sem abordar o tema do estupro masculino. E mesmo *Alcatraz* não o ignora por completo.

A cena menos verossímil do filme é a ridícula tentativa de um sujeito com aspecto de barril de estuprar Morris no chuveiro. Como se alguém fosse escolher um Clint Eastwood de 45 anos de idade para subjugar sexualmente. Em vez de se concentrar numa sociedade distorcida, formada por sujeitos desesperados, baseada na sobrevivência do mais forte, com motivações raciais e violência sexual, o filme de Siegel, pela última vez (exceto no caso de um filme de época situado nos anos 1930), poderia se debruçar sobre os conflitos que existiam numa prisão dos velhos tempos.

Na primeira metade do filme, o isolamento brutal, as monótonas rotinas, os exíguos privilégios, e aquele personagem que havia desaparecido por completo do gênero (exceto nos filmes sobre prisões femininas), o diretor cruel e sádico, estão todos retratados. Na segunda metade, o filme lida com algo que também havia sido completamente ignorado pelo gênero na década anterior: um plano de fuga extremamente detalhado e elaborado de forma magistral.

A maioria dos filmes sobre fugas de prisão costuma ser empolgante, com o máximo de suspense espremido até a última gota. A cena da fuga de Oliver Reed e Ian McShane no começo de *O sanguinário*, o filme policial britânico dirigido pelo mestre do cinema de ação Douglas Hickox, é um exemplo perfeito disso.

Em *Alcatraz*, Morris está o tempo todo escavando a rocha com um cortador de unhas, o que a princípio parece inútil, depois impressionante e, por fim, heroico. Quase todos os detalhes sobre a fuga parecem inéditos.

Quando descobrimos que Morris talvez tenha encontrado uma maneira de fugir da prisão, a informação não nos é apresentada de um jeito a que estamos acostumados. Nós não o vemos perambulando pelo corredor e, de repente, percebendo uma brecha na fortaleza de pedra que só ele foi capaz de enxergar. Morris não tem um momento de epifania desse tipo.

É uma revelação insignificante que leva a uma tremenda gama de oportunidades.

Cada passo do roteiro da fuga se transforma em algo intrigante, e, quando finalmente conseguimos ter uma ideia clara do plano que ele tem na cabeça, já estamos fascinados.

A escavação constante, a reunião de roupas para a fuga a nado no meio da noite (a parte mais furada do plano, que certamente teria provocado a morte de quem se aventurasse na vida real), as cabeças de papel machê que eles pintam e esculpem meticulosamente (a imagem que Siegel usa nos créditos de encerramento), a pistola de solda improvisada que eles constroem para serrar as barras da cela.

O plano demanda tanto talento e inteligência que, se eles não tivessem morrido, é impossível não pensar que ao menos poderiam ter recebido liberdade condicional.

Da mesma forma, todas as qualidades envolvidas na tentativa de fuga — disciplina, habilidade, inteligência, talento, ousadia — podem ser equiparadas à técnica de Siegel ao retratá-la.

Assim como Morris vai lentamente entalhando a rocha, Siegel vai lentamente entalhando o cenário criado por Tuggle.

Da mesma forma que Siegel e Eastwood tinham uma afinidade como artistas, Siegel e Morris tinham uma afinidade na metodologia.

Morris se vale de métodos de engenhosidade, praticabilidade e experiência adquiridos ao longo de toda a vida para escavar aquela parede de pedra.

Siegel se vale de recursos idênticos para fazer a montagem do filme. Ele é quase tão silencioso quanto Morris, preferindo ilustrar as ações a explicá-las por meio de diálogos expositivos.

Depois de iniciar a carreira na indústria cinematográfica criando montagens para os filmes de outros diretores (*Casablanca* e *Heróis esquecidos*, entre muitos outros), a primeira montagem realmente significativa que ele usou em um dos filmes dele próprio aparece nessa obra-prima do final da carreira.

Se Morris e os companheiros dele conseguiram fugir? Tenho certeza de que eles estavam mortinhos da silva dezenove minutos depois de caírem na água.

Contudo, em se tratando de fuga, o que realmente importa é que Siegel não fugiu à responsabilidade com o camarada Eastwood. Os dois se envolveram em uma parceria artística entre um grande astro e um grande diretor que ocupará, para sempre, um lugar de destaque entre as maiores de todos os tempos. Grande parte dessa parceria reside no fato de um dever ao outro muito mais do que poderia pagar.

Com Siegel, Eastwood conseguiu escapar do status de fenômeno efêmero dentro do ecossistema dos estúdios de Hollywood (ao contrário de Lee Van Cleef, que ficou na Itália e começou a produzir filmes de forma quase mecânica para os comedores de macarrão).

Com Eastwood, Siegel conseguiu escapar do anonimato, transformando-se num cineasta de primeira linha em Hollywood no fim da vida.

E depois que esses dois compadres de longa data, com uma amizade baseada em respeito mútuo, admiração, masculinidade e amor, conseguiram realizar o impossível — *uma fuga de Alcatraz* —, simplesmente bateram a porta de aço às suas costas.

Hardcore:
No submundo do sexo

(1979)

Depois de *Quem bate à minha porta?*, *Sexy e marginal*, *Caminhos perigosos* e *Taxi Driver*, Scorsese finalmente conseguiu superar sua fixação por *Rastros de ódio* e por John Ford.

Mas Paul Schrader, não.

Antes que os anos 1970 chegassem ao fim, ele ainda precisava fazer mais um remake temático de *Rastros de ódio*.

O segundo filme dele na direção, *Hardcore: No submundo do sexo*, de 1979.

No filme de Schrader, o veterano da Guerra Civil interpretado por John Wayne, Ethan Edwards, um filho da puta que odiava comanches, é substituído por Jacob Van Dorn, um calvinista holandês radicado em Michigan e dotado de extrema fibra moral interpretado por George C. Scott (Schrader se inspirou no próprio pai para criar o personagem). A maneira como Ethan Edwards procura pela sobrinha, Debbie (Natalie Wood), em meio às tribos comanches é a maneira como Jacob Van Dorn vai até Los Angeles a fim de "procurar" a filha menor de idade, perdida no submundo da indústria dos filmes adultos.

Geralmente, filmes com essa temática são ou do gênero exploitation (*Sua honra será vingada*, *Anjo: Inocência e pecado*, *Anjo vingador*, *Plantão policial*, *Kinjite: Desejos proibidos*) ou filmes-denúncia para a televisão (*Damas da noite*, *O retrato de uma adolescente fugitiva*, *Difícil regresso*,

Império da morte). *Hardcore* conta essa mesma história, mas de forma diferente e com um efeito diferente também. Em todos os filmes que acabei de citar, chega a ser risível a facilidade com que garotinhas fugitivas caem nas garras dos malandros de rua. Em *Sua honra será vingada*, *Damas da noite* e *Kinjite*, os cafetões praticamente sitiaram a rodoviária e são capazes de abordar uma menina branca apavorada em menos de vinte minutos após o desembarque de um ônibus. E, em todos esses filmes, as garotas são ludibriadas, drogadas ou seduzidas para aderir à prostituição. Contudo, o alerta por trás da história da filha de Jacob, Kristen Van Dorn (Ilah Davis), que é contada, em grande parte, no subtexto do roteiro de Schrader, não é o mesmo velho alerta de sempre.

Na primeira vez que vemos Kristen, aos 16 ou 17 anos de idade, numa festa de Natal em uma igreja em Grand Rapids, ela parece uma fugitiva mesmo na própria casa. Basta uma olhada rápida para ela e já sabemos que vai ser ou uma viciada, ou uma prostituta infantil, ou uma vítima de suicídio. Então, a filha do respeitado diácono interpretado por Scott vai até Los Angeles numa viagem coletiva da igreja e simplesmente não volta. Van Dorn contrata um detetive particular, interpretado por Peter Boyle, para buscar qualquer informação sobre a garotinha desaparecida. O detetive, então, convida o pai preocupado para um encontro numa sala de cinema desativada e exibe o trecho de um filme gravado em 8 mm e intitulado *Escrava do amor* [Slave of Love], no qual vemos a filha do diácono fazendo sexo a três com uns caras muito escrotos.

"Desliga isso!", berra Scott, enquanto assiste à degradação da filha numa imagem granulada. A Columbia Pictures baseou toda a propaganda impressa do filme nessa cena, acompanhada da frase: "OH, MEU DEUS, É A MINHA FILHA!"

A Columbia Pictures também fez um trailer bombástico para o filme, exibindo os letreiros de neon vermelho dos prostíbulos, a infernal e maravilhosa trilha sonora eletrônica de Jack Nitzsche, o rosto intensamente angustiado de George C. Scott e a parceira dele de cena, Season Hubley, com os lábios carnudos borrados de batom e vestida com calças de cetim prateado.

O trailer não é apenas bom: é *muito* bom. E o resultado é que a gente meio que fica com a impressão de que não existe a menor chance de o filme ser tão bom quanto ele.

Mas o filme de Schrader tem, sim, algumas qualidades incontestáveis.

Não podemos negar que ele tem uma premissa muito interessante (um pai que procura pela filha no submundo do cinema pornográfico) e o protagonista perfeito para esse tipo de história (Scott). *Hardcore* é um drama muito bem filmado que tem o objetivo de levar um turista, pelo preço de um ingresso de cinema, para dar um passeio pelo submundo da pornografia na Los Angeles do fim dos anos 1970. A ideia era ter a classe de um filme de grande estúdio e, ao mesmo tempo, acenar para os espectadores do cinema de sensações. E, durante a primeira hora, Schrader de fato conseguiu fazer um filme muito cativante, e com uma potência inegável.

Para começar, Schrader vai na contramão de todos os outros filmes do gênero ao não mostrar a degradação da garotinha virginal. A dramatização da pobre mocinha caindo nas garras de exploradores sexuais é metade do motivo pelo qual esse tipo de filme costuma ser feito. Não importa quanto esses filmes sejam óbvios ou mal produzidos, pois a sequência que mostra a degradação da garotinha virginal é uma parte que sempre funciona.

Porque é impossível não sentir pena da pobre menina (e, com frequência, também da pobre atriz).

No entanto, em *Hardcore*, Paul Schrader tinha outras preocupações em mente. Assim como havia feito com Travis Bickle, ele nos faz enxergar o mundo a partir da perspectiva de Jake Van Dorn. Nós nunca vemos *exatamente* o que levou a filha do diácono a perder o ônibus de volta para Michigan e ficar em Hollywood. À medida que o filme vai avançando, porém, começamos pouco a pouco a ter uma ideia muito boa desse motivo — mas uma ideia que o filme jamais confirma, apenas insinua. O que dá substância a *Hardcore* na primeira metade é o fato de que, embora Van Dorn queira punir alguém pelo sumiço da filha, não há um Sport, ou um Acuna Boy, ou qualquer outro vilão de um filme exploitation para ser punido. A decisão da filha dele de não pegar o ônibus de volta para Grand Rapids foi apenas isso — *uma decisão*.

Fica claro que, na primeira oportunidade que teve, a garota aproveitou para fugir da tutela grotescamente severa de Van Dorn em Grand Rapids. Talvez ela até tenha sido seduzida por alguém, mas não ficamos com a impressão de que foi drogada, sequestrada ou mantida em algum lugar contra a própria vontade, como acontece com Karen Lamm em *Sua honra será vingada*.

No entanto, como estamos assistindo ao filme pela perspectiva de Van Dorn, só sabemos o que ele sabe, e descobrimos as informações sobre sua filha ao mesmo tempo que o personagem, apesar de, provavelmente, chegarmos a conclusões diferentes das que ele tira sobre as informações às quais temos acesso.

Além disso, Schrader nos apresenta a um vingador completamente diferente dos que aparecem nos outros filmes do gênero. Nesses outros filmes em que uma garotinha foge de casa, não importa o quanto o vingador em questão pareça ridículo (David Soul em *Damas da noite*): a ideia, obviamente, é que torçamos por ele. Em *Sua honra será vingada*, queremos muito que Jim Mitchum encontre a coitada da Karen Lamm, e, quando ela morre (sem que eles tenham nenhuma outra cena juntos), o sentimento é de tragédia. Tudo que Mitchum faz a partir desse momento é justificado.

O Jake Van Dorn de Scott, porém, nos provoca uma sensação diferente. Enquanto ele perambula, transtornado, pelas ruas do bairro pornô, não queremos que encontre Kristen: só queremos que ele volte para casa.

Schrader não perde tempo e já evoca *Rastros de ódio* logo na abertura do filme — uma sequência muito bem-feita, no estilo de Ford, de um ritual comunitário: uma celebração de Natal por um grupo de uma igreja calvinista holandesa em Grand Rapids, que tem entre os decanos o Van Dorn de George C. Scott (é ele quem faz as preces antes do jantar de Natal, sem esquecer de dedicar uma palavrinha aos missionários que levam a palavra de Deus aos cantos mais remotos do planeta).

guiu competir com redes como a Blockbuster — durante um tempo — porque alugava fitas pornô, ao contrário da Blockbuster).

Filmes e astros do cinema pornô estavam prestes a conquistar o *mainstream*. Isso parece ter acontecido uma década depois da história contada em *Hardcore*. Ainda que Schrader tenha utilizado imagens de muitas zonas de meretrício, fachadas de lojas e casas de massagem (atualmente fechados) reais, o retrato que ele faz da indústria de entretenimento adulto dos anos 1970 nunca parece completamente *autêntico* para o espectador. A moralização que ele faz da paisagem já lhe confere uma aura fajuta, mas, quando coloca os filmes *snuff* na mistura, chega a ser até ofensivo. A viagem pelo mundo pornô de Schrader não chega nem aos pés da viagem de Friedkin pelos bares da comunidade sadomasoquista gay masculina de Nova York lançada naquele mesmo ano, *Parceiros da noite* (que também tem uma trilha sonora espetacular de Jack Nitzsche). O filme de Friedkin não apenas parece autêntico, como é também uma experiência sensorial fantasmagórica, sensual e assustadora como nenhuma outra no cinema da época (nem mesmo no pornô gay). Ainda assim, como eu disse, a primeira metade do filme tem uma potência inegável, e a atuação explosiva de George C. Scott faz com que a jornada de Van Dorn seja muito envolvente. Embora, a princípio, ela produza apenas frustração no turista de Michigan, perto do final da primeira hora do filme, tanto Van Dorn quanto Schrader têm uma ideia genial.

Para "vingar a honra da filha, ele tenta localizar um dos atores que aparecem com ela no filme visto. E assim tem a brilhante ideia de fazer testes para seu próprio filme adulto. A sequência com diferentes atores chegando para os testes com Van Dorn (que, para concretizar a ideia que tem do que seria um produtor de filme pornô, se disfarça com uma peruca terrível, um bigode falso e uma camiseta tie-dye) é a melhor do filme, e a comédia inerente a ela é o único respiro da ojeriza que o filme demonstra em relação a si mesmo. Hal Williams, o sargento de *A recruta Benjamin*, com Goldie Hawn, leva as plateias abaixo como o furioso garanhão Big Dick Blaque.

É aí que Will Walter (o ator que vemos fodendo a filha de Scott em *Escrava do amor*), um magrelo asqueroso meio parecido com Keith Carradine, entra em cena, ao som da pungente trilha sonora de Jack Nitzsche (seu melhor uso em todo o filme), e nós, na plateia, percebemos isso um segundo antes de Van Dorn, o que faz com que nos ajeitemos na cadeira e inclinemos o corpo na direção da tela. E é nesse momento que *Hardcore* vira o filme que sempre quis ser, o filme que o fantástico trailer da Columbia Pictures havia anunciado.

Esta era a cena para a qual o filme vinha se encaminhando desde o começo. E, ao interpretar um ator insignificante de filmes adultos conhecido como Jism Jim, Will Walker se revela a melhor escolha para um papel em todo o elenco.

Walter era um ator magrinho, esquisito, com um cabelo loiro meio desgrenhado, quase bonito (mas não muito), que apareceu repentinamente no fim dos anos 1970 (em filmes como *Caçador de morte* e *Esporte mortal*) e depois disso sumiu tão rápido quanto havia aparecido. Jake Van Dorn está *à procura* da filha, mas também de alguém para punir — pelo fato de a filha ter ido embora de Grand Rapids, por estar naquele filme pornô de 8 mm, por tê-lo obrigado a descer até aquele verdadeiro inferno na Terra. E quando finalmente fica frente a frente com uma conexão tangível com toda aquela degradação, um homem que ele tinha com efeito *visto* enfiando o pau na filha (e por trás, ainda por cima), tanto o filme quanto ele transbordam.

De todo modo, assim como o Sport de Harvey Keitel em *Taxi Driver*, o incipiente ator pornô Jim Jism de Will Walker pode até ser meio esquisito, mas não é totalmente repugnante. A princípio ele trata o ridículo produtor pornô de Van Dorn com frieza e distanciamento dignos de impressionar plateias.

No entanto, quando o personagem de Scott o reconhece, e diz a Jim que já viu um dos trabalhos do ator, a reação de Walker chega a ser um tanto enternecedora. Abandonando a arrogância inicial, ele se transforma num ator iniciante todo empolgado: "Pois é, eu fiz uma porção de coisas legais, sabe? Uns curtas, uns longas, até — nenhum papel principal ainda, mas tudo de alta qualidade."

A genuína empolgação exibida por alguns instantes, por estar sendo cogitado para um filme real — e não um curta em 8 mm —, é levemente contagiante. Este também é o único momento em que Schrader abandona o moralismo e apresenta a indústria de filmes adultos como ela realmente é.

Não uma empreitada criminosa.

Não o quarto círculo do inferno.

Apenas uma indústria cinematográfica legítima, que paga impostos para oferecer entretenimento explícito a adultos.

Jism Jim chega a mencionar que os caras que fizeram o curta de 8 mm com a filha de Van Dorn eram estudantes universitários, e haviam recebido 20 dólares pelo trabalho. Em outras palavras, Kristen não é, nem de longe, a Karen Lamm de *Sua honra será vingada* — ela havia participado de *Escrava do amor* por vontade *própria*. O motivo que leva Kristen a vestir calças prateadas e a trepar num filme em Hollywood, em vez de estar assando bolinhos para um evento da igreja em Grand Rapids, não tem nada a ver com Jism Jim ou com os estudantes que fizeram o curta, ou com qualquer vilão fajuto que Schrader tenha tirado do próprio cu na última meia hora de filme. Ela está lá por causa de Van Dorn. Ela *preferiu* aquela vida à tutela severa dele.

Depois de um breve momento de choque ao reconhecer Jim, Jake se recompõe e consegue manter a calma por um tempo. Ele diz que assistiu a *Escrava do amor* e pergunta sobre a atriz com quem Jim contracena, dizendo que gostaria de ir atrás dela também. O Jim de Walker reclama da garota, chamando-a de uma "grande puta", e diz que ficou com o pau assado durante uma semana depois de gravar o filme. É nesse momento que Van Dorn explode, partindo para cima do coitado e o espancando até conseguir um nome — o que permitirá que ele continue a *busca* e que Schrader continue contando a história. Esse é o movimento mais arriscado de Schrader, porque, quando a raiva impotente de Van Dorn explode para cima daquele magrelo esquisito e infeliz, não ficamos do lado dele. Até mesmo acreditamos no que Jim diz sobre a filha dele. Ela provavelmente era *mesmo* uma "grande puta", e o pau dele provavelmente ficou *mesmo* assado por uma semana. Infelizmente, depois dessa cena, o filme não tem mais para onde correr, de modo que dá uma guinada na direção do ridículo.

Porque depois que Van Dorn explode para cima do único alvo tangível que pode culpar, e se dá conta de que a filha *não foi* sequestrada ou *forçada* a estar naquele filme (ela fez aquilo por 20 pratas), na vida real, provavelmente, ele teria voltado para casa. No entanto, como estamos falando de um filme, ele continua a *busca*. E, para dar continuidade ao filme, Schrader executa uma lista de truques de roteiro que roubam *Hardcore* do último pingo de integridade que podia ter tido na primeira parte.

Paul Schrader é um roteirista magnífico, mas ele tem uma fraqueza gigantesca e muito evidente: não consegue escrever filmes de gênero. Seja por falta de atenção, seja por um profundo desprezo pelo cinema de gênero, todos os roteiros que ele escreveu trazem esses mesmos truques absurdos para fazer a trama avançar e continuar avançando até o final.

No começo de *Hardcore*, é extremamente improvável que, com as parcas informações de que dispunha, o detetive de Peter Boyle conseguisse localizar aquele pornô em 8 mm que estrelava a filha de Van Dorn (isso para não falar no absurdo que seria uma sala de cinema aleatória em Grand Rapids ter disponível o equipamento necessário para projetar um filme em 8 mm). A maneira como Boyle foi capaz de executar essa proeza jamais é explorada, nem sequer marginalmente, embora toda a trama do filme se baseie nela. Imagino que o personagem de Peter Boyle seja o melhor detetive do universo (cara, como era fácil me enganar).

Em *Gigolô americano*, a inocência de Julian Kaye (Richard Gere) no que diz respeito à investigação sobre o assassinato em torno do qual a trama se desenrola é evidente. Entretanto, para envolvê-lo no enredo do filme, Schrader faz com que o investigador de polícia que cuida do caso (Hector Elizondo), contrariando qualquer lógica, o considere o suspeito número 1.

Quando ele diz a Julian "Acho que você tem muita culpa em tudo isso", esperamos que Julian pergunte por quê, mas ele não o faz, porque a única resposta concebível é a necessidade de Schrader de colocar Gere em perigo e transformar esse estudo do estilo de vida de um personagem numa história meia-boca de mistério envolvendo um assassinato. Mas existe um outro motivo insinuado ao espectador para que Elizondo suspeite de Gere: inveja. Entretanto, será que deveríamos mesmo acreditar que o investigador de polícia de Elizondo é tão corrupto a ponto de incriminar um inocente por homicídio só porque tinha inveja da facilidade com que aquele homem conquistava mulheres? Não há nenhuma outra coisa na personalidade dele que sugira, nem de longe, algo assim.

No entanto, nenhum dos outros filmes de Schrader empilha tantos truques de roteiro como a última metade de *Hardcore*.

É claro que nunca esperaríamos que Walker pudesse ter qualquer informação útil para compartilhar com Scott, mas, como estamos falando de um filme, e Schrader tem que fazer a história avançar, *é claro* que ele tem.

E então observamos uma guinada, totalmente sem sentido, na direção dos filmes *snuff* (o que, para mim, é um tipo de exploração muito mais nefasto do que o tipo de exploração que Schrader passa o filme inteiro condenando).

Então, perto do final — e é nesse ponto que o roteiro de Schrader realmente se perde de vez —, uma dupla de personagens de menor importância, Tod (Gary Graham) e Ratan (Marc Alaimo), é promovida, de maneira nada verossímil, ao status de vilões, de modo que o pai interpretado por Scott e o detetive de Boyle tenham alguém para confrontar no clímax (o que era legal no filme era justamente o fato de não haver um vilão muito óbvio). Boyle chega a matar Ratan a tiros numa rua movimentada de São Francisco, e *é claro* que não há nenhuma consequência desse homicídio a céu aberto (quando o cineasta Schrader toma decisões absurdas como essas, ficamos nos perguntando onde foi parar o crítico de cinema que ele era).

Todos esses truques baratos transformam a metade final de *Hardcore* numa versão tremendamente inferior de *Sua honra será vingada*, um filme de Richard Heffron com temática semelhante lançado poucos meses após *Taxi Driver*. Ambos não apenas contam histórias similares, como também compartilham slogans muito parecidos.

```
           HARDCORE
OH, MEU DEUS, É A MINHA FILHA!

     SUA HONRA SERÁ VINGADA
O QUE VOCÊ FARIA SE FOSSE A SUA IRMÃ?
```

A grande diferença entre os dois é que, enquanto a primeira metade do sofisticado *Hardcore* é, sem dúvida, muito melhor do que *Sua honra será vingada*, com a mentalidade obviamente voltada para o exploitation, a segunda metade da película é uma merda, ao passo que *Sua honra será vingada* é um filme de vingança que funciona perfeitamente bem dentro do que se propôs. Além disso, *Sua honra será vingada* foi escrito por Ivan Nagy — que, de acordo com Nick Broomfield, em seu documentário *Hollywood Madam*, foi cafetão de Heidi Fleiss (*até que enfim* um verdadeiro *cafetão branco*! E ele não se parecia nem um pouco com Harvey Keitel, nem com David Soul, nem com Wings Hauser, tampouco ficava nas esquinas das ruas como os colegas negros. Em vez disso, dirigia episódios de *Starsky & Hutch*!). Em *Sua honra será vingada*, uma Anne Archer pobretona basicamente interpreta uma versão jovem de Heidi. Assim, a organização criminosa que aparece no filme é ligeiramente mais verossímil do que as que vemos em outros filmes de exploitation de temática similar (*Plantão policial, Anjo: Inocência e pecado, Anjo vingador, Streetwalking, Kinjite: Desejos proibidos, Damas da noite* e *Eles a chamam de caolha*).

E, de maneira muito sugestiva, os bandidos que comandam a rede de prostituição em *Sua honra será vingada* são *ligeiramente* menos *vis* do que os de todos esses outros filmes (quando a irmã de James Mitchum morre, é por causa de um psicopata qualquer, não pelas coisas que eles fazem. E Anne Archer fica visivelmente abalada com a morte de Karen Lamm).

A segunda e problemática metade de *Hardcore* também introduz um substituto para o personagem de Jeffrey Hunter, Martin Pawley, na pele de Niki (Season Hubley): uma atriz pornô com um coração de ouro que faz amizade com Jake e se dispõe a ajudá-lo a *vingar a honra* da filha, Kristen. Assim como o Martin Pawley de *Rastros de ódio*, Niki é uma criatura oriunda da cultura que Van Dorn despreza. Na primeira metade do filme, o personagem de Scott só tem uma coisa em mente: encontrar Kristen. E embora Dick Sargent (*A feiticeira*), no papel de um amigo da igreja que tenta fazer com que Van Dorn vá embora daquele lugar, e o detetive particular bagaceiro de Peter Boyle estejam muito bem nos respectivos papéis, a única função que têm é a de facilitar (Boyle) e ilustrar (Sargent) o arco selvagem do personagem de Scott.

Todos os demais atores ou figurantes com quem Scott se depara na sórdida representação de Hollyweird que o filme faz existem apenas para provocar frustração, repulsa ou raiva nesse guerreiro ferido da superioridade moral.

Isso até Niki entrar em cena.

Niki fala como uma personagem de um filme, e, além de ter algumas falas interessantes (ela é tarada por astrologia), serve como algo além de uma representante humana da degradação social. E não só isso: Van Dorn (com incrível rapidez) gosta dela genuinamente, permitindo que Scott saia do tom monocórdio de interpretação que vinha sustentando durante o filme inteiro.

Por sua vez, Niki nunca chega a ser uma personagem convincente — e não por culpa de Hubley. Sua profissional do sexo do fim dos anos 1970 é uma versão da hippie malucona e excêntrica que Goldie Hawn costumava interpretar no fim dos anos 1960. Acontece que ela não tem a mesma profundidade que Jodie Foster deu à sua Iris ou a que Linda Hayes deu à Linda Forchet. Schrader queria ter escalado para o papel a atriz Diana Scarwid, que acabara de ser indicada ao

Oscar pela participação em *Bar Max*, de Richard Donner. Contudo, de acordo com Schrader, o chefão da Columbia Pictures, Dan Melnick (falarei mais sobre ele em seguida), "bateu pé" e disse ao diretor: "Não quero colocar no elenco alguém que eu não queira comer." Então, Schrader foi obrigado a dispensar Scarwid e escalar Season Hubley no lugar dela, e comentou: "Hubley era bonitinha demais para o meu gosto, porém perfeita para o Danny."

De todo modo, a Niki de Hubley realmente dá uma levantada no filme e introduz um novo e intrigante elemento temático ao remake parafraseado de *Rastros de ódio* de Schrader.

Enquanto Van Dorn *procura* pela filha real, Kristen, Niki pouco a pouco começa a funcionar como uma espécie de substituta. Ela coloca um rosto humano que Jake não consegue desprezar num mundo e numa cultura que ele efetivamente despreza. E ele próprio coloca um rosto humano num mundo que ela não conhece. Assim como nós na plateia (e Paul Schrader também), Niki considera as crenças calvinistas holandesas de Van Dorn ridículas, mas respeita o fato de ele acreditar nelas. E, quando ela diz a ele, a certa altura, "Nós vamos encontrá-la muito em breve", é a primeira vez no filme que alguém oferece a esse filho da puta miserável e desesperado um pingo de esperança minimamente plausível.

A cena no quarto de hotel em que Van Dorn tenta explicar a Niki as crenças da antiquada ordem religiosa que segue é o único momento do filme em que Scott tem a chance de demonstrar algum sinal de charme ou senso de humor enquanto ator. Ao ouvir sua pregação pelos ouvidos de Niki, até mesmo ele meio que se dá conta de quanto aquilo tudo é absurdo. Van Dorn acha que Niki está totalmente perdida, e ela pensa o mesmo a respeito dele, mas ainda assim eles simpatizam um com o outro e se gostam.

Assim como *Taxi Driver*, *Hardcore* vai se desenrolando na direção de um final que vinha sendo preparado tematicamente ao longo de todo o filme.

Na concepção original de Schrader, o roteiro era uma espécie de cruzamento entre *Rastros de ódio* e *Chinatown*. Depois de procurar pela filha o filme inteiro, Van Dorn descobre que ela morreu num acidente de carro sem nenhuma conexão com a pornografia. É nesse momento que Peter Boyle lhe dá as notícias, no estilo de "Isto é Chinatown, Jake", e Van Dorn retorna para Grand Rapids.

Todavia, isso não teria um efeito assim tão trágico.

Porque, a essa altura, a plateia já teria se apaixonado pela parceira de Jake, a profissional do sexo Niki, que ele leva para Grand Rapids. Embora meio bizarro, é um acontecimento bastante satisfatório no nível emocional. Van Dorn troca uma filha por outra. Uma que ele não pôde salvar por uma que ele pode. O que não é satisfatório em nível emocional é o final do filme dirigido por Schrader. No filme de Paul, Van Dorn encontra a filha e nós esperamos que ela o rejeite e o mande voltar para casa; porém, de forma muito pouco verossímil (para dizer o mínimo!), ela muda de ideia no último instante. E então Van Dorn profere a versão dele da famosa fala de *Rastros de ódio*: "Kristen, me leva para casa."

Buuu!

Quando vi *Hardcore* na noite de estreia, no cinema da United Artists, no shopping Del Amo, a plateia (lotada) inteira rejeitou a decisão da filha no final do filme, considerando-a pouco verossímil, além de um truque barato para botar um ponto final na história (houve, literalmente, algumas vaias).

De modo que Van Dorn volta para Michigan com a filha desgarrada, deixando a adorável Niki para trás, entregue à própria sorte, para enfrentar o destino. No ano seguinte, Season Hubley estrelaria, no papel de outra profissional do sexo (dessa vez uma prostituta), um novo passeio pela selva de Hollyweird, o queridinho dos apreciadores do gênero exploitation, *Plantão policial* (que traz mais um desses unicórnios que só existem no cinema, o cafetão branco). Por conta da proximidade do lançamento de *Hardcore* e *Plantão policial*, não há como assistir a este último sem pensar que ele é uma espécie de ato final do arco dramático de Niki.

No livro *Schrader on Schrader & Other Writings*, nos comentários do DVD do filme e em e-mails que trocamos, Schrader culpa Daniel

Melnick, o chefão da Columbia Pictures, pela mudança no final original do roteiro.

Schrader me disse: "Dan Melnick insistiu para que Van Dorn resgatasse a filha." Um dos motivos para as vaias da plateia na sessão da noite de estreia foi, além do final truqueiro do filme, a atuação pouco convincente de Ilah Davis no papel de Kristen. Também não gostei de Debbie querendo voltar para casa no final de *Rastros de ódio*. Entretanto, Natalie Wood era uma atriz boa o suficiente para sustentar esse truque no final. Ilah Davis, não. Na verdade, ela era absolutamente terrível. Schrader explicou que Davis não era uma atriz de verdade, que havia sido escalada por conta da experiência com filmes pornô. A verdade é que ele só precisava dela para a sequência de *Escrava do amor*, porque, no terceiro ato que havia concebido, ela morreria fora de cena. Mas depois que Melnick o obrigou a fazer a mudança no fim, o filme acabou exigindo muito mais de Davis do que ela seria capaz de entregar. Ele relembra: "Tive que providenciar aulas de interpretação para Ilah e depois joguei aquela criatura frágil e assustada dentro de uma jaula com George C. Scott, que era um alcoólatra notório."

A desculpa "Melnick me obrigou" usada por Schrader não é confirmada pelo produtor executivo do filme, John Milius. Três anos após o lançamento de *Hardcore*, perguntei a Milius sobre a produção. Ele a descreveu como "um roteiro maravilhoso transformado num filme terrível", e pôs a culpa em Schrader. Quando perguntei a Milius sobre a desculpa usada por Schrader sobre a interferência do estúdio, o grande John me disse: "Ninguém o obrigou a mudar nada, ele fez exatamente o que quis."

Na época, acreditei em Milius. Hoje, porém, acredito em Schrader. Eu realmente acredito que o chefão do estúdio o obrigou a transformar o "roteiro maravilhoso" num "filme terrível".

Ainda assim, de alguma forma, ainda culpo o próprio Schrader.

Eu o culpo por ter usado a mesma desculpa covarde de um monte de diretores de fiascos de bilheteria e crítica: *o estúdio malvadão me obrigou a fazer o filme desse jeito.*

Como se eles não pudessem dizer *não*.
Bom, se eu dissesse não, o filme não teria sido feito.
Que bom.

Quem vai querer passar três meses fazendo uma versão toda cagada de um filme? E depois passar o resto da vida inventando desculpas ou choramingando sempre que o assiste, como faz Schrader nos comentários do DVD?

Quando escrevi a Schrader, achei por bem dizer a ele que, embora eu tivesse gostado da primeira metade de *Hardcore*, tinha críticas muito pesadas ao filme e a ele próprio na segunda metade.

Ao que ele me respondeu: "Duvido que elas sejam mais pesadas do que as minhas."

Pague para entrar, reze para sair

(1981)

Sob o calor escaldante do verão de 1973 no Texas, com um orçamento apertadíssimo, em quatro semanas, utilizando uma equipe composta por locais, o cineasta Tobe Hooper correu um grande risco e acabou produzindo um dos maiores filmes de todos os tempos: *O massacre da serra elétrica*.

Para mim, *O massacre da serra elétrica* é um dos raros filmes perfeitos que existem. São muito poucos os filmes *perfeitos*. E tudo bem, uma vez que, no exercício da arte cinematográfica, a *perfeição* não deveria ser o objetivo final a ser perseguido. Ainda assim, quando ela é alcançada (mesmo que por acidente), é uma façanha e tanto.

Não vi *O massacre da serra elétrica* quando o filme foi lançado, em 1974. Na época, eu ainda dependia de um adulto me levar ao cinema para ver uma coisa dessas. Não que minha mãe tivesse me proibido de assistir ao filme, é só que ela não estava muito interessada em ver um negócio chamado *O massacre da serra elétrica* (ela também nunca me levava àqueles lugares onde eram realizados espetáculos de luta livre, de modo que nada de Jimmy Superfly Snuka ou Porkchop para mim). Acabei assistindo ao filme uns dois anos depois, quando a New Line Cinema adquiriu os direitos e o relançou numa sessão dupla com o fantástico *Torso*, o filme *giallo* do italiano Sergio Martino.

Em vez de explorar minuciosamente os detalhes que tornam *O massacre da serra elétrica* um filme perfeito, prefiro discutir algumas das obras subsequentes do sr. Hooper. *O massacre da serra elétrica* foi algo tão único que, depois dele, simplesmente não havia como dar sequência à carreira dele de forma satisfatória.

De modo que não surpreende que o filme seguinte de Hooper, *Devorado vivo* (estrelado por Neville Brand e um crocodilo faminto), tenha sido inicialmente considerado uma decepção. No entanto, conforme mais pessoas começaram a assisti-lo, em vídeo, nos anos 1980, a reputação do filme entre os aficionados do gênero começou a melhorar. Não é nenhum *O massacre da serra elétrica*, mas cumpre bem as expectativas de ser sórdido e assustador. A maior parte do filme se desenrola em uma mesma locação, um hotel caindo aos pedaços localizado nas proximidades de um pântano. E Hooper faz um trabalho maravilhoso com seu set precário, mas bastante adequado. Neville Brand está sensacional no papel do maníaco destrambelhado Judd, que administra o Starlight Hotel. A principal atração do estabelecimento é um enorme crocodilo que Judd mantém em cativeiro para exibir aos turistas. Entretanto, ao que parece, o grande talento do dono do hotel, na verdade, é assassinar os hóspedes, sobretudo se forem mulheres jovens e sensuais (ainda que acreditar que qualquer mulher estaria disposta a se hospedar naquela espelunca seja o grande ponto fraco do filme), e, depois, livrar-se dos corpos dando-os de comer ao crocodilo. A trama se adensa quando um casal muito esquisito e a filha de 7 anos de idade decidem se hospedar no Starlight (Marilyn Burns, de *O massacre da serra elétrica*, e William Finely, de *O fantasma do paraíso*, em atuações insanas que não destoariam nem um pouco num filme de John Waters). O crocodilo acaba comendo tanto o cão quanto o papai da garotinha, e Judd sequestra e aterroriza a mãe. A garotinha consegue fugir, e os esforços do lunático para capturá-la acabam por conduzi-lo ao local de seu repouso final: a barriga do crocodilo.

De maneira divertida, o filme mistura um ambiente genuinamente assustador e lúgubre, um aspecto sexual meio sórdido, que nos faz lembrar um *roughie* do começo dos anos 1970, e atuações altamente caricatas e cafonas de um elenco meio cansado cheio de rostos conhecidos (e inchados).

Qualquer fã de Carolyn Jones (uma das atrizes mais bacanas do cinema dos anos 1950) ficará chocado ao ver como a aparência dela está medonha em *Devorado vivo*. Ainda assim, a caracterização de Carolyn como a cafetina de um bordel às margens de um rio no Sul do país é surpreendentemente específica e passa muita autenticidade.

Roberta Collins, uma de minhas vedetes favoritas da New World Pictures (*As condenadas da prisão do inferno*, *Celas em chamas* e Matilda, a Huna, em *Corrida da morte: Ano 2000*), interpreta de forma espantosamente séria o papel no começo da película, como uma das prostitutas de Jones e a primeira vítima de Judd (é a melhor passagem do filme).

E Robert Englund, jovem e bastante comprometido, está simplesmente sensacional.

Ao contrário de *Creepshow: Arrepio do medo*, de George Romero, e do seriado de TV *Contos da cripta*, que se mataram para tentar reproduzir o visual e a estética dos quadrinhos da EC Comics, o filme de Hooper captura a atmosfera repulsiva, perversa e bem-humorada da sinistra revista sem sequer se esforçar para isso.

Assisti a *Devorado vivo* antes de *O massacre da serra elétrica*, durante a semana em que foi exibido em Los Angeles (naturalmente, no Carson Twin Cinema), numa sessão dupla com um documentário *mondo* sobre o oculto chamado *Journey into the Beyond*, narrado por John Carradine. Supostamente, o filme trazia imagens de um exorcismo real (não acreditei nisso, embora as imagens fossem muito boas). Graças à propaganda no jornal, eu estava ciente de que esse filme de crocodilo havia sido dirigido pelo mesmo cara que havia feito *O massacre da serra elétrica*.

Fui ao cinema aquela noite com um sujeito chamado Floyd,* de 37 anos, que alugava um quarto na casa da minha mãe.

Floyd e eu adoramos *Devorado vivo*.

Não porque o tenhamos achado um grande filme, mas porque, para um filme de terror vagabundo, ele não era de todo mau. E, em

---

* Ver texto na página 357.

alguns momentos, chegava até mesmo a ser bom. Gostamos dos atores. Gostamos da sordidez. E gostamos particularmente do susto (*à la Tubarão*), muito bem arquitetado, quando o crocodilo aparece de repente arrebentando uma cerca e ataca William Finely pelas costas. Acima de tudo, porém, amamos Robert Englund no papel de Buck, um caipira comedor de cu e falador de merda.

Assim que o filme começa — logo de cara —, já vemos uma Roberta Collins meio relutante sendo enquadrada em meio ao V invertido formado pelas calças jeans de Buck enquanto ele diz:

"*My name's Buck, and I'm here to fuck*" [Meu nome é Buck e estou aqui para foder].

Floyd virou-se para mim, incrédulo, e perguntou: "O que foi que ele disse?"

Eu repeti: "*My name's Buck, and I'm here to fuck.*"

Nisso, Floyd explodiu numa gargalhada. E, quando Floyd começava a rir, era impossível não rir junto com ele. De modo que nós começamos a rir. Assim, logo no começo do filme, caímos na maior gargalhada que já dei durante um filme. E então, quando Buck tenta comer o cu da Roberta Collins, caímos na gargalhada de novo. Rimos daquela fala de Buck durante os primeiros vinte minutos do filme (que é a parte mais séria dele). Sempre que um de nós conseguia se acalmar e começava a se recompor, o outro gargalhava de novo, e lá íamos nós por mais quatro minutos.

Na estreia mundial de *Era uma vez... em Hollywood*, no Festival de Cinema de Cannes, Gael García Bernal me disse que aconteceu a mesma coisa com ele e Diego Luna no momento em que Brad Pitt diz a fala dele no estacionamento do Musso and Frank: "Não chore na frente dos mexicanos."

Ele me contou que eles riram tanto e por tanto tempo que a namorada de Gael começou a ficar puta.

Numa sala de cinema normal (ou seja, não numa sala de cinema vagabunda), outros espectadores talvez ficassem incomodados com Floyd e comigo. Contudo, numa sala de cinema vagabunda, havia sempre uma espécie de apatia e indisposição generalizada entre os frequentadores (ainda que uma sala de cinema vagabunda lotada, com um bom filme de ação, fosse o exato oposto).

Por fim, conseguimos nos recompor e assistir ao filme, mas ficamos esperando impacientemente pela volta de Buck. E, uns quarenta minutos depois, ele voltou. No instante em que vimos o rosto de Robert Englund, começamos a rir novamente. Não estávamos querendo ser engraçadinhos, só não estávamos conseguindo nos controlar. Assim, nós não amamos o filme, mas amamos *assistir* ao filme. E, na volta para casa, rimos sem parar mais uma vez falando sobre aquela fala de Buck.

Pouco tempo depois, percebi que Robert Englund estava aparecendo em outros filmes (isso foi muitos anos antes de *A hora do pesadelo*): *Nasce uma estrela*, *Amargo reencontro*, e o meu favorito dele depois de *Devorado vivo*, *Irmãos de sangue*, de Robert Mulligan.

Eu dizia ao Floyd: "Então, acabei de ver o Buck em outro filme" (Floyd nunca soube o nome verdadeiro, era sempre Buck).

Não preciso nem mencionar que tenho excelentes lembranças de *Devorado vivo* durante a única semana de exibição em Los Angeles em 1976.

Depois de *Devorado vivo*, Tobe Hooper fez um filme para a TV chamado *Os vampiros de Salem*, uma adaptação de *A hora do vampiro*, de Stephen King. O filme, em duas partes e exibido ao longo de duas noites, recebeu algumas das melhores resenhas entre todos os filmes para a televisão feitos na época. Judith Crist, do *TV Guide*, rasgou elogios a ele, bem como o crítico de TV do *Los Angeles Times*, que disse se tratar de uma das histórias de vampiro mais bem filmadas de todos os tempos!

Perdi o filme quando ele foi ao ar porque estava atuando numa peça na época (isso foi uns bons cinco anos antes de eu ter meu primeiro videocassete). Mas não apenas li todas as resenhas positivas, como também acompanhei a cobertura ostensiva do filme feita pela *Fangoria*, a principal revista de horror da época.

George Romero afirmou, nas páginas da revista, que *Os vampiros de Salem* era a adaptação preferida dele de uma obra de King. Ele disse ainda: "Sim, *Carrie* é muito bom, mas não tanto quanto o livro." (Eu não concordo. Nem King.) A atriz Marie Windsor, que esteve tanto em *Os vampiros de Salem*, de Hooper, quanto em *O grande golpe*, de Stanley Kubrick, declarou que Hooper foi o melhor jovem diretor com quem havia trabalhado desde Kubrick. Ela o chamava de "O outro Stanley".

Bob Martin, o editor de *Fangoria*, escreveu: "A adaptação de Hooper demonstra um entendimento muito maior da obra de King e do gênero de horror do que *O iluminado*, de Kubrick" (isso foi na época em que a imprensa especializada em horror ficou totalmente do lado de King na briga com Kubrick).

De modo que, quando finalmente vi o filme, estava preparado para algo incrível.

E, cara, que decepção!

Para mim, aquele era apenas um filme para a TV muito esticado, feito num estilo muito televisivo (e olha que eu gosto de filmes para a TV). Em se tratando de filmes para a TV exibidos em duas noites, baseados em livros clássicos de horror e estrelado por James Mason, *A verdadeira história de Frankenstein*, de Jack Smight, ainda era *muito* melhor.

Tentei assisti-lo novamente alguns anos atrás e achei muito chato. Parei de ver depois de uns 25 minutos.

A única coisa que valeu a pena, para mim, foi a atuação de David Soul. Ela me fez lembrar de como ele era um ator intenso no passado (o piloto para a TV de *Starsky & Hutch: Justiça em dobro*, em formato de filme, é outro bom lembrete disso). Para colocar as coisas em perspectiva, a performance de David Soul foi o único ponto negativo destacado pela *Fangoria* sobre a adaptação de Hooper.

Então, depois do sucesso de *Os vampiros de Salem*, Tobe assinou o primeiro contrato para dirigir um longa-metragem, quando a Universal Pictures o convocou para comandar o singelo projeto de horror *Pague para entrar, reze para sair*.

★ ★ ★

Para os leitores da *Fangoria*, Tobe Hooper era um superastro, ao lado de John Carpenter, George Romero, David Cronenberg e, posteriormente, Joe Dante (ele sempre dava as melhores entrevistas). O principal público leitor da revista (do qual eu fazia parte) eram pessoas dos 13 aos 23 anos de idade.

Acho muito legal pensar que, no passado, havia uma revista que incentivava os leitores adolescentes a assinar embaixo da *teoria do autor* de Andrew Sarris. Nos anos 1980, nas páginas da *Fangoria*, os verdadeiros heróis dos leitores eram os diretores de filmes de horror, lado a lado com os artistas de maquiagem e efeitos especiais (Tom Savini, Rick Baker e Rob Bottin). Essa era uma diferença drástica em comparação com a revista de Forrest Ackerman, *Famous Monsters of Filmland*, a principal publicação adolescente sobre filmes de terror uma década antes. De tempos em tempos, ela até publicava uma entrevista com algum diretor de um filme que estivesse em cartaz, mas eles não eram a principal atração. Esse lugar estava reservado aos monstros da Universal (o monstro de Frankenstein, o lobisomem, a múmia e a criatura do Lago Negro) e às principais estrelas do cinema de horror — tanto do passado (Boris Karloff, Lon Chaney Jr.) quanto do presente (Vincent Price, Christopher Lee, Peter Cushing).

Então, naturalmente, o primeiro longa de estúdio de Tobe Hooper ganhou ampla cobertura na *Fangoria*, especialmente na edição número 11, de fevereiro de 1981, que traz na capa o patético antagonista do filme, uma criatura deformada criada pelo maquiador Rick Baker.

Até mesmo a *Cinefantastique*, uma revista de temática similar (que falava de horror, mas era mais inclinada à ficção científica), publicou uma excelente matéria sobre a produção de *Pague para entrar, reze para sair*, com uma fotografia muito bacana do diretor.

Então, para os leitores da revista, aquele não era apenas mais um filme de horror que havia surgido do nada e estava sendo anunciado no caderno de cinema dos jornais locais. Nós estávamos muito cientes da existência dele, vínhamos acompanhando os relatos da produção e aguardávamos ansiosamente o lançamento.

A maior onda de filmes de horror da história do cinema aconteceu entre 1979 e 1982. O ciclo de filmes slasher estava a todo vapor, com uma série de lançamentos aparentemente interminável. Contudo, também havia filmes de monstro, filmes de ataques de animais, plágios de *Tubarão*, plágios de *Alien*, plágios de *A profecia*, plágios de *Carrie*, filmes sobre casas assombradas, histórias de fantasmas, filmes de vampiro, filmes de terror misturados com ficção científica, além dos últimos suspiros do horror italiano e dos festivais de susto que eram os filmes da New World Pictures, como, por exemplo, *Criaturas das profundezas*.

Em 1981, tínhamos a impressão de que, a cada duas semanas, um novo filme de horror estava sendo exibido *num cinema ou drive-in perto de você*. E foi em meio a essa profusão de filmes de horror que — na semana de estreia — fui assistir a *Pague para entrar, reze para sair* no cinema da United Artists, no shopping Del Amo.

Meu veredicto?

Gostei do filme, até bastante, embora o tenha considerado ligeiramente medíocre.

Então, em algum momento em 2011, entrei numa fase de só assistir a filmes slasher. Revi todos os filmes do gênero que já tinha visto e assisti pela primeira vez a todos aqueles que tinha perdido ou ignorado. Depois de rever *Pague para entrar, reze para sair*, fiquei um pouco surpreso. Eu me peguei muito mais impressionado com a direção de Hooper (a execução das cenas, a cobertura dinâmica e o tom cínico, caricato e escancaradamente sórdido que ele sustenta ao longo de todo o filme), com a fotografia de Andrew Laszlo — as cenas filmadas do alto, utilizando gruas, as inventivas puxadas de foco —, mas, principalmente, com o sinistro parque de diversões e os demais cenários incrivelmente bem planejados e construídos pelo designer de produção Mort Rabinowitz.

A grande surpresa, entretanto, foi o roteiro de Larry Block.

À primeira vista, ele pode parecer simples e trivial, mas, na segunda vez que assisti ao filme, ele revelou tanto uma profundidade quanto uma sofisticação que me obrigaram a reconsiderá-lo por inteiro.

★ ★ ★

Embora o cinema nunca tenha tido problemas em retratar a vida em circos itinerantes (*O circo*, de Chaplin, *O maior espetáculo da Terra, O mundo do circo, O maravilhoso mundo do circo, Pee-Wee: Meu filme circense*), histórias sobre parques de diversões são mais raras e escassas.

É claro que os dois clássicos inquestionáveis do gênero são *Freaks*, de Tod Browning, e *O beco das almas perdidas*, de Edmund Goulding. *Freaks* é merecidamente reconhecido como um dos maiores clássicos da era de ouro do cinema, e, uma vez que vemos o filme, nunca mais nos esquecemos dele (que porra é aquela garota com aquela cabeça pontuda?).

Embora *O beco das almas perdidas* também seja considerado, merecidamente, um clássico, *ainda* acho que é um filme subestimado. Para mim, *O beco das almas perdidas* é o melhor que um filme de estúdio pode chegar a ser. Tyrone Power (de quem jamais gostei muito) está simplesmente fantástico. E o roteiro, uma adaptação feita por Jules Furthman (uma de minhas exíguas indicações para o posto de maior roteirista de Hollywood de todos os tempos), é excelente (jamais poderia ter sido filmado nos anos 1950). Power não recita os diálogos de Furthman, ele os *canta*. *O beco das almas perdidas* parece, nos mínimos detalhes, um filme do neorrealismo italiano, e foi feito na mesma época. Ele poderia trocar de elenco com *Arroz amargo* — Tyrone Power por Vittorio Gassman, Doris Dowling por Joan Blondell, Silvana Mangano por Coleen Gray —, e ainda assim ambos conservariam o mesmíssimo lugar de destaque que ocupam na história do cinema.

Também gosto de *Carnival Rock*, de Roger Corman, que parece um filme de Corman dirigido por Josef von Sternberg. Toda a estética de *pagliacci* é um pouco exagerada, mas a disputa num jogo de cartas entre David J. Stewart e o futuro diretor Brian Hutton é uma das minhas cenas favoritas dirigidas por Corman.

Quando eu era criança, meu filme de parque de diversões favorito era *Carrossel de emoções*, o veículo de divulgação por excelência de

Elvis Presley. Naquela época de "filmes de Elvis Presley" (os filmes de Elvis não eram filmes *de verdade*, mas "filmes de Elvis Presley"), esse até que foi bem divertido, repleto de elementos curiosos e surpreendentes: Elvis entrando em cena numa moto — vestido dos pés à cabeça em couro preto (fazendo lembrar o figurino que, mais tarde, ele imortalizaria no especial de retorno, em 1969) —, uma Barbara Stanwyck fortíssima, da época de *The Big Valley*, como coprotagonista, uma participação de Raquel Welch de apenas uma fala, no final do filme, a melhor trilha sonora de todos os filmes coloridos de Elvis, incluída uma raridade do Rei no cinema (Elvis fazendo um cover de um sucesso de outro artista, "Little Egypt", dos Coasters), além de ser o único filme em que Elvis tem a oportunidade de mostrar alguns dos golpes de caratê que havia aprendido com Ed Parker.

Apenas um ano antes de *Pague para entrar, reze para sair*, a Lorimar havia lançado *O circo da morte*, de Robert Kaylor, estrelado por Gary Busey, Jodie Foster e Robbie Robertson. *O circo da morte* foi escrito por Thomas Baum, um roteirista muito talentoso que também escreveu o hipnotizante filme de horror *Alucinações do mal*. No entanto, foi dirigido por um cineasta sem o menor talento, Robert Kaylor — se é que dá para chamar o que ele fez nesse filme de direção. O roteiro de Baum e a versão posterior em livro (muito superior), também escrita por ele, mostram a realidade imoral da vida nos parques de diversões, concentrando-se principalmente na área de jogos, que atraem *vítimas* para despojá-las do suado dinheirinho. O filme pretendia ser para os jogos nos parques de diversões o que *Sorte no amor*, de Ron Shelton, havia sido para as ligas inferiores de beisebol: um passeio por um mundo sobre o qual não sabemos nada, mas que, no final do filme, parecemos entender como especialistas, a ponto de sermos capazes de falar o jargão do meio com confiança.

Em certa medida, *O circo da morte* é bem-sucedido nessa empreitada, mas, no fim das contas, as oportunidades desperdiçadas acabam se acumulando e produzindo uma experiência muito insatisfatória.

Se *O circo da morte* tem uma voz autoral, não é graças a ninguém por trás das câmeras, mas à combinação incomum de uma energia maníaca e um naturalismo fora de série que Gary Busey exibe diante delas. *O circo da morte* foi o filme que Busey rodou logo depois de ter sido indicado ao Oscar pelo papel de Buddy Holly em *A história de Buddy Holly*. Após uma década fazendo papéis coadjuvantes, o filme projetou Busey como um empolgante protagonista (em certo momento, ele chegou a ser cogitado para o superlativo remake de Jim McBride de *A força de um amor*, no papel de Jesse Lujack, vulgo Jesse Burns, vulgo Jesse Lee Burns, personagem que acabou ficando com Richard Gere).

Acredite ou não, o palhaço espalhafatoso e maluco dos reality shows foi (antes do acidente de moto) um dos maiores atores dos anos 1970. Não apenas um coadjuvante muito talentoso e confiável, mas um verdadeiro titã da atuação. Basta perguntar a outros titãs da atuação que contracenaram com ele, como Dustin Hoffman (*Liberdade condicional*), Martin Sheen (*A execução do soldado Slovick*) e Jeff Bridges (*O importante é vencer*).

Busey tinha um talento nato para essa versão altamente teatral de naturalismo que não se encontrava em nenhum dos pares dele. E é claro que tinha que ser desse jeito, porque aquilo vinha do fundo de sua alma. Gary Busey tinha uma maneira tão profunda de dizer as falas que lhe cabiam que mal podíamos acreditar que *outra pessoa* as havia escrito. A impressão era que aquilo brotava diretamente de dentro dele. O único outro ator da época que compartilhava essa combinação de naturalismo e intensidade dinâmica era Robert Blake. O que a maioria dos atores acredita ser naturalismo não passa de algum tipo de resmungo autodepreciativo. O que me faz lembrar de algo que Uma Thurman me disse certa vez sobre o improviso na atuação: "O que a maioria dos atores chama de improviso se resume a ficar balbuciando e xingando. Mas existe uma outra palavra para improviso: escrita. E não é isso que os atores são pagos para fazer."

A interpretação que Busey dava às suas falas era realista a ponto de parecer documental, mas embasada num desejo de contar histórias com dramaticidade que a maioria dos atores naturalistas simplesmente não tem.

★ ★ ★

Assim como *Um tiro na noite*, de Brian De Palma, lançado naquele mesmo ano, *Pague para entrar, reze para sair*, de Tobe Hooper, começa com uma paródia tanto do gênero slasher, muito popular na época, quanto da cena do chuveiro em *Psicose*.

A cena de abertura do filme (assim como em *Um tiro na noite*, uma imagem em primeira pessoa de um assassino segurando uma faca) mostra o quarto de um menino obcecado por filmes de monstro. As paredes estão cobertas de pôsteres do *Frankenstein* de Karloff e do *Drácula* de Lugosi (uma das vantagens de o filme ter sido produzido pela Universal), além de uma colagem de máscaras de Halloween que a personagem que não conseguimos ver traz no rosto (como na abertura de *Halloween*). E há uma parte da parede coberta por uma coleção de armas medievais (até conseguimos imaginar uma mãe permitindo que o filho pendure um pôster de *Frankenstein* na parede do quarto, mas uma coleção de armas?).

Enquanto isso, o filme intercala cenas de uma garota de 16 ou 17 anos chamada Amy (Elizabeth Berridge, que, tempos depois, interpretaria a esposa de Mozart em *Amadeus*), a qual acabaria sendo a *última garota* obrigatória do filme, entrando no banheiro e tirando a roupa para tomar uma ducha.

A abertura falsa *à lá* Coed Frenzy em *Um tiro na noite* enganou muitos espectadores (entre os quais não me incluo), mas a abertura falsa de *Pague para entrar, reze para sair*, ainda que seja divertida, não enganou absolutamente ninguém. Ainda que a única personagem que conseguimos ver seja Amy, dá para saber, pelo estilo do quarto do garoto, que se trata apenas do irmãozinho fanático por filmes de terror tentando dar um susto nela.

Assim, muitos anos antes de Gus Van Sant, Hooper repete uma série de imagens da cena clássica do chuveiro de Hitchcock, em que um intruso portando uma faca entra no banheiro, rasga a cortina e começa a esfaquear a garota. Então, Hooper revela que a faca é feita de plástico, Amy arranca a máscara do agressor e vemos que se trata apenas do irmãozinho babaca dela de 10 anos, Joey (Shawn Carson), dando uma boa gargalhada.

Supostamente não deveríamos levar nada disso a sério, mas a sequência ilustra uma qualidade repelente que praticamente todos os personagens do filme têm — bem como um leve toque cínico e perturbador que pulsa ao longo dele até o final.

O ataque brutal de Joey não é uma mera travessura de um pirralho. O tampinha é um menino genuinamente asqueroso, com uma predileção muito clara pela violência sexual. Um irmão mais novo que entrasse no quarto da irmã mais velha e a encontrasse pelada já seria algo capaz de deixar qualquer menina adolescente injuriada. Agora, rasgar a cortina do chuveiro e atacar o corpo nu da irmã com uma faca de plástico?

Para mim, isso tem cara de "precisamos falar sobre o Joey".

Ainda assim, a reação de Amy é igualmente perturbadora. Ela veste um roupão, sai correndo atrás dele pelo corredor, o agarra pela parte da frente da camiseta e fica sacudindo o garoto enquanto grita, num violento ataque de fúria: "Vou fazer você pagar por isso, Joey! Eu vou te pegar, Joey, nem que seja a última coisa que eu faça!"

E quando ela diz isso nada soa como um clichê, ou como se ela só estivesse dizendo uma coisa que é repetida tantas vezes que perde o sentido. Parece que ela quer mesmo *foder com a vida dele*! Ela gostaria de fazer isso naquele exato momento, mas precisa terminar de se vestir para um encontro muito importante que vai ter mais tarde.

Sério?

Por que ela simplesmente não conta para a mãe o que o pestinha fez? Entregá-lo aos pais *supostamente* culminaria numa punição muito mais severa.

Em vez disso, a cena sugere que Amy e Joey estão travando uma guerra privada, sádica e violenta. Uma guerra que eles mantêm em segredo dos pais (ao longo do filme, vamos descobrir que Amy e Joey nunca contam nada aos pais).

Você pode fazer uma interpretação bem superficial da cena e concluir que não vale a pena perder tempo com as implicações realistas dessa abertura. Trata-se apenas de uma homenagem a Hitchcock, com o intuito de começar um filme de terror com uma cena de impacto. É uma brincadeira, uma piada, nada além disso. Mas a cena *afeta* o espectador. O próprio roteirista, Block, não a escreveu como uma falsa cena de suspense que devemos esquecer para nos concentrar no filme de verdade. As palavras de Amy ("Vou fazer você pagar por isso, Joey! Eu vou te pegar, Joey, nem que seja a última coisa que eu faça!") serão repetidas mais adiante no filme, afetando o desfecho da história. E, quando são ditas pela segunda vez, elas sugerem um antagonismo entre Joey e Amy que não se resume a uma simples rivalidade entre irmãos, mas a uma animosidade verdadeiramente brutal entre os dois. Ao contrário dos demais personagens (a maior parte deles secundária) do roteiro, Joey representa um desvio interessante do padrão. No começo dos anos 1980, o garotinho apaixonado por filmes de horror que tinha as paredes do quarto cobertas de pôsteres de filmes e bustos de Frankenstein era um novo arquétipo do gênero. Esses garotinhos geralmente funcionavam como uma versão mais jovem do roteirista, do diretor ou dos fãs do gênero, que haviam crescido e estavam sentados na plateia (sendo sempre meio parecidos com um Joe Dante de 10 anos de idade). E, *geralmente*, eram o personagem mais cativante de todo o filme (como, por exemplo, Corey Feldman em *Sexta-feira 13, parte 4: O capítulo final*). Dentro desse arquétipo, Joey se destaca. Block dá ao menino uma história paralela totalmente à parte, na qual Joey tem a chance de salvar o dia e resgatar a irmã — apenas para virar a mesa de uma forma deliciosa e fazer com que o garotinho malvado tome a decisão consciente de selar um destino infeliz para ela.

O roteiro enganosamente fraco de Larry Block conta a história de quatro adolescentes num encontro duplo que visitam um parque de diversões itinerante meio suspeito que está passando pela cidade (nós ficamos sabendo pelo pai de Amy que duas garotas num vilarejo próximo foram encontradas mortas após visitarem o mesmo parque de diversões no ano anterior).

Cada um dos quatro adolescentes é uma representação desinteressante ao extremo de um personagem adolescente secundário num filme slasher.

Cooper Huckabee é Buzz, o atleta musculoso babaca e insensível que dirige um carro esportivo e é o acompanhante de Amy.

Miles Chapin, um ator ao qual sempre fui meio alérgico, é irritante como sempre na pele de Richie, o magrinho sórdido de óculos que é o melhor amigo de Buzz. Chapin passa o filme inteiro com um suéter amarrado em volta do pescoço (que, naquela época, já era deplorável o suficiente para que eu o odiasse só de olhar).

A garota de Richie, interpretada por Largo Woodruff, é uma loirinha levemente piranha chamada Liz, e desfila o filme todo usando calças justinhas vermelho-tomate (um detalhe muito legal).

No instante em que entra no carro esportivo de Buzz, a Amy de Berridge dá início a uma transformação no arquétipo da *última garota* apreensiva. Mas, depois daquela cena de abertura esquisita, não *gostamos* muito dela. Ela não é *detestável* como o grupo repulsivo de imbecis com quem vai até o parque de diversões, mas, para uma *última garota* de um filme slasher, é particularmente antipática. E o que sentimos em relação a ela não muda.

Nunca chegamos a *gostar* dela.

Simplesmente *desgostamos* menos dela do que de Buzz, Richie e Liz.

Ainda que o jargão de parque de diversões e as descrições dos truques utilizados para enganar otários em *O circo da morte*, de Robert Kaylor, soem muito mais autênticos para o espectador, o parque de diversões suspeito e fodido de *Pague para entrar, reze para sair* de Hooper é muito mais interessante e divertido. *O circo da morte* foca mais nos jogos escusos e na maneira como os operadores desonestos manipulam tanto os jogos quanto os jogadores. Entretanto, na maior parte do tempo, o filme ignora as atrações e os artistas asquerosos do parque (a exceção é um dos melhores momentos do filme, quando o cara gordão canta uma versão em blues de "The Fat Man", de Fats Domino).

Hooper não comete esse erro. Os garotos entram no *show de aberrações*, e nós, na plateia, temos um vislumbre de algumas genuínas bizarrices animalescas (uma vaca de duas cabeças, um touro com lábio leporino). O discurso do apresentador do show ("Vivas, vivas, vivas! Essas criaturas são criações de Deus, senhoras e senhores, não do homem!") fica na nossa cabeça e nos assombra pelo resto do filme, como um narrador subjacente.

As três dançarinas da tenda burlesca parecem tão verdadeiras quanto um banheiro num posto de gasolina. E os três atores mais velhos do filme, Kevin Conway, William Finley e Sylvia Miles, entregam performances muito divertidas nos respectivos papéis de atrações do parque de diversões.

O queridinho de De Palma, William Finley (que também aparece em *Devorado vivo*, de Hooper), no papel de um mágico alcoólatra e negligente (Marko, o Magnífico), está especialmente inspirado na própria performance.

É Richie, o criador de caso interpretado por Chapin, quem tem a brilhante ideia de que seria incrível se os quatro passassem a noite na casa mal-assombrada do parque. E, naturalmente, os outros três idiotas concordam com esse estúpido plano. Entretanto, antes que o tempestuoso quarteto se esgueire para dentro da casa mal-assombrada, fazendo avançar a rígida estrutura slasher do roteiro, Hooper leva o espectador para um passeio muito vívido pelos indecentes prazeres desse verdadeiro porão do entretenimento — que se tornam ainda mais vívidos com a fotografia noturna de Andrew Laszlo e as luzes coloridas piscantes do estabelecimento de quinta categoria. E, conforme o diretor vai conduzindo nosso olhar, começamos a notar pequenos detalhes. Os três apresentadores (do show de aberrações, da tenda burlesca e da casa mal-assombrada) são interpretados pelo mesmo ator, Kevin Conway, saído diretamente da Broadway.

Pouco a pouco, graças a um comportamento atormentado, começamos a prestar atenção também no jovem funcionário manco da casa mal-assombrada, que usa uma máscara de Frankenstein grande demais para o rosto dele — e, como estava fazendo o filme para a Universal, Hooper pôde usar o design clássico do monstro criado por Jack Pierce. O design histórico de Karloff, sendo utilizado de maneira tão tosca, tem um poder emblemático muito grande (é como se fosse um Mickey Mouse redesenhado como uma ratazana de esgoto). Também começamos a notar que, enquanto os quatro protagonistas nos causam repulsa, o sujeito com a máscara de Frankenstein nos é instantaneamente simpático. Ele nunca chega a perder nossa simpatia, ainda que, depois de tirar a máscara e exibir o rosto deformado pelo lábio leporino, deixe de ser tão pungente quanto era a princípio. Em grande parte, isso acontece porque o design da criatura feito por Rick Baker (o melhor maquiador de efeitos especiais do ramo) é surpreendentemente ruim — de maneira bastante irônica, é o rosto *supostamente* real do personagem que parece a máscara de monstro. Além disso, por trás dessa máscara está um mímico de São Francisco chamado Wayne Doba, que está se saindo muito bem até o momento em que o rosto dele — deformado por Rick Baker — é revelado. Depois que ele tira a máscara de Frankenstein, a performance finamente elaborada por Doba desmancha, e ele passa o restante do filme pulando e gritando pelos cantos. Isso para não falar que Doba, magro e alto (ele parece ter mais ou menos a mesma altura de Joel Grey), não se encaixa nem de longe na descrição do personagem que aparece no roteiro, no qual, supostamente, ele é um homem musculoso de 2,5 metros de altura! Em todo caso, de uma maneira meio esquisita, essa é uma das razões pelas quais jamais perdemos a simpatia pelo personagem.

Embora eu até tenha gostado do filme em 1981, um dos principais motivos pelos quais não fiquei tão impressionado ao assisti-lo pela primeira vez foi a semelhança com outro slasher lançado naquele mesmo ano, *Noite infernal*, estrelado por Linda Blair e dirigido pelo ex-diretor de pornôs gays Tom DeSimone. Muito embora a história e a construção de ambos os filmes fossem praticamente idênticas em termos de roteiro, diálogos, performances e personagens, *Noite infernal* era muito superior a *Pague para entrar, reze para sair*.

O único ponto em que o filme de Hooper sobressai em relação ao filme com Linda Blair é o cenário incrivelmente perturbador criado pelo designer de produção Morton Rabinowitz (*Noite infernal* se passa numa mansão abandonada). Auxiliado pela direção de arte de José Duarte e pela decoração de set de Tom Coll, Rabinowitz produz cenários sinistros que não apenas satisfazem as exigências de um filme do gênero, como também representam de maneira bastante verossímil um parque de diversões de quinta categoria. Os rostos fantasmagóricos e os movimentos espasmódicos dos bonecos meio toscos e com a pintura lascada transmitem muita autenticidade e são os verdadeiros astros do filme. É por isso que Hooper os mostra já nos créditos de abertura (o que nos deixa ansiosos para vê-los de novo mais adiante).

Outro motivo pelo qual não gostei mais do filme em 1981 tem a ver com o fato de eu estar pouco me lixando para os protagonistas. Isso não quer dizer que eles fossem maus atores. Berridge poderia ser melhor, e Largo Woodruff não é nenhuma Suki Goodwin, mas, ainda que eu nunca tenha curtido Miles Chapin, não posso negar que ele foi a escolha perfeita para o papel do merdinha do Richie. E Cooper Huckabee, assim como o Billy Nolan de John Travolta em *Carrie*, tem toda a energia de um grande babaca (na resenha de *Carrie, a estranha*, Pauline Kael afirmou que o Billy Nolan de John Travolta poderia ser "o irmão mais novo e meio bandido de Warren Beatty"; Huckabee poderia ser o de Harrison Ford).

Exceto pelo coitado usando a máscara de Frankenstein, não há mais ninguém no filme capaz de despertar nossa simpatia. Hoje em dia, porém, vejo isso como parte da estratégia subjacente do filme. O personagem de Doba é listado nos créditos como "O Monstro". O que, levando em conta o fato de ele ser claramente apresentado como um homem com um terrível defeito de nascença, é de uma insensibilidade profunda ("Essas criaturas são criações de Deus, senhoras e senhores, não do homem!"). Até mesmo Rick Baker, numa entrevista para a *Fangoria*, menciona que esse aspecto do personagem o incomodou: "Ele só é um monstro por causa de um defeito de nascença. Depois de pensar nisso por um tempo, me senti bastante culpado por transformar essa deformidade numa monstruosidade. É muito fácil fazer o horror brotar da natureza, porque há coisas muito horríveis no mundo real. A ideia de fazer dessa deformidade natural uma aberração não me pareceu correta, então acrescentei outras coisas. Espero que isso tenha ajudado, porque o defeito de nascença ainda pesa muito ali."

A melhor cena do filme, de longe, é aquela em que esse jovem ingênuo, confuso e infeliz, escondido atrás da máscara de Frankenstein, tenta pagar para fazer sexo com a cigana fajuta (Sylvia Miles) que trabalha como adivinha no parque de diversões. Os adolescentes, escondidos dentro da casa mal-assombrada, ficam espiando e rindo enquanto aquele patético estrupício é masturbado pela cruel e muito mais monstruosa Sylvia Miles. A incapacidade do *monstro* de se controlar o leva a passar por um *episódio* (estão lembrados daquelas duas garotas mortas no vilarejo próximo?) que os babaquinhas testemunham. Em seguida, ficamos sabendo que Kevin Conway, o apavorante apresentador da casa mal-assombrada, é o pai do garoto. E é *ele* quem insiste que o filho mate os adolescentes ("Não é como se eu estivesse te pedindo para fazer uma coisa que você nunca fez antes... ou já se esqueceu daquelas duas escoteiras baixinhas de Memphis?").

Vale mencionar que o papel de Kevin Conway é inspirado na produção original da montagem teatral de *O homem elefante*. E, durante algum tempo, *Pague para entrar, reze para sair* parece uma versão slasher dessa história. Exceto pelo fato de que, comparado a esse pobre coitado, John Merrick até que se deu bem. Ele fez com que Anne Bancroft lesse Julieta para o seu Romeu.

E o melhor que esse desgraçado conseguiu fazer foi uma punheta odiosa de Sylvia Miles!

*Nota de rodapé de Floyd

Então, quem exatamente era esse maluco, o Floyd, a quem me referi?

O nome completo dele era Floyd Ray Wilson, e era um cara negro de uns 37 anos de idade que, durante um ano e meio, no fim dos anos 1970, morou na casa onde eu vivia. Ele costumava sair com a melhor amiga da minha mãe, Jackie, e frequentava o círculo de amigos deles. Anos depois, de tempos em tempos, ele visitava o apartamento que minha mãe e eu dividíamos com Jackie e Lillian. E era sempre muito legal quando ele vinha, porque eu o achava bacana e podíamos conversar sobre cinema. E, como ele era bem descolado e via muita coisa, conseguia me acompanhar (pelo menos em comparação com os adultos que eu conhecia). Floyd via todos os filmes de ação e de blaxploitation. Eu me lembro de que, ao nos apresentar (eu tinha 10 anos), Jackie me disse: "Quentin, você devia falar sobre cinema com o Floyd. Ele conhece tanto quanto você."

Então, eu, um garoto branco de 10 anos de idade, comecei a testar os conhecimentos dele sobre filmes de elenco majoritariamente negro.

— Você sabe quem é Brenda Skyes? — perguntei.

— É claro — disse ele.

— Acho que ela é a atriz negra mais linda do cinema — falei.

— Pode crer, é mesmo — respondeu ele.

— Você sabe quem é James A. Watson? — perguntei.

— Sim — disse ele.

Uau, muito bom, pensei, *ele quase só faz TV.*

— Qual é seu filme preferido do Jim Kelly? — continuei meu teste.

Se respondesse *Operação Dragão,* ele seria como todos os outros.

— *Implacáveis até o inferno,* é claro — respondeu, da maneira correta.

Lillian ficou olhando para a gente e depois disse, para o restante da sala:

— Não conheço nenhuma dessas pessoas.

Daquele momento em diante, sempre que Floyd vinha ao apartamento, para mim era praticamente como se fosse um feriado. Porque afinal eu tinha a oportunidade de conversar sobre cinema com alguém que sabia de que porra eu estava falando. Então, quando Floyd chegava, eu grudava nele que nem um carrapato. Durante esse período, no entanto, também descobri, da pior maneira possível, que Floyd era um cara meio instável, no qual não se podia confiar totalmente. Em pelo menos duas ocasiões, ele deu uma de adulto e me disse que, no sábado seguinte, viria me buscar para me levar ao cinema.

Uau, pensei, *não vou apenas conversar sobre cinema com Floyd, vou assistir a um filme com ele.*

No entanto, ao chegar o sábado, ele não apareceu.

Não ligou.

Não pediu desculpa.

Não deu uma desculpa.

Simplesmente não apareceu.

Ou ele havia se esquecido ou estava pouco se fodendo.

E eu estava *tão* empolgado.

Se as visitas de Floyd eram como um feriado, *uma ida ao cinema* seria tipo o Natal. E, à medida que as horas foram passando, e eu fiquei esperando o interfone tocar, e foi ficando cada vez mais tarde, finalmente me dei conta de que ele não ia aparecer.

Eu não fiquei puto. Fiquei arrasado. Também me dei conta de que Floyd não era um cara tão legal quanto eu havia pensado que fosse.

Eu mesmo não me via como uma *criança*, mas sabia que isso não era algo que se fizesse com uma *criança*. De qualquer forma, eu o perdoei e me fiz de desentendido na próxima vez que ele veio.

Então, algumas visitas depois, ele prometeu de novo me levar ao cinema. Eu disse:

— Ah, tá bom.

E, sem mencionar o último furo dele, fiz questão de lembrá-lo de que havíamos feito planos e de que eu esperaria por ele.

— Com certeza, sem galho. Te vejo no sábado — disse ele.

E não é que esse merda fez a mesma coisa comigo de novo? Só que dessa vez eu não fiquei arrasado. Fiquei mal, mas não destruído. A partir de então, eu sabia quem o Floyd realmente era. E, quando ele veio nos visitar novamente, não o confrontei sobre o comportamento dele — que beirava a crueldade. Não toquei no assunto, e ainda tivemos uma excelente conversa, e ainda gostei muito de conversar com ele. Agora, porém, eu sabia que não deveria mais tentar combinar nada com ele. Porque ele era um adulto no qual não se podia confiar (também prometi a mim mesmo que, quando crescesse, jamais faria uma coisa dessas com uma criança).

CORTA PARA 1978.

Eu estava com 15 para 16 anos.

O trabalho de minha mãe a estava fazendo passar cada vez mais tempo longe de casa — ou era isso que ela *queria* fazer, e, como essa era uma boa *desculpa*, ela usava. Isso, curiosamente, coincide com uma época em que comecei a me meter num monte de encrencas (brigava no colégio, matava aula e ficava na rua até cada vez mais tarde). Não havia, necessariamente, uma correlação entre os dois fatos, eu só era um moleque metido a esperto que se achava o tal.

Então minha mãe alugou um quarto vago em nossa casa para Floyd, com a condição de que ele ficasse de olho no filho dela de 16 anos. O que, por mim, tudo bem, porque eu ainda o achava muito bacana. Tudo bem, ele tinha me dado um bolo uns anos antes, mas, naquele meio-tempo, eu tinha passado por todo um trauma de ser mandado para o Tennessee, com a finalidade de ficar sob o cuidado de caipiras alcoólatras. Então, àquela altura, o fato de Floyd ser um cara pouco confiável era muito fácil de perdoar. De qualquer forma, eu me armei com duas informações que se provariam muito valiosas à medida que nossa relação foi avançando.

Primeiro: eu não podia contar com Floyd. E, se algum dia precisasse fazer isso, sabia que, provavelmente, ele me deixaria na mão. Segundo: eu gostava mais de Floyd do que Floyd gostava de mim.

Sabendo o quanto eu gostava dele, com certeza minha mãe achou que tinha encontrado a solução perfeita para a questão "O que fazer com o Quentin?".

Na época, acho que ela não estava muito ligada no quanto Floyd era meio marginal (muito embora eu ache que Jackie, sim). E sem dúvida ela também não havia considerado as implicações de deixar o filho, um jovem altamente impressionável, passar tanto tempo com um cara tão suspeito. Era mais ou menos como convidar o personagem de Sam Jackson (Ordell Robbie) em *Jackie Brown* para morar na sua casa e ainda pedir que ele cuidasse do seu filho de 16 anos.

Não que *eu* tivesse algum problema quanto a isso. Floyd podia ser imprevisível e se irritar com facilidade, mas eu gostava dele. Ele levava uma vida boêmia muito interessante, contava histórias excelentes, era engraçado pra caralho, e eu bebia bastante na fonte de sua sabedoria masculina de malandro de rua.

Floyd havia crescido em Catahoula, na Louisiana, nos anos 1950, e era muito interessante ouvi-lo falar sobre a história da cultura pop pela perspectiva *dele*.

Ele me falou sobre ir às matinês de sábado no cinema quando era um garotinho, para ver os filmes de caubói por 5 centavos. O preferido dele era um homem que só se vestia de preto, Lash LaRue. LaRue era extremamente popular no Sul do país. Assim como Johnny Cash, ele se vestia todo de preto, mas também carregava um chicote e não tinha o menor pudor em usá-lo. Em *The Sunset Corral*, um livro sobre os astros caubóis da matinê da Gower Gulch, LaRue é descrito como um Bogart em versão caubói. O parceiro dele era um sujeito muito engraçado chamado Fuzzy St. John, um cara parecido com Gabby Hayes que tinha uma barba toda espetada.

Floyd me contou sobre uma vez que foi assistir a um filme de Lash LaRue quando tinha 9 anos e tanto Lash quanto Fuzzy apareceram em carne e osso no cinema do bairro. Isso numa época em que as salas de cinema eram segregadas e as crianças negras tinham que ficar no mezanino.

— Mas esses são os melhores lugares — disse eu.

E ele respondeu:

— Era o que a gente também achava! Aqueles filhos da puta idiotas achavam que iam nos humilhar nos colocando nos melhores lugares do cinema? Por mim, tudo bem.

Ele disse que Lash e Fuzzy estavam no palco, falando sobre as crianças da plateia. Apontando para os garotos brancos na parte de baixo, Fuzzy disse, com aquele sotaque rabugento:

— Tem um monte de vaqueiros com pinta de durão aqui na plateia com a gente.

Depois, apontando para as meninas, Lash acrescentou:

— E umas cabritinhas bem bonitas.

Por fim, Fuzzy apontou para o mezanino e disse, dando uma piscadinha:

— E ali estão as feras.

Floyd disse que o cinema inteiro veio abaixo, cada parte rindo por um motivo diferente. Os garotos brancos acharam que Fuzzy estava tirando um sarro dos garotos negros, mas os garotos negros sabiam que Fuzzy os estava chamando de fodões.

Floyd ainda era uma criança quando viu Elvis pela primeira vez em *The Tommy Dorsey Show*. E disse que, no dia seguinte, só se falava disso na escola: "Você viu aquele branquelo doido na TV ontem à noite?"

Uma vez, perguntei a Floyd o que ele fazia quando tinha minha idade. Ele me falou: "Eu ficava andando por aí e tentando parecer o máximo possível com Elvis Presley."

Outro dos favoritos dele da época era Jackie Wilson. Ele ficou alucinado quando era um adolescente e viu Jackie em cima de um palco cantando "Lonely Teardrops". Segundo Floyd, Elvis teria dito: "Se Jackie Wilson fosse branco, seria duas vezes maior do que eu." Agora, não sei se Elvis realmente disse isso. Floyd me garantiu que sim.

Havia um rumor circulando na comunidade negra segundo o qual, nos anos 1950, alguém havia perguntado a Elvis o que ele achava das pessoas de cor. E Elvis disse: "Eles só prestam para lustrar meus sapatos e comprar meus discos."

Floyd nunca acreditou nisso.

— Elvis nunca disse uma merda dessas — falou.

Então retruquei:

— Mas fulano disse que o ouviu dizendo isso.

— Fulano nunca ouviu merda nenhuma — respondeu ele. — Esse fulano é um mentiroso do caralho!

Eu adorava ouvir os relatos que ele fazia em primeira mão sobre a história do rock'n'roll, porque não curtia o rock branco dos anos 1970. Eu não estava nem aí para o Kiss, para o Aerosmith, para o Alice Cooper, para o Black Sabbath ou para o Jethro Tull, nem sequer tinha o álbum *Frampton Comes Alive*. Rejeitava abertamente essa cultura como um todo. Aos 16 anos de idade, acho que tinha ouvido falar de Bruce Springsteen, mas nunca tinha *ouvido* Bruce Springsteen.

Eu curtia o rock'n'roll dos anos 1950.

Não dos anos 1960.

Não os Beatles.

Não Jimi Hendrix.

Não Bob Dylan (esse só mais tarde).

No entanto, adorava o rock dos anos 1950... e a soul music dos anos 1970.

Elvis e Stevie Wonder.

Eddie Cochran e Bootsy Collins.

Gene Vincent e Parliament.

The Five Satins e Rufus.

Jackie Wilson e Rick James.

The Coasters e The Commodores.

Chuck Berry e Barry White.

Brenda Lee e Teena Marie.

O Curtis Mayfield do Impressions e o Curtis Mayfield que havia feito a trilha de *Super Fly*.

E o Floyd, por acaso, também curtia tudo isso.

Foi maravilhoso poder assistir a *Viva o rock'n'roll*, de Floyd Mutrux, junto com ele. Para começar, porque ele me explicou quem era Screamin' Jay Hawkins e riu do sujeito que supostamente deveria ser Dee Clark. E ele fez o seguinte comentário sobre Tim McIntire (que interpretava o radialista Alan Freed): "O Alan Freed não era nem de longe parecido com esse filho da puta."

Ele gostou de *Viva o rock'n'roll*, mas não de *A história de Buddy Holly*.

"Eles tentaram fazer Buddy Holly parecer maior do que era. Ninguém deu a mínima quando Buddy morreu. Agora, Ritchie Valens e Big Bopper... esses, sim, foram grandes perdas."

Eu me lembro de dizer a Floyd que, após a morte de Buddy Holly, Ritchie Valens e Big Bopper, eles haviam colocado Bobby Vee no lugar nas datas que restavam da turnê. Floyd abriu um sorriso e disse: "Cara, isso deve ter deixado muita gente bem decepcionada." E nós dois caímos na gargalhada.

Ele me apresentou Howlin' Wolf. Na verdade, neste exato momento, enquanto reviso esta página, estou escutando Howlin' Wolf e pensando em Floyd.

Ele me apresentou George Thorogood, e botava o segundo álbum do guitarrista, *Move It on Over*, para tocar o tempo todo.

Ele gostava de Johnny Cash, mas costumava brincar, dizendo "não escuto o Johnny quando estou com os manos".

Ele tinha *um* disco do Bob Dylan, *Bringing It All Back Home*, mas só escutava *uma* música dele, "Gates of Eden". E essa ele ouvia o tempo todo.

Ele me ensinou sobre o abolicionista John Brown. John Brown era o norte-americano favorito dele. Floyd sabia muito a respeito dele, e, no ano que passamos juntos, me contou a história inteira desse homem — e a fez parecer muito interessante. As duas figuras históricas preferidas de Floyd eram John Brown e o general George Patton. E ele citava ambos com grande frequência.

Ele havia servido no Exército junto com Frankie Lymon.

No passado, tinha saído durante um tempo com Joey Heatherton.

Conhecia também Bobby Poole, o roteirista de *The Mack*.

Ele disse, incrédulo: "Aquele filho da puta feio pra caralho queria fazer o papel de Goldie. Ninguém que tivesse um pingo de bom senso faria um filme com aquele filho da puta no papel principal!"

Ele assistia a todos os filmes de blaxploitation conforme eram lançados.

Floyd sobre *The Spook Who Sat by the Door*:
Esse filme foi pesado demais para Hollywood. Eles tiveram que cancelar essa porra.

Floyd sobre *The Mack*:
Se Max Julien fosse branco, depois de *The Mack* ele seria o filho da puta mais famoso de Hollywood.

Floyd sobre Jim Brown:
As pessoas dizem que Jim Brown não sabe atuar. Eu digo que não vou assistir a um filme dele para ver boas atuações. Se eu quisesse ver boas atuações, veria um filme do Marlon Brando. Assisto aos filmes do Jim Brown para vê-lo jogando algum filho da puta pela janela.

Floyd sobre *100 rifles*:
Fui assistir a esse filme para ver o Jim Brown comendo a Raquel Welch. Só que o Burt Reynolds acabou roubando a cena naquela porra.

Floyd sobre Sidney Poitier:
Sidney Poitier é um bom ator. Mas, por muito tempo, ele interpretou aquele mesmo papel de bonzinho de *Quando só o coração vê*. Hoje em dia eu entendo. Ele tinha que interpretar aqueles papéis para que

outros filhos da puta pudessem interpretar outros papéis. Só que ele fez isso por tempo demais. Daí, quando ele aparece em *Um por Deus, o outro pelo diabo*, a gente pensa: *Espera aí, então agora você é esse cara? Não, velho, você foi esse outro cara por tempo demais. Não consigo acreditar em você dando uma de Jim Brown agora, você não é esse cara. Você é aquele filho da puta de* Adivinhe quem vem para jantar.

Floyd sobre Bill Cosby:
Bill Cosby não tem uma boa atuação desde *Os destemidos*. E, em *Os destemidos*, Cosby não servia nem para amarrar os cadarços de Culp.

Floyd sobre Charles Bronson:
Eu assisto a qualquer filme que tenha o Charles Bronson porque sei que vai ser bom.

Os cinco atores favoritos de Floyd:
1. Marlon Brando
2. George C. Scott
3. Peter O'Toole
4. Charles Bronson
5. William Marshall

Floyd sobre William Marshall:
O maior ator shakespeariano dos Estados Unidos. A voz de Marshall era tão magnífica que eles a usavam para dublar os brancos. Ele foi o cara que interpretou Blacula. Agora, não me entenda mal, ele está bem em *Blacula* — o filme seria uma merda sem ele. Mas ele é muito melhor que aquela porra do Blacula. Ele precisou rodar aquela merda para fazer o próprio nome.

Tempos depois, quando eu via William Marshall interpretando o Rei dos Desenhos Animados em *Pee-wee's Playhouse*, sempre me lembrava do Floyd.

Floyd gostava de ver filmes com Richard Pryor, mas não o considerava um ator. "Ele é um comediante. Não é um ator. Para um comediante, ele até que é um bom ator, mas ele não é um ator."

Já Harry Belafonte ele levava a sério como ator, sobretudo nos papéis mais marcantes, em filmes como *Um por Deus, o outro pelo diabo, Aconteceu num sábado* e *O anjo Levine*, do qual ele era muito fã.

Três dos atores preferidos de Floyd estrelam cinco dos filmes favoritos dele (na verdade, é por isso que são os filmes favoritos).

Os cinco filmes preferidos de Floyd:

1. *O Poderoso Chefão* (sem sombra de dúvida, o primeiro da lista)
2. *O leão no inverno*
3. *Patton: Rebelde ou herói?*
4. *Os amores de Pandora*
5. *O pecado de Cluny Brown* (sim, um filme de Lubitsch conquistou um lugar no top 5 de Floyd, mas tenho certeza de que ele nunca soube o nome do diretor — e imagino que o próprio Ernst preferiria assim).

Ao longo daquele ano (1978 e parte de 1979), Floyd e eu assistimos a um monte de filmes juntos. Tanto no cinema quanto na On-TV (um canal pago de filmes).

Eu me lembro de alguns: *Devorado vivo* (sobretudo as partes com Robert Englund no papel de Buck), *Viva o rock'n'roll, Irmãos de sangue* (sobretudo a parte em que Robert Englund transa com Kristen DeBell no sofá), *Journey Into the Beyond, A taberna do inferno, Clube dos cafajestes, Fingers* (ele adorava a cena da cabeça), *Os rapazes da companhia C, Inferno sem saída, Cinzas no paraíso, Os invasores de corpos* (a versão de Kauffman para *Vampiros de almas*), *Despertar dos mortos* (ele ficou doido com esse), *FBI: Arquivo secreto* (ele achava que Michael Parks tinha feito um *excelente* Bobby Kennedy), *Morte sobre o Nilo, Vivendo na corda bamba, Eyeball, Autopsy, Os meninos do Brasil, O alvo de quatro estrelas* (ele viu esse filme por causa de George Kennedy, que interpretava Patton), *Jogo cego, Até que enfim é sexta-feira*, *Rocky II*, *Um século em 43 minutos*, *A gangue da pesada* e *Apocalypse Now*.

Nós também assistimos com devoção à minissérie *Centennial*, e simplesmente amamos o personagem de Robert Conrad, o comerciante de peles francês Pasquinel ("Melhor coisa que esse filho da puta já fez").

E assistimos ainda à minissérie de Franco Zeffirelli *Jesus de Nazaré*, e Floyd achou que Rod Steiger tinha roubado a cena no papel de Pôncio Pilatos.

De todos os filmes que vimos juntos, seu favorito de todos os tempos foi *O franco-atirador* ("Este, sim, é um filmaço").

Floyd gostava de todos os maiores comediantes da época — Richard Pryor, George Carlin, Flip Wilson, Redd Foxx —, mas achava o Steve Martin meio bobo.

Ele também não conseguia entender Rudy Ray Moore estrelando filmes de kung fu. Quando Rudy apareceu em *O tornado humano*, perguntei se ele sabia quem era esse astro do kung fu, Rudy Ray Moore. Floyd olhou para mim como se eu tivesse ficado maluco. "Eu sei quem é o Rudy Ray Moore. Mas o Rudy Ray Moore que eu conheço não faria uma porra de um filme de kung fu."

Havia, porém, dois atores de comédia que o faziam rir mais do que qualquer outro.

Um deles era Willie Best.

Se você não sabe quem foi Willie Best é porque, nos últimos trinta anos, ele foi efetivamente apagado da história do cinema. Best era um jovem ator de comédia, negro e magrinho, cuja maior parte dos filmes dos quais participou foi feita nos anos 1940 e que começou a ganhar uns papéis de maior destaque contracenando com alguns dos grandes nomes do humor da época. O motivo pelo qual talvez você não o conheça é porque o personagem dele por excelência, *o homem negro com medo da própria sombra*, para dizer o mínimo, saiu de moda. E, se você der uma olhada nos nomes de alguns dos personagens que ele interpretou (Sambo, Algernon, Woodrow, Sunshine, Chattanooga Brown), vai ver que eles não pegam muito bem para a filmografia dele.

Best interpretou sua cota de caricaturas negras burras, ofensivas e que falavam tudo errado (especialmente em *Seu último refúgio*). Mas nem todas as atuações de Willie Best são iguais. Best era um comediante muito talentoso, e foi muito popular entre os negros norte-americanos nos anos 1940 e em parte da década de 1950. Sim, a persona dele na tela era a do covarde que tremia feito vara verde, mas coloque esse cara dentro de uma casa mal-assombrada para contracenar com Bob Hope, como fizeram em *O castelo sinistro*, ou Eddie Bracken, em *Agarre essa loira*, e você terá um resultado muito engraçado. Será que Best é mesmo tão diferente de Jerry Lewis em *Morrendo de medo* ou de Lou Costello em *Agarra-me esse fantasma*?

Sim, ele é *um pouquinho* diferente, mas nem tanto. E, muitas vezes, as plateias negras dos anos 1940 e 1950 curtiam essa diferença.

Nessa época, quando assistiam aos filmes de Hollywood, os negros estavam acostumados a ver um mundo que não tinha a menor relação com a vida deles. Entretanto, Willie Best, pelo fato de ser muito jovem, costumava fazer umas referências bem maneiras que passavam batidas pelos brancos sentados na plateia baixa, mas acertavam em cheio os negros lá em cima (os brancos costumavam ficar desconcertados quando os negros do mezanino riam de alguma coisa que eles não entendiam). Essa também era a especialidade de Mantan Moreland. Enquanto ficava fazendo palhaçadas em torno de Charlie Chan, ele também estabelecia um diálogo particular com os espectadores negros.

Floyd era muito pragmático em relação aos artistas negros daquela época. "Eles fizeram o que tinham que fazer."

Um dia, falei mal de Stepin Fetchit.

Ele me perguntou:

— Mas você já viu o Stepin Fetchit?

— Não — respondi.

— Imaginei — disse ele. — Não julgue tão rápido pessoas que estão passando por situações que você nunca será capaz de entender. Eu não tenho nada para falar sobre Stepin Fetchit. Aqueles eram os únicos papéis que ele conseguia pegar, então eram os que ele fazia.

E, fazendo aqueles papéis, ele se tornou o negro mais rico dos Estados Unidos. Que se fodam esses filhos da puta que dizem que ele só ficava se arrastando naqueles filmes. É isso mesmo, ele foi arrastando aquele rabo preto dele direto pra porra do banco!

Floyd nunca entendeu por que não reprisavam *The Amos 'n' Andy Show* como faziam com outros programas a que ele assistia nos tempos de criança nos anos 1950. "Aquele programa era engraçado! Como é que *Amos 'n' Andy* é degradante? Como é que Kingfish é degradante? Quando era criança, achava que aquele filho da puta era o maior casca-grossa do pedaço! Eles viviam bem. Se vestiam bem. Kingfish era dono do próprio negócio. E eles não ficavam se chamando de crioulo para cima e para baixo. Qual é o problema?"

No entanto, foi numa madrugada, assistindo, na KTLA, no canal 5, à comédia *Agarre essa loira*, estrelado por Eddie Bracken, Veronica Lake e Willie Best, que vi Floyd rindo de um jeito que eu nunca tinha visto até então. Willie Best interpreta Willie, o empregado de Eddie Bracken. E os trejeitos de Best o fizeram gargalhar o filme inteiro. Mas foi o clímax do filme — quando Eddie e Willie vão investigar uma casa supostamente mal-assombrada — que o fez literalmente se dobrar de tanto rir no sofá. Àquela altura, qualquer coisa que Willie fizesse faria Floyd cair na gargalhada. O filme é mesmo muito engraçado. George Marshall dirigia comédia muito bem, e filmes que se passavam em casas mal-assombradas eram, de certo modo, o ponto forte dele. *Agarre essa loira*, em particular, é o meu favorito entre eles.

Mas o ator de comédia favorito de Floyd era… Don Knotts.

Floyd assistia a um episódio de *The Andy Griffith Show* e chorava de rir com tudo que Knotts, no papel de Barney Fife, fazia.

Eu me lembro de Floyd descrevendo e imitando para mim uma cena de Don Knotts na comédia de casa mal-assombrada *O fantasma e o covarde*, com o mesmo entusiasmo que Peter Bogdanovich demonstrava por Buster Keaton ou François Truffaut por Jerry Lewis.

"Don Knotts simplesmente me dá vontade de rir", era o que dizia Floyd.

Um dia, Floyd e eu estávamos numa pizzaria. Um lugar meio gay dos anos 1990, que tinha serragem no chão e uma pianola num canto tocando uma melodia alegre.

E eles projetavam uma série de curtas de Charlie Chaplin na parede, usando um projetor de 16 mm. Floyd serviu um copo de cerveja de um jarro, olhou para a imagem de Carlitos na parede e deu uma risadinha sarcástica:

— Esse filho da puta nunca me fez rir. O pessoal diz que esse cara aí era um gênio da comédia. Para mim, não é mesmo. Olha só essa merda... Isso não tem graça nenhuma. Agora, quer saber quem é um gênio da comédia? Don Knotts é a porra de um gênio da comédia! Don Knotts faz a gente rir! Don Knotts talvez seja o filho da puta mais engraçado do planeta! Comparado a Don Knotts, Charlie Chaplin não é merda nenhuma!

E foi assistindo a Willie Best e Don Knotts pela perspectiva de Floyd que percebi quanto as personas cômicas de ambos eram semelhantes. O homem negro medroso era um estereótipo de uma era ultrapassada? Sim, com certeza. Mas aquele também era um atributo de muitos comediantes brancos da mesma época (Jerry Lewis, Bob Hope, Danny Kaye, Lou Costello). E sobretudo de Don Knotts. Quando fez um remake de *O valente treme-treme*, de Bob Hope, Knotts o batizou de *O revólver mais trêmulo do Oeste*. Hoje, Don Knotts é reverenciado como um dos comediantes mais amados da história da televisão, enquanto Willie Best não é visto nem de longe com o mesmo respeito.

Naturalmente, é tudo uma questão de contexto. Mesmo nas maiores produções dos grandes estúdios, o coadjuvante medroso de Willie Best costumava ser o único personagem negro na tela. Don Knotts, por sua vez, dividia a tela com todo um elenco formado apenas por personagens brancos, e *ainda assim* era o herói e ficava com a garota no final. Mesmo quando era um *peixe*!

De todo modo, a natureza quase idêntica dessas duas personas humorísticas nos leva a duas perguntas.

Se Don Knotts fosse negro, será que *não seria* Don Knotts?

E se Willie Best fosse branco, ele ainda seria uma desgraça... ou uma lenda?

Durante esse período, a única família que eu tive por perto foi minha mãe. Para nós, o círculo de amigos mais íntimos dela *era* a nossa família. Jackie, sua melhor amiga, era como se fosse minha segunda *mãe*. A amiga Lillian era como se fosse uma tia. O irmão de Jackie, Don, era como um tio. A filha de Jackie, Nikki, era como uma irmã. E todo mundo cuidava de mim. Até Floyd, à maneira dele, cuidava de mim. A diferença entre Floyd e eles era que, enquanto *eles* me amavam, Floyd estava pouco se fodendo para mim. Não me entendam mal: ele *gostava* de mim. Nós nos divertíamos juntos. O cara gostava de me contar histórias dele, de ser admirado por alguém bem mais jovem, de transmitir todo o conhecimento que tinha e me fazer abrir os ouvidos.

É aquele negócio: um cara como Floyd é capaz de *gostar* de você e, ao mesmo tempo, *estar pouco se fodendo se você está vivo ou morto.*

Uma coisa não contradiz a outra... *se* você for um cara como Floyd.

Não estou dizendo que ele não tivesse afeição por mim, mas ele estava o tempo todo procurando por alguma coisa melhor — que não era eu.

E não era a pior coisa do mundo conviver com um adulto que não tratava você como criança. Que mandava a real sobre as coisas, sem se preocupar muito com seus sentimentos.

Floyd, por exemplo, nunca mentiu para mim. Tá, talvez sobre alguma merda ou outra do passado (tipo aquela história sobre Joey Heatherton).

Entretanto, ele nunca mentiu para mim *a meu respeito*. Ele não gostava *de mim* o suficiente para isso.

Sem dúvida, isso algumas vezes feriu meus sentimentos. Ao mesmo tempo, por meio de Floyd, eu tinha um vislumbre das impressões que causava nos outros.

Uma vez, Floyd e eu fomos ao shopping Del Amo com uma gatinha com quem eu estava saindo, e, como estávamos lá, fomos ao cinema. Mais tarde, Floyd me disse:

— Quando você levar uma mulher ao cinema, não compre aquele monte de doces. Essa porra te faz parecer uma criança.

Bem, por um lado eu era uma criança. Por outro, queria ser adulto. E Floyd me dava alguns conselhos masculinos bem convictos.

Nenhum deles estava correto.

Por causa de Floyd, levei alguns anos até começar a chupar boceta ("Homem nenhum tem que fazer uma porra dessas!").

Mas aí também era uma coisa que eu tinha que aprender sozinho.

Agora, quando o Floyd se mudou, em 1979, a primeira lembrança que eu tenho é a de que nunca mais voltei a vê-lo. Isso, porém, não pode ser verdade, porque me lembro de ter visto *Gigolô americano* com ele, e o filme só foi lançado em 1980. Então, acho que a gente manteve contato de alguma maneira. O bastante para irmos ver um filme juntos. Entretanto, quando Floyd se mudou, ele meio que não voltou mais, e nunca mais o vimos nem ouvimos falar dele.

E essa é a história de Floyd.

Não me ressinto dele por não ter mantido contato. Àquela altura, eu já sabia que tipo de cara ele era, então não esperava nada diferente. Além do mais, ele certamente estava de saco cheio de *mim*. E, àquela altura, já tinha feito coisas para decepcionar todos os membros do nosso círculo. Ele se tornou *persona non grata* para a minha mãe por conta de uma história envolvendo joias e uma casa de penhor — e, tenho certeza, outras coisas das quais eu não tinha conhecimento. Jackie não queria mais saber dele. E a filha dela, Nikki, o odiava e falava mal dele o tempo todo.

Ainda assim, Floyd Ray Wilson deixou uma impressão duradoura no garoto de 15 anos que o adotou como mentor em 1978, além de uma espécie de legado que ele jamais seria capaz de imaginar.

O que *exatamente* Floyd fez para se sustentar durante todos esses anos é um tema aberto às especulações mais absurdas. Ele nunca teve uma *carreira*. Apenas transitou de uma situação para outra — algumas mais lucrativas, outras menos — durante a maior parte da vida. Como todas as pessoas iguais a Floyd que conheci, ele sempre contava essas histórias sobre os tempos em que estava bem de vida, saindo com Joey Heatherton e dirigindo um Stingray amarelo.

Se o cara tem 37 anos e foi morar num quarto no apartamento da melhor amiga da ex-namorada em troca de ficar de olho no filho adolescente dessa amiga, é sinal de que ele não está tão bem assim (mas você jamais diria isso só de olhar para ele ou conversar com ele).

Floyd não tinha nenhum vício muito sério. Não usava drogas. Nem mesmo maconha, até onde eu sabia. Não tinha o hábito de beber. Não estou dizendo que ele não ficasse bêbado de vez em quando, estou dizendo que ele não precisava tomar um drinque ou algumas taças de vinho no fim do dia para desopilar. E ele tampouco era um alcoólatra em recuperação. Bebia uma cerveja ou uma dose de uísque quando saía. Mas isso não era exatamente um vício. É um tanto peculiar que ele nunca tenha desenvolvido uma dependência recreativa com nenhuma dessas substâncias.

Ele chegou a ter um emprego enquanto morávamos juntos, fazendo o plantão noturno em uma agência dos correios. O que era um emprego muito bom para um cara boêmio como ele, como poderá atestar qualquer um que já tenha lido *Cartas na rua*, de Charles Bukowski. Floyd era um cara muito sociável, embora nenhum dos amigos dele do passado jamais fosse visitá-lo. Na época, isso passou totalmente batido por mim, mas hoje, refletindo, acho que a verdade é que ele *não tinha* nenhum amigo do passado. As pessoas ficavam por um tempo na vida de Floyd e depois iam embora. Na maioria das vezes, provavelmente, ou ele estragava tudo ou simplesmente desaparecia de uma hora para outra, sem deixar nada além de lembranças.

Mas ele tinha uns amigos que de vez em quando apareciam lá em casa. Eram os colegas de trabalho nos correios, uns caras legais dos quais eu gostava e dos quais me lembro com carinho. Estou pensando agora em Nickleberry e Toulivert (quando comecei a escrever roteiros, volta e meia enfiava o nome deles lá). Nickleberry era meio parecido com Montel Williams e Toulivert era muito parecido com Sonny Liston (Floyd me chamava de Quint, mas sempre chamava os dois pelo sobrenome).

Floyd talvez fosse um mendigo boêmio e oportunista, mas pelo menos tinha uma ambição.

Ele queria ser roteirista.

Quando se mudou para minha casa, ele já tinha escrito dois roteiros e um romance. E passou muitas horas discutindo os roteiros dele no ano em que morou comigo. O romance, que eu nunca li, era uma história de amor que se passava na época dos romanos, tendo como protagonistas dois personagens negros chamados Demetrius e Desiree (que Nikki alegava ser um plágio: "Eu vi essa porra de livro na livraria uma vez. Só fiquei rindo! Que filho da puta mentiroso!").

Os dois roteiros de Floyd foram os primeiros que li na vida.

Um era um filme de terror chamado *The Mysterious Mr. Black*.

Floyd admitia que *The Mysterious Mr. Black* era inspirado em *O estranho John Kane*, com Sidney Poitier (sobre a segunda vinda de Jesus Cristo, dessa vez como um homem negro no Mississippi). Acontece que Mr. Black não era Jesus Cristo. Ele era o espírito vingativo de um ex-escravizado que tinha voltado para castigar os descendentes dos senhores brancos que, cem anos antes, haviam conduzido experimentos muito macabros com ele. Vestido com um terno, Mr. Black, que se destaca pelos modos refinados e pelo domínio de vários idiomas, aparece, de repente, em Nova Orleans, onde se integra aos mais elevados escalões da alta sociedade local. A partir de então, ele conhece e começa a marcar os ricos e poderosos descendentes da família cuja fortuna foi acumulada à custa da dor e do sofrimento dos negros. Na sequência, bem no estilo de *A profecia*, ele começa a provocar a morte dessas pessoas em cenas gloriosamente elaboradas.

Tudo bem, estou fazendo esse roteiro parecer um pouco melhor do que ele de fato era. Eu só o li uma vez, cerca de 45 anos atrás, então não sei muito bem o que é a memória e o que sou eu tentando preencher as lacunas (lembro que o roteiro era meio cru). Essa, porém, era a ideia central, e sem dúvida Mr. Black era um personagem muito maneiro. A escolha de Floyd para interpretá-lo? Harry Belafonte.

Só que o roteiro que eu amei, e o primeiro que li, foi a saga épica de faroeste *Billy Spencer*.

Floyd era um tremendo fã de faroeste, e o gigantesco roteiro que ele havia escrito basicamente reunia numa mesma história todos os momentos favoritos dos filmes prediletos dele. O protagonista era um caubói negro incrivelmente maneiro chamado Billy Spencer.

No roteiro, que era muito semelhante a *Gunhawks*, um quadrinho da Marvel de que eu gostava, os Spencer — donos do rancho mais proeminente da região — encontram o bebê de uma escravizada fugitiva no meio do deserto. Eles decidem ficar com a criança e criá-la como se fosse filho deles. Alguns anos depois, a sra. Spencer tem um filho, Tracy (é, eu sei, Spencer Tracy. Mas não me dei conta disso na época). E Billy e Tracy crescem juntos e se tornam melhores amigos, uma dupla dinâmica. O roteiro não tem, na verdade, uma história única, é só um amontoado de aventuras para Billy, Tracy e o restante da família. Mamãe Spencer e o papai durão eram personagens excelentes, e não havia sequer um pingo de ambiguidade no que dizia respeito ao amor e à devoção que tinham por Billy — e Billy por eles (eles não faziam nenhuma distinção entre Billy e Tracy). Por mais que o roteiro já fosse enorme, Floyd ainda não o havia terminado. Ele não parava de acrescentar a ele outras aventuras e situações. Eu me lembro de quando assistimos à minissérie *O caminho da liberdade*, com Muhammad Ali e Kris Kristofferson, e Floyd começou a achar que *Billy Spencer* deveria ser uma minissérie. Ele achava que Charlton Heston ou Burt Lancaster deveriam fazer o papel do velho Spencer e Peter Fonda deveria dar vida a Tracy. Tinha, porém, uma convicção muito forte de que Billy Spencer deveria ser interpretado por um ator desconhecido (quando eu lia, sempre pensava em Thomas Carter).

Eu não me lembro bem dos vilões, mas, em algum momento, estourava uma guerra por território, e, numa cena tirada de *O inimigo público*, Tracy era assassinado pelos bandidos e o corpo, desfigurado, era deixado diante da porta dos Spencer. A cena era forte pra caralho, e Floyd a encenou para que eu a entendesse por completo. Depois de ler aquele roteiro interminável, a gente realmente se apaixonava por Tracy porque a morte dele fora devastadora. Especialmente o detalhe de que era a mãe dele quem abria a porta para encontrar o cadáver mutilado do filho. Floyd queria que a sequência tivesse o máximo de carga emocional possível (é claro, ele tinha assistido a *O inimigo público*). Depois que os bandidos matam o irmão de Billy, este sabe que havia chegado a hora de deixar para trás a segurança do rancho e acabar com a vida de cada um dos integrantes do bando de criminosos.

Então, vestindo um poncho, que representava a existência dele, a partir de agora solitária, ele tocava o terror no acampamento dos bandidos, usando um arco e flecha, dinamite e uma pistola, mais rápido que um raio.

Ao deixar o rancho, ele sabia que nunca mais voltaria a vê-lo, qualquer que fosse o caminho que decidisse trilhar.

Soa familiar?

Nenhuma cena, situação, ideia ou imagem *daquele* roteiro aparece em *meu* roteiro para *Django livre*.

Ainda assim, a essência do que Floyd estava tentando fazer com aquele texto, um faroeste épico com um caubói negro como protagonista, *era* o mesmo que eu estava tentando fazer com *Django livre*.

Morar com um cara que estava querendo ser roteirista foi uma influência muito mais forte para mim do que qualquer roteiro que eu pudesse ter lido. Ele escrevendo, falando sobre o roteiro, eu lendo, aquilo tudo me fez pensar, pela primeira vez, em escrever filmes. Eu só sabia formatar um roteiro porque havia lido os roteiros de Floyd. Seria uma longa jornada daquele ano de 1978 até eu terminar meu primeiro roteiro para um filme de longa-metragem, *Amor à queima--roupa*, em setembro de 1987.

Entretanto, graças à inspiração de Floyd, eu *tentei* escrever roteiros. Geralmente não ia muito longe. Acho que o mais longe que cheguei foi tipo na página 30. Mas eu tentei. E, no fim das contas, acabei conseguindo.

O que aconteceu com o roteiro de *Billy Spencer*?

Nada.

Duvido que alguém sério o tenha lido algum dia.

E tenho quase certeza de que não existe mais nenhuma cópia dele.

Sem dúvida, quando morreu, Floyd era o único que ainda tinha uma cópia. E, onde quer que ele tenha morrido, e no momento em que tenha sido, o roteiro deve ter sido descartado junto com o restante dos humildes pertences dele (o destino da maioria dos mendigos).

De modo que o local do descanso final do sonho de Floyd Ray Wilson de um caubói negro chamado Billy Spencer provavelmente foi uma lata de lixo qualquer.

Já o meu sonho de um caubói negro, *Django livre*, não apenas foi lido, como transformado, por mim, num sucesso mundial. Um sucesso que me rendeu um Oscar de Melhor Roteiro Original da Academia.

No momento em que caminhei até o palco e recebi aquele homenzinho dourado, tendo Dustin Hoffman e Charlize Theron de pé às minhas costas, Floyd já estava morto havia muito tempo.

Não sei como nem onde ele morreu, nem onde está enterrado.

Mas sei que deveria ter agradecido a ele.

Índice remissivo

007 contra Goldfinger, 18, 44, 78
007 contra o satânico dr. No, 78
007: Os diamantes são eternos, 18, 32, 78,
100 rifles, 95, 364
1900, 251
1941: Uma guerra muito louca, 178
200 Motels, 8, 23
24 horas de Le Mans, As, 50, 98
8 ½, 172
9 e ½ semanas de amor (livro), 127
9½ semanas de amor (filme), 129

Abashiri Bangaichi, 314
abilolado endoidou, O, 17
abominável dr. Phibes, O, 77
abutres têm fome, Os, 21
Ackerman, Forrest, 343
açougueiro, O, 194
Aeroporto 75, 29, 181
Aeroporto, 20
Agarra-me se puderes, 308
Agarre essa loira, 368, 369
Akins, Claude, 67, 91
Alaimo, Marc, 329
Alcatraz: Fuga impossível, 50, 53, 63, 305-318

Alda, Rutanya, 189
Aldrich, Robert, 58, 170, 171, 175, 228
Alice não mora mais aqui, 177
Allen, Nancy, 183, 188n, 249
Allen, Woody, 78
Alligator: O jacaré gigante, 151, 164-65
Alma no lodo, 171
Almodóvar, Pedro, 127, 128, 131
Altman, Robert, 24, 25, 168, 172, 179, 180
Alucinações do mal, 346
Amargo pesadelo, 21, 77-96, 159, 174
Amargo reencontro, 96, 341
Amargo regresso, 256, 296
American Cinema, The (Sarris), 58
American Film Now (Monaco), 179
American Film, 138
American-International Pictures, 151, 182, 197, 203, 261
amigos de Eddie Coyle, Os, 46
Amor à queima-roupa, 376
amores de Pandora, Os, 366
Amores eletrônicos, 157
Anderson, Michael, 181

Andrews, Julie, 167
Angels Hard as They Come, 145, 146
Anger, Kenneth, 219
Aniversário macabro, 11, 24, 148
Anjos de cara suja, 285
Annakin, Ken, 180
ano do dragão, O, 127
Ânsia de amar, 15
Antonioni, Michelangelo, 45n, 159
Apocalypse Now, 177, 178, 206n, 258, 366
Aprea, John, 44, 49
Archer, Anne, 330
Ardil-22, 22, 172, 181
Argento, Dario, 151, 193-195, 199
Aristogatas, 21
Arkin, Alan, 168
Arkush, Allan, 183
Arnold, Gary, 141
Arnold, Jack, 58
Arroz amargo, 345
Ashby, Hal, 127, 168, 179, 205
Askew, Luke, 275
Asner, Ed, 139
assaltante bem trapalhão, Um, 78
Assante, Armand, 289, 302
Assassino do Zodíaco, 18, 61, 62, 69, 74
Assassino público número um, 55, 57, 63, 306
Assassinos de elite, 227
Assassinos por natureza, 266
assassinos, Os, 55, 70
Associação de Críticos de Cinema de Los Angeles, 165
Atirem no pianista, 188
Aubrey, James, 139, 140
Audition, 191
Ausência de malícia, 94
Avary, Roger, 295
aventura na África, Uma, 78
Avildsen, John G., 9, 11, 177

Ayres, Gerald, 179
Aznavour, Charles, 188

Bacon, James, 47, 139, 140, 141
Baer Jr., Max, 160
Baker, Joe Don, 117, 136, 137, 138, 142, 143, 179, 228, 246, 262, 295
Baker, Rick, 343, 353, 354
Bakshi, Ralph, 179
Bambi, 24
Bananas, 78, 79
Bando à parte, 188
Bar Max, 331
Barker, Clive, 127
Bart, Peter, 102
Bates, Alan, 174
Baum, Thomas, 346
Beatty, Ned, 82, 89, 90, 91, 174
Beatty, Warren, 35, 36n, 83, 172, 173, 180, 354
Beaudine, William, 288
bebê de Rosemary, O, 193
beco das almas perdidas, O, 345
Belafonte, Harry, 365, 374
Benjamin, Richard, 117
Bennett, Joan, 120
Benson, Sheila, 148-150
Benton, Robert, 172, 209
Bergen, Candice, 15, 208
Berne, Gustave, 204
Bernhard, Harvey, 323
Berridge, Elizabeth, 348, 351, 354
Bertolucci, Bernardo, 251
Berwick, Irv, 162
Best, James, 256, 275-276
Best, Willie, 367-370
Bigelow, Kathryn, 127
Bill, Tony, 179, 226, 251
Billy Spencer, 374-377
Billy the Kid, 64
Biskind, Peter, 167
Bisset, Jacqueline, 41, 45, 48

Black, Karen, 135-136, 140
Blackman, Honor, 18
Blair, Linda, 353
Blake, Robert, 112, 167, 169, 171, 175, 287, 347
Blakely, Susan, 281
Block, Larry, 344, 350
Blow-up: Depois daquele beijo, 188
Bob, Carol, Ted e Alice, 17, 171, 174
Bochner, Lloyd, 139
Boetticher, Budd, 87
Bogart, Humphrey, 8, 78, 79, 285, 287, 360
Bogdanovich, Peter, 99-102, 104, 167-16, 176, 177-180, 183, 185, 186, 194, 206-209, 220, 369
Bonecas acorrentadas, 46n
Bonnie & Clyde: Uma rajada de balas, 36, 106, 107, 169, 172, 209
Boone, Pat, 35
Boone, Richard, 86, 112-113
Boorman, John, 82, 88, 89, 91-93, 94, 95, 96, 131, 134, 136
Borgnine, Ernest, 82, 139
Bottoms, Timothy, 228
Bowers, Ronald L., 106n
Bowery Blitzkrieg, 288
Bowery Boys, 285, 288-289
Boyle, Peter, 10-12, 222, 232, 240, 320, 328-331, 333
Bradley, Tom, 153n
Brand, Neville, 55, 91, 111, 113, 311, 338
Brando, Marlon, 95, 280, 283, 364, 365
Brasseur, Claude, 188
Breakdance 2, 148
Bregman, Martin, 177
Brennan, Eileen, 208, 210
Bridges, James, 168
Bridges, Jeff, 46n, 173, 209, 224, 225, 244, 247, 251, 252, 347

Bright, Richard, 115, 122
Brimley, Wilford, 94
Bronson, Charles, 119, 175, 192, 223, 226, 227, 229, 240, 307-309, 311, 312, 314, 365
Brooklyn B.R., 296
Brooks, Albert, 207, 232
Brooks, Louise, 163
Brooks, Norman, 135
Brooks, Richard, 227n
Broomfield, Nick, 330
Brown, Barry, 206-211
Brown, Jim, 28-30, 32, 33n, 50, 1053, 133, 135
Brown, Johnny Mack, 170
Brown, Mitch, 99
Browning, Tod, 345
Buckley, John, 162
Bujold, Geneviève, 105, 106, 245-246
Bullitt, 15, 35-51, 98
Buñuel, Luis, 114, 193
Burghoff, Gary, 21
Burns, Marilyn, 21, 338
Burstyn, Ellen, 177, 244
Burton, Wendell, 314
Bus Is Coming, The, 30-31
Busey, Gary, 346
Butch Cassidy, 15, 21, 36n, 98
Butler, Robert, 210

Caan, James, 22, 227
Caçada em Atlanta, 67
caçada, A, 57, 70
Caçador de assassinos, 61
Caçador de morte, 296, 326
Cada um vive como quer, 20, 84, 113, 172
Cães de aluguel, 185n, 192, 296
Caine, Michael, 35, 312
caixa de Pandora, A, 163
Caminhos perigosos, 161

Camino real (Williams), 113
Campus, Michael, 323
Canalito, Lee, 289, 301, 302, 303n
Canby, Vincent, 141, 147, 201, 272
Cannon Pictures, 151, 308
Cannonball: A corrida do século, 91
Carey, Timothy, 136, 140
Cargill, Patrick, 313
Carne para Frankenstein, 8, 26
Carnival Rock, 345
Carpenter, John, 127, 155, 156, 186, 343
Carradine, David, 262
Carradine, John, 216, 220
Carrie, a estranha, 63, 176, 178, 181, 190, 192, 198, 206, 245, 247, 248, 249, 342, 344, 354
Carrossel de emoções, 346
Carson Twin Cinema, 29, 230-233, 238, 315, 339
Carson, Johnny, 84, 175
Carson, L. M. Kit, 179
Carson, Shawn, 349
Cartas na rua (Bukowski), 373
Carter: O vingador, 28, 139, 375
casa que pingava sangue, A, 77
Casablanca, 78, 317
Casey, Bernie, 28
Cassavetes, John, 70, 168, 177, 179, 297
Celas em chamas, 145, 146, 152, 153, 160, 339
Celebrity Circus (Higham), 65
Chabrol, Claude, 194
Champlin, Charles, 142, 148, 148n, 150, 237
Chapin, Miles, 351-354
Chaplin, Charlie, 8, 297, 345
Chartoff, Robert, 282, 291
Chase, Chevy, 129
Chicago Sun-Times, 142, 147
Christie, Julie, 174

Cimino, Michael, 127
Cinco de Chicago, Os, 22
Cinefantastique, 189, 343
Cinema Center Films, 98
Cinema, 54
circo da morte, O, 346-347, 351
Clamor do sexo, 36
clarão nas trevas, Um, 23
Clarke, Alan, 131
Clarke, Shirley, 186, 192
Clavell, James, 23
Clayburgh, Jill, 189
Clube dos cafajestes, 366
Coburn, James, 35
Cochran, Steve, 70
Coen, irmãos, 92
Coll, Tom, 354
Collins, Roberta, 339, 340
Columbia Pictures, 223-226, 229, 244, 246, 251, 280, 320, 324, 332, 333
comboio do medo, O, 113, 114
Como livrar-me de mamãe, 9, 13, 17, 77, 90, 174
Compton, Richard, 117n, 154
Concorde-New Horizons, 152
Connery, Sean, 32, 35
Connors, Chuck, 111
Connors, Mike, 134
Contatos imediatos do terceiro grau, 176, 177
Conti, Bill, 292, 301
Contrabando de armas, 62
conversação, A, 177
Conway, Kevin, 352, 355
Cool Breeze, 28
Cooper, Gary, 171
Coppola, Francis Ford, 172, 176, 177, 178, 179, 191, 206, 251
Coração das trevas (Conrad), 206n
Corey, Jeff, 40
Corliss, Richard, 147

Corman, Roger, 145-146, 151-153, 155, 162, 176, 177, 180, 181, 220, 237, 280, 345
corpo que cai, Um, 199n, 245
Corra que a polícia vem aí, 310
Corrida contra o destino, 18, 77
Corrida da morte: Ano 2000, 339
Cort, Bud, 157
Cortina rasgada, 184
corujão e a gatinha, O, 15, 17, 77, 174
Cosby, Bill, 365
Coward, Herbert "Cowboy", 88-93
Cox, Alen, 131
Cox, Ronny, 82, 93, 95
Craven, Wes, 24
Crime e paixão, 175, 293
Crime sem perdão, 40, 42
Criminal Minds, 74
Crist, Judith, 341
Cronenberg, David, 127, 343
Crosse, Rupert, 98, 105
Crown International Pictures, 151
Crown, o Magnífico, 38, 48, 106
Cruéis são os homens, 95
Cukor, George, 167-169
Culp, Robert, 117, 365
Curtiz, Michael, 53, 58
Custer, George Armstrong, 170

D'Antoni, Philip, 44
Daisy Miller, 177
Damas da noite, 319, 320, 322, 330
Dan August, 94
Dançando na TV, 156
Dante, Joe, 151, 183, 201, 210, 258, 343, 350
Dargis, Manohla, 149
Darin, Bobby, 35
David Holzman's Diary, 186, 190
Davidson, Martin, 279
Davis, Bette, 182

Davis, Gene, 67
Davis, Ilah, 320, 334
Davis, Ossie, 168
De Niro, Robert, 133, 140, 164, 178-179, 187n, 188-221, 224-225, 240, 244, 247, 250-251, 287, 290
de nós morrerá, Um, 170
De Palma, Brian, 117n, 127, 168, 176-179, 183-204, 206, 206n, 220, 243-252, 305, 348, 352
De volta ao Planeta dos Macacos, 77
De volta ao Vale das Bonecas, 148, 174
Dead End (Kingsley), 285
Dead End Kids, 285
Dean, James, 280
Death Squad, The, 67
Defiance, 260
DeHaven, Carter, 139
Deixem a cidade se vingar, 28
Delírios mortais, 151
Dell, Gabe, 284-287, 289
Delon, Alain, 227, 307
Demme, Jonathan, 145-147, 152-155, 157, 159n
Deneuve, Catherine, 248
Dennis, Sandy, 16
desafio das águias, O, 15
Desejo de matar, 67, 89, 192, 223, 226, 227, 229, 231, 236, 246, 248
DeSimone, Tom, 353
Despertar dos mortos, 154, 202n, 366
Destinados a morrer, 227, 238, 293
destino que Deus me deu, O, 174
Devane, William, 138, 154, 253, 259, 263, 264-276, 293
Devorado vivo, 338-341, 352, 366
Dez minutos para morrer, 61, 67
Dez segundos de perigo, 99, 102
dia do gafanhoto, O, 159, 181

diabo na carne de Miss Jones, O, 29, 163
Dias felizes, 281, 290
Dickey, James, 82, 83, 84, 86, 91-92, 94
Dickinson, Angie, 105, 134, 135, 139, 140
Didion, Joan, 119, 205
Dillinger, John, 57, 78
Dillinger: O gângster dos gângsteres, 54, 220, 261
Dinheiro maldito, 55, 70, 306
dívida de amor, Uma, 63
Django livre, 223, 376-377
Do Oeste para a fama, 224
Doba, Wayne, 353-354
doido genial, Um, 172
Doido para brigar... louco para amar, 307, 312
Domingo maldito, 15, 23
Don Siegel (Kaminsky), 180
Donner, Richard, 331
donos da noite, Os, 303
dorminhoco, O, 78, 79
Douglas, Gordon, 58, 182
Douglas, Kirk, 140, 176
Douglas, Melvyn, 67
Douglas, Michael, 130
Down, Lesley-Anne, 57
doze condenados, Os, 135
Dragoti, Stan, 171
Drew, Bernard, 141
Driscoll, Lawrason, 255, 271
Duarte, José, 354
Duas ovelhas negras, 11, 67, 192
Dublê de corpo, 127
Duff, Howard, 70
Dunaway, Faye, 106
Duncan, Isadora, 23, 91
Durning, Charles, 189, 199, 202
Duvall, Robert, 133, 135-140, 170, 227

E.T., 177
Earp, Wyatt, 171
East Side Kids, 284-289
Eastwood, Clint, 32, 39, 46n, 50, 56-57, 59, 60, 62, 63, 65, 67, 71, 74, 91, 192, 306-317
Easy Riders, Raging Bulls (Biskind), 167
Ebert, Roger, 63, 71, 142, 147, 197
Eccles, Aimée, 301
Eddie, o ídolo pop, 279
Edwards, Blake, 167, 169
Edwards, Vince, 111
Elizondo, Hector, 328
Emergência maluca, 46
Empire Pictures, 151
Englund, Robert, 339-341, 366
enigma de outro mundo, O, 127
Equinox, 77
Era uma vez na América, 312
Era uma vez... em Hollywood, 150, 258, 340
Esquadrão implacável, 77
Essa pequena é uma parada, 99, 100, 171, 176, 220
Estes, Larry, 185n
estrada do medo, A, 164
Estrangulador de Boston, 69, 74
estranho John Kane, O, 374
estranho que nós amamos, O, 70, 312
Estrela de fogo, 55, 57, 63, 70
Eubank, Shari, 158-159
Evans, Robert, 99, 103-105, 123
exorcista, O, 26, 63

F.I.S.T., 295
Fabricante de bombas, 111
Famous Monsters of Filmland, 343
Fanaka, Jamaa, 315
Fangoria, 341-343, 354
fantasma do paraíso, O, 196, 203, 204, 245, 338

fantasmas contra-atacam, Os, 129,
Fargo, James, 313
Farmer, The, 229-230, 236
Faulkner, William, 98
Feitiço do tempo, 129
Fellini, Federico, 171, 186
Ferrara, Abel, 59n, 127
Ferro, Pablo, 44
Fetchit, Stepin, 368
Fibra de valente, 228, 262, 108, 139, 142, 142n
filha de Ryan, A, 20
Films in Review, 106n
Filmways, 196, 197
Finch, Peter, 23
Fincher, David, 61
Fink, Harry Julian, 61
Fink, R. M., 61
Finley, William, 189, 199, 203, 352
Finney, Albert, 35
First Artists, 103n
Firstenberg, Sam, 151
Flash Gordon, 171
Fleischer, Richard, 180, 181
Fleiss, Heidi, 330
Flynn, Errol
Flynn, John, 133, 135
Fogo contra fogo, 133
Foldes, Lawrence D., 163
Fonda, Henry, 64, 70, 113, 170, 176
Fonda, Peter, 155, 227, 228, 375
força de um amor, A
Ford, John, 167, 169, 170, 185, 219, 220, 221, 250, 255, 319
Forster, Robert, 67, 164-165
Fosse, Bob, 172
Foster, David, 99
Foster, Jodie, 220, 226, 235, 331, 346
Fox, John, 142
Fox, The, 15, 16
Fox, Wallace, 286, 288

Fragile Fox (Brooks), 135
Franco, Jess, 151
Frankenheimer, John, 135, 148, 180
Franklin, Carl, 153
Franklin, Richard, 186
Frawley, James, 168
Frazier, Sheila, 174
Freaks, 345
Frears, Stephen, 131
Frenesi, 184, 195
Frey, Sami, 188
Friedkin, William, 46n, 127, 168, 177, 179, 325
Fuga alucinada, 77
Fuga audaciosa, 307
Fuga do século 23, 181
Fugindo do inferno, 36
Fuller, Sam, 111n
fundo do mar, O, 46
fúria, A, 206, 245
Furthman, Jules, 345

Galligan, Zach, 202
Gallo, Vincent, 272
García Bernal, Gael, 340
Gardner, Ava, 272, 288
Garfield, Allen, 67, 188-90
Garfield, John, 285, 287, 314
Garfunkel, Art, 15
Garganta profunda, 29, 270
Garner, James, 35, 176
garotada manda brasa, A, 263
Garotas lindas aos montes, 17, 19, 301
Gas House Kids, 289
Gassman, Vittorio, 67, 345
Gator, o implacável, 308
Gelbart, Larry, 306
gênio do mal, O, 36
George, Susan, 174
Gere, Richard, 282, 287, 328, 329, 347

Gerler, Jordan, 253
Gibson, Mel, 89, 133, 135
Gigolô americano, 328
Gilliam, Terry, 127
Gilroy, Frank D., 308
Glory Alley, 290n
Glover, Bruce, 32
Godard, Jean-Luc, 135, 188
Goetzman, Gary, 145, 159n
Golpe baixo, 175, 293
Golpe de mestre, 226, 252
Goodwin, Suki, 354
Gorcey, Leo, 284-289
Gordon, Barry, 204
Gordon, Don, 43, 50
Gordon, Keith, 183
Gordon, Lawrence, 179, 261, 262, 264
Gordon, Leo, 57, 311
Gordon, Ruth, 13, 174
Gordon, Stuart, 151
Gould, Elliott, 21, 173, 175
Gould, Heywood, 264-269, 275
Goulding, Edmund, 345
Graham, Gary, 329
Graham, Gerrit, 187-190
grande golpe, O, 342
Green, Guy, 169
Greenstreet, Sydney, 55, 56, 70
Gremlins 2, 201
Grier, Pam, 140, 179
Gries, Tom, 308
Griffith, Melanie, 130
Grito de horror, 151, 258
Groove Tube, The, 189
Guardino, Harry, 40
Guerra do Vietnã, 171, 240, 253, 255
Guerra nas estrelas, 171, 176, 178
guerreiros pilantras, Os, 21
Guinness, Alec, 178
Gulager, Clu, 70

Hackman, Gene, 148, 165
Hagmann, Stuart, 168
Hair, 187, 205
Hall, Huntz, 284-286
Hall, Zooey, 314
Halloween: A noite do terror, 155-156, 348
Halop, Billy, 285, 286, 289
Hamill, Pete, 171
Hamilton, George, 35
Hammon, Craig, 156
Hannah, Daryl, 203
Hanson, Curtis, 54
Hardcore: No submundo do sexo, 170, 171, 177, 220, 229, 235, 272-335
Harmon, Robert, 127
Harper: O caçador de aventuras, 40, 61
Harris, Mark, 9
Hart, Harvey, 168, 314
Haskin, Byron, 53
Hathaway, Henry, 58
Havelock, Elaine, 8
Hawks, Howard, 167, 169, 185, 186, 207, 220
Haynes, Linda, 122, 255, 265, 271, 272, 274
Head, Murray, 23
Heatherton, Joey, 363, 371, 372
Heffron, Richard, 330
Heflin, Van, 20
Hellman, Monte, 168
Hellraiser: Renascido do inferno, 74, 127
Hemingway, Margaux, 229
Herbert, John, 314
Heróis esquecidos, 317
Herrmann, Bernard, 194, 199, 200, 203, 246, 248n
Hershey, Barbara, 271
Heston, Charlton, 167, 375
Heywood, Anne, 16

Hickman, Bill, 49
Hickox, Douglas, 46n, 316
Higham, Charles, 65
Hill, Debra, 155
Hill, George Roy, 180
Hill, Jack, 146
Hill, Walter, 37-39, 43, 50, 99-102, 104, 105, 106, 107, 109, 110, 112, 118-123, 136, 136n, 140, 223, 262, 296, 300, 308
Hirsch, Charles, 187, 189, 190
Hit Man, 28
Hitchcock, Alfred, 42, 157-159, 168, 169, 184-186, 193, 195-199, 201, 220, 245, 263, 348, 350
Hoffman, Dustin, 81, 171, 173, 175, 347, 377
Holden, William, 82, 118
Hollywood Boulevard, 162
Hollywood Boulevard, 7, 29, 152, 216, 258
Hollywood Renaissance (Jacobs), 179
Hombre, 112
homem chamado cavalo, Um, 20
homem de duas vidas, O, 178, 191, 196, 197
homem de gelo, O, 135, 137
homem elefante, O, 355
homem impiedoso, O, 50
homem que burlou a máfia, O, 56, 57, 70, 305
Homem rico, homem pobre, 281
Hooper, Tobe, 337, 338, 339, 341, 342, 343, 344, 348, 351, 352, 353, 354
Hooper: O homem das mil façanhas, 258, 308
Hope, Bob, 368, 370
Hopkins, Bo, 116
Hopper, Dennis, 18, 50, 64, 167, 168, 169, 175

Hot Box, The, 145
Houve uma vez um verão, 17, 174, 247
Howard, Garth, 163
Howard, Ron, 281
Hubley, Season, 272, 320, 331, 332, 333
Huckabee, Cooper, 351, 354
Hudson, Rock, 19, 167, 295
Hunt, Peter, 306
Hunter, Jeffrey, 185, 235, 272, 331
Hunter, The (Stark), 126, 131, 134, 136,
Hurd, Gale Anne, 185n
Huston, John, 178
Hutton, Brian, 345
Hutton, Lauren, 105
Huyck, Willard, 179
Hyams, Peter, 305

Ichikawa, Kon, 236, 236n
iluminado, O, 342
Impacto fulminante, 68
impiedosos, Os, 40, 42, 56, 57, 70, 305
implacáveis, Os, 38, 97-124, 136n, 143
inferno é para os heróis, O, 47, 57, 70, 102
Inferno na torre, 49, 181, 307
Inferno no Bronx, 264
inimigo público, O, 375
insustentável leveza do ser, A, 129
Internato derradeiro, 77
Intriga internacional, 184
invasores de corpos, Os (Ferrara), 59n
invasores de corpos, Os (Kaufman), 59n, 366
Inverno de sangue em Veneza, 174
Ireland, Jill, 308
irmãos Ritz, 289
Irmãs diabólicas, 183-204, 243, 247

Irving, Amy, 249
Isadora, 15, 23
Isasi-Isasmendi, Antonio, 307
Ishii, Teruo, 314

Jabara, Paul, 283
Jackie Brown, 150, 165, 203, 360
Jacobs, Diane, 179
James, Henry, 206, 207, 208
James, Jesse, 170
Janela indiscreta, 198, 199n
Jenkins, Dan, 259
Jenson, Roy, 310
Jewison, Norman, 295, 296
Joe: Das drogas à morte, 9, 77, 173, 174, 222
Jogando com a vida, 71
Johnson, Bem, 97, 116, 117, 118, 220
Jones, Carolyn, 339
Jones, Quincy, 41
Jones, Tommy Lee, 138, 253, 267, 269, 271, 273
Jordan, Bobby, 284-289
Josey Wales: O fora da lei, 91, 139, 308
Julien, Max, 28, 225, 364
Justiça tardia, 55-57, 70
Justice, James Robertson, 180
justiceiro negro, O, 28

Kael, Pauline, 63, 71, 72, 73, 74, 75, 147, 149, 175, 203, 208, 234, 248n, 289, 295, 299
Kamen, Stan, 37
Karina, Anna, 133
Karloff, Boris, 8, 182, 308, 343, 348, 353
Karlson, Philip, 228, 288
Kasdan, Lawrence, 164
Katz, Gloria, 179
Katzman, Sam, 288
Kaufman, Philip, 59n, 60n, 129, 209

Kaylor, Robert, 346, 351
Keach, Stacy, 22, 175
Keitel, Harvey, 189, 204n, 219, 220, 223, 224, 225, 234, 252, 275, 326, 330
Keith, Brian, 314
Keith, Robert, 70
Kellerman, Sally, 21
Kelly, Roz, 189
Kennedy, Burt, 176
Kennedy, George, 227, 293
Kershner, Irvin, 172
Khouri, Callie, 173
Kidder, Margot, 197, 198, 200, 201, 202
Kiley, Richard, 40
Kill Bill vol. 1, 203
King, Henry, 170
King, Perry, 279, 282
King, Stephen, 341
Kingsley, Sidney, 285
Kinjite: Desejos proibidos, 308, 319, 330
Kirshner, Irv, 61
Kleiner, Harry, 48
Klugman, Jack, 40
Klute: O passado condena, 155
Knight, Gladys, 279
Knotts, Don, 369-70
Kolchak e os demônios da noite, 49
Koslo, Paul, 117n
Kovács, László, 302
Kramer, Stanley, 169
Kristofferson, Kris, 170, 228, 232, 275, 375
Kruschen, Jack, 67
Kubrick, Stanley, 342

Ladd, Alan, 314
Ladrão de casaca, 184
Ladrão por excelência, 57, 306-307, 311

Lakewood One & Two, 152
Lamm, Karen, 229, 322, 327, 330
Lancaster, Burt, 171, 271, 375
Landis, John, 183
Lang, Fritz, 58, 286
Lang, Jennings, 61, 120
Lanier, Phillip, 138
Lansing, Jill, 162, 163
Laranja mecânica, 174
LaRue, Lash, 360
Laszlo, Andrew, 344, 352
Laughlin, Michael, 151
Laughlin, Tom, 65
Laura, 26
Leach, Wilford, 183
leão no inverno, O, 366
Lee, Bruce, 308
Lei e desordem, 139
Leibman, Ron, 13
Leonard, Elmore, 112
Leone, Sergio, 186, 195, 305, 312
Lester, Richard, 188, 205
Let the Good Times Roll, 280
letra escarlate, A, 130
Lettieri, Al, 97, 111-113, 116,
Levada da breca, 171, 220
Levin, Henry, 180, 366
Lewis, Jerry Lee, 130
Lewis, Jerry, 368-370
Lewis, Joseph H., 179, 205, 286, 287
Lilith, 36
Linklater, Richard, 187
Little Cigars, 203
Little Tough Guys, 286, 289
Litvak, Anatole, 53
Llosa, Louis, 153
Lockhart, Calvin, 26
lordes de Flatbush, Os, 161, 279, 281, 284, 290
Lorre, Peter, 55
Los Angeles Magazine, 295

Los Angeles Times, 28, 142, 146-151, 152-153, 160, 341
Loucuras de verão, 161, 176, 177, 280, 281
Love Story: Uma história de amor, 20, 104
Lovelace, Grace, 149, 270
Lua de papel, 176-178, 181
Lubitsch, Ernst, 366
Lucas, George, 176
Lugosi, Béla, 209, 215-217, 287n, 288, 348
Luna, Diego, 340
Lutador de rua, 300
Lynch, David, 127
Lyons, Robert F., 61

*M*A*S*H* (programa de TV), 306
M.A.S.H. (filme), 15, 17, 20, 21, 173, 174
Má companhia, 209
MacDowell, Andie, 130
Mace, Paul, 279, 302
MacGraw, Ali, 97, 103, 104, 105, 107, 108, 115, 117, 122, 123, 208, 307
Mack, The, 28, 29, 50, 225, 231, 323, 364
MacLaglen, Andrew, 176
Mad, 11, 19n
Made in U.S.A., 135
Madrugada de vingança, 228, 306n
Madsen, Virginia, 157
Magnum 44, 67, 312
Maharis, George, 35
Mais forte que a vingança, 38
Malibu High, 162, 163,
Malick, Terrence, 179
Maloney, Peter, 189
Man with the Getaway Face, The (Stark), 131
Mann, Michael, 133, 137

Mannix, 134
Manson ("Família"), 69, 74, 193
Mãos sujas sobre a cidade, 54, 67
Margold, William, 227, 323
Marshall, George, 369
Marshall, William, 202, 365
Martin, Bob, 342
Martin, Dean, 8, 20, 176
Martin, Jared, 189
Martin, Quinn, 94, 95, 139
Martino, Sergio, 337
Marvin, Lee, 70, 95, 113, 132, 133, 134, 135, 139, 219
Maslin, Janet, 149
Massacre brutal, 151
massacre da serra elétrica, O, 337-339
massacre dos pistoleiros, O, 171
Massey, Anna, 184
Matador, 127
Matadouro-Cinco, 181
Matar ou morrer 2, 156
Mate ou morra, 156
Matthau, Walter, 312
May, Joe, 286
Mazursky, Paul, 168, 172, 179, 186
McBride, Jim, 127, 186, 192, 347
McCall's, 149
McCarthy, Todd, 149
McGavin, Darren, 49
McGoohan, Patrick, 313
McHattie, Stephen, 228, 229
McKinney, Bill, 88-92, 140
McMurtry, James, 206
McNair, Barbara, 41
McNeill, Elizabeth, 127
McQueen, Neile, 37, 41, 43, 48, 50, 98, 105, 106, 121
McQueen, Steve, 35, 36, 39, 41, 43, 46, 47, 50, 51, 97, 98, 103, 104, 105, 106n, 110, 115, 117, 121, 122, 192, 307

McQueen, Terry, 39
McRae, Frank, 302
McShane, Ian, 316
McTiernan, John, 151
Medavoy, Mike, 179
Meeker, Ralph, 40, 314
Meisel, Myron, 303
Melinda, 26
Melnick, Daniel, 332-334
Melville, Jean-Pierre, 119, 186
mesa do diabo, A, 196
Metzger, Radley, 127
Meu nome é Coogan, 57, 63, 305, 312
Meu ódio será sua herança, 21, 58, 79, 80, 81, 119, 150, 174, 227n, 237n
Meyer, Russ, 151, 157-15, 174
MGM, 139, 140, 215, 311
Mickey One, 172
Miiki, Takashi, 191
Miles, Sylvia, 352, 355
Milius, John, 62, 92, 96, 169, 176-179, 191, 206n, 220, 235, 261, 290, 334
Milland, Ray, 182
Miller, Jeanne, 141
Minha bela dama, 27, 28, 167
Minha mulher vai casar, 279
Minnelli, Vincente, 169
Miranda, Vincent, 152n
Misumi, Kenji, 236, 236n
Mitchell, Elvis, 46, 147
Mitchum, Christopher, 307
Mitchum, Jim, 117n, 229, 322, 330
Mitchum, John, 305
Mitchum, Robert, 176, 314
moinho negro, O, 57
Monaco, James, 179
Monogram Pictures, 284-287
Montand, Yves, 113
Moore, Demi, 130, 131, 367
Morrell, David, 131
Morrer mil vezes, 127

Morrison, Sammy, 287
Morrissey, Paul, 186, 189
Mortalmente perigoso, 179
morte não manda recado, A, 104, 108
morte num beijo, A, 40
morte pede carona, A, 127
Morte sem glória, 135,
Moscou contra 007, 78
Moston, Murray, 223, 239
Movie Brats, The (Pye), 179
mulher que eu amo, A, 79
Mulheres apaixonadas, 23
Mulligan, Richard, 170, 247
Mulligan, Robert, 224, 226, 244, 341
mundo em perigo, O, 182
Murnau, F.W., 185
Murphy, Audie, 62
Murphy, Eddie, 303
Murray, Bill, 129
Muse, Clarence, 287, 287n
Mute Witness (Pike), 43
Mutrux, Floyd, 168
Mysterious Mr. Black, The, 374

Nagy, Ivan, 330
Napier, Charles, 158, 159n
Nas ondas do rádio, 146, 153, 159n
Nas sombras da noite, 20, 80
National General Pictures, 103
Nelson, Ralph, 170, 171, 180
Nero, Franco, 229, 307
New Line Cinema, 337
New World Pictures, 145, 146, 151, 152, 162, 339, 344
New York Times, The, 71, 141, 147, 149, 174, 201, 272,
New Yorker, The, 74, 174
Newman, David, 172
Newman, Paul, 35, 36, 36n, 38n, 39, 40, 46, 61, 103n, 165, 170, 184, 264
Nicholson, Jack, 84, 113, 168, 175

Nicolau e Alexandra, 20
Nielsen, Leslie, 310
Nitzsche, Jack, 320, 325, 326
Niven, David, 57
Nixon, Richard, 64
No limiar do ódio, 154, 160
No mundo de 2020, 77
Noite infernal, 353
Noite sem fim, 40, 42
noiva estava de preto, A, 194, 200
Noivo neurótico, noiva nervosa, 63
Nolte, Nick, 281
Norris, Chuck, 258
North, Sheree, 140, 310
Norton, Margo, 189
nova cara no inferno, Uma, 40
Nova Hollywood, 9, 17, 54, 64, 167, 169, 172, 182, 305
novos centuriões, Os, 22, 175, 293

O que vai ser agora?, 315
O'Connor, Carroll, 139
O'Neal, Ron, 26, 174
O'Neal, Ryan, 296
O'Neal, Tatum, 178
O'Neill, Eugene, 137
O'Toole, Peter, 182, 365
Oakland, Simon, 49
Oates, Warren, 82, 129
Olá, mamãe!, 188-192, 196, 199, 200, 201, 202, 206n, 250
Onde começa o inferno, 185
Onde impera a traição, 55, 62
Operação França, 15, 17, 21, 27, 44, 46n, 54, 59, 77, 173
Operação Yakuza, 226, 260, 261, 262
Ophüls, Max, 185
Orlandi, Felice, 43, 136
Out of It, 186, 188, 197, 204n
outra face da violência, A, 122, 137, 138, 154, 155, 156, 164, 192, 253-277, 293

Pacino, Al, 177, 290, 303
Pacto sinistro, 184
Pague para entrar, reze para sair, 337-355
Paixão de Cristo, A, 89
Paixão de primavera, 15, 117
Pal, George, 180
Palance, Jack, 91, 112, 113
Panteras Negras, 69, 173, 305
Papillon, 293
Paradise Alley, 290, 290n
Paramount Studios, 153
Parceiros da noite, 46n, 61, 127, 325
Paris, Renee, 283
Parker, coronel Tom, 35, 60, 68
Parker, Sarah Jessica, 156
Parks Jr., Gordon, 46n
Parks, Gordon, 174
Parks, Michael, 57, 70, 366
Pasricha, Neil, 259
pássaro das plumas de cristal, O, 193-194, 198
pássaros, Os, 184, 193
Passer, Ivan, 139, 207
Pat Garrett e Billy the Kid, 170
Patrick, Dennis, 9-12
Patton: Rebelde ou herói?, 19, 20
pecado de Cluny Brown, O, 176, 177
Peckinpah, Sam, 46, 55, 58-59, 72, 80-82, 88, 97, 99, 102, 107, 108, 112, 115, 116, 119, 120, 122, 123, 143, 150, 168, 170, 174, 180, 193, 196, 227, 227n, 238, 261, 305
Pelos meus direitos, 155
pêndulo, O, 40, 42, 61, 392
Penitenciária 1, 315
Penn, Arthur, 107, 168, 170, 171, 172, 205
Peoples, David Webb, 92
Peppard, George, 35, 40, 42, 61, 176
pequeno Billy, O, 170

Pequeno grande homem, 170, 171, 181, 205
Perdidos na noite, 197, 204n
Perry, Frank, 148, 168, 171, 172, 205, 279, 282
Perseguidor implacável, 15, 18, 22, 32, 39, 45, 53-75, 90, 102, 305-306, 312
Petersen, William, 279
Pfeiffer, Michelle, 130
Phillips, Michael e Julia, 224, 226
Pickens, Slim, 107
Pike, Robert L., 43, 48, 82
Piñero, Miguel, 315
Pingitore, Carl, 62
Pipe Dreams, 279
Pitt, Brad, 92, 340
Pitts, Charlie, 158
Plantão policial, 319
Platt, Polly, 167
Pleasence, Donald, 305, 309, 310
Poderoso Chefão, O, 15, 21, 22, 140, 171, 176, 177, 181, 205, 251, 295, 366
Poitier, Sidney, 40, 103n, 197, 235, 364, 374
Polanski, Roman, 84, 193-195, 199, 205, 248
polícia da estrada, A, 175, 293
Pollack, Sydney, 180
Pollard, Michael J., 170
Polonsky, Abraham, 171
Pom Pom Girls, The, 160, 161
Poole, Bobby, 364
Por uns dólares a mais, 77
Porter, Cole, 130
Post, Ted, 67, 141, 308
Powell, Dilys, 45
Powell, Michael, 186
Power, Tyrone, 170, 345
Powers, John, 149
Preminger, Otto, 169

Presley, Elvis, 35, 36n, 346, 361
Pressman, Ed, 197, 203, 204, 204n
Preston, Robert, 28
Price, Vincent, 22, 182, 343
primeira noite de um homem, A, 169
Prince, Steven, 234
Prisoner, The, 313
Profissão: Ladrão, 116, 137
profissionais, Os, 135, 227n
proscrito e a dama, O, 308
Prosky, Robert, 116
Proval, David, 204n
Pryor, Richard, 28, 315, 365, 367
Psicose, 158, 159, 171, 184, 193, 194, 197, 198, 199, 200, 220, 348
Pulp Fiction, 149, 165
Purcell, Evelyn, 145, 146
Pussycat Theatre, 29, 30, 152n, 153n
Pye, Michael, 176, 179

Quadrilha em pânico, 135
quadrilha, A, 91, 108, 125-143, 147, 259, 260n, 262
Quando chega a escuridão, 127
Quando é preciso ser homem, 170
Quando explode a vingança, 21
Quando nem um amante resolve, 15, 77, 148
Quando os dinossauros dominavam a Terra, 77
quatro picaretas, Os, 46
queima-roupa, À, 54, 132, 134, 135, 136, 139
Quem bate à minha porta?, 186, 187, 188, 219, 220, 319
Quem tudo quer, tudo perde, 127
Quinteto, 24

Rabinowitz, Morton, 344, 354
Rado, James, 187, 205
Rafelson, Bob, 168

Ragni, Gerome, 187, 205
Rambo, 129
Rambo: Programado para matar, 129-131
Ransohoff, Martin, 196
Ransom: O resgate, 117
Rastros de ódio, 169, 171, 185, 219, 220, 223, 241, 250, 253, 254, 272, 319, 322, 323, 331-334
Rather, Dan, 235
rebeldes, Os, 98, 105, 281
Rebelião no presídio, 306, 311, 312
Recrutas da pesada, 129
Redford, Robert, 35, 36n, 38
Redgrave, Vanessa, 23
Reed, Jerry, 164
Reed, Oliver, 23, 117n, 174, 316
reencontro, O, 164
Reese, Tom, 136
Reiner, Carl, 9
Relyea, Robert E., 48, 98, 99
Remick, Lee, 309, 311
Renoir, Jean, 171
Repulsa ao sexo, 193, 194, 198, 248, 250, 252
resgate do bandoleiro, O, 86, 112
retorno dos sete amigos, O, 164
revolucionário, O, 197, 204n
Reynolds, Burt, 57, 82-84, 87, 92, 94, 95, 175, 192, 258, 306-307, 308, 364
Richards, Lisa, 253, 271
Riesner, Dean, 62
Rififi no Harlem, 28
Riker, Robin, 164
Ritchie, Michael, 168, 179, 180
Roach, John F., 291
Robert Vaughn (Murray), 49
Robertson, Cliff, 245
Robertson, Robbie, 346
Robinson, Andy, 18, 57, 62, 74, 75, 90

Rocky Horror Picture Show, The, 8
Rocky II, 299-300, 366
Rocky III, 300
Rocky IV, 300, 301
Rocky: Um lutador, 279, 282-284, 290-99
Roeg, Nicolas, 131, 174
Rollerball: Os gladiadores do futuro, 160
romance muito perigoso, Um, 130
Romanus, Richard, 204n
Romero, Eddie, 146
Romero, George, 154, 157, 262, 339, 342, 343
Rooney, Mickey, 57
Rose, Louisa, 195, 202
Rota suicida, 308
Roth, Eli, 119
Roundtree, Richard, 28, 65
Roy Bean: O homem da lei, 38, 108
Rua do crime, 70
Ruben, Joseph, 161
Rubin, Joe, 151
Rum Punch (Leonard), 165
Rush, Richard, 168, 205
Russell, Ken, 23, 114, 115n, 131, 174, 193, 205, 237
Russell, Theresa, 131
Ryan, James, 156
Ryan, Robert, 137
Rydell, Mark, 98, 180

S.O.S.: Gatunos ao mar!, 21
sádico selvagem, O, 55, 70
salário do medo, O, 113
Salt, Jennifer, 188, 188n, 194, 197, 198, 201, 202, 203, 204n
Sam Whiskey, o Proscrito, 95
Sangue de heróis, 170
sanguinário, O, 46n, 316
Sarandon, Susan, 9
Sargent, Dick, 331

Sarris, Andrew, 58, 228, 343
Saudações, 186-191, 196, 201, 250
Saxon, John, 165
Sayles, John, 164
Scared Straight!, 315
Scarface, 190
Scarwid, Diana, 331, 332
Schatzberg, Jerry, 168, 172, 280
Scheider, Roy, 113, 263
Schell, Maximilian, 105
Schifrin, Lalo, 19, 41, 44, 45
Schlesinger, John, 205, 263
Schrader, Paul, 170, 176-179, 192, 206, 220-223, 225-226, 229, 231, 235-236, 236n, 240, 243-247, 249, 250, 251, 260-264, 265, 266, 267, 268, 270-272, 274, 272, 276, 277, 319-325, 327, 328, 329, 331, 332-335
Scorpio Rising, 219
Scorsese, Martin, 169, 170, 176-180, 181, 183, 185, 186, 187, 188, 189, 191, 204n, 206, 219-241, 243, 244, 247, 249, 250, 251, 252, 253, 273, 319
Scott, George C., 19, 192, 263, 319, 320, 322, 323, 325, 326, 329, 331, 332, 334, 365
Scott, Lizabeth, 79
Scott, Randolph, 86
Se meu Fusca falasse, 8, 21
Seberg, Jean, 41
Segal, George, 13, 35, 174
segredo das joias, O, 28
segredo íntimo de Lola, O, 15
Sem destino, 18, 64, 167, 168, 175, 192, 284, 293
Sem lei e sem esperança, 170, 209
Sem medo da morte, 68, 308
Semi-Tough (Jenkins), 259
Sentença de morte, 227
Serpico, 177

Seu último refúgio, 367
Seven: Os sete crimes capitais, 61
Sexy e marginal, 220, 237, 319
Shaft, 46n
Shapiro, Ken, 189
Sheen, Martin, 347
Shelton, Ron, 346
Shepherd, Cybill, 104, 207, 208, 209, 220, 225, 249
Short Eyes, 315
Siegel, Don, 45, 47, 53-60, 60n, 62, 63, 65, 66, 67, 70, 71, 72, 75, 81, 102, 119, 132, 180, 305, 306, 309-318
Sigma 111 Corporation, 196
silêncio dos inocentes, O, 61
Silliphant, Stirling, 310
Sinatra, Frank, 40, 61
Singer, Tom, 162
Siskel, Gene, 148
Slacker, 187
Slammer, 315
Smight, Jack, 181, 342
Smith, Maria, 283
Smith, William, 91, 112
Smothers, Tom, 178, 191
Sob o domínio do medo, 54, 80, 81, 159, 173, 174
Sob o teto do demônio, 23, 314
Solar Productions, 38, 48, 98
Sommer, Josef, 73
Sonhos de um sedutor, 78
Sorte no amor, 346
Soul Train, 26, 27, 284
Soul, David, 41n, 322, 330, 342
Spacek, Sissy, 279
Speck, Richard, 67, 74
Spelvin, Georgina, 163
Spielberg, Steven, 46, 65, 169, 176, 177, 178, 179, 180, 181, 183, 206, 220
Spook Who Sat by the Door, The, 364

St. John, Al "Fuzzy", 360
Stallone, Sylvester, 279, 281-284, 287, 288, 290-298, 300-303
Stallone: Cobra, 65, 67, 293
Stamp, Terence, 35
Stanwyck, Barbara, 346
Stark, Ray, 196, 197
Stark, Richard (Donald Westlake), 68, 109, 125-126, 133-134, 138, 196, 197
Starsky & Hutch: Justiça em dobro, 41n, 330, 342
Steve McQueen (Nolan), 39
Stevens, George, 169
Stevens, Inger, 41
Stevens, Stella, 104-105, 122
Stewart, David J., 345
Stewart, James, 176
Strauss, Peter, 281
Streisand, Barbra, 99, 100, 101, 103n
Stroud, Don, 22, 222
Struthers, Sally, 112
Sua honra será vingada, 229, 236, 238, 239, 319, 320, 322, 327, 330
Summertime Killer, 307
Sunset Boulevard, 7, 216, 258, 290
Sunset Strip, 7, 8, 232
Super Fly, 26, 28, 174, 362
Super Inframan, 148
Supervixens, 157-160
Suppa, Ronald A., 291
Surtees, Bruce, 62
Sutherland, Donald, 60n, 173, 174
Svenson, Bo, 228
Sweet Sweetback's Baadasssss Song, 24, 25, 145
Sweet, Dolph, 199
Swem, Greg, 141
Switzer, Carl, 289

Takakura Ken, 307, 314
Taplin, Jonathan, 204n

Taverna maldita, 303
Taxi Driver, 9, 65, 170, 171, 177, 178, 192, 207, 219-241, 243-251, 260, 261, 266, 275, 319, 326, 330, 332
Taylor, Stuart, 162
Teague, Lewis, 151, 164
telefone, O, 57, 305, 307, 309, 310, 311
terrível Mister T, O, 28
Testemunha fatal, 45
Tewkesbury, Joan, 179
That Gang of Mine, 287
Theron, Charlize, 377
Thomas, Kevin, 145-165, 276
Thompson, David, 236, 237
Thompson, J. Lee, 58, 67, 180, 308
Thompson, Jim, 68, 97, 99, 115, 119, 121, 122
Thurman, Uma, 347
THX 1138, 177
Tiffany Theater, 7, 8, 11, 12
tiro na noite, Um, 183, 190, 198, 248, 251, 348
To the White Sea (Dickey), 92
Tompkins, Angel, 203
Tony Rome, 40
Torn, Rip, 71
Torso, 337
Totalmente selvagem, 130
Touro indomável, 164, 177
Towne, Robert, 179, 180
Tragam-me a cabeça de Alfredo Garcia, 111
Trágica obsessão, 177, 243, 245
Travolta, John, 183, 249, 287, 354
Três dias do Condor, 192, 293
Três homens em conflito, 77
Trog: O monstro das cavernas, 77
Truffaut, François, 163, 171, 172, 180, 194, 195, 200, 369
Trustman, Alan, 48

Tubarão, 63, 65, 68, 90, 164, 176, 178, 181, 210, 340, 344
Tudo que você sempre quis saber sobre sexo (mas tinha medo de perguntar), 78, 79
Tuggle, Richard, 311, 317
Turan, Kenny, 147, 149, 150
Twentieth Century Fox, 245, 262, 263, 269, 271, 276

uivo da bruxa, O, 22, 77
última esperança da Terra, A, 77
última missão, A, 173
última sessão de cinema, A, 99, 161, 176, 181
última tentação de Cristo, A, 177
último filme, O, 50
último golpe, O, 46n, 224
United Artists (UA), 79, 108, 143, 216, 291, 297, 333, 344
Universal Pictures, 342

Vadim, Roger, 19
vale da morte, O, 23
Valente até a morte, 173
Vampiros de almas, 59, 59n, 63, 120, 366
Vampiros de almas, 59, 59n, 63, 120, 366
vampiros de Salem, Os, 341, 342
Van Cleef, Lee, 28, 317
Van Horn, Buddy, 313
Van Peebles, Melvin, 24, 25, 145, 168
Van Sant, Gus, 348
Vaughn, Robert, 41, 42, 43, 47, 49
vencedor, O, 46
vendedor de ilusões, O, 28
vento e o leão, O, 178
Verão: Tempo de loucura, 279
Verhoeven, Paul, 127, 131
Vernon, John, 139

Verona, Stephen, 279
Vestida para matar, 171, 183, 184, 190, 198, 220
viciados, Os, 174, 280
Vincent, Jan-Michael, 228, 252
vingança de Ulzana, A, 170
Viver e morrer em Los Angeles, 46
Voar é com os pássaros, 24-25, 172
Voight, Jon, 82, 84, 89, 92, 93, 134, 204n, 296
von Dohlen, Lenny, 157

Walker, Will, 326
Wall Street: Poder e cobiça, 130
Wallach, Eli, 70
Walsh, Raoul, 53, 58, 100, 290n
Wanger, Walter, 120
Ward, David, 179
Warden, Jonathan, 187, 190
Warner Bros., 53, 55, 61, 69, 81, 104, 151, 176, 191, 226, 237, 261, 284, 285, 289
Warner Bros.-Seven Arts, 38, 39, 98
Warner, Jack
Warriors: Os selvagens da noite, 223
Wayne, John, 59, 167, 173, 176, 185, 219, 220, 253, 312, 313, 319, 353
Webb, Jack, 303
Welch, Raquel, 197, 346, 364
Welles, Orson, 168, 178
Westlake, Donald, *ver* Stark, Richard
Wexler, Norman, 11, 240
Whitman, Stuart, 117, 118
Whitmore, James, 40
Who the Devil Made It (Bogdanovich), 53, 71
Widmark, Richard, 40, 56, 70
Wilder, Billy, 169
Williams, Hal, 325

Williams, Paul (cineasta), 168, 186, 197, 203, 204, 204n
Williams, Paul (compositor), 168
Williams, Tennessee, 113
Willie Boy, 171
Wilson, Floyd Ray, 357, 372, 377
Wilson, Lisle, 198, 201, 202
Windsor, Marie, 140, 342
Winkler, Henry, 279, 281, 290, 291
Winkler, Irwin, 282, 291
Winner, Michael, 226, 227
Witney, William, 58
Wolfe, Tom, 206
Woo, John, 81, 119, 186
Wood, Natalie, 220, 319
Woodruff, Largo, 351, 354
Wuhl, Robert, 42
Wyler, William, 169
Wynn, Keenan, 139

Yates, Peter, 41-46, 48, 51, 98
Young Graduates, The, 30
Young, Robert, 315
Yulin, Harris, 171

Zappa, Frank, 8, 23
Zastoupil, Connie, 9, 12-16, 20, 22-27, 29, 31, 33, 78, 79, 81, 90, 108, 174, 227, 257, 337, 339, 357, 359-360, 370, 372
Zastoupil, Curt, 9, 12, 14, 19, 20, 21, 25, 78, 80, 90
Zastoupil, Connie, 3, 6-10, 13, 15-20, 25, 26, 70, 71, 81, 99, 166, 219, 251, 331, 351, 353-54, 364, 365
Zastoupil, Curt, 3, 6-10, 12-14, 16-19, 69-70, 72
Assassino do Zodíaco, 12, 54, 55, 62, 67

- intrinseca.com.br
- @intrinseca
- editoraintrinseca
- @intrinseca
- @editoraintrinseca
- editoraintrinseca

1ª edição	DEZEMBRO DE 2023
impressão	GEOGRÁFICA
papel de miolo	LUX CREAM 60 G/M²
papel de capa	CARTÃO SUPREMO ALTA ALVURA 250 G/M²
tipografia	PLANTIN MT PRO